VITRUVE

DE L'ARCHITECTURE

LIVRE VI

COLLECTION DES UNIVERSITÉS DE FRANCE
publiée sous le patronage de l'*ASSOCIATION GUILLAUME BUDÉ*

VITRUVE

DE L'ARCHITECTURE

LIVRE VI

TEXTE ÉTABLI, TRADUIT ET COMMENTÉ

PAR

Louis CALLEBAT

Professeur émérite à l'Université de Caen

PARIS

LES BELLES LETTRES

2004

Conformément aux statuts de l'Association Guillaume Budé, ce volume a été soumis à l'approbation de la commission technique, qui a chargé M. Pierre Gros d'en faire la révision et d'en surveiller la correction en collaboration avec M. Louis Callebat.

© 2004. Société d'édition Les Belles Lettres
95 boulevard Raspail, 75006 Paris
www.lesbelleslettres.com

ISBN : 2-251-01437-3
ISSN : 0184-7155

À la mémoire de mon père A. Callebat,
architecte

INTRODUCTION

Longtemps source essentielle des connaissances ouvertes aux modernes sur la maison romaine et base privilégiée du vocabulaire archéologique y afférent, le livre VI du *De Architectura* compose, sur l'habitat privé, le premier volet d'un diptyque dont le livre VII, plus particulièrement consacré aux travaux de finition, revêtements, décorations, constitue le second élément[1]. Quelques apports complémentaires d'information peuvent être par ailleurs recueillis dans le livre II : évoquant dans ce livre les débuts de la civilisation, Vitruve en donnait pour symboles, avec la découverte du feu, l'« invention » de la hutte, ou cabane, première unité architecturale autonome. Il en rapprochait les techniques de construction de celles de « peuples étrangers » contemporains n'ayant pas encore adopté l'architecture de pierre ni les types d'habitat de la koiné hellénistique[2]. Une référence allusive était faite dans ce même livre (*Arch*. 2,8,17) aux constructions à plusieurs étages appelées à résoudre les problèmes de logement

---

1. Cf. *Vitruve, De l'Architecture*, livre VII, texte établi et traduit par B. Liou et M. Zuinghedau, commenté par M.-Th. Cam, Les Belles Lettres, Paris 1999.

2. *Arch*. 2,1,2-4. Cf. E. Romano, *La capanna e il tempio : Vitruvio o dell'Architettura*, Palumbo, Palermo 1987, 115 sq. ; P. Gros, *Vitruve, De l'Architecture*, livre II, texte établi et traduit par L. Callebat, introduit et commenté par P. Gros, recherche sur les manuscrits et apparat critique par C. Jacquemard, Les Belles Lettres, Paris 1999, 66 sq.

posés par la densité de la population romaine[3]. Cette question importante ne sera pas reprise dans le livre VI.

C'est cependant dans ce livre que peut être recueilli l'essentiel de la documentation que donne Vitruve sur l'habitat privé, l'objet de ce livre étant défini par son auteur comme une étude raisonnée des édifices privés, de leurs fonctions et des relations modulaires y afférentes : *priuatorum autem aedificiorum utilitates et eorum symmetrias insequenti uolumine ratiocinabor*. Les termes de cette définition posée dans la formule de transition de la fin du livre V (*Arch.* 5,12,7) sont repris, dans leur teneur essentielle, en début du livre VI[4] et en conclusion de ce livre[5].

Autour de cet axe de définition sont articulés différents thèmes de recherche : nature et qualité du site d'implantation, plans et mesures de la construction, exposition des pièces, rapport de convenance entre le type d'habitation et le statut social des propriétaires, règles de l'art du bien bâtir assurant la solidité et la pérennité des constructions. L'auteur envisage successivement les données spécifiques de la *domus*, de la *uilla* et de la maison grecque. L'organisation du détail de cet ensemble est la suivante :

Descriptif du livre VI

PRÉFACE : Anecdote d'Aristippe qui, survivant à un naufrage, redécouvre la civilisation (*pr.* 1)

Leçon morale : la culture est le seul bien véritable (*pr.* 1-3)

Remerciements de l'auteur à ses parents pour l'éducation libérale reçue (*pr.* 4).

---

3. Cf. P. Gros, *Vitruve, De l'Architectura* livre II, Les Belles Lettres, Paris 1999, 146.

4. *Arch.* 6, *pr.* 7 : *in hoc uolumine priuatorum aedificiorum ratiocinationes et commensus summetriarum explicabo.*

5. *Arch.* 6,8,10 : *quas res priuatis aedificiis utiles putaui et quemadmodum sunt faciundae quam apertissime potui perscripsi.*

Architectes d'hier et d'aujourd'hui. Déontologie personnelle de l'auteur (*pr.* 5-7)
Rappel du contenu du livre (*pr.*7)

I.– Choix du site de construction

Principe de base : Adaptation nécessaire de l'habitat
aux conditions géographiques (1.1 ; 1.2)
Variantes liées à la nature du site :
     . morphologie des habitants (1.2-4)
     . timbre de la voix (1.5-8)
     . acuité d'esprit et caractère (1.9-11)
Qualité privilégiée du site de Rome (1.11)

II.– Système des mesures et correctifs

Principe de base : Le système modulaire doit prendre
en compte les problèmes spécifiques de mesure et les corrections nécessaires (2.1)
Illustration : Les illusions de la vue (2.2-4)
Rappel du principe (2.5)

III.– La *domus*

Types divers de cauaedium (3.1-2)
Systèmes relationnels :
   atrium (3.3)
   alae (3.4)
   tablinum (3.5)
   fauces (3.6)
   péristyle (3.7)
   triclinia, exhedrae, oeci, pinacothecae (3.5-10)
Correctifs nécessaires (3.11)

IV.– Exposition à donner aux pièces

V.– Statut social et types d'habitation

VI.– Constructions rurales : *Villae*

Cours, cuisines, étables, bains, celliers, huileries (6.1-3)
Étables à brebis et à chèvres, greniers à blé et à
épeautre, écuries, hangars, granges, moulins (6.4-6)
Luminosité et confort (6.6-7)

VII.– La maison grecque

Composantes :
Entrée, péristyle, *prostas*, *oeci*, *thalamos*, *amphithala-*
mos, *triclinia*, *gynaeconitis*, péristyles, *andronitis*, pinacothèques, bibliothèques, logement des hôtes (7,1-5)
Remarques philologiques : variantes sémantiques
affectant les transferts de vocabulaire entre grec et latin
(7,5-6).

VIII.– Règles pour la solidité des édifices

Informations techniques : Règles et techniques pour
assurer la solidité des édifices (8,1-8)
Partenaires de chantiers : Commanditaires, entrepre-
neurs, architecte. La « gloire de l'architecte » (8,9-10)

Économie   Au travers de ce descriptif linéaire,
du livre   une économie de l'ouvrage peut être déjà
             discernée que caractérise, comme en
d'autres livres du traité, une double orientation de l'exposé :
vers la transmission d'abord de données proprement techniques ; vers l'ouverture, d'autre part de ces données sur des
perspectives élargies : historiques, sociologiques, morales.
   De la première préoccupation relève une ligne simple
d'exposition fragmentée en segments de longueurs

inégales : un premier segment initie, de manière rationnelle, l'enquête proposée par l'examen des questions touchant le site de construction. À cette démarche initiale se
rattache un second segment, de visée méthodologique :
mise au point technique des méthodes d'analyse modulaire ; trois segments sont ensuite respectivement consacrés à la *domus*, à la *uilla* et à la maison grecque. Le
dernier segment, intéressant les techniques de construction, s'intègre plus difficilement dans cet ensemble.

De la seconde préoccupation résulte un gauchissement
des lignes structurelles directrices, effet accentué par les
écarts de volume entre les différentes rubriques : les analyses intéressant la description proprement technique des
composantes de l'habitat n'occupent guère ainsi que la
moitié de l'ensemble d'un livre dont plusieurs éléments
sembleraient marginaux : anecdotes morales, séquences
scientifiques, ethnographiques. Plus cependant qu'une
négligence dans l'organisation du livre, paraît s'affirmer
ici un choix d'auteur : un long développement tel que celui
consacré par Vitruve, dans son premier chapitre, aux variations physiques et mentales liées à la nature spécifique
des différents lieux doit être interprété, moins certainement comme relevant du genre de l'*excursus*, que comme
expression d'une saisie concertée des données, associant
aux questions proprement techniques les éléments illustratifs, explicatifs susceptibles d'en éclairer et d'en élargir
l'interprétation. L'architecte est, dans cette démarche, non
seulement homme de l'art, mais homme aussi de culture.

La « gloire de l'architecte » : Il y a là une valorisation
de la figure de l'architecte, explicitement affirmée, au
demeurant aux deux pôles du livre VI : Introduction et
Conclusion. Elle en encadre l'ensemble du développement : c'est à l'architecte que l'Introduction associe le
thème des biens véritables identifiés par l'auteur dans un

idéal à la fois de rigueur morale et de culture ; c'est encore à l'architecte que Vitruve accorde, en conclusion du livre, ce qu'il identifie comme la « gloire de l'architecte » : la capacité, s'agissant d'un projet de construction, d'avoir, écrit-il, « une vision précise de l'agrément, de l'utilité, de la beauté fonctionnelle qui seront siennes, à peine l'a-t-il conçu et avant même de l'entreprendre ».

En évoquant l'évocation libérale dont il se dit redevable à ses parents[6], en opposant à l'attitude de ses collègues son respect absolu d'un code déontologique, peut-être Vitruve s'efforçait-il de rapprocher sa propre image de la figure ainsi valorisée de l'architecte.

Réception du livre VI Deux types de pro-
Problèmes d'interprétation blèmes rendent plus particulièrement difficile l'accès du lecteur à une compréhension et une interprétation parfaitement claires et sûres du livre VI : problèmes archéologiques d'une part, problèmes lexicaux d'autre part.

Problèmes archéologiques : « Je pris Vitruve pour maître et pour guide, note Palladio dans l'Avant-propos de ses *Quatre livres d'Architecture*, le seul des Anciens dont les écrits nous soient demeurés sur cette matière et me mis à rechercher et à observer avec curiosité les reliques de ces vieux édifices qui, malgré le temps et la brutalité des Barbares, nous restent encore ». S'agissant cependant des constructions privées, Palladio marquait sans équivoque les limites de cette confrontation : « Mais, précisait-il, parce qu'il ne nous reste quasi rien des Anciens en ce genre-là qui puisse servir d'exemple, je rapporterai le plan et l'élévation de plusieurs maisons de la noblesse que j'ai

---

6. *Arch.* 6, *pr.* 4. Cette notation n'implique nullement, comme le voulait Choisy, que le père de Vitruve ait été architecte.

bâties en divers endroits et ferai également les dessins de celles des Anciens et de leurs parties les plus importantes conformément à ce que Vitruve nous enseigne ». Avant les premières fouilles du milieu du XVIIIe siècle, sur les sites de Pompéi et d'Herculanum, aucune confrontation ne fut, de fait, possible aux Occidentaux entre l'enseignement vitruvien et la réalité matérielle de l'habitat romain appréhendé seulement au travers de sources littéraires (hors du *De Architectura*, quelques informations pouvaient être trouvées chez Cicéron, Varron, Pline le Jeune, Suétone, Cetius Faventinus, Sidoine Apollinaire…) et à partir des reconstitutions figurées — largement créatrices d'un imaginaire archéologique — dont les humanistes et artistes de la Renaissance illustrèrent l'œuvre vitruvienne[7]. La connaissance, progressivement approfondie, des maisons pompéiennes et d'Herculanum allait fournir sans doute un instrument précieux d'analyse autorisant une étude à la fois synchronique et diachronique de l'habitat privé conduite sur la base fiable d'un nombre significatif de cas[8]. Il reste que la référence pompéienne — à laquelle tout exégète vitruvien est légitimement conduit à faire appel, en tant, du moins, qu'élément de confrontation — ne constitue qu'*une* composante seulement d'une architecture domestique romaine matérialisée sous des formes diverses en fonction des lieux, des époques, du statut social des habitants, des transformations aussi apportées aux maisons par leurs propriétaires ou leurs successeurs. Les rapports numériques fixés dans le *De Architectura* pour différentes parties de l'habitat domestique semblent ainsi mieux accordées, en plusieurs cas, aux dimensions et

---

7. Cf. J.-S. Ackerman, *La villa. De la Rome antique à Le Corbusier*, Hazan, Paris 1997 (Princeton 1990), 77.

8. Cf. A. Zaccaria Ruggiu, « Origine del triclinio nella casa romana », *Splendida ciuitas nostras*, Studi archeologici in onore di Antonio Frova, Rome 1995, 143.

mesures des grandes *domus* de Rome qu'à celles connues
pour la Campanie ; les convergences observées cependant
entre les types vitruviens de la maison à atrium et la réalité
du terrain de Pompéi et d'Herculanum ne sauraient en
aucune manière impliquer, en regard, l'universalité de ces
types dans le domaine italique[9]. Indépendamment donc du
traitement spécifique choisi par Vitruve pour son sujet, un
problème général est posé : la confrontation d'un texte
ancien intéressant l'habitat privé avec la matérialité historique de l'objet décrit laisse une part encore non négligeable
d'incertitudes, quels que soient l'approfondissement des
connaissances et l'affinement des méthodes d'analyse
manifestés en ce domaine[10].

Problèmes lexicaux : Un second élément, important,
d'incertitude affecte l'interprétation du livre VI. Cet élément est d'ordre lexical. Tel qu'il est déjà traité ou commenté dans différents textes anciens, le vocabulaire latin
de l'habitat domestique laisse discerner quelques-uns des
facteurs, à la fois proprement linguistiques et sociaux, susceptibles de gêner sa compréhension. Ainsi chez un érudit, Aulu-Gelle, signalant les variantes sémantiques qui
affectaient, dès son temps, le vocabulaire de l'habitat :
uestibulum, par exemple, que « des personnes, écrit-il, qui
assurément ne manquent pas de culture, identifient à l'entrée de la maison, ce que le vulgaire appelle *atrium* »[11] :
remarque de philologue sans doute, mais reflétant certainement aussi une évolution architecturale liée à un fait de

9. Cf. A. Boethius, « Vitruvius and the Roman Architecture of his Age »,
Dragma II, 1939,1,15 ; E. M. Evans, *The Atrium Complex in the Houses of
Pompéi*, 1980.

10. Voir, sur cette question, l'excellente mise au point de J.-P.
Guilhembet, « Recherches récentes sur les domus à Rome et en Italie », *La
Maison urbaine d'époque romaine*, Service d'archéologie du Vaucluse,
Avignon 1996, 53-60.

11. *N. A.* 16,5. Voir *infra*, notre commentaire *s.u.*

société : celle de l'atrium, espace au cœur de la maison, devenu lieu d'attente aussi et de réunion pour les clients. Dans les *Satyrica* de Pétrone, le vocabulaire actualisé par Trimalcion pour dénoter les pièces de sa maison[12], expression semblerait-il d'une réalité vivante, se révèle réduit aux termes les moins marqués : *cenatio, cubicula…* — effet concerté peut-être d'une compétence lexicale limitée mais mise en évidence vraisemblable d'une spécificité importante des pièces de l'habitat antique : leur polyvalence. Pline le Jeune utilise, pour sa part, plus de cinquante dénominations pour décrire les différentes pièces de sa villa des Laurentes[13], dans une démarche visant à individualiser, en les enrichissant de connotations à la fois affectives et esthétiques, chacun des endroits de sa résidence auquel pouvait être liée sa vie quotidienne. Il appert que ce type de nomenclature, dont une grande partie des éléments échappait vraisemblablement à la compréhension de la plupart des Romains, fonctionnait aussi, et sans que l'auteur en ait nécessairement conscience comme un signe de civilisation, comme « marqueur » esthétique, social, culturel[14].

Pour riche qu'il fût le vocabulaire de Pline le Jeune était trop spécifique, trop marqué sociologiquement par rapport à un type particulier d'habitat pour exercer, dans l'histoire de la terminologie de la *domus*, une influence large, aisément codifiable (Faisant référence à ce vocabulaire, Bernard de Montfaucon exprimera son désarroi, écrivant en 1722 : « quand on traduit des descriptions aussi détaillées que celle-ci, aussi pleines de mots qu'on ne peut entendre qu'à demi, il faut souvent deviner… ; et quand on

---

12. « Baraque autrefois, aujourd'hui véritable temple » *Sat.* 77,4.
13. *Ep.* 2,17.
14. Cf. L. Callebat, « Observations sur le vocabulaire de l'habitat romain », *Latin vulgaire – Latin tardif V*, Winter, Heidelberg 1999, 519-527.

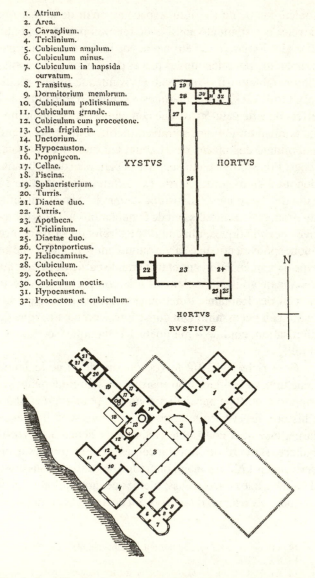

1. Atrium.
2. Area.
3. Cavaedium.
4. Triclinium.
5. Cubiculum amplum.
6. Cubiculum minus.
7. Cubiculum in hapsida curvatum.
8. Transitus.
9. Dormitorium membrum.
10. Cubiculum politissimum.
11. Cubiculum grande.
12. Cubiculum cum procoetone.
13. Cella frigidaria.
14. Unctorium.
15. Hypocauston.
16. Propnigeon.
17. Cellae.
18. Piscina.
19. Sphaeristerium.
20. Turris.
21. Diaetae duo.
22. Turris.
23. Apotheca.
24. Triclinium.
25. Diaetae duo.
26. Cryptoporticus.
27. Heliocaminus.
28. Cubiculum.
29. Zotheca.
30. Cubiculum noctis.
31. Hypocauston.
32. Procoeton et cubiculum.

Fig. 1. La villa des Laurentes de Pline le Jeune. Plan restitué.
D'après H. Winnefeld.

en est réduit là, chacun devine à sa manière »[15]). À cette
influence pouvaient moins encore prétendre, sinon pour
des définitions isolées, les exemples donnés par des éru-
dits et des lexicographes tels qu'Aulu-Gelle, Festus,
Isidore de Séville, ou par la documentation, certainement
proche d'une réalité vivante, mais trop lacunaire, des
textes de Cicéron, Pétrone ou Suétone.

C'est donc un vocabulaire relativement limité, mais
constituant déjà un corpus dans un texte spécialisé et mis
en œuvre par un homme de l'art qui pénétra dans la langue
française avec la diffusion du *De Architectura*. L'influence
qu'aurait exercée sur ce corpus le traité perdu de Varron
sur l'architecture ne peut pas être établie. Entre 1500 et
1550 fut ainsi introduite, sous différentes graphies et par
l'intermédiaire singulièrement de Jean Martin, une large
partie de la terminologie architecturale vitruvienne —
dont différents mots figurant dans le livre VI. Ainsi :
amphithalamus, andron, andronitides, atrium, cyzicenus,
diathyra, erismes, exèdres, gynaeconitis, péristyle, pinaco-
theces, parastas, prostas, prothyron, rhodien, telamons,
tetrastyle, thyromata, triclinia, vestibule…[16]. Le vocabulaire vitruvien de l'habitat devait se conserver jusqu'à nos
jours dans le langage des architectes et des archéologues,
témoignage apparemment exemplaire de la pérennité d'un
vocabulaire codifié touchant les *realia*, mais sans que
soient nécessairement levées les incertitudes et équivoques
y afférentes. L'introduction en France du vocabulaire
vitruvien n'impliquait nullement une parfaite intelligence
de ses acceptions. Des définitions telles que celle de J.
Martin concernant le terme *displuuies* (*displuuiatum*) :
« tellement découverte que l'eau peut tomber dedans », ou

---

15. *L'Antiquité expliquée et représentée en figures* 1,3,14
16. Cf. M. Cagnon, S. Smith, « Le vocabulaire de l'architecture en
France de 1500 à 1550 », *Cahiers de lexicologie* 1971, 1,18.

des deux mots *thalamus* et *amphithalamus* : « chambres à
un lit et à deux lits », sont significatives à cet égard.

Deux facteurs essentiels d'incertitudes déterminent ces
difficultés : la disparition tout d'abord (l'altération, les
transformations) de l'objet à identifier. Particulièrement
aigu pour les lecteurs et exégètes de la Renaissance, ce
problème reste encore posé de nos jours, quelles que
soient les avancées, assurément exemplaires, des connaissances archéologiques. Mais les difficultés d'interprétation relèvent aussi d'un vocabulaire vitruvien dans
lequel sont fréquents les termes apparus pour la première
fois en latin (type : *andron*, *andronitis*, *domuncula*, *hypogeum*, *oecus*, *tetrastylos*), hapax en quelques cas ou occurrences seulement attestées chez Vitruve (type :
amphithalamos, *displuuiatus*, *mesaulos*, *pseudourbanus*,
thyroma), fréquemment empruntées aussi à d'autres
champs sémantiques et spécialisées dans la terminologie
de l'architecture domestique (ainsi *ala*, *fauces*...).
Intervient encore la polyvalence sémantique, difficile à
cerner en contexte, mais susceptible de coïncider avec la
polyvalence même de certaines composantes de l'habitat
romain : cas de désignations telles que *conclaue*, *cubiculum*. Vitruve signalait au demeurant quelques-unes de ces
équivoques, s'agissant plus précisément des glissements
sémantiques affectant des termes grecs d'architecture également utilisés en latin (type ξυστός, πρόθυρα, διάθυρα...)[17]. Il appert que ces différentes incertitudes
impliquent, avant toute exégèse du livre VI, une analyse à
la fois philologique et archéologique de la formulation
même des informations transmises.

---

17. Voir notre commentaire à *Arch.* 6,7,5, note 4.

Le Projet vitruvien et sa mise en œuvre   Le concept d'habitat dont relève le projet vitruvien intéressant l'architecture domestique était susceptible d'ouvrir cette étude sur des réalités diverses et complémentaires :

celle de l'habitat perçu tout d'abord comme réalité matérielle : surface habitable, à la fois intégrée dans un espace naturel et isolée de cet espace, agencée en fonction d'une structure déterminée, de types divers, organisée autour de différentes oppositions : constructions légères ou en dur, maisons des villes ou des champs, maisons individuelles ou logements collectifs ;

celle, d'autre part, d'un habitat inscrit dans le temps, marqué par différentes modes et influences, doté d'une vie propre : création, transformations, disparition aussi ;

celle, encore, d'une réalité sociale, juridique, économique, entraînant transactions immobilières, expertises, legs, donation, constituant le cadre d'activités financières, politiques, symbole de réussite sociale et de puissance ;

celle, enfin, d'une réalité affective, familiale, religieuse…

Si ces différentes composantes peuvent être identifiées dans le développement vitruvien du livre VI, la place qu'elles y occupent se révèle extrêmement inégale, très large ou simplement allusive et différemment intégrées suivant que l'auteur traite de la *domus*, de la *uilla* ou de la maison grecque.

La domus : Vitruve ne propose de la maison urbaine ni l'énumération exhaustive de ses différentes composantes ni n'assigne à chacune des parties mentionnées de la *domus* une fonction spécifique précise. Il y a eu et il y aurait quelque méprise à rechercher ce type d'information dans un traité d'architecture dont la documentation technique, voire les recettes empiriques d'un

savoir-faire sur le terrain[18], ne sauraient occulter l'orientation théorisante et le caractère essentiellement abstrait
de l'exposé. Composante fondamentale de la définition
vitruvienne de l'art architectural, la mathématique se
rencontre avec la rhétorique[19] dans la notion de *symmetria* donnée, en exergue du livre VI, comme axe d'enquête et comme idéal à atteindre par le constructeur.
Attestée avec une remarquable fréquence dans le *De
Architectura* (84 exemples), valorisée comme expression
d'une découverte ultime dans l'histoire des civilisations
et de l'évolution de l'architecture[20], la *symmetria* voulue
pour l'habitat privé est celle même que Vitruve interpré-
tait comme un « accord harmonieux des éléments de
l'ouvrage, accord de commensurabilité des parties entre
elles et des parties avec le tout »[21]. Elle relève à la fois
d'une procédure mathématique (réduction à une commune mesure)[22] et de l'harmonie proportionnelle qui en
résulte[23]. Élément d'une *ratiocinatio* où la vision sur
l'œuvre créée et le projet s'interpénètrent, elle est la
conceptualisation d'une beauté que l'homme de l'art
rêve d'atteindre par le nombre. Intégrée par Vitruve dans
le bagage scientifique exigé de l'architecte[24], la maîtrise
de la géométrie et de l'arithmétique ouvre ainsi, au-delà
de ses possibles utilisations pratiques, vers un type de

---

18. La solution suggérée dans ce livre VI de l'utilisation du cordeau
pour déterminer les ouvertures sur le mur projeté offre un exemple significatif
de cet empirisme : voir *Arch.* 6,6,1 et note 2.

19. Sur la rhétorique comme base des concepts architecturaux du *De
Architectura*, cf. L. Callebat, « Rhétorique et architecture dans le De
Architectura », *Le Projet de Vitruve* (Coll. De l'École française de Rome,
192) Rome 1994, 31-46.

20. Cf. *Arch.* 2,1,7.

21. *Arch.* 1,2,4.

22. Cf. Héron, *Def.* 128, Aristote, *Metaphys.* 1061 b1

23. Cf. Platon, *Phlb.* 64e sq. ; *Rep.* 530 a.

24. *Arch.* 1,1,4.

représentation où l'image mathématique se substitue à l'objet matériel[25].

L'étude de la maison romaine développée dans le livre VI est, à cet égard, exemplaire. Un type modèle d'habitat est retenu par l'auteur : celui de la maison à atrium, qui connut sans doute différents avatars, qui ne fut pas non plus celui de toutes les catégories sociales, ni non plus de toutes les régions, mais qui s'inscrivait dans une tradition ancienne d'habitat longtemps et très largement répandu, suffisamment familier aussi pour que plusieurs de ses composantes — dont l'atrium, mais également le vesti-bule, les *cubicula*, les exèdres — soient proposées par Quintilien[26] comme éléments d'un procédé mné-motechnique[27]. C'est en référence à ce modèle qu'est pro-jetée par Vitruve une image de la *domus* dont le plan se développe en étendue, suivant une continuité longitudi-nale, plus particulièrement déterminée par la séquence des *fauces*, de l'atrium et du *tablinum* — ordonnance axiale implicite dans le classement mnémotechnique de Quintilien et que Le Corbusier identifiera plus tard, parlant de la Maison du Poète Tragique, comme exemple des « subtilités d'un art consommé » : « L'axe est dans les intentions et le faste donné par l'axe s'étend aux choses humbles que celui-ci intéresse d'un geste habile (les cor-ridors, le passage principal, etc...), par les illusions d'op-tique. L'axe n'est pas ici une sécheresse théorique ; il lie des volumes capitaux et nettement écrits et différenciés

---

25. Cf. L. Callebat, « Fabrica et ratiocinatio dans le *De Architectura* de Vitruve », in *Imaginaires et modes de construction du savoir antique dans les textes scientifiques et techniques* (Actes du Colloque de Perpignan, 12-13 mai 2000), P.U. Perpignan, 2001, 145-154.

26. *Inst. Orat.* 11,2,20.

27. Sur l'histoire de l'habitat à Rome et dans les provinces, voir la syn-thèse fondamentale de P. Gros, *L'architecture romaine 2. Maisons, palais, villas et tombeaux*, Picard, Paris 2001, 20-252.

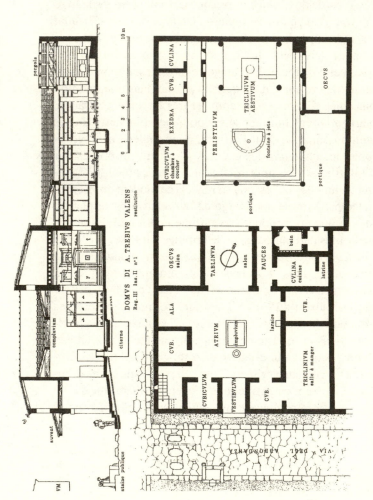

Fig. 2. Une *domus* « traditionnelle » : La Maison de A. Trebius Valens à Pompéi. D'après J.-P. Adam.

les uns des autres »[28]. Mais l'image de la *domus* projetée par Vitruve est aussi, et plus largement, celle d'un ensemble architectonique dont des lois mathématiques règlent le volume et la surface. Marquée par des simplifications déformantes, mais élaborant un modèle théorique à partir de réalités architecturales[29], la *ratio symmetriarum* vitruvienne tend à fonder, dans un ensemble de rapports numériques dérivés de concepts géométriques un idéal mathématique d'organisation de l'espace. Entraînant une combinatoire extrêmement complexe — H. Knell[30] envisage environ 100 cas de figures — la maison romaine selon Vitruve se présente, ainsi que le note P. Gros[31], « comme une sorte de jeu de construction aux modulations multiples ». Dans cette définition de la *domus*, qui relève essentiellement d'un système conceptuel, l'aménagement de l'habitat est bien d'abord, pour Vitruve, une structuration eurythmique de l'espace.

À cet équilibre d'harmonie participe, dans une fonction moins abstraite, la consonance recherchée par Vitruve entre cet espace eurythmique et son environnement naturel. Pour théorique qu'il soit, le long développement du premier chapitre du livre VI, qui illustre et définit les caractères particuliers des différentes régions, fixe un concept de maison appelé à orienter, ou déterminer, les

---

28. Le Corbusier, *Vers une architecture*, Flammarion, Paris 1995 (1923[1]), 153.

29. Cf. H. Geertman, « Vitruvio e i rapporti numerici », *Babesch* 59,1, 1984, 53-62 ; C.L.J. Peterse, « On the Design of the House of Pansa in Pompéi », *MNIR*, XLVI, 1985, 35-55 ; G. Hallier, « Entre les règles de Vitruve et la réalité archéologique : l'atrium toscan », in *Munus non ingratum* (Proceedings of the International Symposium on Vitruvius' De Architectura and the Hellenistic and Republican Architecture), Leiden 1989, 194-211. Voir notre commentaire : *Arch.* 6,3,3, notes 1 sq.

30. *Vitruvs Architekturtheorie*, Wissenschaftliche Buchgesellschaft, Darmstadt 1985, 145-174.

31. *L'Architecture romaine* 29.

choix de l'architecte : concept par lequel tout habitat humain participe d'un environnement physique spécifique et se trouve indissociablement lié à ce milieu naturel, à sa configuration, aux matériaux et aux ressources diverses qu'il offre, à la force et à l'éclat de sa lumière. Proposant une synthèse de théories largement traitées dans le Corpus hippocratique et très souvent exploitées par les auteurs grecs et latins (depuis Platon et Aristote jusqu'à Strabon et Isidore de Séville, en passant par Cicéron, Pline l'Ancien et Végèce)[32], Vitruve adapte ces théories à son projet architectural en liant types et modes de construction à un environnement spécifique : « L'architecture des bâtiment, écrit-il,[33] doit être manifestement conçue suivant un type particulier en Égypte, particulier en Espagne, autre dans le Pont, différent à Rome, et, aussi, dans tous les cas, en fonction des caractères propres aux terres et aux régions. Il convient manifestement, ajoute-t-il, que les bâtiments soient, au Nord, entièrement couverts, parfaitement clos, mais tournés vers la chaleur. Dans les régions méridionales, au contraire, où le soleil est ardent, la chaleur accablante rend indispensable de faire des bâtiments avec de larges ouvertures et tournés vers le Nord ou le Nord-Est. C'est ainsi que l'art devra parer aux dommages que la Nature entraînerait ». Si à la connexion ainsi affirmée entre la nature, l'homme et l'habitat ne répond pas, dans le livre VI, une description précise, aux plans spatial et temporel, de types particularisés et différenciés de maisons romaines, l'importance accordée à l'environnement s'y trouve largement soulignée en plusieurs points de la description et des analyses présentées : à propos de la

---

32. Cf. S. Peace, *M.T. Ciceronis de diuinatione*, edit. S. Pease, Univ. Illinois 1920. Repr. Darmstadt, Wissenchaftliche Buchgesellschaft 1963, 234-236.

33. *Arch.* 6,1,1 ; 6,1,2.

fonction de puits de lumière attribuée à l'ouverture zéni-
tale de l'atrium[34], s'agissant aussi de l'adaptation souhaitée des pièces « vivantes » de la maison (*triclinia*,
cubicula, bibliothèques) à la chaleur et à la lumière[35], dans
l'évocation encore du regard porté, depuis les *triclinia* sur
le vert des jardins[36]. Que la seule référence identifiable,
dans le livre VI, à un habitat implanté dans une zone de
forte densité de population pose le problème de la réception de la lumière dans la construction envisagée[37] est également significatif de l'importance accordée à cette
question par l'auteur, qui traite, au demeurant, ce problème en revenant sur l'habitat urbain après avoir traité de
la villa. Dans ce type d'approche des problèmes architecturaux touchant l'habitat privé, les analyses du livre VI se
révèlent originales par rapport aux prescriptions concernant les édifices publics et religieux, mais s'intègrent
cependant à l'expression d'une relation privilégiée entre
architecture et Nature, largement affirmée par le « traité
d'urbanisme » que constituent les chapitres 4-7 du premier livre, par les remarques pratiques aussi touchant,
dans le livre II, un choix des matériaux impliquant la
connaissance des lois de la Nature et par la définition de
la Nature, dans ce même livre, comme modèle originel
des architectes.[38]

Atténué par la relation ainsi établie entre l'habitat et son
environnement, le caractère abstrait de l'exposé du livre VI
l'est, plus nettement sans doute aussi, par la singularisation
proposée de différents types de cet habitat en fonction du
statut social de ses habitants[39]. Vitruve met ainsi en regard

34. *Arch.* 6,3,2.
35. *Arch.* 4,6.
36. *Arch.* 6,3,10.
37. *Arch.* 6,6,6-7.
38. *Arch.* 2,1 sq.
39. *Arch.* 6,5.

de différentes catégories sociales différents partis architecturaux : maisons dotées d'étables, boutiques, caves, greniers, resserres pour ceux qui tirent profit des produits
agricoles, en font commerce ; constructions de bel aspect,
pratiques et vastes pour les avocats et les rhéteurs ;
demeures splendides (vestibules royaux, atriums élevés,
péristyles immenses, promenades, bibliothèques, pinacothèques, basiliques) pour ceux qui exercent de hautes responsabilités, politiques, juridiques... L'habitat des classes
modestes n'est évoqué que négativement : « nul besoin de
magnifiques vestibules, de *tablina*, d'*atria*... »[40]. L'intérêt
de ce chapitre relève d'abord de la définition proposée de
partis architecturaux en fonction de critères sociologiques,
avec les implications y afférentes touchant à la fois, pour
l'architecture proprement dite, la notion de *distributio*, telle
qu'elle était énoncée au livre I (« lorsqu'on aménage diversement les édifices en fonction des ressources ou du prestige intellectuel des propriétaires »[41]), et pour l'organisation
interne sociale de la *domus* entre espaces privés (*loca propria*) et espaces librement accessibles (*loca communia*) —
distinction plus particulièrement liée à un contexte de civilisation notamment singularisé par le système de la clientèle
et de ses rituels.[42] S'agissant cependant du principe énoncé
de l'adaptation du parti architectural au statut social des
propriétaires et, plus précisément, du caractère somptuaire
associé à la demeure des hauts responsables, l'intérêt de
cette page du *De Architectura* — mise en regard de celle du
De Officiis[43] qui admettait la légitimité de ce caractère, mais

---

40. E. de Albentiis, *La casa dei Romani*, Longanesi, Milan 1990, 92
sq. ; A. Zaccaria Ruggiu, *Spazio privato e spazio publico nella città romana*
(Coll. De l'École française de Rome 210), Rome 1995, 343 sq. ; P. Gros,
L'architecture romaine…, 82-90.

41. *Arch*. 1,2,9.

42. Voir notre Commentaire : *Arch*. 6,5,1, note 1.

43. Cf. Cicéron, *Off*. 1,139-140.

avec les limites d'un « juste milieu » — tient dans la
reconnaissance sans ambiguïté de cette légitimité par
Vitruve dont le traitement de cette question est celle d'un
professionnel, non d'un moraliste.

La uilla : C'est également suivant une démarche professionnelle répondant, au demeurant, à une demande
désormais large de la clientèle romaine que Vitruve envisage l'application possible aux maisons de campagne des
principes et méthodes de construction énoncés pour les
maisons urbaines. Introduite au terme du développement
consacré au rapport de convenance entre habitat et statut
social[44], la note vitruvienne est très brève cependant et
allusive, l'auteur faisant vraisemblablement référence, soit
à la *pars urbana* de la villa, soit — comme induit plutôt à
cette interprétation l'emploi de l'hapax *pseudourbanus*
(possible création occasionnelle) — à une résidence de
campagne sans fonction rurale véritable. Vitruve fournit
surtout, en fait, dans cette notice une information implicite
sur le rapport privilégié liant la *domus* à la maison de campagne, structurellement différenciée par l'« image inver-
sée » de deux composantes essentielles de la *domus*,
l'atrium et le péristyle, mais perçue comme prolongement
naturel des grandes demeures urbaines dont elle transpose
les signes de *dignitas* et de richesse, la fonction aussi de
représentation[45].
Cette information ne constitue en réalité qu'une note
marginale dans l'ensemble d'un exposé très nettement res-
trictif au regard de l'histoire complexe de la villa et de
son évolution « foisonnante »[46]. De vocation proprement

44. *Arch*. 6,5,3.
45. Cf. P. Gros, *L'Architecture romaine*, 266-267.
46. Cf. P. Gros, *L'Architecture romaine*, 264-378. Et voir notre
Commentaire : *Arch*. 6,6,1 note 2.

Fig. 3. Maison de maître d'une exploitation agricole. Mosaïque de Tabarka. Musée du Bardo.

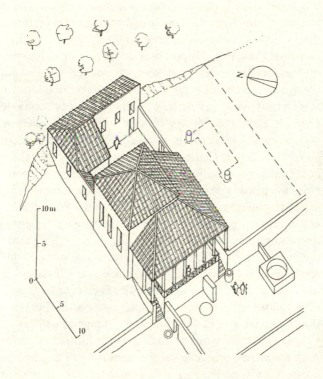

Fig. 4. Restitution axonométrique de la villa de San Rocco (première période). D'après S. Gibson.

rurale, conçue en fonction de la culture (huile, vin, céréales) et de l'élevage (bovins, ovins), la villa vitruvienne propose un exemple de *uilla rustica* identifiable dans les exploitations agricoles du premier siècle avant J.-C., mais relevant plus précisément aussi d'une tradition littéraire didactique notamment représentée, avant Vitruve, par les écrits agronomiques de Caton et de Varron. Il appert que la documentation fournie ici par Vitruve n'est pas située dans la perspective d'une *ratio symmetriarum* abstraite, mais s'inscrit dans le cadre, concret et pratique, des préceptes et conseils d'un ouvrage d'agronomie. Elle constitue l'une des composantes du large corpus agronomique dont les textes proposent, en des termes souvent identiques, préceptes généraux et conseils particuliers. Le texte vitruvien se révèle très proche ainsi des textes de Caton et, surtout, de Varron, comme seront très proches du texte vitruvien les écrits agronomiques de Pline l'Ancien, de Columelle, de Cetius Faventinus, de Palladius. Cette communauté thématique et formelle intéresse les principes mêmes de gestion de la ferme — l'adaptation nécessaire, singulièrement, de son exploitation à son étendue et aux ressources qu'elle offre. Elle intéresse également la distribution des différentes parties de la *uilla*, s'agissant notamment de la définition de la cour comme composante fonctionnelle et structurelle essentielle de l'installation agricole, de la situation aussi des pièces eu égard aux activités qui y sont exercées ; elle intéresse encore l'exposition à donner aux étables, cuisines, hangars, celliers…, l'espace nécessaire aux animaux. Si l'information du *De Architectura* est originale sur quelques points : mention du pressoir à vis, de hangars spécifiques tels que ceux pour l'épeautre, le développement consacré par Vitruve à la villa relève fondamentalement de la littérature agronomique… en se teintant, en un passage au moins, d'une fraîcheur poétique qui eût pu être celle d'un tableau de nature lucrétien ou de quelque évocation champêtre du Virgile des *Géorgiques* : image des bœufs, à la belle robe, prenant leur pâture, par beau temps, au soleil du matin[47].

La maison grecque : Longtemps texte de référence pour les modernes en tant que source essentielle d'infor-

---

47. *Arch.* 6,6,5.

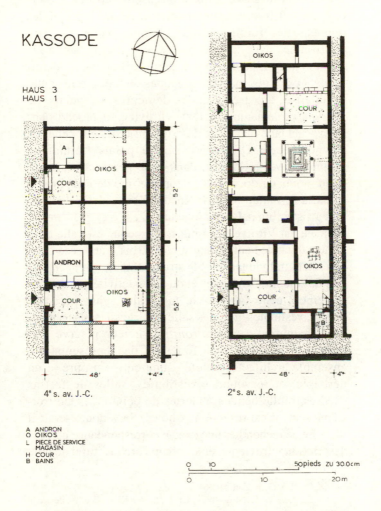

Fig. 5. Plans de maisons, à Kassopè. D'après W. Höpfner et E. L. Schwandner.

mation sur l'habitat grec antique, le développement que consacre Vitruve à cette question suscita cependant interrogations et réserves sur sa pertinence dès lors que les données des fouilles archéologiques vinrent à être confrontées avec la documentation offerte par le *De Architectura*. L'habitat décrit parut difficilement identifiable à celui des maisons grecques étudiées, renvoyant, semblait-il, aux très grandes demeures, ou palais, de l'Égypte ptolémaïque. Le texte vitruvien, rapproché, dans son vocabulaire même, de descriptions telles que celles de l'hypodioécète Diotimos[48] ou du palais flottant de Ptolémée IV[49] relèverait, dans cette perspective, beaucoup moins du document historique que de l'ekphrasis, selon la formulation de J. Raeder-Keil[50], de la description artiste d'un palais de légende. Il est vrai que l'image projetée par Vitruve de la maison grecque est celle d'un riche habitat de haut niveau social. Trois grands secteurs, nettement individualisés[51] le structurent : le *gynaeconitis* lieu de séjour des femmes et de leurs activités, mais plus largement centre de la vie familiale, ayant péristyle propre, vestibules, grandes salles de travail, salles à manger, chambres... ; l'*andronitis*, secteur réservé aux hommes, assurant une fonction de représentation, ensemble architectural doté d'une entrée propre, d'un péristyle, et regroupant vestibules, salles de festins exèdres, bibliothèques, galeries de peinture... Un troisième secteur est réservé aux hôtes. Sans doute serait-il illusoire de rechercher une exacte correspondance entre la description vitruvienne et le schéma architectural de telle

---

48. Cf. *Pap. Cairo* Zen. 59 764.

49. Cf. Athénée 5,204 d -206 c. Cf. J. Raeder-Kiel, « Vitruv, de architectura VI,7 (*aedificia Graecorum*) und die hellenistische Wohnhaus- und Palastarchitektur », *Gymnasium* 95, 1988, 365 sq.

50. *Op. cit.* 363.

51. Cf. F. Pesando, *La Casa dei Greci*, Longanesi, Milan 1989.

ou telle maison grecque archéologiquement restituée. Le
travail d'Andreas Rumpf[52] tendant à retrouver le schéma
vitruvien dans chacune des parties de la Maison des
Masques de Délos était, à cet égard, trop systématique
sans doute. Il ébauchait cependant les lignes essentielles
d'une appréciation plus mesurée de la documentation
vitruvienne que différentes analyses archéologiques
postérieures ont justement rapprochée de la réalité du terrain : celle par exemple, de la Maison du Magistrat, de
Morgantina, où peuvent être retrouvés les deux grands
premiers secteurs de la description vitruvienne[53] ; celle
des maisons d'Érétrie à double péristyle et dont l'entrée
(celle du moins de la Maison II) s'accorde avec l'information du *De Architectura*[54], celle encore des Maisons
de Délos à vestibule fermé par deux seuils successifs, dispositif à rapprocher de la description par Vitruve[55] de
l'entrée de la Maison grecque et caractéristique d'un
groupe restreint de riches habitations de l'âge hellénistique avancé, modernes encore au temps de César et
d'Auguste, comme le souligne Chr. Llinas[56].

Présentant son développement sur la maison grecque
dans une perspective moins fonctionnelle que culturelle
(« pour que cela soit connu, écrit-il, je vais maintenant
présenter à grands traits le type d'agencement des
constructions en usage en Grèce »)[57], Vitruve paraît avoir
voulu construire un modèle-type d'habitat à partir d'une
structure architecturale classique de large notoriété —

---

52. A. Rumpf, « Zum hellenistischen Haus » *Jahrbuch des Deutschen
Archäologischen Instituts*, L, 1935, 1-8.

53. Cf. E. Pesando, *La Casa dei Greci*, Longanesi, Milan 1989, 203 sq.

54. Cf. K. Reber ; « Aedificia Graecorum. Zu Vitruvs Beschreibung des
Griechischen Hauses », *Archeologischer Anzeiger*, 1988, 4, 654-666.

55. *Arch.* 6,7,1.

56. Cf. Chr. Llinas, « Inter duas ianuas à la Maison du Lac », *B.C.H.*, *Spl.*
1, *Et. Déliennes*, 1973, 287-328.

57. *Arch.* 6,6,7.

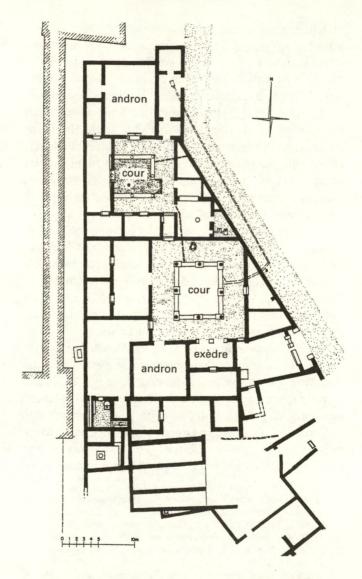

Fig. 6 . Maisons d'Érétrie à deux cours. D'après K. Reber.
a. Maison I.

Erétrie. Maison II :

t. entrée (accessible avec un attelage) . **n.** péristyle. **v-x, o-r.** réserves ou salles de travail ou de service. **e.** andron (12 lits de table). **f.** andron(7 lits). **g.** petite pièce annexe. **i.** large passage entre les androns et le péristyle. **l.** deuxième cour (formant une unité d'habitat avec les pièces **a-d**, au nord, où se trouvent cuisine et bains et **s**, au sud). **b-d.** chambres

Fig. 6. Maisons d'Érétrie à deux cours. D'après K. Reber.
b. Maison II.

celui à *megaron* (*oecus*)[58], mais aussi d'une réalité historique, à situer essentiellement au IIe siècle avant notre ère, mais non encore disparue à son époque comme le suggère l'emploi du présent retenu pour l'exposé[59]. Marquant, dès

58. Cf. A. Boëthius, « Vitruvius and the Roman Architecture of his Age », *Dragma* (Fetschrift M.P. Nilson), II, 1939, I, 128.

59. A. Corso, « La Casa greca secondo Vitruvio », *Archeologica Veneta*, XXI-XXII, 1998-1999, 37 sq.

les premières lignes de cet exposé où il souligne l'absence d'atrium dans la maison grecque, un net départ, à la fois architectural et sociologique, entre les domaines grec et latin, Vitruve propose cependant, en décrivant une maison hellénistique monumentale, luxueuse, ordonnée, une projection, non pas artificielle (hypothèse peu crédible dans le contexte du traité)[60], mais idéale, des riches demeures patriciennes romaines du début de l'Empire. La maison grecque vitruvienne semble devoir être considérée comme un modèle à la fois concret et abstrait : concret par ses composantes, abstrait par la synthèse de ces composantes en un ensemble recomposé.

Le chantier : Au terme d'un développement de caractère surtout abstrait et théorique, théorie générale dans les premiers chapitres, puis théorie appliquée à trois types d'habitat domestique : la *domus*, la *uilla* et la maison grecque, le dernier chapitre du livre VI oriente l'exposé vers le plan plus concret et matériel des techniques et de l'organisation du chantier. L'information technique est située par Vitruve en référence à la notion de *firmitas*, terme récurrent dans le *De Architectura* (19 exemples) et définissant dans le livre I, avec les notions d'*utilitas* et de *uenustas*, la finalité même de la création architecturale[61]. Vitruve met, en prélude à ce chapitre[62], la *firmitas* en regard de la *uenustas* et du *decor*, associant ces deux derniers concepts aux analyses précédentes, ainsi identifiées comme une approche esthétique et de convenance des trois types d'habitat évoqués : perception de l'ouvrage en tant qu'objet artiste, séduisant (*uenustas*), porteur d'une beauté « nécessaire » et adaptée (*decor*).

60. Malgré l'interprétation de F. Benoit, *Recherches archéologiques dans la région d'Aix en Provence*, Gallia V,1 1947, 116-119.
61. *Arch*. 1,3,2.
62. *Arch*. 6,7,7.

Annonçant un exposé portant sur les méthodes de construction susceptibles d'assurer la solidité pérenne des édifices, Vitruve n'établit en réalité aucune relation précise entre son développement précédent, l'idéal évoqué d'eurythmie architecturale, et les moyens matériels mis en œuvre sur un chantier pour sa réalisation. Les techniques mentionnées, dont certaines, semble-t-il, choisies pour leur intérêt d'utilisation dans des cas difficiles — ainsi des *anterides* et des *structurae diagoniae*[63] (dont une application a été identifiée à la Domus Flavia, sur le Palatin)[64] — intéressent essentiellement les fondations et les substructions et restent quelque peu marginales par rapport à l'économie générale du traité. Cette documentation limitée — l'auteur écarte explicitement les informations touchant la couverture et la charpente dont les éventuelles réparations sont jugées sans problème[65] — et qui pourrait être appliquée à différents types d'édifices autres que ceux de l'habitat domestique eût pu trouver sa place dans une rubrique d'information générale sur les techniques de construction, en complément notamment de la notice du livre II consacrée à cette question[66]. En prise beaucoup plus directe et vivante avec le quotidien des chantiers était assurément la procédure préconisée par Vitruve, dans son chapitre 6[67], pour résoudre le problème de réception de la lumière dans une zone de forte densité urbaine : déterminer la position des ouvertures qu'il implique non par le recours à des normes abstraites ou à de savants calculs, mais par l'usage empirique d'une ficelle, ou cordeau.

---

63. Cf. *Arch*. 6,8,6, notes 1-3 ; 6,8,7, note 1.
64. Cf. G. Carettoni, « Le anterides di Vitruvio. Un esempio di applicazione pratica », in *Città e Architettura nella Roma Imperiale (Analecta Romana Instituti Danici Suppl.* X), Odense University Press 1983, 15-19.
65. *Arch*. 6,8,8.
66. *Arch*. 2,8,1.
67. *Arch*. 6,6,6.

C'est l'image — allusive — enfin des grandes étapes d'une construction (habitat privé ou construction publique) que projette Vitruve dans le dernier développement du livre VI[68] : la commande (responsabilité du *dominus*), le projet (qu'établit l'architecte), l'exécution (à la charge de l'*officinator*), l'appréciation portée aussi sur la somptuosité de la réalisation, la qualité de son exécution, l'eurythmie de son architecture. De ce processus étroitement soumis à des exigences complexes : économiques, sociales, matérielles et où l'architecte ne fut sans doute, le plus souvent, comme le note P. Gros[69], que « l'un des rouages d'organisations complexes et très fluides poussant au premier plan le nom de celui qui commande et qui paie », Vitruve choisit de dégager seulement la figure idéalisée d'un architecte concepteur.

Fondements culturels, professionnels, personnels

Comme pour les autres livres du *De Architectura*, la recherche des facteurs essentiels d'influence ayant orienté l'élaboration du livre VI se heurte aux lacunes de l'information touchant les éventuelles sources, orales et textuelles, du traité et la personne même de l'auteur. Sur cette dernière question, l'Introduction au livre VI apporte, il est vrai, quelques renseignements instructifs : sur l'éducation, singulièrement, voulue et favorisée par ses parents, tendant à l'acquisition, sous l'autorité de *praeceptores*, d'une large culture (*encyclio doctrinarum omnium*) et d'une compétence professionnelle (*me arte erudiendum curauerunt*) : « Je garde, écrit Vitruve[70], une

---

68. *Arch.* 6,8,9.
69. « Les architectes grecs, hellénistiques et romains », in *Histoire de l'architecte* (L. Callebat edit.), Flammarion, Paris 1988, 32.
70. *Arch.* 6, pr.4.

reconnaissance très vive, infinie, à mes parents qui [...]
eurent à cœur de me former à une profession dont la pratique correcte exige des connaissances et l'étude encyclopédique de toutes les sciences ». Renseignements
encore sur un statut social d'architecte n'ayant pas
acquis la notoriété — avec projection, en arrière-plan,
d'un milieu professionnel gâté par les intrigues et les
malversations ; affirmation, en regard, d'un attachement
personnel aux valeurs morales traditionnelles et au respect d'une stricte déontologie professionnelle ; croyance
enfin en la survie littéraire (*etiam posteris ero notus*).
Pour limitées qu'elles soient, les informations ainsi données par l'auteur sont susceptibles d'éclairer cependant
quelques particularités de sa démarche : son choix
notamment, comme modèles-types d'étude (s'agissant
aussi bien de la *domus* à atrium que de la maison grecque
à mégaron – *oecus*) de partis architecturaux inscrits dans
une tradition ancienne ; son goût également pour l'élargissement culturel (historique, scientifique...) d'une
documentation de spécialiste ; la transmission encore
d'informations techniques (ainsi dans le dernier chapitre
du livre) tirées vraisemblablement d'une expérience pro-
fessionnelles.

On peut, après A. Boethius[71], envisager ainsi, aux
sources du *De Architectura*, trois plans essentiels :

. une information livresque, renvoyant à l'architecture
classique et hellénistique

. un enseignement d'école, fondé sur une réalité architecturale plus récente, mais devenue matière académique

. le point de vue d'un praticien sur des techniques nouvelles ou usuelles, de son temps.

Il appert cependant que ce type de classification, pertinent comme définition des grandes lignes d'influence

---

71. *Op. cit.* 114 sq.

identifiables dans le traité (mais un départ net reste difficile à établir entre information livresque et enseignement d'École) demande à être étayé par une analyse particularisée, les trois plans étant susceptibles d'interférer et les facteurs d'influence variant nécessairement suivant les thèmes traités.

La notion de symmetria et le schéma de la domus : Notion donnée comme fondamentale de l'enquête conduite sur l'habitat, la *symmetria* était déjà proposée — dans une formulation d'un normatisme plus rigoureux — en exergue du premier chapitre du livre III, comme principe de base de l'ordonnance des édifices religieux : « L'ordonnance des édifices religieux, écrivait Vitruve, est fondée sur la symétrie dont les architectes doivent respecter le principe avec le plus grand soin. Celle-ci naît de la "proportion" qui se dit en grec ἀναλογία. La "proportion" consiste en la commensurabilité des composantes en toutes les parties d'un ouvrage et dans sa totalité obtenue au moyen d'une unité déterminée qui permet le réglage des relations modulaires »[72]. Deux niveaux d'influence peuvent être envisagés ici : celui, tout d'abord, d'une influence livresque, ou d'École, touchant une notion qui participe à la fois de la théorisation et de concepts opératoires : emprunté au grec, le mot s'est spécialisé dans les vocabulaires romains des arts plastiques et de l'architecture, comme le suggère notamment son emploi chez Varron

> *harum aedium*
> *summetria confutabat architectones* (« l'harmonie relationnelle de cette maison confondait les architectes »)[73] et chez Pline l'Ancien, à propos de la peinture

---

72. *Arch.* 3,1,1. Traduction P. Gros. Cf., pour les théâtres, *Arch.* 5,6,7.
73. *Men.* 260 (249) Cèbe.

de Parrhasius[74] et du statuaire Euphranor[75]. Le fait cependant que la première occurrence connue en latin du mot figure chez Varron, que cet auteur propose, pour la première fois aussi semble-t-il, la correspondance *proportio*/ἀνάλογον[76] constituent un indice au moins d'influence de l'auteur des *Disciplinarum Libri* (de sa section architecturale, plus précisément), cette influence n'excluant pas l'utilisation par Vitruve des modèles graphiques ou des tables d'approximation auxquels pouvaient avoir recours les professionnels[77].

C'est, en revanche, d'un choix vraisemblablement personnel que relève le très large développement donné à l'application du principe de la *symmetria* et de son exploitation dans un schéma architectural de *domus* où le péristyle figure comme composante canonique, où figurent aussi *oeci* et pinacothèques, mais qui n'est pas celui d'une maison nettement individualisée, nettement identifiable à un moment déterminé, dans un lieu déterminé : ce schéma est celui, essentiellement conceptuel, d'un modèle-type, inscrit dans la tradition de la maison à atrium, modulable cependant en de nombreuses variantes et dont l'éventuelle actualisation ne concernerait seulement qu'un habitat de haut niveau social — constante à situer dans une double perspective : celle, architecturale, de constructions appelées à répondre à un idéal de beauté et d'eurythmie nécessairement lié à des contraintes économiques ; celle,

74. *N.H.* 35,129.

75. *N.H.* 35,128. Sur la notion de *symmetria*, sur ses résonances néoplatoniciennes, sur son utilisation dans le domaine des arts, sa relation avec le concept de beauté, cf. P. Gros, *Vitruve, De l'Architecture*, livre III, texte établi, traduit et commenté par P. Gros, Les Belles Lettres, Paris 1990, 56-60 ; L. Callebat, « Rhétorique et Architecture dans le *De Architectura* de Vitruve », *Le Projet de Vitruve* (Coll. de l'École française de Rome 192), Rome 1994, 40sq.

76. Cf. *L.L.* 10,2.

77. Cf. P. Gros, *Vitruve, De l'Architecture*, livre III, XLIII-XLIX.

d'autre part, de la relation établie entre type d'habitat et statut social[78].

Dans le traitement de cette dernière question, le *De Architectura* laisse percevoir une triple influence : celle, d'abord, du débat intellectuel et moral, dès longtemps engagé sur le luxe de l'habitat[79] ; celle, d'autre part, d'une situation contemporaine, marquée par l'épanouissement de ce luxe, mais les réserves aussi, morales ou politiques, manifestées à son endroit : Auguste, rapporte Suétone[80], faisait lire au Sénat, ou connaître au peuple par édit, des ouvrages entiers tels que le discours de Rutilius : *De modo aedificiorum* (« Sur la mesure dans les constructions ») ; celle, enfin, du choix même de l'auteur traitant le problème, non en moraliste, mais dans une perspective professionnelle.

Économie agricole et habitat rural : Cette orientation de caractère professionnel semble participer, en fait, d'une conception de l'habitat par laquelle se trouvent privilégiés, non seulement le statut social de ses propriétaires, mais aussi et, sans doute d'abord, leur fonction exercée dans la vie politique, économique, culturelle du monde romain. Dans le chapitre 5 de son sixième livre, qui spécifie par des exemples la notion de *distributio* appliquée à l'habitat privé [81], Vitruve ne s'intéresse pas seulement aux hauts dignitaires et responsables politiques, mais à tous ceux (commerçants, financiers, avocats, rhéteurs…) dont les activités sont au cœur même de la vie de la cité. Une même approche peut être identifiée dans le développement du *De Architectura* concernant la *uilla*. Vitruve ne

---

78. Cf. *supra*, p. XXVII-XXIX.
79. Cf. E. Romano, « Da De officiis a Vitruvio, da Vitruvio a Orazio : Il dibattito sul lusso edilizio », *Le projet de Vitruve*, 63-73.
80. *Aug.* 89.
81. Cf. *supra*, p. XXVII-XXIX.

réserve qu'une référence très brève à la *uilla suburbana* considérée comme un prolongement, dans l'*otium*, de la *domus* urbaine ; aucune mention n'est faite non plus de types particuliers de *uillae* qui eussent pu intéresser un architecte, les *uillae maritimae* singulièrement dont l'essor fut vraisemblablement contemporain de l'époque de rédaction du *De Architectura*[82]. Seule est retenue comme objet d'étude la *uilla rustica*[83], à vocation proprement agricole, relevant donc d'intérêts économiques et d'orientations politiques essentiels. La description vitruvienne de la villa, qui intéresse essentiellement ses composantes de « production », notamment envisagées en groupes fonctionnels (ainsi du rapprochement de la cuisine, source de chaleur, des étables, des bains, du pressoir…) et qui répond au critère fondamental d'*utilitas*, s'inscrit donc dans la tradition d'une littérature proprement agronomique[84]. Varron doit être ici retenu comme principal *auctor*. La question reste posée de savoir si l'auteur des *Res rusticae* traitait également de la villa dans le livre (ou section) des *Disciplinarum* consacré à l'architecture.

La maison grecque : Le traitement par Vitruve de la maison grecque se révèle différent de celui de la *domus* et de la *uilla* en tant qu'un plus grand intérêt est ici porté à la vie domestique de l'habitat. Il paraît exclu, nous l'avons dit[85], s'agissant d'un traité, que le texte de Vitruve relève ici d'une *ekphrasis*, même si les descriptions de demeures

---

82. Cf. X. Lafon, « Vitruve et les villas de son temps », *Munus non ingratum*, 188-193 ; Sur ces villas, voir X. Lafon, *Villa maritima. Recherches sur les villas littorales de l'Italie romaine (IIIe siècle av. J.-C. – IIIe siècle ap. J.-C.)*, BEFAR 307, Rome 2001.

83. Cf. A. Carandini, « La villa romana e la piantagione schiavistica », *Storia di Roma*, IV, Turin 1989, 101 sq.

84. Cf. *supra*, p. XXIX sq.

85. Cf. *supra*, p. XXIV sq.

spécifiques constituent, depuis l'époque archaïque, un topos de la littérature grecque : description, chez Homère, du palais d'Ulysse, à Ithaque ; de Ménélas, à Sparte ; de la « villa » de Laërte, à Ithaque ; chez Lysias, de la maison d'Euphilétos ; de celle d'Isomaque, chez Xénophon ; de celle de Critias, chez Platon[86]. Mais aucune information sûre ne peut être donnée, soit sur la connaissance directe que Vitruve aurait pu avoir de cet habitat, soit sur les textes architecturaux grecs dont il aurait pu s'inspirer. On constatera seulement que la procédure initiale de description est analogue à celle choisie pour la *domus* : étude développée à partir d'un modèle d'habitat-type, de vieille tradition, essentiellement applicable, dans ses actualisations, à des maisons de haut niveau social. Varron avait-il également consacré une section architecturale des *Disciplinarum libri* à la maison grecque ? Le fait que certains mots grecs relevant du vocabulaire de l'habitat (*gynaeconitis* par exemple) soient d'abord connus par son œuvre constitue un indice possible de cette interprétation[87]. Mais l'hypothèse demeure très fragile.

Arrière-plan culturel : Reste un vaste arrière-plan culturel, intéressant non seulement des anecdotes telles que celle d'Aristippe, anecdote directement empruntée peut-être à Cicéron[88], mais des thèmes aussi ou théories morales, scientifiques ethnographiques — telles que celle sur les illusions de la vue[89] ou sur le rapport liant les particularités physiques et morales des populations à un environnement géographique et au climat[90]. L'influence

---

86. Cf. A. Corso, « La Casa greca secondo Vitruvio », *Archeologia Veneta, XXI-XXII*, 1988-1999, 38.

87. Cf. A. Corso, *ibid.*.

88. Voir notre Commentaire : *Arch.* 6, pr.1, note 2.

89. Voir notre Commentaire : *Arch.* 6,2,2 notes 1 sq.

90. Voir notre Commentaire : *Arch.* 6,1,31 notes 1sq.

livresque et l'enseignement d'École sont ici nettement
manifestés.

Lectures du livre VI   Les lectures modernes du
livre VI furent d'abord de
déchiffrement et d'interprétation, s'agissant d'un texte de
caractère abstrait, dans la description au moins de la
domus, ésotérique aussi par la nouveauté de son vocabulaire, ayant perdu surtout, depuis l'effondrement, au ve
siècle, de l'Empire romain, tout point de référence avec
une matérialité historique observable. Pour mieux com-
prendre ce livre, les humanistes et artistes de la
Renaissance s'attachèrent, comme pour les autres livres
du traité, à un travail à la fois lexicologique (la contribution de traducteurs tels que Jean Martin fut, sur ce plan,
importante), critique (Fra Giocondo, Barbaro…) et aussi
d'illustration (dans l'édition vénitienne déjà de Fra
Giocondo, en 1521). S'attachant par l'image à préciser le
système vitruvien des proportions (Cesare Cesariano, par
exemple, pour les atriums et autres pièces), traitant de
manière privilégiée certaines parties de la maison
(atriums/_cauaedia_ et _oeci_ notamment), ils proposèrent des
analyses en quelques cas éclairantes (ainsi, chez Palladio,
pour les _oeci_[91]), proches de l'écrit vitruvien (pour le diagramme de la maison grecque, par exemple, chez
Cesariano), mais manifestant fréquemment aussi leur
incompréhension du texte (ainsi, chez le même Cesariano,
pour les illustrations des _cauaedia displuuiata_ et _testudi-
nata_ ou des dispositifs en dents de scie décrits par Vitruve,
au chapitre 8). Créant surtout une représentation de la maison romaine fondée sur une lecture personnelle du texte
interférant avec un discours sur les problèmes de leur

---

91. Cf. A. Maiuri, « Gli oeci vitruviani in Palladio e nella casa pompeiana ed ercolanese », _Palladio_ II, 1952, 1-8.

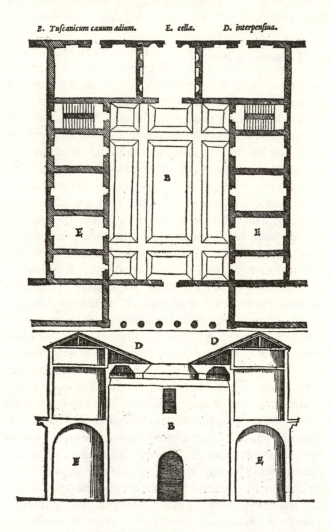

Fig. 7. Une illustration de la Renaissance : *Cauumaedium Tuscanicum*. Édition de Barbaro 1567.

temps, voire leurs propres problèmes[92], projetant sur cette représentation la figuration de formes, lignes, structures empruntées aux demeures contemporaines, ils forgèrent une restitution imagée subjective du texte vitruvien, séduisante, sans doute, mais déformée. Ce texte, en fait, qui définissait la *domus* en fonction d'un système conceptuel et dont le type normatif et descriptif tendait à réduire la partie graphique se prêtait mal à l'image.

Il est assurément significatif que les descriptions faites par Pline le Jeune de ses *uillae*, descriptions sans doute foisonnantes et difficiles à fixer dans un lexique, mais beaucoup plus intimement inscrites dans les activités vivantes d'une demeure, aient constitué, pour les architectes et artistes des temps modernes, un texte privilégié de référence et d'inspiration, se prêtant plus facilement, semblait-il, que celui de Vitruve à des restitutions graphiques, voire à un travail proprement dit de création[93].

Ni les *Lettres* de Pline cependant, ni le Sixième Livre de Vitruve ne parurent d'abord apporter une réponse précise aux interrogations soulevées par les vestiges d'habitat romain progressivement mis au jour — plan d'ensemble, identification des pièces...—, alors qu'une double démarche orientait l'utilisation de ces textes : recherche d'une meilleure compréhension à la fois des vestiges par le texte et du texte par les vestiges.

C'est en s'aidant ainsi du *De Architectura*, mais sans véritablement convaincre, que, dans un ouvrage publié à Rome, en 1795, *Delle case di città degli antichi romani, secondo la dottrina di Vitruvio*, P. Marquez s'attacha à

92. Cf. Pavlievich (Zoubov), « Vitruve et ses commentateurs au XVIᵉ siècle », *La science au XVIᵉ siècle* (Colloque international de Royaumont, 1-4 juillet 1957), Histoire de la pensée, 2, Paris 1960, 59-89.
93. Sur cette question, voir P. de la Ruffinière du Prey, *The Villas of Pliny, from Antiquity to Posterity*, The University of Chicago Press, Chicago 1994.

restituer, avec son plan général, les différentes pièces
d'une maison antique : portes, atrium, péristyles...
Traducteur de Vitruve, le marquis de Galliani regrettait,
pour sa part, dans une note de son édition de 1758 (VI,3,
note 1), l'absence d'une documentation archéologique
susceptible de faciliter la compréhension du texte vitruvien. À mesure toutefois que s'enrichissait l'inventaire
pompéien, la découverte du type d'habitat mis au jour
parut favoriser une confrontation plus éclairante entre les
informations du livre VI et les données du terrain. Cette
nouvelle approche est nettement définie par Quatremère
de Quincy[94] : « Les maisons particulières de Pompéi, soit
dans leurs plans, soit dans les restes de leurs élévations,
ont donné lieu à des rapprochements faciles à faire de
leurs dispositions intérieures, avec les descriptions que
Vitruve nous a laissées des maisons de son temps. Le texte
de cet écrivain, privé de dessins explicatifs, est demeuré en
quelques endroits d'une obscurité qu'on aurait eu de la
peine à dissiper sans les découvertes de la ville de Pompéi.
Par exemple, il distingue dans la disposition intérieure des
maisons cinq espèces de cauaedium ou d'atrium ; savoir,
le toscan, le tétrastyle, le corinthien, le displuuiatum et le
testudinatum. En rétablissant sur les plans, et d'après les
restes de murs et de colonnes qui subsistent, un bon
nombre de maisons de Pompéi, on retrouve avec assez
d'exactitude toutes les variétés que Vitruve a établies dans
cette partie de l'art des distributions intérieures. »
    Quel que soit l'apport effectif de cette approche —
approche diverse, au demeurant, selon qu'elle était celle
d'un historien, d'un architecte, d'un archéologue — bien
des questions demeuraient sans réponse et la confrontation
même établie entre données du terrain et documentation
vitruvienne ne laissait pas de soulever de nouvelles inter-

94. *Dictionnaire d'Architecture*, Paris 1832(1795-1825), *s.u.* Pompéi.

rogations : celle, singulièrement, posée autour de l'atrium, de la nature, grecque ou latine, de la *domus*, celle aussi d'une mise en perspective historique, étrangère au livre VI, mais qu'appelait la perception progressive sur le terrain de différentes étapes et phases de construction[95]. L'approche définie par Quatremère de Quincy pose, dans une perspective exacte cependant, les lignes essentielles d'une interprétation longtemps et largement adoptée, prenant légitimement en compte l'apport important du texte vitruvien, mais tendant à dégager de ce texte et des fouilles campaniennes le concept équivoque de « maison romaine ». Il n'existe, en réalité, nous l'avons dit, ni « maison romaine » ni « maison vitruvienne » très exactement identifiable sur le terrain, mais *des* maisons romaines et un traité d'architecture proposant, suivant un projet défini, une information particulière sur l'habitat privé de l'Antiquité grecque et latine.

Ce traité apparaît lacunaire à qui recherche une histoire de l'habitat antique étudié dans ses différents types, à différentes époques et dans les différentes étapes et formes de son évolution ; pour qui souhaite retrouver aussi, dans les informations transmises, une analyse et une description détaillées de la totalité des composantes des maisons grecques et latines, de leur plan, de leur distribution architecturale. Seul ouvrage toutefois de spécialiste qui nous soit parvenu sur l'habitat antique, le texte vitruvien reste un document essentiel pour les modernes,[96] texte ayant facilité l'identification des pièces de la *domus* et de la maison grecque, ayant fourni, par son schéma-type et par un vocabulaire spécifique des points de repère et d'enquête comparative fondamentaux.

---

95. Sur ces questions, cf. *Pompéi, Travaux et Envois des architectes fran-çais au XIXᵉ siècle*, Paris-Rome-Naples 1981, 91-98.
96. Telle n'était naturellement pas sa vocation originelle.

Cerner cependant l'intérêt et l'originalité d'un livre consacré à l'architecture privée implique que soit posée, dans son contexte de création, la question du projet même de l'auteur : Comment un architecte et théoricien des dernières décennies républicaines a-t-il conçu une étude sur l'habitat domestique ?

Si ce projet s'intègre, s'agissant de la *uilla rustica*, dans la tradition didactique, sociale et littéraire, de la littérature agronomique latine, s'il projette, de la maison grecque, une image qui a pu apparaître comme un reflet idéalisé des riches demeures patriciennes romaines du début de l'Empire, mais qui en est nettement démarquée aussi dans sa conception architecturale et sociale, il affirme plus nettement sa complexité et son originalité dans la représentation de la *domus*. Une triple préoccupation singularise cette représentation : celle d'une construction eurythmique fondée sur la structuration mathématiquement calculée de l'espace ; celle de la mise en relation de cet espace avec un environnement naturel ; celle enfin de son adaptation à des milieux sociaux déterminés. Le Livre VI du *De Architectura* propose ainsi sur l'habitat une vision d'architecte, abstraite sans doute, mais dont l'abstraction est, pour une part au moins corrigée par l'importance accordée à la fonction sociale, économique, culturelle des habitants d'une maison, par la conception complexe, également, d'une description technique enrichie d'un substrat scientifique, ethnographique, moral, par l'image même enfin donnée dans ce livre de l'architecte : image personnalisée d'un architecte confronté sans doute aux intrigues et difficultés de sa profession, n'accédant que difficilement à une notoriété publique, mais affirmant le respect nécessaire d'une déontologie, le primat surtout de la culture et la spécificité du travail de l'architecte, sa « gloire » : être un concepteur.

* * *

Le texte a été établi à partir des vingt manuscrits utilisés pour l'édition, dans cette même Collection, du livre II du *De Architectura*. S'ajoutant aux seize manuscrits précédemment utilisés ont donc été pris en compte les quatre manuscrits étudiés et retenus par Catherine Jacquemard :

Vatican, Biblioteca Apostolica Vaticana, Urb. Lat. 293 (sigle *U*) XIᵉ s. L. Ciapponi, Reynolds ; XIᵉ-XIIᵉ s. E. Pellegrin[97].

Firenze, Biblioteca Nazionale, Magliabechianus 17-5 (sigle *M*) 1453.

Roma, Biblioteca Vallicelliana, Vallicellianus D31 (sigle *R*) XVᵉ s.

Madrid, Biblioteca Nacional, ms. 10075, « Toletanus » (sigle T) XVᵉ s.[98]

Aux six manuscrits primaires (*E*, *G*, *H*, *W*, *V*, *S*) régulièrement cités dans l'apparat, conformément aux principes retenus pour les autres volumes du *De Architectura* parus dans cette Collection, a été ajouté le *Vaticanus Urb. Lat.* 293, contemporain de *G*, dont la collation a ici confirmé l'intérêt qu'il présente pour l'établissement du texte. La situation exacte de ce manuscrit reste à préciser, mais son indépendance, en plusieurs passages, par rap-

---

97. L. A. Ciapponi, « Il De Architectura di Vitruvio nel primo umanismo (dal ms. Bodl. Auct. F. 57) », *Italia Medioevale ed Umanismo* III, 1960, 59-99 ; L.B. Reynolds, *Texts and Transmission. A Survey of the Latin Classics*, Oxford 1986(1983¹), 442 ; E. Pellegrin, *Manuscrits classiques de la Bibliothèque Vaticane*. Catalogue établi par E. Pellerin, Paris 1982, II,2, 533-534.

98. La description de ces trois manuscrits est présentée par C. Jacquemard dans l'édition du *De Architectura*, livre II, Les Belles Lettres, Paris 1999, LXI-LXII.

port à *G* induit à ne pas le considérer (avec L.D. Reynolds) comme sa copie, sans une étude élargie à l'ensemble du *De Architectura*[99].

Le témoignage des autres manuscrits n'a été retenu que pour indiquer l'origine d'une leçon choisie, pour mentionner une conjecture digne d'intérêt ou pour mettre en évidence des groupements caractéristiques.

*

* *

Ma reconnaissance est particulièrement vive à l'égard de J.-P. Chausserie-Laprée, Professeur émérite à l'Université de Provence, qui avait envisagé, lors de sa préparation au Doctorat d'État, de présenter l'édition de ce livre comme « thèse secondaire ». Renonçant à ce projet, après la suppression de ce type de thèse et en raison d'orientations nouvelles de recherche, il m'a alors remis — avec un remarquable désintéressement — la totalité de son travail préparatoire. Repris près de trente ans plus tard, et malgré la richesse des travaux publiés depuis lors sur l'habitat antique, ce travail n'avait rien perdu de sa pertinence et de son utilité.

Extrêmement précieuses m'ont été par ailleurs les différentes remarques et observations de mon réviseur, P. Gros, qui m'a fait largement bénéficier de son exceptionnelle compétence.

J. Soubiran m'a permis, pour sa part, de cerner plus précisément le problème complexe du *schema trigonii* et des questions cosmographiques y afférentes : Un très amical merci.

Je tiens à remercier également le Centre de Publications de l'Université de Caen, et plus spécialement,

99. Étude actuellement entreprise par C. Jacquemard.

sa Directrice C. Jacquemard, son Directeur technique D. Roux et Cédric Lacherez, grâce auxquels ont pu être numérisées les illustrations du texte.

Madame J. Potier, Collaboratrice technique à l'Université de Caen, m'a apporté une aide importante pour la mise en forme matérielle de ce travail. Je l'en remercie très sincèrement.

SIGLA

1) *Libri manuscripti :*

H	Harleianus 2767	saec. IX
P	Parisinus 10277 Pithoeanus	saec. X
E	Gudianus 132 Epitomatus	saec. X
L	Vossianus 88	saec. X
S	Scletstatensis 1153 b, nunc 17	saec. X exeuntis
v	Vaticanus Regin. 1504	saec. X exeuntis
f	Franekeranus, B. A. Fris. 51	saec. X-XI
b	Bruxellensis 5253	saec. IX uel XI ineuntis[1]
G	Gudianus 69	saec. XI
l	Vossianus 107	saec. XI
e	Escorialensis III f 19	saec. XI
c	Cottonianus Cleop. D 1	saec. XI
h	Harleianus 3859	saec. XI uel XII
p	Parisinus 7227	saec. XI uel XII
U	Vaticanus Urb. Lat. 293	saec. XI uel XII
U[r]	Vaticanus Urb. Lat. 293	*recentior manus*
W	Vaticanus Regin. 2079	saec. XII
V	Vaticanus Regin. 1328	saec. XV ineuntis
M	Magliabechianus 17.5	1453
R	Vallicellianus D.31	saec. XV
T	Matritensis ms. 10075 («Toletanus»)	saec. XV

---

1. Pour ces datations, voir F. Peeters dans *Mélanges Grat*, 1949, p. 119-243.

2) *Editiones et uaria :*

pr.	Editio Princeps : Sulpicius Verulanus, Rome, Herolt, 1487 (?).
Florentina	Editio Florentina, Florence, Leonardo de Arigis, 1496.
Veneta	Ed. Veneta, Venezia, S. Papiensis Bevilacqua, 1497.
Gioc.	Ed. Fra Giocondo, Venise, Io. de Tridino alias Tacuino, 1511 ; Florence, Giunta, 1513.
Philandrier	*Gulielmi Philandri in decem libros M. Vitruvii Pollonios de Architectura annotationes*, Rome, A. Dossena, 1544 ; Paris, M. Frézendat et J. Kerver, 1545. Editio altera et locupletior, Lyon, Jean de Tournes, 1552.
De Laet	Ed. G. De Laet, Amsterdam, L. Elzevir, 1649 - cum... « *Observationibus G. Philandri integris, D. Barbari excerptis et C. Salmasii passim insertis... Accedunt Lexicon Vitruvianum B. Baldi... et eiusdem Scamilli impares Vitruviani* »...
Polenus	Ed. Polenus, *Exercitationes Vitruvianae* : Commentarius criticus de M. Vitruvii Poll. librar. editionibus ; additae sunt exercitationes secundae : Io. Bapt. Morgagni epist. in qua agitur de quodam Vitruvii loco rem medicam attinente ; M. Vitruv. Poll. vita conscripta a Bernardo Baldo cum addition. Io. Poleni ; anonymi scriptoris compendium architecturae Vitruv. cum annotatt. I Poleni, Patavii, Manfrè, 1739.
Perrault	Ed. C. Perrault, Paris, J. B. Coignard, 1763 ; *ibid.* 1684 (reprod. Liège, P. Mardaga, 1979).
Rode	Ed. A. Von Rode, Berlin, Mylius, 1800 (Leipzig, Göschen, 1796).
Schneider	Ed. I. G. Schneider, Leipzig, Göschen, 1807-1808.
Marini	Ed. A. Marini, Rome 1830.
Lorentzen	Ed. C. Lorentzen, *Observationes criticae ad Vitruvium*, Gotha, Engelhard Reyther, 1858.
Ro[1]	Ed. V. Rose et H. Müller-Strübing, Leipzig, Teubner, 1867.
Ro[2]	Ed. V. Rose, Leipzig, Teubner, 1899.

Rose	consensus utriusque editionis.
Krohn	Ed. F. Krohn, Leipzig, Teubner, 1912.
Ferri	Ed. S. Ferri, Rome, Palombi, 1960 (réédité, en 2002, chez Rizzoli par St. Maggi).
R.-S.	P. Ruffel et J. Soubiran, « Recherches sur la tradition manuscrite de Vitruve », *AFLT*, *Pallas*, IX, 1960, 3-154.
Granger	Ed. F. Granger, coll. Loeb, Londres, Heinemann, 1970 (1931-1934).
Fensterbusch	*De Architectura libri decem*, Darmstadt 1964.
Corso	Livre VI, dans *Vitruvio De architectura*, éd. P. Gros, Einaudi, Turin 1967.
Lephas	ΒΙΤΡΟΥΒΙΟΥ, Περι ΑΡΧΙΤΕΚΓΟΝΙΚΗΣ, 2 vol., Athènes 1997-1998.
Rowland, Noble	*Vitruvius Ten Books on Architecture*, Edit. I.D. Rowland, Th. Noble Howe, Cambridge University Press, 1999.

LIVRE VI

LIVRE VI

Préambule **1.** On raconte que, jeté par un naufrage sur le rivage de Rhodes, le philosophe Aristippe[1], disciple de Socrate, ayant découvert tracées là des figures géométriques, cria à ses compagnons : « ayons bon espoir : je vois des marques humaines[2] ! ». Là-dessus il gagna la ville de Rhodes[3], arriva droit au gymnase[4] et, y disputant philosophie, se vit offrir des dons qui non seulement suffisaient à ses propres besoins, mais assuraient aussi à ceux qui l'accompagnaient à la fois le vêtement et tous les moyens de première nécessité. Et quand ses compagnons, désireux de retourner dans leur patrie, lui demandèrent ce qu'il désirait faire dire chez lui, il les chargea alors du message suivant : il convenait que ses enfants soient munis de biens et de provisions de route tels qu'ils pussent au besoin les sauver d'un naufrage.[5] **2.** De fait les seuls appuis véritables de l'existence

LIBER SEXTUS

Praef. 1. Aristippus philosophus Socraticus, naufragio cum eiectus ad Rhodiensium litus animaduertisset geometrica schemata descripta, exclamauisse ad comites ita dicitur : « bene speremus ! hominum enim uestigia uideo ». Statimque in oppidum Rhodum contendit et recta gymnasium deuenit, ibique de philosophia disputans muneribus est donatus, ut non tantum se ornaret, sed etiam eis qui una fuerunt et uestitum et cetera quae opus essent ad uictum praestaret. Cum autem eius comites in patriam reuerti uoluissent interrogarentque eum quidnam uellet domum renuntiari, tunc ita mandauit dicere : eiusmodi possessiones et uiatica liberis oportere parari quae etiam e naufragio una possent enatare. **2.** Namque

VITRVVII LIB(ER) QVINT(VS) (*uel* V) EXPL(ICIT) *GUHLePvfpb* LIB(ER) V EXPLICIT *Sc*ᶜ EXPLICIT LIB̄ V W EXPLICIT LIB̄ QVINT' VITRVVII *I* L. VITRVBII LIBER V. EXPLICIT *R* : *om. EVMch*

INCIPIT LIB(ER) SEXTVS (*uel* VI) *HV* (*qui* de priuatis aedificiis *add.*) *SlePvfplbh* ᶜ INCIPIT SEXT' (uel VI) *GUWc* ᶜ M. VITRVVII DE ARCHITECTVRA LIBER VI. INCIPIT *M* INCIPIT VI *R* : *om. Ec*

Praef. 1. philosophus *om. p* ‖ socraticus *EG*ᶜ*UHVS* : sacr- *G* socrast-*W* ‖ eiectus *EG*ᶜ*UHVS* : elec- *G* erec- *W* ‖ geometrica *EGUHS* : -tria *W*-trie *V* ‖ recta *U*ᶜ*HWV* : -te *EGU* recta uia *S* ‖ ibique *EGUHVS* : ub- *W* ‖ donatus *EGUHVS* : dat- *W* ‖ ut non tantum *EGUHWV* : in tantum ut non solum *S* ‖ essent *EGUHWS* : -set *V* ‖ eius *om. W* ‖ domum *EU*ᶜ*HWVS* : donum *GU* ‖ et uiatica *EGUHVS* : ut uitiatica *W* ‖ enatare *EGUMWP*ᶜ*vf*ᶜ*pl*ᶜ*chT*ᶜ : enarrare *HRTLePflb* enauigare *VS*.

sont ceux que ni les durs orages de la fortune, ni les vicissi-
tudes politiques, ni les ravages de la guerre ne peuvent
atteindre. Théophraste[6] renchérit encore sur cette pensée
quand il invite les hommes à se cultiver plutôt qu'à faire fond
sur l'argent, sa thèse étant que, seul en ce monde, l'homme
cultivé n'est ni étranger en dehors de son pays, ni privé
d'amis, s'il vient à perdre ses familiers et ses intimes ; qu'au
contraire, citoyen en toute cité, il peut sans crainte regarder
de haut les hasards et les rigueurs de la fortune ; qu'attendre
en revanche appui et protection, non pas d'un acquis culturel,
mais de la chance, est s'engager sur des chemins glissants,
exposé aux meurtrissures d'une vie qui, loin d'être stable,
n'a rien de solide. **3.** Épicure[7] de son côté ne tient pas un langage différent : rares sont les biens que la fortune donne aux
sages ; les plus importants, ceux qui sont nécessaires, dépen-
dent entièrement de l'activité réfléchie des facultés sensibles
et intellectuelles. Tel est encore l'avis de bien d'autres philosophes. Il n'est pas jusqu'aux poètes, auteurs des
anciennes[8] comédies en langue grecque, dont les vers ne pro-
clament sur la scène les mêmes idées : Eupolis[9] par exemple,
Cratès,[10] Chionide[11], Aristophane[12], sans oublier Alexis[13] surtout qui dit des Athéniens qu'ils sont dignes d'éloges pour
cette raison que, si toutes les législations grecques imposent
aux enfants d'assurer la subsistance de leurs parents, la législation athénienne limite cette obligation au bénéfice des seuls
parents qui ont assuré à leurs enfants une formation professionnelle[14]. Toutes les faveurs, il est vrai, de la fortune,
venues d'elle, sont par elle aisément ravies[15] ; jamais au
contraire les connaissances acquises, fixées dans nos âmes[16],

ea uera praesidia sunt uitae quibus neque fortunae tempestas iniqua neque publicarum rerum mutatio neque belli uastatio potest nocere. Non minus eam sententiam augendo Theophrastus, hortando doctos potius esse quam pecuniae confidentes, ita ponit : doctum ex omnibus solum neque in alienis locis peregrinum, neque amissis familiaribus et necessariis inopem amicorum, sed in omni ciuitate esse ciuem difficilesque fortunae sine timore posse despicere casus ; at qui, non doctrinarum, sed felicitatis praesidiis putaret se esse uallatum, labidis itineribus uadentem non stabili, sed infirma conflictari uita. **3.** Epicurus uero non dissimiliter ait : pauca sapientibus fortunam tribuere ; quae autem maxima et necessaria sunt animi mentisque cogitationibus gubernari. Haec ita etiam plures philosophi dixerunt. Non minus poetae qui antiquas comoedias graece scripserunt easdem sententias uersibus in scaena pronuntiauerunt, ut Eu*polis*, Crates, Chionides, Aristophanes, maxime etiam cum his Alexis qui Athenienses ait oportere ideo laudari quod omnium Graecorum leges cogunt parentes ali a liberis, Atheniensium non omnes nisi eos qui liberos artibus erudissent. Omnia enim munera fortunae, cum dantur, ab ea faciliter adimuntur ; disciplinae uero coniunctae cum ani-

---

2. praesidia sunt *EGUHWVV* : s.p. *S* ‖ tempestas iniqua *om. lbch* ‖ iniqua *om. E* ‖ doctos potius *EGUHWV* : p.d. *S* ‖ casus *ante* sine *transp. S om. ch* ‖ at *EGUWVS* : ad *H* ‖ felicitatis *EGUHVS* : facilit- *W* ‖ putaret se esse *GUHWVS* : putat esse se *E* ‖ se *om. bch* ‖ labidis *G^{c}UHWVS* : lapid- *EG* ‖ stabili *EGUWV^{c}S^c* : -lis *HVS*.

3. ait *U^{c}WVS* : aut *EGUH* haut *E^c* ‖ ita etiam plures *EGUHW* : e.i.p. *V* i. esse p.e. *S* ‖ philosophi (*uel* phyl-) *EGUHVS* : -phorum *W* ‖ scripserunt *GUHWVS* : -sere *E* ‖ easdem *EGUHWV* : et e. *S* ‖ sc(a)ena *GU^{c}HVS* : - nas *W* scema *EU* ‖ Eupolis Crates *Kr.* (*dubit. in apparat*) : eucrates *EGUHWS* eucrathes *V* Crates *Bondam* ‖ ali a liberis *L^c* : a liberis ali *U^{c}V^{c}h^c* (*qui scrib.* alli) ali *e^{c}T^c* a liberis *cett.* (sed *post* atheniensium *add.* ali *E^{c}V^c* adorari *W*) ‖ ab ea faciliter *EGUHWV* : facile ab ea *S*.

ne nous abandonnent : elles se maintiennent sans défaillance[17], jusqu'au dernier jour de notre vie.

4. C'est pourquoi je témoigne et je garde[18] une reconnaissance très vive, infinie, à mes parents[19] qui, mettant en pratique la législation athénienne, eurent à cœur de me former à une profession dont la pratique correcte exige des connaissances[20] et l'étude encyclopédique[21] de toutes les sciences. Ayant donc acquis grâce à la sollicitude de mes parents et à l'enseignement de mes maîtres une riche somme de connaissances, séduit par les lettres, par les arts[22] et par les écrits qui en traitent,[23] je me suis ménagé des biens spirituels dont j'ai retiré ce principe essentiel : il n'y a aucune espèce de nécessité à posséder davantage, le caractère propre de la culture étant précisément de n'avoir nul besoin des richesses[24]. Mais il se trouve que plus d'un, n'accordant guère de poids à ces idées, croit que les sages sont ceux qui ont une grande fortune. Et la plupart des hommes, visant à ce but, ont ainsi usé de leur audace pour acquérir tout ensemble richesse et notoriété.

5. Pour moi au contraire, César, loin d'avoir cherché à tirer de l'argent de mon art, j'ai jugé qu'il valait mieux choisir une vie modeste, mais digne d'estime[25], plutôt qu'une vie opulente, mais déshonorante. Voilà pourquoi la notoriété[26] ne s'est guère attachée à moi. Reste cependant que la publication de ces livres me fera connaître, je l'espère, de la postérité même[27]. Il n'y a rien d'étonnant d'ailleurs à ce que je sois ignoré du plus grand nombre. Tous les autres architectes

mis nullo tempore deficiunt, sed permanent stabiliter ad
summum exitum uitae.

4. Itaque ego maximas infinitasque parentibus ago
atque habeo gratias quod, Atheniensium legem probantes, me arte erudiendum curauerunt et ea quae non
potest esse probata sine litteratura encyclioque doctrinarum omnium disciplina. Cum ergo et parentium cura
et praeceptorum doctrinis auctas haberem copias disciplinarum, philologis et philotechnis rebus commenta-
riorumque scripturis me delectans, eas possessiones
animo paraui e quibus haec est fructuum summa : nullas plus habendi esse necessitates eamque esse proprietatem <doctrinarum> diuitiarum maxime nihil
desiderare. Sed forte nonnulli haec leuia iudicantes
putant eos esse sapientes qui pecunia sunt copiosi.
Itaque plerique ad id propositum contendentes auda-
cia adhibita cum diuitiis etiam notitiam sunt consecuti.

5. Ego autem, Caesar, non ad pecuniam parandam
ex arte dedi studium, sed potius tenuitatem cum bona
fama quam abundantiam cum infamia sequendam
putaui. Ideo notities parum est adsecuta. Sed tamen his
uoluminibus editis, ut spero, etiam posteris ero notus.
Neque est mirandum quid ita pluribus sim ignotus.

---

4. lit(t)eratura UT^c *pr.* : -tur(a)e *EGHWVS* ‖ (ergo) et *EGUHVS* :
(ergo) ut *W* ‖ parentium GU^cHW : - tum EG^cUVS ‖ haberem *EHWVS* :
-re *GU* ‖ philotechnis U^c : -chinis *cett.* ‖ fructuum EG^c (- um *G*) *UHVS* :
fluct- *W* ‖ nullas *EGU* : -la *HVS* - li *W* ‖ esse necessitates *EGUHWS* : e.
necessitas *V* necessitas est V^c ‖ doctrinarum diuitiarum *nos* (*auct. J.
Soubiran* ; *uid. adnot.*) : diuitiarum *codd.* ‖ nihil desiderare *GUHWVS* : si
n. desiderarem E^c (-ret *E*) ‖ haec *om.* *W* ‖ putant eos U^cVS : -antes eos
EGUW-antes eo *H* ‖ esse sapientes *EGUH* : s.e *V* tantum esse sapientes
S sapientes *W* ‖ plerique *GUHWV*S : -rumque *E*.

5. potius *EGUHWS* : etiam *V* ‖ infamia *EGUHVS* : in fama *W* ‖ hi(i)s
EGUHVS : in his *W* ‖ (neque) est *EGUHVS* : enim *W* ‖ quid ita pluribus
sim *EGUHWV* (quare i. s.p. V^c) : cur i.s.p. *S*.

sollicitent et intriguent[28] pour faire leur métier d'architecte[29] ;
en ce qui me concerne au contraire, je tiens de mes maîtres
qu'il faut attendre d'être sollicité, et non pas solliciter, pour
entreprendre un travail, car on ne peut pas sans rougir de
honte[30] présenter une demande suspecte. C'est en effet auprès
de personnes qui rendent, et non pas qui reçoivent, un service
que l'on intrigue. Demandons-nous en vérité quels peuvent
être les soupçons d'un homme que l'on invite à prendre sur
ses biens de famille le montant de dépenses[31] complaisamment laissées à la discrétion d'un solliciteur : n'aura t-il pas
le sentiment que ce qu'on l'invite à faire vise à le dépouiller
pour enrichir le solliciteur ? **6.** Aussi nos ancêtres[32]
confiaient-ils leurs travaux à des architectes que recommandait d'abord leur naissance, puis ils s'enquéraient de la qualité de leur éducation, estimant qu'ils devaient s'en remettre
à la réserve d'une âme bien née, non à l'audace d'un caractère impudent. Quant aux praticiens eux-mêmes, ils ne for-
maient que leurs enfants ou leurs proches et en faisaient des
hommes de bien, auxquels on pût remettre sans hésitation de
l'argent, en ayant toute assurance[33] pour de si grands travaux.

Or lorsque je vois la majesté d'une telle science être le
jouet d'ignorants et d'incapables qui n'ont aucune notion non
seulement de l'architecture, mais des techniques mêmes de
construction[34], je ne peux qu'approuver les chefs de famille[35]
qui, forts de leurs connaissances, se déterminent à construire
eux-mêmes, en raisonnant ainsi : s'il faut s'en remettre à des
incapables, il est plus juste qu'eux-mêmes dépensent leur
capital, à leur propre convenance, plutôt qu'à celle d'autrui.
7. Ainsi, alors que personne ne s'avise de pratiquer chez soi
aucun autre métier, par exemple celui de cordonnier, celui
de foulon, ou toute autre activité, en réalité plus facile, on le
fait pour l'architecture, la raison étant que ceux qui en font

Ceteri architecti rogant et ambiunt ut architectentur ;
mihi autem a praeceptoribus est traditum rogatum, non
rogantem, oportere suscipere curam quod ingenuus
color mouetur pudore petendo rem suspiciosam. Nam
beneficium dantes, non accipientes ambiuntur. Quid
enim putemus suspicari qui rogetur de patrimonio
sumptus faciendos committere gratiae petentis, nisi
praedae compendiique eius causa iudicet faciundum ?
6. Itaque maiores primum a genere probatis operam tradebant architectis, deinde quaerebant si honeste essent
educati, ingenuo pudori, non audaciae proteruitatis per-
mittendum iudicantes. Ipsi autem artifices non erudie-
bant nisi suos liberos aut cognatos et eos uiros bonos
instituebant quibus tantarum rerum fidei pecuniae sine
dubitatione permitterentur.

Cum autem animaduerto ab indoctis et inperitis tan-
tae disciplinae magnitudinem iactari et ab is qui non
modo architecturae, sed omnino ne fabricae quidem
notitiam habent, non possum non laudare patres familiarum eos qui litteraturae fiducia confirmati per se aedi-
ficantes ita iudicant : si inperitis sit committendum, ipsos
potius digniores esse ad suam uoluntatem quam ad alienam pecuniae consumere summam. **7.** Itaque nemo
artem ullam aliam conatur domi facere, uti sutrinam,
fullonicam aut ex ceteris quae sunt faciliores, nisi archi-
tecturam, ideo quod qui profitentur, non arte uera, sed

5. et ambiunt *EGUV* : et ambigunt *WVS^c om. S* ‖ architectentur *U*
(*uid. adn.*) : -tectent *EGWVS* –tentent *H* ‖ ingenuus *EGUHVS* : -nuis *W*
‖ petentis *U^cLf^cp* : -tes *cett.* (paet- *H*) ‖ pr(a)ed(a)e *EGUHVS* : pede *W*
‖ faciundum *HVS* : -ciendum *EGU*-cundum *W*.
6. a *EGUHWS* : e *V* ‖ tradebant *EGUHWV* : dab- *S* ‖ ingenuo *GHWVS*
LePvfpMRT : -nio *EUlbch* ‖ ad (*ante* alienam) *om. V*.

profession usurpent le titre d'architecte, sans avoir de compétence véritable. Voilà pourquoi j'ai estimé nécessaire de
composer avec le plus grand soin un traité complet d'architecture[36], pensant rendre ainsi un service universellement
appréciable.

En conséquence, puisque j'ai exposé dans mon cinquième livre tout ce qui intéressait l'aménagement[37] des
constructions publiques, je présenterai dans celui-ci les règles
propres aux édifices privés et leurs rapports de commensurabilité.[38]

Chapitre 1
Influence du climat
Types divers de maisons

1. Or la première condition d'une construction bien
adaptée[1] est de tenir compte
de la région d'implantation[2]
et de sa latitude[3]. Car l'architecture des bâtiments doit être
manifestement conçue suivant un type particulier[4] en Égypte,
particulier en Espagne, autre dans le Pont, différent à Rome,
et ainsi, dans tous les cas, en fonction des caractères propres
aux terres et aux régions : si dans telle partie du monde, en
effet, la trajectoire du soleil rase[5] la terre, elle en est fort dis-
tante dans telle autre et, dans une autre, se situe en position
moyenne et tempérée. En conséquence, la nature ayant établi, par rapport aux divers points de la terre, une disposition
de l'univers qui, avec l'inclinaison du zodiaque[6] et la trajectoire du soleil, en fait varier les caractères propres, il apparaît
également nécessaire que la disposition des édifices soit
réglée[7] en fonction de la nature des régions[8] et de la variété
des climats. **2.** Au Nord, il convient manifestement que les
bâtiments soient entièrement couverts,[1] parfaitement clos,
sans larges ouvertures, mais tournés vers la chaleur. Dans les
régions méridionales au contraire, où le soleil est ardent, la

falso nominantur architecti. Quas ob res corpus architecturae rationesque eius putaui diligentissime conscribendas, opinans id munus omnibus gentibus non
ingratum futurum.

Igitur, quoniam in quinto de opportunitate communium operum perscripsi, in hoc uolumine priuatorum
aedificiorum ratiocinationes et commensus symmetriarum explicabo.

1. 1. Haec autem ita erunt recte disposita, si primo
animaduersum fuerit quibus regionibus aut quibus inclinationibus mundi constituantur. Namque aliter
Aegypto, aliter Hispania, non eodem modo Ponto, dissimiliter Romae, item ceteris terrarum et regionum
proprietatibus oportere uidentur constitui genera aedificiorum quod alia parte solis cursu premitur tellus, alia
longe ab eo distat, alia per medium temperatur. Igitur,
uti constitutio mundi ad terrae spatium [in] inclinatione
signiferi circuli et solis cursu disparibus qualitatibus
naturaliter est conlocata, ad eundem modum etiam ad
regionum rationes caelique uarietates aedificiorum
uidentur debere dirigi conlocationes. **2.** Sub
Septentrione aedificia testudinata et maxime conclusa
et non patentia, sed conuersa ad calidas partes oportere
fieri uidentur. Contra autem sub impetu solis meridianis
regionibus, quod premuntur a calore, patentiora

---

7. id munus V^cMRT^c : in m. *EGHWVS* munus G^cU.
1. 1 hispania *EGUHWV* : -ae *S* ‖ item *GUHWVS* : iterum *E* ‖ oportere uidentur *EGUHWV* : u.o. *S* ‖ inclinatione *R* : in i. *cett.* ‖ conlocationes (*uel* coll-) *EGUH^cWVS* : conlot- *H*.
1. 2. maxime *EGUWVS* : -mae *H* ‖ et (non) *om. W* ‖ patentia
GUHWVS : pot- *E* ‖ conuersa *GUHWVS* : -se *E* ‖ regionibus quod *EG^c*
(regibus q. *G*) *UHW* : r. quia *S*.

chaleur accablante rend indispensable de faire des bâtiments avec de larges ouvertures et tournés vers le Nord ou le Nord-Est. C'est ainsi que l'art devra[2] parer[3] aux dommages que la nature entraîne. Pour toutes les autres régions, on doit pareillement se régler en fonction de la latitude du lieu.

Climats et caractères physiques des populations

3. Ces données, que l'on tirera d'une observation attentive de la nature, sont également identifiables dans la constitution physique des populations.[1] Dans les endroits en effet où le soleil ne répand qu'une chaleur modérée, il assure là une régulation physiologique constante ; dans ceux qu'embrase sa course toute proche, il fait disparaître, en la consumant, la composante humide. Dans les régions froides au contraire, très éloignées du Sud, l'humidité n'est pas absorbée par la chaleur[2] : l'eau, dont est chargée l'atmosphère, imprègne les corps d'une humidité qui donne de plus fortes corpulences et un timbre de voix[3] plus grave. De là vient aussi que les populations vivant au Nord[4] ont une taille gigantesque[5], le teint blanc, des cheveux raides et roux, des yeux bleu clair[6] et beaucoup de sang, conformation qu'elles doivent à la saturation en humidité et au froid du climat ; **4.** qu'en revanche les habitants des régions voisines de la partie sud de l'axe du monde[1] et placés sous la trajectoire du soleil reçoivent, de l'énergie solaire, une taille plus petite[2], un teint brun, des cheveux frisés, des yeux noirs, des jambes torses[3], peu de

conuersaque ad Septentrionem et Aquilonem sunt
faciunda. Ita, quod ultro natura laedit, arte erit emen-
dandum. Item reliquis regionibus ad eundem modum
<debet> temperari, quemadmodum caelum est ad incli-
nationem mundi conlocatum.

3. Haec autem ex natura rerum sunt animaduer-
tenda et consideranda atque etiam ex membris corporibusque gentium obseruanda. Namque sol quibus locis
mediocriter profundit uapores, in his conseruat corpora
temperata ; quaeque proxime currendo deflagrat, eripit
exurendo temperaturam umoris ; contra uero refrigeratis regionibus, quod absunt a meridie longe, non
exhauritur a caloribus umor, sed ex caelo roscidus aer in
corpora fundens umorem efficit ampliores corporatu-
ras uocisque sonitus grauiores. Ex eo quoque <quae>
sub Septentrionibus nutriuntur gentes inmanibus corporibus, candidis coloribus, directo capillo et rufo, oculis caesis, sanguine multo ab umoris plenitate caelique
refrigerationibus sunt conformati ; **4.** qui autem sunt
proximi ad axem meridianum subiectique solis cursui
breuioribus corporibus, colore fusco, crispo capillo, oculis nigris, cruribus ualgis, sanguine exiguo solis impetu

---

1. **2.** ultro *VSf^{c}p* : -tra *cett.* ‖ debet temperari *Ro*^{2} : temperari *codd.* ‖
inclinationem *EGUHWS* : machinat- *V* ‖ collocatum *EGUHWS* : collat- V.
    1. **3.** namque *EG^{c}HWVS* : nanque *U* nam *G* ‖ proxime *EGUHWS* :
max- *V* ‖ deflagrat *VLf^{c}pR* : -ant *cett.* ‖ contra uero refrigeratis regionibus quod *EGUHWV* : c. refrigeratas u. regiones quia *S* ‖ caloribus
EGUVSLef^{c}pMRT^c : col- *HWPvflbchT* ‖ fundens *EGUVSLe^{c}MR* : -dans
(-das *e*) *cett.* ‖ humorem *EG^{c}UHWVS* : hono- *G* ‖ quoque quae *Ro* :
quoque *codd.* ‖ directo *EWVMR* : der- *GUHS^c* (*mg.*) dimisso *S* ‖ caesis *GHWVS* : -siis *U* caecis *E.*
    1. **4.** capillo *om. G suppl. G^c* ‖ cruribus ualgis *Browning* : cruribus
(curr- *G^{ac}*) ualidis *codd., secl. Nohl* (*uid. adn.*).

sang.[4] Il s'ensuit également que ce peu de sang leur fait
redouter d'affronter une arme, mais qu'ils ne redoutent ni la
canicule, ni les fièvres, la chaleur étant le milieu où leurs
membres se sont développés. Et il s'ensuit que, physique-
ment, les natifs du Nord redoutent, eux, la fièvre à laquelle ils
sont vulnérables, mais qu'ils doivent à l'abondance de leur
sang d'affronter une arme sans la redouter.

Timbres de la voix   **5.** Le timbre de la voix[1] présente
                            également des différences et des
variations d'une population à l'autre. En voici la cause : la
limite[2] qui, d'Est en Ouest, cerne le plan de niveau de la terre[3]
et sépare l'univers en deux parties, supérieure et inférieure,
paraît former un cercle[4], disposé de niveau par la nature, que
les mathématiciens[5] appellent aussi « horizon ». Cette donnée donc étant admise et fixée dans notre esprit, traçons une
ligne depuis le bord de la partie nord jusqu'au bord qui
domine le point sud[6] de l'axe du monde ; puis, de là, une
seconde ligne, montant en oblique vers le « pivot » supérieur[7], derrière les étoiles de la Grande Ourse[8] : nous remar-
querons sans hésitation qu'il y a ainsi dans le monde une
figure triangulaire [9], comparable à l'instrument que les Grecs
appellent σαμβύκη (sambyque)[10]. **6.** En conséquence, s'agissant de la partie des régions méridionales la plus proche du

perficiuntur. Itaque etiam propter sanguinis exiguitatem timidiores sunt ferro resistere, sed ardores ac febres
sufferunt sine timore quod nutrita sunt eorum membra
cum feruore. Itaque corpora quae nascuntur sub
Septentrione a febri sunt timidiora et inbecilla, sanguinis autem abundantia ferro resistunt sine timore.

5. Non minus sonus uocis in generibus gentium dis-
pares et uarias habet qualitates ideo quod terminatio
orientis et occidentis circa terrae librationem, qua diui-
ditur pars superior et inferior mundi, habere uidetur
libratam naturali modo circumitionem quam etiam
mathematici ὁρίζοντα dicunt. Igitur cum id habemus
certum animo sustinentes, ab labro quod est in regione
septentrionali linea traiecta ad id quod est supra meridianum axem, ab eoque altera obliqua in altitudinem ad
summum cardinem qui est post stellas Septentrionum,
sine dubitatione animaduertemus ex eo esse schema trigonii mundo, uti organi quam σαμβύκην Graeci dicunt.
6. Itaque quod est spatium proximum imo cardini ab
axis linea in meridianis finibus, sub eo loco quae sunt

1. 4. perficiuntur *EGUHWVS^c* (*mg.*) : sicantur S ‖ febri *GHVS* : –re
U-is *EW*‖ timore *EGUWVSLef^cpl^c^chMRT* : tum- *HPvflbc*.
    1. 5. dispares *EGUHVS* : -partas *W*‖ orientis *E^cGUHWVS* : -tes *E* ‖
librationem *EG^cUHWVS* : liber- *G* ‖ et inferior *om. S.* ‖ mathematici
EGUWVSL^e^cP^vfph^cMR : -mati *HePlbch* ‖ ὁρίζοντα *edd.* : orizonta *G* (*qui
tamen scrib.* mathematicio rizonta) *HW* (-zunta) –tam *U* (hor- *U ^c*) *VS*
rizonta *E* ‖ dicunt *EGUHVS* : uocant *W*‖ id habemus *GUHVS* : adhi-
bemus *W* habemus *E* ‖ axem *EGUHW^cVS* : autem *W*‖ altera obliqua
Laet : -ram obliquam *codd.* ‖ septentrionum *EGUHVS* : -nem *W*‖ sine
dubitatione *EGUHWV* : procul dubio *S* ‖ schema *U^c* : sc(a)ema *EGU-
H^cWVSLe* (*mg.*) *fph* sc(a)ena *HPvlbc* ‖ σαμβύκην *edd.* : sambucen
GUHWVS –bulen (*uel* –lem) *E*.
    1. 6 proximum *om. V* ‖ cardini *U^cV^c* (?) *LR^cT* : -ne
EGUHWVSePvfpl^cMR-nes *lbch.*

« pivot » inférieur, par rapport à la ligne d'axe, la faible élévation du ciel fait que les populations qu'il surplombe ont
un son de voix grêle et suraigu[1], comparable à celui de la
corde de la sambyque la plus proche de l'angle. Puis, leur
tension allant diminuant, les cordes suivantes établissent,
dans les populations, jusqu'à la Grèce qui est au centre[2], une
échelle de sons[3]. C'est de même d'après une progression
régulière que, dans les populations, depuis la partie centrale
jusqu'à l'extrême Nord, là où s'élève au plus haut le ciel, la
nature rend plus graves les sons émis par la voix. Du fait de
son inclinaison et en fonction de la température que donne le
soleil, le système du monde paraît ainsi composer, dans un
accord parfait, un tout harmonieux[4]. **7.** Les populations donc
qui sont dans la zone médiane entre les pivots sud et nord de
l'axe du monde ont, en parlant, un son de voix moyen,
accordé avec le diagramme musical[1]. S'avance-t-on vers le
Nord ? Les populations de ces zones, au dessus desquelles le
ciel est plus haut et où l'humidité ramène les sons émis[2] jusqu'à l'hypate[3] et au proslambanomenos[4], reçoivent nécessairement de la nature un timbre plus grave. Pareillement, si
l'on s'avance de la zone médiane jusqu'au Sud, le timbre de
voix des populations est le timbre grêle et suraigu des para-
nètes[5] et des nètes[6]. **8.** Or que les sons graves sont bien un

nationes, propter breuitatem altitudinis ad mundum sonitum uocis faciunt tenuem et acutissimum, uti in organo chorda quae est proxima angulo. Secundum eam autem reliquae ad mediam Graeciam remissionibus efficiunt in nationibus sonorum scansiones. Item a medio in ordinem crescendo ad extremos Septentriones sub altitudines caeli nationum spiritus sonit*ibus* grauioribus a natura rerum exprimuntur. Ita uidetur mundi conceptio tota propter inclinationem consonantissime per solis temperaturam ad harmoniam esse conposita. **7.** Igitur quae nationes sunt inter axis meridiani cardinem a*c* septentrionalis medio positae uti in diagrammate musico medianae uocis habent sonitum in sermone ; quaeque progredientibus ad Septentrionem sunt nationes, quod altiores habent distantias mundi, spiritus uocis habentes umore repulsos ad hypatas et proslambanomeno*n*, a natura rerum sonitu grauiore coguntur uti ; eadem ratione <e> medio progredientibus ad meridiem gentes paranetarum <netarum>que acutissimam sonitus uocis perficiunt tenuitatem. **8.** Hoc autem

1. 6 mundum *EGUHWVS* : mod- *V* ‖ chorda *EGUHS* : cor- *WV* ‖ autem *GUHWVS* : axem *E* ‖ mediam gr(a)eciam *EGUHVS* : g.m. *W* ‖ scansiones *VT*ᶜ : cans- *HWSM*ᶜ cass- *GU* cantiones *LePvfplbchMRT* concisiones *E* ‖ nationum *EGUHVS* : nasci- *W* ‖ sonitibus grauioribus *U*ʳ *Gioc.* : -tus g. *EGUHWV*-tu grauiori *S* ‖ exprimuntur *EGUHWV* : -mitur *S* ‖ tota *om. Pvfplbch.*

1. 7. cardinem *GUHWVS* : -ne *E* ‖ ac *Fea* : ab *EGUHV* a *S* ad *V* ‖ in diagrammate *L*ᶜ*R*ᶜ : india gram - *GUSLfp* i. grammatae *E* in diagrammata (*uel* india gram-) *cett.* ‖ quod *GUHWVS* : quae *E* ‖ mundum *LR*ᶜ : - di *cett.* ‖ habentes *EG*ᶜ*UHWVS* : - tem *G* ‖ (h)umore *L*ᶜ*T* : -rem *cett.* ‖ hypatas *HWVS*ᶜ : - tos *GUS* - batos *E* ‖ proslambanomenon *Philandrier* : - nos *codd.* ‖ uti *EGUHVS* : ita *W* ‖ e medio *Fea* : medio *codd.* ‖ paranetarum netarumque *Fea* : paranetarumqu(a)e *EGU* parauetarumqu(a)e *HWV* para rumque (*spatio interm. inter* para *et* rumque) *S* ‖ sonitus *EGUHWS* : - tu *V* ‖ paranetarum - tenuitatem *om. v.*

effet des climats humides, les sons aigus des climats très chauds, l'expérience suivante permet de le constater : prenons deux coupes[1] ayant eu, dans un même four, une cuisson identique, d'un poids identique et rendant un même son à la percussion. Plongeons-en une dans l'eau, puis retirons-la de l'eau. Frappons-les alors l'une et l'autre. C'est un fait qu'après cette opération la différence du son rendu sera considérable entre elles et que leur poids, nécessairement, ne sera pas le même. D'une manière analogue, si c'est d'un même type que procède la constitution physique des hommes, et d'un même système de l'univers, la chaleur d'une région fait que les sons émis au contact de l'air sont aigus chez certains, cependant que l'abondance d'humidité donne à d'autres un timbre de voix très grave.

Qualités intellectuelles et morales   **9.** C'est pareillement à cause de la légèreté de l'air[1] que les populations du Sud, auxquelles la chaleur donne un esprit vif, manifestent une grande facilité et une grande rapidité de réflexion et de discernement ; l'épaisseur de l'air qui les imprègne et le froid humide d'un ciel bouché[2] font en revanche que les populations nordiques ont l'esprit engourdi. L'exemple des serpents[3] permet de constater qu'il en est bien ainsi : c'est lorsque la chaleur absorbe en eux le froid humide qu'ils[4] se meuvent avec une extrême agilité ; mais à la saison froide des jours les plus courts de l'hiver, après le changement de

uerum esse, ex umidis naturae locis grauiora fieri et ex
feruidis acutiora, licet ita experiendo animaduertere.
Calices duo in una fornace aeque cocti aequoque pondere ad crepitumque uno sonitu sumantur. Ex his unus
in aquam demittatur, postea ex aqua eximatur ; tunc
utrique tangantur. Cum enim ita factum fuerit, largiter
inter eos sonitus discrepabit aequoque pondere non
poterunt esse. Ita et hominum corpora uno genere figurationis et una mundi coniunctione concepta alia propter regionis ardorem acutum spiritum aeris exprimunt
tactu, alia propter umoris abundantiam grauissimas
effundunt sonorum qualitates.

9. Item propter tenuitatem caeli meridianae nationes
ex acuta feruore mente expeditius celeriusque mouentur ad consiliorum cogitationes ; septentrionales autem
gentes infusae crassitudine caeli, propter obstantiam
aeris umore refrigeratae stupentes habent mentes. Hoc
autem ita esse a serpentibus licet aspicere quae, per calorem cum exhaustam habent umoris refrigerationem,
tunc acerrime mouentur, per brumalia autem et hiberna
tempora ab mutatione caeli refrigerata, inmota sunt stu-

---

1. 8 ita *GUHWVS* : itaque *E* ‖ experiendo *EGUHWV* : - rimento *S* ‖
aeque *EG ᶜUHS* : eq - *WV* atque *G* ‖ aequoque *om. W* ‖ sumantur
EGUHWV : -matur *S* ‖ demittatur *EG ᶜUH* : dim - *GWVS* ‖ aqua *EGUHS* :
qua *V* ea *W* ‖ eximatur *EGUHWV* : sumatur *S* ‖ factum fuerit largiter
EGUHWV : fuerit f. multum *S* ‖ discrepabit *EGUWSLfᶜpᶜPvMRT* : - pauit
HVefplbc - pant *h* ‖ hominum corpora *HWVS* : c. h. *EGU* ‖ figurationis
EGUHWS : significationis *V* ‖ spiritum aeris *EGUHWS* : a. s. *V* ‖ tactu
EGH : actu *WS* atque *V.*
   1. 9 item - cogitationes *om. S, suppl. Sᶜ* (*in ima pagine*) ‖ acuta *HWSᶜ* :
- to *EGUV* ‖ septentrionales *EGUWSᶜ* : - lis *HVS* ‖ infusae *EGUHWS* : in fine
V ‖ obstantiam *GUHWVS* : - tium *E* ‖ a serpentibus licet *EGUHWV* : l. a s.
S ‖ quae *EGHWV* : qui *GᶜUS* ‖ exhaustam *EGUHWS* : exust - *V* ‖ et hiberna
tempora *EGUHWV* : t. et h. *S* ‖ immota *EGHWVS* : - ti *GᶜU* - tae *pr. Ro. Kr.*

température, ils sont sans mouvement, engourdis. Ainsi n'est-il pas surprenant que l'air chaud donne aux hommes un esprit vif, mais, inversement, un air froid, un esprit lent. **10.** Mais si les populations du Sud ont une intelligence très vive et une immense capacité de discernement, elles se retrouvent sans force dès l'instant où elles ont à faire acte de courage : leur bravoure et leur énergie sont taries par le soleil. Ceux qui, en revanche, naissent dans les régions froides sont, eux, parfaitement aptes à la violence des armes ; leur bravoure est grande et ils sont sans peur ; mais, lents d'esprit et se précipitant sans réfléchir, ils font échec, par leur manque de finesse, à leurs propres entreprises. Les dispositions que la nature a établies dans l'univers étant donc telles, et toutes les nations étant différenciées par le déséquilibre de leurs composantes, le territoire idéal, sur l'étendue de la terre entière et de ses régions, est celui qu'occupe, au centre du monde, le peuple romain.[1] **11.** C'est de fait dans les populations d'Italie qu'en matière d'endurance, et sous le double rapport de la constitution physique et de la force morale, se rencontre l'équilibre le plus achevé. De même en effet que la planète Jupiter[1], se déplaçant à mi-distance entre la planète brûlante de Mars[2] et la planète glacée de Saturne[3], est elle-même tempérée, de la même manière l'Italie, située entre Nord et Sud, possède, par la combinaison de cette double influence, un équilibre de qualités insurpassables : sa sagesse politique brise le courage des barbares, la force de son bras, les calculs des habitants du Sud. C'est ainsi que l'Intelligence divine[4] a

pore. Ita non est mirandum si acutiores efficit calidus aer hominum mentes, refrigeratus autem contra tardiores. **10.** Cum sint autem meridianae nationes animis acutissimis infinitaque sollertia consiliorum, simul ad fortitudinem ingrediuntur, ibi succumbunt, quod habent exsuctas ab sole animorum uirtutes ; qui uero refrigeratis nascuntur regionibus ad armorum uehementiam paratiores sunt ; magnis uirtutibus sunt sine timore, sed tarditate animi sine considerantia inruentes sine sollertia suis consiliis refragantur. Cum ergo haec ita sint ab natura rerum in mundo conlocata et omnes nationes inmoderatis mixtionibus disparatae, ueros inter spatium totius orbis terrarum regionesque medio mundi populus Romanus possidet fines. **11.** Namque temperatissimae ad utramque partem et corporum membris animorumque uigoribus pro fortitudine sunt in Italia gentes. Quemadmodum enim Iouis stella inter Martis feruentissimam et Saturni frigidissimam media currens temperatur, eadem ratione Italia inter septentrionalem meridianamque ab utraque parte mixtionibus temperatas et inuictas habet laudes. Itaque consiliis refringit barbarorum uirtutes, forti manu meridianorum cogitationes. Ita diuina mens

établi l'État romain dans une région tempérée exceptionnelle, de manière qu'il assure sa domination sur toute l'étendue du monde.

12. S'il est donc vrai que les régions sont différentes et de types divers en fonction de la latitude qui fait que les populations autochtones se distinguent aussi par la nature de leur esprit et par celle de leur morphologie et de leurs qualités physiques, n'hésitons pas à adapter également l'architecture des bâtiments aux caractères spécifiques des nations et des populations, la nature elle-même nous montrant avec pertinence et clarté la voie à suivre.

J'ai exposé tout ce qu'une analyse attentive m'a permis de reconnaître, touchant les caractères spécifiques départis aux différents lieux par la Nature ; et j'ai dit comment il convenait que les types de construction soient établis en fonction de la trajectoire du soleil et de la latitude et par rapport à la morphologie des populations. Aussi vais-je maintenant présenter brièvement pour chaque type de construction les rapports, généraux et particuliers[1], de commensurabilité.[2]

Chapitre 2
Mesures des constructions
Proportions et correctifs

1. Le souci majeur de l'architecte doit être de donner à ses constructions des proportions[1] exactement calculées[2] en fonction d'un module[3]. Une fois donc établi ce système de relations modulaires et dégagés les rapports de commensurabilité, une juste appréciation[4] est alors également nécessaire pour prévoir les corrections, en moins ou en plus,[5] qu'exigent soit le site, soit la destination

ciuitatem populi Romani egregia temperataque
regione conlocauit uti orbis terrarum imperii potiretur.

12. Quodsi ita est uti dissimiles regiones ab inclinationibus caeli uariis generibus sint comparatae, ut etiam
naturae gentium disparibus animis et corporum figuris
qualitatibusque nascerentur, non dubitemus aedificiorum quoque rationes ad nationum gentiumque proprietates apte distribuere, cum habeamus ab ipsa rerum
natura sollertem et expeditam monstrationem.

Quoad potui summa ratione proprietates locorum
ab natura rerum dispositas animaduertere exposui et
quemadmodum ad solis cursum et inclinationes caeli
oporteat ad gentium figuras constituere aedificiorum
qualitates dixi ; itaque nunc singulorum generum in
aedificiis conmensus symmetriarum et uniuersos et separatos breuiter explicabo.

2. 1 Nulla architecto maior cura esse debet, nisi uti
proportionibus ratae partis habeant aedificia rationum
exactiones. Cum ergo constituta symmetriarum ratio
fuerit et conmensus ratiocinationibus explicati, tum
etiam acuminis est proprium prouidere ad naturam loci
aut usum aut speciem <detractionibus aut> adiectioni-

---

1. 11 populi romani *HWVS* : r. p. *EGU* ‖ egregia temperataque
regione *R Gioc.* : -giam temperatamque regionem *cett.* ‖ imperii potiretur *HWVS* : -rio p. *EG^{c}U* oportiretur *G.*
1. 12 ut *om. W* ‖ dubitemus *EG^{c}UHWVS* : - mur *G* ‖ nationum
EGUH^c : - nem *cett.* (- nes *L^c*) ‖ gentiumque *EGUHWV* : gentium et *S* ‖
et quemadmodum *G^{c}UHWVS* : q. *EG* ‖ *ab* explicabo *des. E.*
2. 1 nulla *U^{c}HWVS* : - lo *GU* ‖ cura *om. W* ‖ aedificia *om. V* ‖ ergo
GUHVS : autem *W* ‖ symmetriarum ratio fuerit *GUHWV* : f. r. s. *S* ‖
ratiocinationibus *GUHV^{c}S* : - narioribus *W* rationibus *V* ‖ aut (speciem)
GUHVS : ad *W* ‖ detractionibus aut *Krohn* : et d. aut *Rose* et d. uel *Gioc.*
om. codd.

de la construction ou son esthétique, et pour faire en sorte que l'effet produit, après ces corrections en moins ou en plus, soit celui d'un aménagement heureux, satisfaisant pleinement le regard. **2.** Nous avons en effet une certaine vision des objets tout proches, une vision autre sur une hauteur, la vision n'est pas la même dans un espace clos, elle est différente dans un espace ouvert ; il faut, dans ces cas, un grand discernement pour déterminer ce qui doit, en fin de compte, être fait. Car loin[1] apparemment d'être précise dans ses fonctions, la vue fausse plus d'une fois les conclusions de notre esprit. Sur les scènes peintes,[2] par exemple, on croit voir ainsi se découper les colonnes[3], les mutules[4] faire saillie[5], les formes des statues se détacher en relief alors que, de toute évidence, ces tableaux sont rigoureusement plats. Il en va de même pour les rames[6] des navires qui, bien que droites sous l'eau, y semblent pourtant brisées à nos yeux ; tant que leur pales effleurent la surface de l'eau, elles apparaissent droites, ce qu'elles sont en réalité, mais une fois plongées sous l'eau, leur matière émet des images fluides qui, traversant la substance translucide et poreuse[7] de l'eau, s'élèvent jusqu'à la surface où, tremblantes, elles créent pour l'œil l'illusion de rames brisées.

3. Que cette vision soit produite par la projection des images ou, selon l'opinion des naturalistes[1], par la diffusion des rayons venus de nos yeux, il appert, dans l'une ou l'autre hypothèse, que la vision peut induire en erreur. **4.** Le vrai pouvant donc paraître faux et nos yeux juger certaines choses différentes de ce qu'elles sont, aucune hésitation n'est, je

bus temperaturas <et> efficere, cum de symmetria sit
detractum aut adiectum, uti id uideatur recte esse for-
matum in aspectuque nihil desideretur. **2.** Alia enim ad
manum species esse uidetur, alia in excelso, non eadem
in concluso, dissimilis in aperto, in quibus magni iudicii
est opera quid tandem sit faciundum. Non enim ueros
uidetur habere uisus effectus, sed fallitur saepius iudicio
ab eo mens. Quemadmodum etiam in scaenis pictis
uidentur columnarum proiecturae, mutulorum ecphorae, signorum figurae prominentes, cum sit tabula sine
dubio ad regulam plana. Similiter in nauibus remi, cum
sint sub aqua directi, tamen oculis infracti uidentur ; et
quatenus eorum partes tangunt summam planitiem
liquoris, apparent, uti sunt, directi, cum uero sub aqua
sunt demissi, per naturae perlucidam raritatem remit-
tunt enatantes ab suis corporibus fluentes imagines ad
summam aquae planitiem, atque eae ibi commotae efficere uidentur infractum remorum oculis aspectum. **3.**
Hoc autem siue simulacrorum impulsu seu radiorum ex
oculis effusionibus, uti physicis placet, uidemus, utraque
ratione uidetur ita esse uti falsa iudicia oculorum habeat
aspectus. **4.** Cum ergo quae sunt uera falsa uideantur et
nonnulla aliter quam sunt oculis probentur, non puto

2. 1 temperaturas *GUHVS* : - ratas *W* ǁ et efficere *Krohn* : efficere
codd.

2. 2 esse uidetur *GUWV* : u.e. *S* se u. *H* ei u. *G^c* ǁ concluso *GUHWV^cS* :
incl - *V* ǁ sit *om. V* ǁ faciundum *GUH* : - iendum *WVS* ǁ uisus *GUHWS* : us
- *V* ǁ sc(a)enis *GUWV* : c(a)enis *HS* ǁ ecphorae *GU* : esph - *H* aesph - *S^c*
(*ut uid.*) aesfore *W* asphore *V* aesporae *S* ǁ sint sub *om. S suppl. S^c* (*mg*) ǁ
liquoris *GUW* : - res *HVS* ǁ demissi *edd.* (*Wratislaviensis, auct.* Schneider) :
dim - *codd.* ǁ eae *HWS* : hae *GU om. V.*

2. 3 siue *HWVS* : sine *GU* ǁ seu *GUHWS* : siue *V* ǁ utraque ratione
RT^c Gioc. : - amque rationem *cett.*

crois, possible sur la nécessité de corrections en moins ou en
plus, en fonction de la nature ou des exigences des sites, à la
condition cependant que ces réalisations soient parfaites. Or
pour arriver à cela, il faut non seulement des connaissances,
mais du talent aussi et de la finesse. **5.** Il faut en conséquence
fixer d'abord un système de relations modulaires, à partir
duquel seront faites toutes les corrections nécessaires, puis
établir, dans sa longueur et sa largeur[1], le plan au sol de l'ouvrage à construire et, une fois déterminées les dimensions,
viser alors, dans l'élaboration des proportions, une beauté
fonctionnelle[2] qui impose au regard la perception d'une harmonie d'ensemble[3]. Par quelles méthodes parvenir à ce but,
voilà ce qu'il me faut exposer, en traitant d'abord de la
manière dont doivent être construites les *cauaaedium*.

Chapitre 3
Les pièces de la domus
et leurs proportions
Divers types de cauaaedium

1. On distingue
cinq types[1] de cauaae-
dium[2] qu'on désigne,
selon leur forme,
comme toscan, corin-
thien, tétrastyle, à écoulement extérieur (*displuuiatum*), couvert (*testudinatum*). Sont toscans[3] ceux dont les poutres[4],
jetées sur la largeur de l'atrium, portent des sablières sus-
pendues et des arêtiers de noue qui courent des angles des
murs aux angles que forment les poutres, un chevronnage
incliné faisant en outre s'écouler les eaux pluviales vers le
milieu du *compluuium*[5]. Dans les cauaaedium corinthiens[6],

oportere esse dubium quin ad locorum naturas aut
necessitates detractiones aut adiectiones fieri debeant,
sed ita uti nihil in his operibus desideretur. Haec autem
etiam ingeniorum acuminibus, non solum doctrinis efficiuntur. **5.** Igitur statuenda est primum ratio symmetriarum, a qua sumatur sine dubitatione commutatio,
deinde explicetur operis futuri locorum *i*mum spatium
longitudinis <et latitudinis>, cuius, cum semel constituta
fuerit magnitudo, sequatur eam proportionis ad decorem apparatio uti non sit considerantibus aspectus
eurythmiae dubius. De qua quibus rationibus efficiatur
est mihi pronuntiandum, primumque de cauis aedium,
uti fieri debeant, dicam.

3. 1. Caua aedium quinque generibus sunt distincta,
quorum ita figurae nominantur : tuscanicum, corinthium, tetrastylon, displuuiatum, testudinatum. Tuscanica sunt in quibus trabes in atrii latitudine traiectae
habeant interpensiua et collicias ab angulis parietum ad
angulos tignorum intercurrentes, item asseribus stillici-
diorum in medium compluuium deiectis. In corinthiis
isdem rationibus trabes et conpluuia conlocantur, sed a

2. 4 quin *GUS*^c (*mg*) : quam *cett.* ‖ sed – desideretur *om.* *V* ‖ autem
etiam *GUHWS* : enim *V*.
  2. 5 a qua (*uel* aqua) *G*^c*UHS* : e qua *U*^r*MR* aquam *V* aeque *G* quam
V^c ‖ operis futuri *GUHWV* : f. o. *S* ‖ imum *pr.* : unum *codd.* ‖ longitudinis et latitudinis *Gioc.* : longitudinis *codd.* ‖ cum semel *GU* : cum *cett.* ‖
apparatio *GUHWS* : - ritio *V* ‖ eurythmiae *HU*^r : euryhtm - *G* euryhm -
G^c*U* eurithmie *W* (a)erithmi(a)e *VS* ‖ est *GUHVS* : esse *W* ‖ primumque
UHWVS : primumque quae *G* ‖ uti *GUHVS* : ita *W* ‖ debeant *GUH*^c*VS* :
- bent *H*.
  3. 1 ita figurae *G*^c*UHWV* : f. i. *S* ‖ tuscanicum *GUWVS* : tuscani.
cum *H* ‖ intercurrentes *GUM* : incur- *cett.* ‖ deiectis *G*^c (deictis *G*)
UMRvL : -tus *cett.* ‖ corinthiis *GUW* : -this *V* –tii *HS* ‖ compluuia
GUHWS : columpnia *V*.

poutres et *compluuium* sont agencés de la même manière,
mais les poutres prennent appui, à distance des murs, sur des
colonnes distribuées sur le pourtour. Sont tétrastyles[7] ceux
qui ont des colonnes d'angle, sous les poutres - dispositif
efficace de renforcement des poutres auxquelles n'est pas
imposée en propre une grande portée et qui n'ont pas, non
plus, la charge des sablières. **2.** Sont par ailleurs *displuuiata*[1]
ceux dans lesquels les arêtiers de croupe qui soutiennent l'armature du toit[2] rejettent l'eau de pluie[3] vers l'extérieur. Ce
type est tout particulièrement adapté aux logements d'hiver,
l'élévation du compluvium[4] laissant librement entrer la
lumière[5] dans le triclinium. Il présente cependant un grave
inconvénient d'entretien, du fait que les eaux de pluie qui
s'écoulent sur le pourtour des murs sont recueillies dans des
tuyaux[6] où, venues des chéneaux, elles ne pénètrent que len-
tement : la conséquence est que le trop-plein les fait débor-
der et détériore tant les boiseries[7] que les murs de ce genre
d'édifices. Quant aux cauaaedium couverts[8], ils interviennent là où il n'y a pas de portée considérable et où un large
espace est laissé aux appartements du dessus.

Proportion des pièces
L'atrium

3. Il y a trois types[1] de
modèles pour la longueur et la
largeur des atriums[2] : dans le
premier type, la largeur donnée sera dans un rapport des trois-
cinquièmes de la longueur ; dans le second, la largeur fixée
sera dans un rapport des deux-tiers ; dans le troisième, on
construira un carré sur la largeur, on conduira une diagonale

parietibus trabes recedentes in circuitione circa columnas componuntur. Tetrastyla sunt quae, subiectis sub trabibus angularibus columnis, et utilitatem trabibus et
firmitatem praestant, quod neque ipsae magnum impetum coguntur habere neque ab interpensiuis onerantur. **2.** Displuuiata autem sunt in quibus deliquiae arcam
sustinentes stillicidia reiciunt. Haec hibernaculis maximas praestant utilitates quod compluuia eorum erecta
non obstant luminibus tricliniorum. Sed ea habent in
refectionibus molestiam magnam quod circa parietes
stillicidia defluentia continent fistulae quae non celeri-
ter recipiunt ex canalibus aquam defluentem : itaque
redundantes restagnant et intestinum et parietes in eis
generibus aedificiorum corrumpunt. Testudinata uero
ibi fiunt, ubi non sunt impetus magni et in contignationibus supra spatiosae redduntur habitationes.

3. Atriorum uero latitudines ac longitudines tribus
generibus formantur. Et primum genus distribuitur uti,
longitudo cum in quinque partes diuisa fuerit, tres
partes latitudini dentur ; alterum, cum in tres partes
diuidatur, duae partes latitudini tribuantur ; tertium, uti
latitudo in quadrato paribus lateribus describatur inque

---

3. 1 trabes *GUWVS* : traues *H* ‖ recedentes *GUWVSMRLe* : seced-
TfpPvlbch ‖ tetrastyl(l)a *GUWVS* : terra- *H* ‖ firmitatem *GUHWS* : summ-
V ‖ quod –onerantur *om. S suppl. S^c in ima pagine* ‖ ab *GUHW* : alii *VS^c*
om. S.
　　3. 2 hibernaculis *GUHW* (*qui scrib.* hyb-) : in taber- *S* ‖ maximas
GUS : -mae *H* –me *WV* (*qui tamen e pro ae semper scribit*) ‖ utilitates
GUHWS : -tem *V* ‖ eorum *pr.* : ear- *codd.* ‖ tricliniorum *GUHWS* : -
norum *V* ‖ aquam *GUH^{c}WVS* : quam *H*.
　　3. 3 latitudini *GUHWS* : -nis *V* ‖ diuidatur *GUHVS* : -antur *W* ‖ paribus *GUHVS* : parti- *W* ‖ describat *G^{c}UHWVS* : -antur *G*.

sur ce carré et la longueur donnée à l'atrium sera la mesure
de cette diagonale. **4.** Quant à la hauteur[1] des atriums, on la
portera aux trois-quarts de leur longueur, sous les poutres ; la
partie restante sera prise comme mesure[2] du plafond et du
chevronnage, au dessus des poutres.

Les alae   Pour les ailes[3], à droite et à gauche, si la
                    longueur de l'atrium est de 30 à 40 pieds, on
en fixera la largeur au tiers. Si la longueur est de 40 à 50
pieds, la largeur[4] des ailes sera donnée en divisant la longueur par trois et demi. Si par ailleurs la longueur est de 50
à 80 pieds, la largeur des ailes doit être le quart et demi de la
longueur. Si celle-ci est de 80 à 100 pieds, la bonne largeur
des ailes sera fixée au cinquième de la longueur. Les poitrails d'entrée[5] doivent être placés assez haut pour que la hauteur des ailes soit égale à leur largeur.

eo quadrato diagonio*s* linea ducatur et quantum spatium habuerit ea linea diagonii, tanta longitudo atrio
detur. **4.** Altitudo eorum, quanta longitudo fuerit quarta
dempta sub trabes extollatur ; reliquum lacuniorum et
arcae supra trabes ratio habeatur.

Alis dextra ac sinistra latitudo, cum sit atrii longitudo
ab XXX pedibus ad pedes XL, ex tertia parte eius constituatur. Ab XL ad pedes L longitudo diuidatur in partes
tres <semis>, ex his una pars alis detur. Cum autem erit
longitudo ab quinquaginta pedibus ad sexaginta, quarta
pars longitudinis alis tribuatur. A pedibus LX ad LXXX
longitudo diuidatur in partes quattuor et dimidiam, ex
his una pars fiat alarum latitudo. A pedibus octoginta
ad pedes centum in quinque partes diuisa longitudo ius-
tam constituerit latitudinem alarum. Trabes earum limi-
nares ita altae ponantur ut altitudines latitudinibus sint
aequales.

3. 3 diagonios *Schneider* : -gonia *M* –goni *R^c* (*om. R*) –gonius *cett.* ‖
linea ducatur et quantum *GUHWS* : d. l. ad quartum *V* ‖ habuerit ea
GUHWS : e. h. *V* ‖ diagonii *HWVS* : -ni *GU*.
    3. 4 alis *GUM^cR^cT^cf^cp* : -iis *HVSM* –eis *G^cU^xH^cWLe* alicis *RTfPvlbch*
‖ sinistra *GUHVS* : –trum *W* ‖ latitudo *Gioc.* : -dinis *GUHWS* –dine *V* latitudinis spatium *Krohn* ‖ atrii *GUHWS* : -ria *V* ‖ a(b) XXX *GUWVS* : ad
XXX *H* ‖ ex *GUHWS* : et *V* ‖ tertia *G^cHWVS* : test- *GU* ‖ parte eius
GUHWV : e. p. *S* ‖ XL ad pedes *HWVS* : quadraginta ad *GU* ‖ partes –in
(partes) *om. W p* ‖ tres semis *Rose* : tres et dimidia *R^c*(*mg*) *T^c Gioc.* tres
cett. ‖ alis *GUS^cM^c* (*mg*) *R^c*(*mg*) *T^cf^cp* : alisque *M* –iis *H* –eis *H^cVS* alicis
TfpPvlbch aleis *LeM^c* (*s.l.*) ‖ sexaginta *om. H* suppl. *H^c* ‖ tribuatur
GUHWV : detur *S* (*uid. R.-S.* p. 42) ‖ dimidiam *GUMR* : -dium *S* –dia *cett.*
‖ fiat *GUHVS* : fuit *W* ‖ alarum *ante* fuit *transp. S* ‖ earum *GUHW* : autem
S autem earum *V* ‖ altitudines *U^cVS* : -ne *GUHW*.

Le tablinum   **5.** L'espace donné au tablinum[1] sera
                       équivalent aux deux-tiers de la largeur
de l'atrium[2], si celle-ci est de 20 pieds ; si la largeur de
l'atrium est de 30 à 40 pieds l'équivalent de la moitié de cette
largeur sera donnée au tablinum ; si elle est de 40 à 60 pieds,
le rapport établi pour le tablinum sera les deux-cinquièmes de
la largeur de l'atrium. Un même système de proportions ne
peut pas être appliqué en réalité aux petits atriums et aux
grands atriums. Si l'on utilise en effet les proportions des
grands atriums pour les petits, elles ne seront fonctionnelles
ni pour le tablinum[3] ni pour les ailes. Si l'on utilise au
contraire les proportions des petits atriums pour les grands,
ces parties y seront démesurément vastes. C'est donc en fonction de chacun de ces types que j'ai jugé nécessaire de définir les rapports les plus pertinents de grandeur, tant du point
de vue fonctionnel qu'esthétique[4]. **6.** La hauteur[1] donnée au
tablinum jusqu'au poitrail[2] sera supérieure d'un huitième à sa
largeur. On ajoutera un tiers de la largeur pour la hauteur à
laquelle sera porté le plafond[3].

Les fauces   Les mesures données aux fauces[4]
                      seront les deux-tiers de la largeur du tabli-
num pour les petits atriums[5], de la moitié pour les grands. La
hauteur des « images »[6] avec leurs ornements sera déterminée en fonction de la largeur des ailes.

   La largeur des portes[7] sera proportionnelle à leur hauteur.
Si elles sont doriques, leur réalisation dans le style dorique,
si elles sont ioniques, leur réalisation dans le style ionique
obéiront aux principes des relations modulaires énoncés au

5. Tablinum, si latitudo atrii erit pedum uiginti, dempta tertia eius spatio reliquum tribuatur. Si erit ab pedibus XXX ad XL, ex atrii latitudine tablino dimidium tribuatur. Cum autem ab XL ad LX, latitudo diuidatur in partes quinque, ex his duo tablino constituantur. Non enim atria minora ab maioribus easdem possunt habere symmetriarum rationes. Si enim maioribus symmetriis utemur in minoribus, neque tablino neque alae utilitatem poterunt habere, sin autem minorum in maioribus utemur, uasta et inmania in his ea erunt membra. Itaque generatim magnitudinum rationes exquisitas et utilitati et aspectui conscribendas putaui. **6.** Altitudo tablini ad trabem adiecta latitudinis octaua constituatur. Lacunaria eius tertia latitudinis ad altitudinem adiecta extollantur.

Fauces minoribus atriis e tablini latitudine dempta tertia, maioribus dimidia constituantur. Imagines ita alte cum suis ornamentis ad latitudinem alarum sint constitutae.

Latitudines *ostiorum* ad altitudinem ; si dorica erunt, uti dorica, si ionica erunt, uti ionica perficiantur, quemadmodum de thyromatis in [quibus] quarto libro

3. 5 atrii *WVSM^{c}R^{c}T$^{c:}$* -ium *cett.* ‖ a(b) pedibus *GUWVS* : ad. p. *H* ‖ tribuatur- dimidium *om. bch* ‖ a(b) maioribus *WVR^{c}T* : ad maioribus *G^{c}RS^{c}HefPvlbch* ad maiores *GUSM* ad maiora *f^{2}p* maioribus *L* ‖ utemur *HWS* : utamur *GU* utetur *V* ‖ tablino *HVS* : –num *W* –ni *GU* ‖ minorum *GUHWS* : -ribus *S^c* (*in ras.*) ‖ utemur (*post* maioribus) *om. S* ‖ ea (*ante* erunt) *om. S* ‖ exquisitas *GUHVS* : -ta *W* ‖

3. 6 trabem *GUH^{c}WVS* : tab- *H* ‖ adiecta *WRM^c* : abi- *GUHVSM* ‖ eius *G^{c}HWVS* : ei *GU* ‖ adiecta *GUHW* : -tae *VS* ‖ e tablini *WVM^c* : e tablinis *S* ex tablini *R^c* et tablini *GUM* et ablinii *H* ‖ constituantur *GU* : -atur *HWVS* ‖ ostiorum *Gioc.* : eorum *GUHWV* earum *S* ‖ thyromatis *U^c* : tir- *GUHV* cyr- *WS* ‖ in quarto *Ro* : in quibus quarto *codd.*

livre IV à propos des portes des temples[8]. On laissera pour l'ouverture du compluvium[9] une largeur égale, au moins, au quart et, au plus, au tiers de celle de l'atrium ; sa longueur sera proportionnelle à celle de l'atrium.

Le péristyle   **7.** Les péristyles[1] doivent être d'un tiers[2] plus long dans leur ligne transversale[3] que dans leur profondeur. La hauteur des colonnes[4] sera égale à la largeur des portiques du péristyle. Les intervalles[5] entre les colonnes ne doivent pas être inférieurs au diamètre de trois colonnes ni supérieurs au diamètre de quatre colonnes. Mais si les colonnes du péristyle doivent être de style dorique, on choisira les modules conformément à ce que j'ai écrit, dans le livre IV, touchant l'ordre dorique, et c'est en fonction de ces modules et du schème des triglyphes que l'on disposera les colonnes.

Tricliniums, exèdres,   **8.** Les tricliniums[1] doivent
oeci, galeries   être deux fois plus longs[2] que larges. La hauteur de toutes les pièces de forme oblongue[3] doit être calculée de manière que, longueur et largeur étant comptées ensemble, on retienne la moitié de ce total pour l'attribuer à la hauteur. Mais si exèdres[4] et oeci[5] sont carrés[6], on les portera à une hauteur d'une fois et demi la largeur. Aux galeries,[7] comme aux exèdres, il faudra donner des dimensions importantes.

rationes symmetriarum sunt expositae. Compluuii
lumen latum latitudinis atrii ne minus quarta, ne plus
tertia parte relinquatur ; longitudo, uti atrii pro rata
parte fiat.

7. Peristyla autem in transuerso tertia parte longiora
sint quam introrsus. Columnae tam altae quam porticus
latae fuerint peristyliorum ; intercolumnia ne minus
trium, ne plus quattuor columnarum crassitudine inter
se distent. Sin autem dorico more in peristylo columnae
erunt faciundae, uti in quarto libro de doricis scripsi, ita
moduli sumantur et ad eos modulos triglyphorumque
rationes disponantur.

8. Tricliniorum quanta latitudo fuerit, bis tanta longitudo fieri debebit. Altitudines omnium conclauiorum
quae oblonga fuerint sic habere debent rationem uti
longitudinis et latitudinis mensura componatur et ex ea
summa dimidium sumatur, et quantum fuerit, tantum
altitudini detur. Sin autem exhedrae aut oeci quadrati
fuerint, latitudinis dimidia addita altitudines educantur.
Pinacothecae uti exhedrae amplis magnitudinibus sunt
constituendae.

3. 6 compluuii *GUWVS* : -pluii *H* ‖ latum *HWVS^c* (*inter lineas*) : *om.*
GUS.
     3. 7 peristyla *HVS* : -stilia *GUW* ‖ columnae tam *GUWVS* : columna
& tam *H* ‖ porticus *HWVS* : pot- *GU* ‖ intercolumnia *GUHWV* : - mna *S*
‖ crassitudine *om. S suppl. S^c* (*mg*) ‖ peristylo *GUHVS* : - stilio *W* ‖ scripsi
GUHWS : scriptum est *V.*
     3. 8 tricliniorum *GUHVS* : triglinorum *W* ‖ latitudo fuerit *GUHWV* :
f. l. *S* ‖ conclauiorum quae *G^cUHVS* : -uiorumque *G* conclauorumque
W ‖ altitudines educantur. pinacothecae *GU* : altitudine seducant turpina cothecae *HSW* altitudinem seducant turpina cothecae *W* ‖ uti
GUHVS : ubi *W.*

La largeur et la longueur[8] des *oeci* corinthiens[9], tétra-styles,[10] et de ceux que l'on appelle égyptiens,[11] seront cal-culées[12] en fonction des proportions indiquées plus haut pour les tricliniums, mais un plus large espace sera ménagé en vue de l'insertion des colonnes **9.** Entre les *oeci* corinthiens et les *oeci* égyptiens, la différence[1] sera la suivante : les *oeci* corinthiens ont un ordre unique de colonnes qui reposent sur un socle ou à même le sol, et qui sont surmontées d'archi-traves[2] et de corniches[3] en bois ou en stuc[4] ; il y a d'autre part, au-dessus des corniches, un plafond[5] à caissons à profil semi-circulaire[6]. Dans les *oeci* égyptiens, on doit placer un soli-vage, depuis les architraves qui surmontent les colonnes jusqu'aux murs tout autour, et un plancher avec un pavement[7] de manière que l'on ait une galerie circulaire à ciel ouvert. Au-dessus ensuite de l'architrave, et perpendiculairement aux colonnes du bas, on dressera des colonnes d'un quart plus petites[8] ; au-dessus de leurs architraves et de leurs modéna-tures[9], il y a[10] des plafonds à caissons ; des fenêtres sont éga-lement ménagées dans l'intervalle des colonnes supérieures. Ces pièces ont ainsi l'apparence de basiliques plus que de tricliniums corinthiens.

10. On trouve aussi des *oeci* d'un type inhabituel en Italie : Les Grecs les appellent cyzicènes[1]. Ils sont orientés vers le Nord et s'ouvrent le plus souvent sur des espaces verts[2] ; ils ont, en leur milieu, une porte à vantaux[3]. Leur lon-gueur et leur largeur permettent d'installer deux lits de table à trois places vis-à-vis, avec la possibilité de circuler autour. À droite et à gauche, ces *oeci* ont des portes-fenêtres[4] grâce

Oeci corinthii tetrastylique quique aegyptii uocantur
latitudinis et longitudinis, uti supra tricliniorum symmetriae scriptae sunt, ita habeant rationem, sed propter
columnarum interpositiones spatiosiores constituantur.
9. Inter corinthios autem et aegyptios hoc erit discrimen. Corinthii simplices habent columnas aut in podio
positas aut in imo ; supraque habent epistylia et coronas
aut ex intestino opere aut albario, praeterea supra coronas curua lacunaria ad circinum delumbata. In aegyptiis
autem supra columnas epistylia et ab epistyliis ad
parietes qui sunt circa inponenda est contignatio, supra
coaxationem pauimentum subdiu ut sit circumitus.
Deinde supra epistylium ad perpendiculum inferiorum
columnarum inponendae sunt minores quarta parte
columnae. Supra earum epistylia et ornamenta lacunariis ornantur, et inter columnas superiores fenestrae
conlocantur ; ita basilicarum ea similitudo, non corinthiorum tricliniorum uidetur esse.

10. Fiunt autem etiam non italicae consuetudinis
oeci quos Graeci cyzicenos appellant. Hi conlocantur
spectantes ad septentrionem et maxime uiridia prospi-
cientes ualuasque habent in medio. Ipsi autem sunt ita
longi et lati uti duo triclinia cum circumitionibus inter
se spectantia possint esse conlocata, habentque dextra
ac sinistra lumina fenestrarum [uiridia] ualuata, uti de

3. 8 longitudinis et latitudinis f^cp : longitudines et latitudines *cett.*
‖ spatiosiores U^cHWS : -tiores *GU* speciosiores *V*

3. 9 corinthii *GUH* : chor- *W* corinthi *VS* ‖ supraque *GUHVS* : supra
quam *W* ‖ habent f^cMR^c : -eant *cett.* ‖ coronas –supra *om. bch* ‖ intestino
GUHWV : intext- *S* ‖ columnas *GUHWS* : columpnam *V* ‖ subdiu *GUHS* :
sub diuo *WVMRTLefpPvlbch* ‖ circumitus *GUH* : -uitus *WVS* ‖ columnae
(-mpnae *WV*) U^rWVS : -na *GUH*

3. 10 cyzicenos *GUH* : ciz- *VS* cyziceos *W* ‖ ualuas *GUWV* : ualbas *HS*
‖ cum *ante* circumitionibus *om. GU* ‖ ualuata *Gioc.* : uiridia ualuata *codd.*

auxquelles on peut, depuis les lits, découvrir le vert des jardins à travers les fenêtres. La hauteur[5] donnée à ces pièces est d'une fois et demi leur largeur.

Adaptations nécessaires **11.** Dans ce genre de construction, on appliquera tous les principes de relation modulaire[1] qu'autorise l'environnement : si la hauteur des murs[2] n'intercepte pas la lumière, on ouvrira des baies[3] sans problème ; si cependant on est gêné par le manque de place ou par quelqu'autre contrainte, il faudra alors finesse et acuité d'esprit pour corriger, en moins ou en plus[4], les proportions, de manière que le résultat esthétique ne soit pas discordant par rapport à celui des proportions canoniques.

Chapitre 4 **1.** Nous traiterons[1] mainte-
Exposition des pièces nant de l'exposition appropriée[2] que doivent avoir, en fonction de leur usage spécifique, les différentes parties des constructions[3]. Les *triclinia* d'hiver[4] et les bains[5] auront une exposition sud-ouest, cela parce que la lumière du soir y est nécessaire, pour la raison aussi qu'arrivant de face et conservant son éclat, avec une chaleur moins vive, le soleil couchant adoucit, vers le soir, la température du lieu. Chambres[6] et bibliothèques[7] doivent avoir une exposition est : leur usage demande en effet la lumière du matin et, de plus, les livres ne se déliteront pas dans les bibliothèques. De fait, dans toutes celles[8] qui ont une exposition sud et ouest, les livres sont

*l*ectis per spatia fenestrarum uiridia prospiciantur. Alitudines eorum dimidia latitudinis addita constituuntur.

11. In his aedificiorum generibus omnes sunt faciendae earum symmetriarum rationes quae sine impeditione loci fieri poterunt, luminaque parietum altitudinibus, si non obscurabuntur, faciliter erunt explicata ; sin autem inpedientur ab angustiis aut aliis necessitatibus, tunc erit ut ingenio et acumine de symmetriis detractiones aut adiectiones fiant uti non dissimiles ueris symmetriis perficiantur uenustates.

4. 1. Nunc explicabimus, quibus proprietatibus genera aedificiorum ad usum [et] caeli regiones apte debeant spectare. Hiberna triclinia et balnearia *ad* occidentem hibernum spectent, ideo quod uespertino lumine opus est uti, praeterea quod etiam sol occidens aduersus habens splendorem, calorem remittens efficit uespertino tempore regionem tepidiorem. Cubicula et bybliothecae ad orientem spectare debent ; usus enim matutinum postulat lumen, item in bybliothecis libri non putrescent. Nam quaecumque ad meridiem et occidentem spectant ab tineis et umore libri uitiantur quod

3. 10 lectis *R^c(s.l.),Phil.* : tect- *cett.* ‖ altitudines *GUWS* : -nis *HV* ‖ constituuntur *GHS* : -uantur *UWV*.
    3. 11 earum *G^cUHWVS* : eadem *G* ‖ impeditione *GUHWS* : -dimento *V* ‖ loci *WR^cT^c* : -cis *cett.* ‖ faciliter *GUHWV* : -le *S* ‖ tunc erit *GU* : tenerit *HVS* necesse erit *W* ‖ adiectiones *GUHWV* : -ne *S*.
    4. 1. explicabimus *G^cU* : -auimus *GHWVS* ‖ caeli *Fensterbusch* : et caeli *codd.* ‖ apte *W* : -tae *U* act(a)e *GHVS* ‖ spectare *LRM^cT^c* : exsp- *cett* (*S^c suppl. mg.*) ‖ ad (occidentem) *Marini* : uti *codd.* ‖ spectent *GUWVS* : -tenti *H* ‖ calorem *om S add S^c* (*mg*) ‖ efficit- tepidiorem *om. W* ‖ spectant *GUHVS* : -tent *W* ‖ tineis *U^xWVS* : -niis *H* –nis *G^cU* –nsis *G*.

détériorés par les teignes et par l'humidité, l'arrivée des vents humides faisant naître et se développer les teignes, tout en imprégnant les volumes d'une humidité qui les moisit. **2.** Les *triclinia* de printemps[1] et d'automne auront une orientation est : exposés[2] en effet aux rayons du soleil qui, dans sa marche vers le couchant, vient les frapper de face[3], ils en reçoivent une douce température au moment habituel où on les utilise. Les *triclinia* d'été seront exposés au Nord, car ce secteur[4] n'est pas étouffant[5] comme le sont les autres sous l'effet de la chaleur, à l'époque du solstice : étant à l'écart de la course du soleil, il reste frais et fait que l'usage de ces pièces est sain et agréable[6]. Il en ira de même pour les galeries de tableaux et pour les ateliers[7] de broderie[8] et de peinture[9], de manière qu'une lumière toujours égale[10] préserve, sans altération de leurs qualités, la couleur des ouvrages.

Chapitre 5
Statut social
et types d'habitation

1. Quand on aura ainsi établi l'orientation des pièces on doit alors être attentif aussi au type d'architecture que requièrent, dans les constructions des particuliers, les pièces privées du maître de maison et à celui qui convient aux pièces également ouvertes aux personnes étrangères[1]. S'agissant en effet des pièces privées, leur accès n'est réservé qu'aux seuls invités : ainsi en est-il des chambres, des salles à manger[2], des bains et de toutes les autres pièces qui ont une destination de ce genre. Sont au contraire ouvertes à tous celles où chacun peut venir de plein droit, même sans invitation[3] : à savoir les cours d'entrées[4], les *cauaaedium*, les péristyles[5] et les autres

uenti umidi aduenientes procreant eas et alunt infun-
dentesque umidos spiritus pallore uolumina corrumpunt. **2.** Triclinia uerna et autumnalia ad orientem ; *t*um
enim praetenta luminibus aduersus solis impetus pro-
grediens ad occidentem efficit ea temperata ad id tem-
pus quo opus solitum est uti. Aestiua ad septentrionem,
quod ea regio, non ut reliquae per solstitium propter
calorem efficitur aestuosa : eo quod est auersa a solis
cursu, semper refrigerata et salubritatem et uoluptatem
in usu praestat. Non minus pinacothecae et plumariorum textrina pictorumque officinae, uti colores eorum
in opere propter constantiam luminis inmutata perma-
neant qualitate.

5. 1. Cum ad regiones caeli ita ea fuerint disposita,
tunc etiam animaduertendum est quibus rationibus
priuatis aedificiis propria loca patribus familiarum et
quemadmodum communia cum extraneis aedificari
debeant. Namque ex his quae propria sunt, in ea non est
potestas omnibus introeundi nisi inuitatis, quemadmodum sunt cubicula, triclinia, balneae ceteraque quae
easdem habent usus rationes. Communia autem sunt
quibus etiam inuocati suo iure de populo possunt
uenire, id est uestibula, caua aedium, peristylia quaeque

4. 1. aduenientes *GU* (*qui* aduenientes *post* procreant *ponit*) : -
nentes *H*.
    4. 2. tum *Schneider* : cum *codd* ‖ septentrionem *HWVS* : -onalem
GU ‖ propter calorem *om S, suppl S*^c (*mg*) ‖ efficitur *S* : -ciuntur
GUHWVS^c ‖ aestuosa *S* : -sae *GUHWV* ‖ eo *VS* : ea *GUHW* ‖ quod
GUHVS : quae *W* ‖ a (solis) *om. W* ‖ et (salubritatem) *GUHVS* : ad *W* ‖
et (uoluptatem) *GUHWS :* in *V* ‖ textrina *U*^x*VS* : extrina *GUHW* ‖
constantiam *GUWVS :* -tia *H*.
    5. 1. cubicula *GUHVS* : cubilia *W* ‖ ceteraque *GUHVS* : -rasque *W*.

pièces qui ont une fonction analogue. En conséquence les gens de condition ordinaire[6] n'ont aucun besoin[7] de cours d'entrée, de *tablina* ou d'atriums somptueux puisque ce sont eux qui s'acquittent de leurs obligations sociales[8] en se rendant chez les autres, non les autres qui se rendent ainsi chez eux[9]. **2.** Pour ceux, par ailleurs, dont l'activité est liée aux produits agricoles[1], il faut faire, dans leur cour d'entrée[2], des écuries[3] et des boutiques[4], dans leur maison même, des caves[5], des greniers[6], des resserres et toute autre installation visant à une bonne conservation des produits plutôt qu'à une esthétique recherchée[7]. Aux banquiers et aux fermiers des impôts[8] il faut, suivant les mêmes principes, une architecture très confortable et de très bel aspect[9], protégée aussi des agressions ; aux avocats et aux rhéteurs[10] il faut, pour leur part, une architecture très élégante et spacieuse, permettant que les personnes rassemblées y trouvent place. Quant aux dignitaires, que l'exercice des plus hautes magistratures[11] astreint à des obligations envers leurs concitoyens, il leur faut des vestibules de style royal[12], des atriums élevés[13] et des péristyles immenses, de vastes parcs[14] et promenades[15] d'une beauté majestueuse ; il leur faut aussi des bibliothèques, des galeries de tableaux et des basiliques[16] dont la magnificence de réalisation ne le cède en rien à celle des bâtiments publics : c'est fréquemment en effet dans leurs demeures qu'interviennent les délibérations publiques ainsi que les jugements et les arbitrages privés.[17] **3.** Si donc les constructions sont ainsi aménagées, suivant ces principes, en fonction de chaque catégorie sociale, comme il a été écrit au premier livre à propos de la beauté fonctionnelle, il n'y aura rien à reprendre ; tout en effet y sera opportunément et parfaitement ordonné. Et les règles touchant ces questions ne seront pas seulement pertinentes en ville, mais aussi à la campagne[1], avec cette

eundem habere possunt usum. Igitur îs qui communi sunt fortuna non necessaria magnifica uestibula nec tablina n*e*que atria quod in aliis officia praestant ambiundo neque ab aliis ambiuntur. **2.** Qui autem fructibus rusticis seruiunt, in eorum uestibulis stabula, tabernae, in aedibus cryptae, horrea, apothecae ceteraque, quae ad fructus seruandos magis quam ad elegantiae decorem possunt esse, ita sunt facienda.

Item feneratoribus et publicanis commodiora et speciosiora et ab insidiis tuta, forensibus autem et disertis elegantiora et spatiosiora ad conuentus excipiundos, nobilibus uero, qui honores magistratusque gerundo praestare debent officia ciuibus, faciunda sunt uestibula regalia, alta atria et peristylia amplissima, siluae ambulationesque laxiores ad decorem maiestatis perfectae ; praeterea bybliothecas, pinacothecas, basilicas non dissimili modo quam publicorum operum magnificentia comparatas, quod in domibus eorum saepius et publica consilia et priuata iudicia arbitriaque conficiuntur. **3.** Ergo si his rationibus ad singulorum generum personas, uti in libro primo de decore est scriptum, ita disposita erunt aedificia, non erit quod reprehendatur ; habebunt enim ad omnes res commodas et emendatas explicationes. Earum autem rerum non solum erunt in urbe aedificiorum rationes, sed etiam ruri, praeterquam

---

5. 1. possunt usum *GUHWV* : u . p. *S* || fortuna non *GUHVS* : n. f. *W* || tablina *U⁰S* : tabul- *GUHWV* || neque *Perrault* : quae *codd.*
5. 2. cryptae *M⁰* : cript- *cett* || horrea apothecae *GUHWS* : orrea apothere *W* || elegantiae *U⁰VS* : elegent- *UG* eligant- *HW* || possunt *GUHWS* : -sint *V* || disertis *G⁰UHWS* : diss- *V* des- *G* || elegantiora *UVS* : elig- *GHW* || spatiosiora *GUHWS* : specios- *V* || conuentus *GUWS* : -tos *HV* || atria *GUWS* : atrita *HV* || pinacothecas *GURM* : *om. cett.* || conficiuntur *UHR* : -ciunt *GWVS*.

réserve qu'il est usuel, en ville, que l'atrium vienne aussitôt après la porte,[2] alors qu'à la campagne, dans les maisons de style urbain[3], c'est le péristyle qui se présente d'abord, puis l'atrium entouré de portiques dallés[4] donnant sur des palestres[5] et des promenades.

Je me suis attaché à présenter, dans la mesure du possible, l'essentiel des règles applicables aux constructions urbaines ; je parlerai maintenant des dispositions propres à adapter les habitations rurales à leur fonction, des règles à suivre dans leur aménagement.

Chapitre 6
Constructions rurales

1. S'agissant tout d'abord des questions de salubrité,[1] il faut examiner les différentes expositions, conformément aux indications, données dans notre premier livre, pour l'implantation des villes, et situer les propriétés[2] en conséquences. Leur importance doit être fonction de celle des terres et des ressources qu'elles offrent[3].

Cours

La grandeur des cours[4] doit être déterminée par le nombre de têtes de bétail[5] et l'ensemble de paires de bœufs[6] qu'on aura besoin d'y avoir.

Cuisines et étables

On choisira[7] pour la cuisine[8] l'endroit le plus chaud de la cour. Juste à côté on aura les étables[9] dont les mangeoires regarderont vers le foyer et dans la direction de l'Est, la raison étant que les bœufs qui regardent le feu et la lumière n'ont pas le poil qui se hérisse[10]. Les paysans, qui ne sont pas sans connaître[11] les zones du ciel, estiment de même que la seule bonne direction dans laquelle doivent regarder les bœufs est celle du

quod in urbe atria proxima ianuis solent esse, ruri ab
pseudourbanis statim peristylia, deinde tunc atria
habentia circum porticus pauimenta*tas* spectantes ad
palaestras et ambulationes.

Quoad potui urbanas rationes aedificiorum summatim perscribere proposui ; nunc rusticorum expeditio-
num, ut sint ad usum commodae quibusque rationibus
conlocare oporteat eas dicam.

6. 1. Primum de salubritatibus, uti in primo uolumine de moenibus conlocandis scriptum est, regiones
aspiciantur et ita uillae conlocentur. Magnitudines
earum ad modum agri copiasque fructuum comparen-
tur.

Chortes magnitudinesque earum ad pecorum numerum, atque quot iuga boum opus fuerit ibi uersari, ita
finiantur.

In chorte culina quam calidissimo loco designetur.
Coniuncta autem habeat bubilia, quorum praesepia ad
focum et orientis caeli regionem spectent, ideo quod
boues lumen et ignem spectando horridi non fiunt ;
item agricolae regionum <non> imperiti non putant
oportere aliam regionem caeli boues spectare nisi ortum

5. 3. (ab) ruri- statim *om. S, suppl. S^c in ima pagine* || ab *GUHS^c* : a *W
om. V* || pauimentatas *Gioc.* : -menta *codd.* || conlocare (*uel* coll-)
GUHWV : ri *S*.

6. 1. ad modum *VR* : admodum *cett* (admalum *ante ras. G*) || fruc-
tuum *HWVS* : -tum *GU* || chortes *GUHWS* : coh- *U^{x}V* || quot *U^{x}WVS* :
quod *GUH* || fuerit *pr.* : -rint *codd.* || in chorte *GUHVS* : inculte *W* || desi-
gnetur *GUVS* : -sinetur *HW* || bubilia *GU* (*qui* uel buceta, *glossam s.l.
habet*) *HWV* : buui- *S* || spectent *GUHWS* : -tant *V* || fiunt *HVS* : fiant *GU*
sunt (?) *W* || non imperiti *Chausserie-Laprée* : imperiti *codd.*

soleil levant. **2.** Pour les étables, leur largeur[1] ne doit pas être inférieure à dix pieds ni supérieure à quinze : leur longueur doit assurer à chaque paire de bœufs un espace d'au moins sept pieds.

Bains   Les bains[2] seront également attenants à la cuisine ; il n'y aura pas loin ainsi pour assurer le service du bain à la campagne.

Celliers   Le pressoir[3] devra être également tout près de la cuisine ; cela rendra plus facile, en effet, le traitement des olives. Elle aura, attenant, le cellier,[4] dont les jours seront ouverts sur le Nord ; quand ils donnent en effet sur une autre direction d'où la chaleur du soleil peut venir, le vin qui sera dans ce cellier se dénaturera et perdra son caractère.[5]

Huilerie   **3.** L'huilerie, au contraire, doit être située de manière à prendre jour sur le Midi et sur une zone chaude du ciel ; l'huile, en effet, ne doit pas se figer,[1] mais conserver sa fluidité sous l'effet d'une douce chaleur. Quant à ses dimensions,[2] elles seront fonction des récoltes et du nombre de tonneaux[3] qui, pour une contenance d'un *culeus*,[4] doivent occuper chacun un espace de quatre pieds de diamètre. Pour ce qui est du pressoir,[5] si au lieu d'une rotation par vis, on a un système de pression avec leviers et arbre, il faut lui donner quarante pieds au moins de

solis. **2.** Bubilium autem debent esse latitudines nec
minores pedum denûm, nec maiores quindenûm ; longitudo uti singula iuga ne minus pedes occupent septenos.

Balnearia item coniuncta sint culinae ; ita enim laua-
tioni rusticae ministratio non erit longe.

Torcular item proximum sit culinae ; ita enim ad
olearios fructus commoda erit ministratio. Habeatque
coniunctam uinariam cellam habentem ab septentrione
lumina fenestrarum ; cum enim alia parte habuerit qua
sol calfacere possit, uinum, quod erit in ea cella, confusum ab calore efficietur inbecillum

3. Olearia autem ita est conlocanda, ut habeat a
meridie calidisque regionibus lumen ; non enim debet
oleum congelari, sed tepore caloris extenuari.
Magnitudines autem earum ad fructuum rationem et
numerum doliorum sunt faciundae, quae, cum sint cullearia, per medium occupare debent pedes quaternos.
Ipsum autem torcular, si non cocleis torquetur sed uec-
tibus et prelo premetur, ne minus longum pedes XL

---

6. 2. bubilium –septenos *habet E* ‖ bubilium *EG^{c}U* : buui- *GHVS*
boui- *W* ‖ ne *GUHWVS* : nec *E* ‖ pedes occupent *EGHVS* : o.p. *W* ‖ sint
EHWVS : sunt *GU* ‖ torcular *G^{c}UWS* : tortu- *V* torclar *GH* ‖ a(b) septentrione *HWVS* : ad –nem *GU* ‖ cum- imbecillum *om. S, suppl. S^c ima
pag.* ‖ qua *GUV* : quae *HWS*.
6. 3. habeat *GUHVS* : -ant *W* ‖ tepore *hf^c* : temp- *cett.* ‖ caloris
GUHVS : calor uis (*uel* calorius) *W* ‖ *post* extenuari *add. S* : uinaria enim
cella cum aliunde quam a septentrione habuerit fenestrarum lumina
qua sol calefacere possit uinum quod erit in ea cella confusum ab
calore efficietur imbecillum, *del. S^c* (*uid. R-S* 49) ‖ cocleis *G^{c}UH^{c}WVS* :
coel- *G* cocleas *H*.

long ; cela laissera en effet une place suffisante pour la
manœuvre du levier. La largeur en sera d'au moins seize
pieds ; les ouvriers auront ainsi une entière liberté et facilité
pour opérer. Mais s'il faut de la place pour deux pressoirs,[6]
on donnera une largeur de vingt-quatre pieds.

Étables à brebis et à chèvres

4. Les étables pour
les brebis et pour les
chèvres[1] doivent être suffisamment grandes pour assurer à
chaque bête un espace d'au moins quatre pieds et demi, au
plus de six.

Greniers à blé

Les greniers à blé[2] seront placés
haut[3] et tournés vers le Nord ou le
Nord-est ; de cette manière, le grain sera protégé contre un
échauffement rapide et, avec la fraîcheur de l'air qui circule,
il se conserve longtemps. De fait, les autres expositions amè-
nent les charançons et tous ces insectes qui gâtent habituellement le grain.

Écuries

On affectera aux écuries[4] la partie la plus
chaude possible de la ferme, en veillant seulement à ce qu'elles ne regardent pas vers le foyer : quand les
bêtes de trait ont en effet leur litière à proximité d'un feu, leur
poil se hérisse.

5. Des mangeoires[1] installées hors de la cuisine, en plein
air, face à l'Est, ne sont pas non plus sans avantages ; en effet,
quand l'hiver, par ciel clair, on y amène les bœufs, au matin,
prendre ainsi leur nourriture au soleil donne aux bêtes une
robe plus brillante.[2]

constituatur ; ita enim erit uectiario spatium expeditum. Latitudo eius ne minus pedum senûm denûm ; nam sic erit ad pᵣₑₗum opus facientibus libera uersatio et expedita. Sin autem duobus prelis loco opus fuerit, quattuor et uiginti pedes latitudini dentur.

4. Ouilia et caprilia ita sunt magna facienda uti singula pecora areae ne minus pedes quaternos et semipedem, ne plus senos possint habere.

Granaria sublimata et ad septentrionem aut aquilonem spectantia disponantur ; ita enim frumenta non poterunt cito concalescere, sed ab flatu refrigerata diu seruantur. Namque ceterae regiones procreant curculionem et reliquas bestiolas quae frumentis solent nocere.

Equilibus, quae maxime in uilla loca calidissima fuerint, constituantur dum ne ad focum spectent ; cum enim iumenta proxime ignem stabulantur, horrida fiunt.

5. Item non sunt inutilia praesepia quae conlocantur extra culinam in aperto contra orientem ; cum enim in hieme anni sereno caelo in ea traducuntur matutino boues, ad solem pabulum capientes fiunt nitidiores.

6. 3. prelum *Krohn* : plenum (pleum *H^{ac}*) *codd.* || loco *G^rUWVS* : -cu *H* locti *G.*

6. 4. quaternos *GUHWS* : quattuor *V* || et (*ante* semipedem) *om. V.* || sublimata *GUW* : -inata *HVS* || poterunt *WS* : -rint *GUHV* || ab flatu refrigerata *GUWVS* : ab flaturae frigerata *H* || curculionem *GUHWV* : gurgul- *S* || reliquas *GUHVS* : ceteras *W* || equilibus *GUHS* : equilibet *W* e quibus *V* || spectent *G^rU^rHWVS* : spectetent *GU.*

6. 5. inutilia *G^rUHWVS* : inuest- *G* || in hieme *HWVS* : hieme *GU* || ea *GUHWS* : eo *V* || pabulum *GUHWS* : -la *V.*

Hangars, granges   Les hangars,[3] les granges à
et moulins   foin[4] et à épeautre[5], les moulins[6]
seront opportunément construits à
l'écart de la ferme, de manière que celle-ci soit bien à l'abri
des risques d'incendie.

S'il faut introduire quelque élégance[7] dans la maison de
campagne, on mettra on œuvre les principes de rapports
modulaires posés plus haut à propos des habitations urbaines,
à condition toutefois que rien dans ces constructions ne
contrarie les intérêts d'une exploitation rurale.

Confort et lumière   **6.** S'il convient, pour toute
construction[1], de rechercher un
bon éclairage[2], la chose apparaît beaucoup plus facile s'agissant
d'une maison de campagne, pour la raison qu'aucun mur voisin ne peut faire écran, alors qu'en ville la hauteur des murs
mitoyens[3] ou le manque d'espace[4] gênent et font de l'ombre.
On procèdera, pour ce problème, à l'expérience suivante : du
côté où l'on doit recevoir la lumière, on tendra un cordeau allant
depuis le haut du mur qui semble faire écran jusqu'au point où
la lumière doit s'introduire. S'il est possible, le regard étant
levé et suivant cette ligne, de voir une large étendue de ciel
dégagé, la lumière entrera librement dans ce lieu. **7.** Mais si
poutres, lucarnes[1] ou étages supérieurs s'interposent, il faut pratiquer l'ouverture plus haut et, par là, laisser pénétrer la lumière.
En un mot,[2] la conduite à adopter est de réserver aux fenêtres
tout point d'où[3] l'on peut apercevoir le ciel. On aura ainsi des
constructions bien éclairées. Mais si les *triclinia* et autres salles
ont un très grand besoin de lumière, cela est particulièrement
vrai pour les corridors, les rampes[4], les escaliers car ce sont là,
en général, des endroits où se heurtent, bien souvent, des personnes venant, les bras chargés, en sens inverse.

Horrea, fenilia, farraria, pistrina extra uillam facienda uidentur ut ab ignis periculo sint uillae tutiores.

Si quid delicatius in uillis faciundum fuerit, ex symmetriis quae in urbanis supra scripta sunt constituta ita struantur, uti sine inpeditione rusticae utilitatis aedificentur.

6. Omniaque aedificia ut luminosa sint oportet curari ; sed quae sunt ad uillas faciliora uidentur esse, ideo quod paries nullius uicini potest obstare, in urbe autem aut communium parietum altitudines aut angustiae loci inpediundo faciunt obscuritates. Itaque de ea re sic erit experiundum. Ex qua parte lumen oporteat sumere linea tendatur ab altitudine parietis qui uidetur obstare, ad eum locum quo oporteat inmittere, et si ab ea linea, in altitudinem cum prospiciatur, poterit spatium puri caeli amplum uideri, in eo loco lumen erit sine inpeditione. **7.** Sin autem officient trabes seu lumina aut contignationes, de superioribus partibus aperiatur et ita inmittatur. Et ad summam ita est gubernandum ut, ex quibuscumque partibus caelum prospici poterit, per ea fenestrarum loca relinquantur ; sic enim lucida erunt aedificia. Cum autem in tricliniis ceterisque conclauibus maximus est usus luminum, tum etiam in itineribus, cliuis, scalis quod in his saepius alii aliis obuiam uenientes ferentes sarcinas solent incurrere.

   6. 6. omniaque *GUHVS* : omnia quae *W* ‖ uidentur *GUHWS* : -detur *V* ‖ potest obstare *GUHWV* : o. p. *S* ‖ loci *GUHVS* : -cis *W* ‖ quo *GUéRᶜTᶜ* (*om. T*) : qui *cett.* ‖ cum prospiciatur *GUHVS* : conspitiatur *W* ‖ amplum *om. V* ‖ uideri *GUWMᶜRTᶜLfᶜp* : -re *cett.*
   6. 7. sin autem- luminum *om. bch* ‖ est usus *GUHWV* : u .e . *S* ‖ in itineribus *GUM* : itineribus *cett.* ‖ cliuis *GᶜUHWV* : clau- *G* diuisis *S* ‖ scalis *GUHWS* : scalisque *V* ‖ alii aliis *GUSfᶜpRᶜ* : aliis alii *M* alius aliis *cett.*

J'ai développé du mieux que j'ai pu, les questions touchant l'agencement des bâtiments de notre pays ; je vais maintenant, à grands traits, présenter également, pour qu'il ne soit pas ignoré, le type d'agencement des constructions en usage en Grèce.

Chapitre 7
La maison grecque

Les Grecs[1], qui n'utilisent pas d'atrium[2] n'en construisent pas non plus : ils font, dès la porte[3] d'entrée, des couloirs[4] de largeur limitée, sur un côté desquels sont établies les écuries, sur l'autre de petites pièces pour les portiers[5] ; immédiatement après, des portes intérieures ferment[6] le couloir. Ce passage entres deux portes est appelé θυρωρών.[7]

Péristyle et gynécée

On entre ensuite dans le péristyle.[8] Ce péristyle a des portiques sur trois côtés et, du côté qui regarde le Sud, deux antes séparées par un espace important et sur lesquelles porte une architrave avec, en profondeur, un espace qui est inférieur du tiers à la distance entre les antes[9]. Certains nomment cet endroit *prostas*,[10] d'autres *pastas*. **2.** C'est là à l'arrière, que prennent place les grands *oeci*[1] dans lesquels se tiennent les maîtresses de maison en compagnie de leurs fileuses. À droite[2] et à gauche du *prostas* sont installées des chambres, dont l'une est dite « thalamos[3] », l'autre « amphitalamos[4] ». Et tout autour, sous les portiques, sont disposés des *triclinia* d'usage quotidien,[5] des chambres et des petites pièces pour les esclaves.[6] Cette partie d'habitation s'appelle le gynécée.[7]

Quoad potui, distributiones operum nostratium, ut sint aedificatoribus non obscurae, explicui ; nunc etiam, quemadmodum Graecorum consuetudinibus aedificia distribuantur, uti non sint ignota, summatim exponam.

7. 1. Atriis Graeci quia non utuntur, neque aedificant, sed ab ianua introeuntibus itinera faciunt latitudinibus non spatiosis, et ex una parte *equi*lia, ex altera ostiariis cellas, statimque ianuae interiores finiuntur. Hic autem locus inter duas ianuas graece θυρωρῶν appellatur.

Deinde est introitus in peristylon. Id peristylum in tribus partibus habet porticus inque parte, quae spectat ad meridiem duas antas inter se spatio amplo distantes, in quibus trabes inuehuntur, et quantum inter antas distat, ex eo tertia adempta spatium datur introrsus. Hic locus apud nonnullos prostas, apud alios pastas nominatur. **2.** In his locis introrsus constituuntur oeci magni in quibus matres familiarum cum lanificis habent sessionem. In prostadi*s* autem dextra ac sinistra cubicula sunt conlocata quorum unum thalamos, alterum amphithalamos dicitur. Circum autem in porticibus triclinia cotidiana, cubicula, etiam cellae familiaricae constituuntur. Haec pars aedificii gyn*ae*conitis appellatur.

6. 7. nostratium *GUHVS* : -trarum *W* ‖ ignota *GUHWS* : -ti *V.*

7. 1. introeuntibus *GUHWS* : -tes *V* ‖ non (*ante* spatiosis) *om. W* ‖ equilia *h^c* (*ut uid.*) *Gioc.* : aequal- *GUVWVS* ‖ ostiariis *U^e efpvMR^c* : host- *WM^c* ostiriis *R* osteariis *cett.* ‖ θυρωρῶν *edd.* : thyroron *GUHVS* thiro ro na *W* ‖ peristylon (*uel* perystilon) *GUHWS* : -lion *W* ‖ inque *W* : in quae *H* in qua *GUHVS* ‖ distat *GUMR* : -tantes *cett.* ‖ eo *HWVS* : ea *GU* ‖ adempta *HWVS* : dempta *GU* ‖ apud nonnullos *GUHW* : habet n. *VS.*

7. 2. prostadis *Gioc.* : -dii *codd.* ‖ thalamos *edd.* : -mus *codd.* ‖ amphitalamos *GU^x H^c WS* : -mus *H* amphitamos *U* ampitalamos *V* ‖ cellae *GUHWVS* : caelae *H* ‖ constituuntur *GUHWV* : -tuantur *S* ‖ gynaeconitis *edd.* : gyne- *U^x* gin(a)ec- *GUHWVS*

L'andronitis **3.** À cette partie sont attenants des appartements[1] plus vastes, dotés de péristyles plus élégants[2] dont les quatre portiques sont de hauteur égale, ou dont l'un, celui qui regarde le Sud, reçoit des colonnes plus élevées. Ce péristyle à portique plus haut est dit « rhodien »[3]. Ces appartements ont des vestibules[4] magnifiques, des portes d'aspect prestigieux, qui leur sont propres, des portiques, dans le péristyle, ornés de stuc en relief ou lisse[5] et de lambris de bois marqueté ; sous les portiques qui regardent vers le Nord, des triclinia cyzicènes[6] et des pinacothèques[7] ; vers l'Est, des bibliothèques[8], des exèdres[9] vers l'Ouest, mais, regardant vers le Sud, des *oeci quadrati*[10] d'assez larges dimensions pour que quatre triclinia dressés y laissent facilement une bonne place aux équipes chargées du service et des divertissements. **4.** Dans ces *oeci* ont lieu les banquets des hommes. L'usage n'était pas établi[1] en effet chez les Grecs que les mères de famille fussent admises à leur table. Ce secteur résidentiel à péristyle est dit « andronitides » parce que les hommes s'y tiennent sans que les femmes y interviennent.

Logement des hôtes Par ailleurs prennent place à droite et à gauche de petits appartements[2] qui ont leur propre porte sur la rue, des *triclinia* et des chambres convenables permettant de recevoir les hôtes qui se présentent, non dans les péristyles, mais dans des logements conçus pour les hôtes. En fait, au temps où les Grecs connaissaient une vie plus raffinée[3] et une situation plus prospère, ils préparaient pour leurs hôtes, à leur arrivée, des *triclinia*, des chambres, des resserres à provisions. Le

3. Coniunguntur autem his domus ampliores habentes lautiora peristylia in quibus pares sunt quattuor porticus altitudinibus aut una, quae ad meridiem spectat, excelsioribus columnis constituitur. Id autem peristylum, quod unam altiorem habet porticum, rhodiacum dicitur. Habent autem eae domus uestibula egregia et ianuas proprias cum dignitate porticusque peristyliorum albariis et tectoriis et ex intestino opere, lacunariis ornatas, et, in porticibus, quae ad septentrionem spectant, triclinia cyzicena et pinacothecas, ad orientem autem bybliothecas, exhedras ad occidentem, ad meridiem uero spectantes oecos quadratos *ita* ampla magnitudine uti faciliter in eo quattuor tricliniis stratis ministrationum ludorumque operis locus possit esse spatiosus. **4.** In his oecis fiunt uirilia conuiuia ; non enim fuerat institutum matres familiarum eorum moribus accumbere. Haec autem peristylia domus andronitides dicuntur quod in his uiri sine interpellationibus mulierum uersantur.

Praeterea dextra ac sinistra domunculae constituuntur habentes proprias ianuas, triclinia et cubicula commoda, uti hospites aduenientes non in peristylia sed in ea hospitalia recipiantur. Nam cum fuerunt Graeci delicatiores et fortuna opulentiores, hospitibus aduenientibus instruebant triclinia, cubicula, cum penu cellas,

7. 3. aut *GUHWS* : autem *V* ‖ constituitur *GUHVS* : -uatur *W* ‖ eae *HS* : hae *GUWV* ‖ et -ornatas *om. ſpPulbch* ‖ ornatas *HWVS* : -tos *GU* ‖ pinacothecas *UHW* : pinachot- *G* pinachothetas *S* pinathochetas *V* ‖ quadratos ita *Krohn* : quadrata (h)ostia *GUHWVS* ‖ stratis *GʲUHWVS* : stat- *G* ‖ operis *HWVS* : -ras *GU*

7. 4. fuerat *GUHWS* : erat *V* ‖ matres *GU* : -ris *HWVS* ‖ constituuntur *GUHVS* : -uantur *W* ‖ cubicula *GUHVS* : -bilia *W* ‖ aduenientes *GUHVS* : conu- *W* ‖ fuerunt *GUHS* : -rint *WV*.

premier jour, ils les invitaient à dîner et leur envoyaient, le
lendemain, des poulets, des œufs, des légumes, des fruits et
d'autres produits de la campagne. C'est la raison pour
laquelle les peintres donnèrent le nom de *xenia* (« cadeaux
pour les hôtes »)[4] à leurs peintures qui représentaient ce type
de présents qu'on envoyait aux hôtes. Ainsi, même en situation d'hôtes, les chefs de famille n'avaient pas le sentiment
d'être loin de chez eux puisqu'ils trouvaient dans cette hospitalité[5] les conditions agréables d'un lieu privé. **5.** Entre les
deux péristyles et les appartements des hôtes se trouvent des
couloirs qui, pour être situés au milieu entre deux cours[1],
sont dits *mesauloe*[2] ; chez nous on les appelle *androns*[3].

Mais voici ce qui est particulièrement surprenant[4] : grec
et latin ne peuvent ici s'accorder : car les Grecs donnent le
nom d'ἀνδρῶνας[5] à des *oeci* où se tiennent communément
les banquets des hommes, les femmes n'y ayant pas accès. Il
y a de même d'autres exemples de ce genre tels que *xystus
prothyrum*, *telamones* et quelques autres termes analogues.
Ξύστος,[6] en effet, est, dans son acception grecque, un vaste
portique dans lequel les athlètes s'entraînent l'hiver ; or,
chez nous, on désigne par *xysta*[7] les promenades[8] à ciel
ouvert que les Grecs appellent παραδρομίδας[9]. Pareillement,
on appelle en Grèce πρόθυρα[10] les vestibules qui sont devant
les portes, mais nous, nous désignons par *prothyra* ce que
les Grecs appellent διάθυρα. **6.** Pareillement, toutes les sta-

primoque die ad cenam inuitabant, postero mittebant
pullos, oua, holera, poma reliquasque res agrestes. Ideo
pictores ea quae mittebantur hospitibus picturis imitantes xenia appellauerunt. Ita patres familiarum in hos-
pitio non uidebantur esse peregre, habentes secretam in
his hospitalibus liberalitatem. **5.** Inter duo autem peristylia et hospitalia itinera sunt quae mesauloe dicuntur,
quod inter duas aulas media sunt interposita ; nostri
autem eas andronas appellant.

Sed hoc ualde est mirandum, nec enim graece nec
latine potest id conuenire. Graeci enim ἀνδρῶνας appellant oecos ubi conuiuia uirilia solent esse, quod eo
mulieres non accedunt. Item aliae res sunt similes, uti
xystus, prothyrum, telamones et nonnulla alia eius
modi. Ξυστός enim est graeca appellatione porticus
ampla latitudine, in qua athletae per hiberna tempora
exercentur ; nostri autem hypaethros ambulationes
xysta appellant quas Graeci παραδρομίδας dicunt. Item
πρόθυρα graece dicuntur, quae sunt ante [in] ianuas
uestibula, nos autem appellamus prothyra quae graece
dicuntur διάθυρα. **6.** Item si qua uirili figura signa mutu-

7. 4. postero *GUHWV* : p. die *S* ‖ imitantes *GUMRfp* : -antur *cett.* ‖
post liberalitatem *paginam uersam folii 87 uacuam exhibit H.*
　　7. 5. quae mesauloe dicuntur *VS* : q. mesaulae d. *GU* q. mausoloe
d. *V* quem esaulo edicuntur *H* ‖ eas andronas *GUHWS* : a. e. *V* ‖ est
mirandum *GUHVS* : m. e. *W* ‖ graece *GWVS* : -cae *U* –ci *H* ‖ potest id
GUHVS : i. p. *W* ‖ ἀνδρῶνας *edd.* : andronas *codd.* ‖ appellant *GUHVS* :
interp- *W* ‖ oecos *G𝑟UV* : -cus *GHWS* ‖ uirilia solent esse *GUHVS* : s. e.
u. *W* ‖ accedunt *HWVS* : -dent *GU* ‖ prothyrum *L* : -tyrum *cett.* ‖ telamones *edd.* : thel- *L* thal- *cett.* ‖ eiusmodi *GUHVS* : huiusm- *W* ‖ ξυστός
edd. : xystos *GHVS* xist- *UW* ‖ xysta *U𝑥* (*ut uid.*) *pr.* : -ti *GUHWVS* ‖ παραδρομίδας *edd.* : paradromidas *codd.* ‖ πρόθυρα *edd.* : prothyra *UHVS* -
tyra *W* -thira *G* ‖ quae (sunt) -dicuntur *om. p* ‖ ianuas *UWVS* : inianuas
(-uis *f𝑐*) *cett.* ‖ graece *GUW* : -ci *HVS* ‖ dicuntur *GUHS* : -cunt *WV* ‖
διάθυρα *edd.* : diathyra *GUHS* dya- *V* diathira *W.*

tues à forme d'hommes qui soutiennent[1] des mutules ou des corniches[2] sont désignées chez nous par *telamones*,[3] sans que l'on trouve d'explication historique[4] sur la nature ou les raisons de cette dénomination. Les Grecs, quant à eux, les nomment ἄτλαντες.[5] L'histoire en effet figure Atlas soutenant le firmament, pour avoir été le premier à faire connaître aux hommes, grâce à la puissance et à l'acuité de son esprit,[6] le cours du soleil et le système des révolutions de la lune et de toutes les autres planètes ; voilà pourquoi, en considération de ce bienfait, peintres et statuaires le représentent portant le firmament, tandis que ses filles, les Atlantides[7], que nous nommons *uergiliae*, mais les Grecs πλειάδες, se sont vues consacrées parmi les astres du firmament. 7. Pour moi, ce n'est pas dans l'intention de changer le sens des mots et l'usage de la langue que j'ai présenté ces remarques, mais j'ai pensé qu'il y avait lieu de les exposer afin qu'elles ne fussent pas ignorées des philologues.

J'ai exposé ce que sont les pratiques italiques traditionnelles et les règles des Grecs pour donner forme à un bâtiment et j'ai fourni une information détaillée sur les proportions de chacun des types eu égard aux relations modulaires. En conséquence, puisque j'ai traité jusqu'ici d'esthétique et de convenance, mon exposé portera maintenant sur la solidité[1] des bâtiments, sur les moyens de les construire de manière que, malgré le temps, ils demeurent sans défaut.

los aut coronas sustinent, nostri telamones appellant
cuius rationes, quid ita aut quare dicantur, ex historiis
non inueniuntur, Graeci uero eos ἄτλαντας uocitant.
Atlas enim formatur historia sustinens mundum, ideo
quod is primum cursum solis et lunae siderumque
omnium uersationum rationes uigore animi sollertiaque
curauit hominibus tradenda, eaque *re*a pictoribus et sta-
tuariis deformatur pro eo beneficio sustinens mundum,
filiaeque eius Atlantides, quas nos uergilias, Graeci
autem πλειάδας nominant, cum sideribus in mundo
sunt dedicatae. **7.** Nec tamen ego, ut mutetur consue-
tudo nominationum aut sermonis, ideo haec proposui,
sed ut ea non sint ignota philologis, exponenda iudi-
caui.

Quibus consuetudinibus aedificia italico more et
Graecorum institutis conformantur exposui et de symmetriis singulorum generum proportiones perscripsi.
Ergo quoniam de uenustate decoreque ante est
conscriptum, nunc exponemus de firmitate, quemadmodum ea sine uitiis permanentia ad uetustatem conlocentur.

---

7. 6. cuius *GUHWVS* : quorum *S* ‖ rationes *GUWVSMRLf^{c}p* : -ne
HefPvlbch ‖ quid *GUHWS* : qui *V* ‖ ἄτλαντας *edd.* : at(h)lantas *VS*
atlantes *GU* etlantas *HW* ‖ uocitant *GUHWV* : appellant *S* ‖ enim
GUHWS : autem *V* ‖ formatur *G^{c}UHWVS* : -antur *G* ‖ siderumque (syd-
WV) omnium *GUHWV* : omniumque siderum *S* ‖ ortus et occasus mun-
dique omnium *post* omnium *add.* *G^c*(*mg.*)*UMRT^c* ‖ re *R*, *Gioc.* : res
GUHWVS ‖ πλειάδας *edd.* : pliadas *GUHWS* pliades *V*.
7. 7. tamen ego *GUHWS* : e. t. *V* ‖ sermonis *GU* : -nes *HWVS* ‖ ut
ea *G^{c}U* : ut ei *GH* ut eius *V* ut enim *W* ut *S* ‖ perscripsi *GUVSLé^{c}v* : pers-
cribsi ero *H* perscripsero *VefpPlbch* ‖ conscriptum *GUHWS* : scriptum *V*
‖ uetustatem *GUHWS* : uenus- *V*.

Chapitre 8
Règles pour la solidité
des édifices
Fondations et Substructures

1. Si les bâtiments construits sur rez-de-chaussée ont leurs fondations[1] faites comme nous l'avons exposé dans les livres précédents, à propos des murs de la ville et des théâtres, ils seront assurés d'une très longue solidité. Si toutefois on construit des sous-sols et des caves[2], leurs fondations doivent être plus massives[3] que ne le seront les structures des constructions en élévation dont les murs, piliers, colonnes doivent se situer à plomb,[4] dans l'axe des substructures, de manière à correspondre à un plein. Si, en effet, la charge des murs ou des colonnes se trouve en porte-à-faux, ils ne pourront pas avoir une solidité durable.

Techniques de construction

2. Si l'on fait soutenir[1] la portée entre les linteaux[2] par des chandelles, en ligne avec les piliers et les antes, il n'y aura pas de dommage[3]. Lorsque les maçonneries, en effet, pèsent sur les linteaux et sur les poitrails, ceux-ci fléchissent en leur milieu et, en cédant[4], disloquent la maçonnerie ; mais quand des chandelles encastrées[5] sont en soutien, elles empêchent les poutres de ployer et d'endommager la maçonnerie.

3. Il faut de même veiller à soulager la charge des murs au moyen d'arcs de décharge[1], clavés en voussoirs et dont les joints[2] convergent vers le centre. Lorsqu'on bande en effet des arcs à voussoir à l'extérieur des poitrails et des abouts de linteaux, le bois, d'abord, soulagé de sa charge, ne fléchira

8. 1. Aedificia, quae plano pede instituuntur, si fundamenta eorum facta fuerint ita ut in prioribus libris de
muro et theatris a nobis est expositum, ad uetustatem ea
erunt sine dubitatione firma. Sin autem hypogea concamarationesque instituentur, fundationes eorum fieri
debent crassiores quam quae in superioribus aedificiis
structurae sunt futurae. Eorumque parietes, pilae,
columnae ad perpendiculum inferiorum medio conlocentur, uti solido respondeant ; nam si in pendentibus
onera fuerint parietum aut columnarum, non poterunt
habere perpetuam firmitatem.

2. Praeterea inter limina secundum pilas et antas
postes si supponentur, erunt non uitiosae. Limina enim
et trabes structuris cum sint oneratae, medio spatio pandantes frangunt sublis*ae* structuras ; cum autem subiecti
fuerint et subcuneati postes, non patiuntur insidere
trabes neque eas laedere. **3.** Item administrandum est
uti leuent onus parietum fornicationes cuneorum diuisionibus et ad centrum respondentes earum con-
clusurae. Cum enim extra trabes aut liminum capita
arcus cuneis erunt conclusae, primum non pandabit

8. 1. fundamenta *GUHVS* : -to W ‖ ut *GUWVSMRTeᶜfᶜpvhᶜ* : aut
HefPlbch (*ut uid.*)‖ a nobis *GU* : nobis *HWVS* ‖ uetustatem *GUHWS* :
uenus- *V* ‖ ea *GᶜUW* : eae *HVS* ‖ hypogea *Uˣch* : hip- *l* yp- *cett.* ‖ in pendentibus *GHVS* : imp- *UW* ‖ poterunt *GUW* : -rint *HVS* ‖ perpetuam fir-
mitatem *GUHWS* : f. p. *V.*
    8. 2. limina *RTˣpr* : lum- *cett.* ‖ si (*ante* supponentur) *om. W* ‖ suppo-
nentur *GUHᶠVˢS* : -nuntur *HV* ‖ limina *GHWVS :* lum- *U* ‖ pandantes
GUHWS : -dentes *UˣV* ‖ sublisae *Philandrier* : sublisi *GᶜUˣW* sub lisi *V* sublysi
GUHS ‖ subiecti *GUHWS* : -iuncti *V* ‖ insidere *GUWSMRTᶜLeᶜfᶜph* : -dera
HefPvlbcT –dias (?) *V.*
    8. 3. uti leuent onus *UˣMᶜLvh* : uti liuentonus *G* (uti uentonus
Gᶜmg) utile uentonus *cett.* ‖ cuneorum *HW* : cum eorum *GUVS* ‖ enim
GUHWS : autem *V* ‖ liminum *GHWVS* : lum- *U* ‖ pandabit *GUHWS* : -
debit *V.*

pas ; ensuite, si, avec le temps, il commence à se détériorer,
on le remplacera facilement, sans avoir la peine de placer des
étais.

4. De même encore, s'agissant de bâtiments, montés sur
piliers[1], dont les arcs sont bandés en clavage de voussoirs à
joints convergents vers le centre, on doit augmenter les
dimensions des piles d'extrémité, de manière qu'elles aient
la force de tenir, s'il advenait que des voussoirs, comprimés
par la charge des murs, chassent vers le centre, le long des
joints, en repoussant les impostes[2]. Voilà pourquoi si les piles
d'angle[3] sont largement dimensionnées, elles maintiendront
les voussoirs et assureront la stabilité des ouvrages.

5. Quand on aura été attentif à ce que ces procédures
soient appliquées soigneusement, on apportera aussi une
égale vigilance à ce que toute la maçonnerie soit d'aplomb,[1]
sans inclinaison[2] d'aucune de ses parties.

Problèmes de construction   On doit s'inquiéter tout
                                 particulièrement des sub-
structions[3], parce que la terre amassée là tend à y causer de
multiples dommages. Elle ne peut pas être toujours, en effet,
d'un poids égal à celui de l'été, mais, recevant dans la saison
d'hiver une grande quantité d'eau venue des pluies, son poids
et sa masse augmentent et font éclater et chasser les structures maçonnées[4]. **6.** Pour remédier à ce problème on fera
donc en sorte, tout d'abord, que l'épaisseur de la maçonnerie soit proportionnelle à la masse de terre ; ensuite, on
construira à l'extérieur, en même temps que le mur, des

materies leuata onere ; deinde, si quod uetustate uitium ceperit, sine molitione fulturarum faciliter mutabitur. **4.** Itemque, quae pilatim aguntur aedificia et cuneorum diuisionibus coagmentis ad centrum respondentibus fornices concluduntur, extremae pilae in his latiores spatio sunt faciundae uti uires eae habentes resistere possint cum cunei ab oneribus parietum pressi per coagmenta ad centrum se prementes extruderent incumbas. Itaque si angulares pilae erunt spatiosis magnitudinibus, continendo cuneos firmitatem operibus praestabunt.

5. Cum in his rebus animaduersum fuerit, uti ea diligentia in his adhibeatur, non minus etiam obseruandum est uti omnes structurae perpendiculo respondeant neque habeant in ulla parte proclinationes.

Maxima autem esse debet cura substructionum quod in his infinita uitia solet facere terrae congestio. Ea enim non potest esse semper uno pondere quo solet esse per aestatem, sed hibernis temporibus recipiendo ex imbribus aquae multitudinem crescens et pondere et amplitudine disrumpit et extrudit structurarum saeptiones. **6.** Itaque, ut huic uitio medeatur, sic erit faciundum ut primum pro amplitudine congestionis crassitudo structurae constituatur. Deinde in frontibus anterides, siue

8. 3. materies *HWVS* : -tries *GU* ‖ ceperit *GWVS* : coep. *G°UH* ‖ faciliter *GUHWV* : -le *S.*

8. 4. eae *GUHVS* : hae *W.*

8. 5. obseruandum est *GUHWS* : e. o. *V* ‖ perpendiculo *HWVS* : -la *GU* ‖ ulla *GUHVS* : nulla *W* ‖ potest *GUHWS* : possunt *V* ‖ structurarum *GUHS* : -turam *WV* ‖ saeptiones *edd.* : sept- *GUHS°* sectiones *V* sectionis *WS.*

8. 6. medeatur *GUHWS* : -detur *V.*

contreforts[1] ou éperons[2] ayant entre eux, une distance correspondant à la hauteur prévue pour la substruction.
L'avancée à leur base sera proportionnelle à l'épaisseur donnée à la substruction, avec un resserrement progressif faisant
que la projection, au sommet, coïncide avec l'épaisseur du
mur construit. **7.** Dans la partie intérieure, contre la masse de
terre et jointe au mur, il faut encore disposer une structure en
dents de scie[1] dont l'avancée de chacune des dents depuis le
mur soit égale à la hauteur prévue pour la substruction. Les
dents auront une épaisseur identique à celle des murs. On
portera par ailleurs, en bout, aux angles, une marque sur chacun des côtés, en s'écartant de l'intérieur de l'angle à une
distance égale à celle de la hauteur de la substructure, et on
établira depuis ces points, en diagonale, une structure maçon-
née et, partant de son milieu, une seconde structure maçon-
née rejoignant le mur. En répartissant la pression à contenir,
les dents et les maçonneries en oblique empêcheront que la
masse de terre pèse avec tout son poids sur le mur.

Conclusion   **8.** J'ai exposé les règles convenables
pour qu'un ouvrage soit édifié sans défaut
et les précautions à prendre quand ces défauts apparaissent[1].
En ce qui concerne les tuiles, les poutres, les chevrons, leur
renouvellement n'appelle pas, en vérité, la même attention
que dans les questions précédentes : en si mauvais état, en
effet, qu'ils soient,[2] on les remplace commodément. J'ai donc

erismae sunt, una struantur, eaeque inter se distent
tanto spatio quanta altitudo substructionis est futura,
crassitudine eadem qua substructio ; procurrat autem ab
imo, pro quam crassitudo constituta fuerit substructionis, deinde contrahatur gradatim, ita uti summam
habeat prominentiam quanta operis est crassitudo. **7.**
Praeterea introrsus contra terrenum coniuncta muro
serratim struantur, uti singuli dentes ab muro tantum
distent quanta altitudo futura erit substructionis ; crassitudines autem habeant dentium structurae uti muri.
Item in extremis angulis cum recessum fuerit ab interiore angulo spatio altitudinis substructionis, in
utramque partem signetur, et ab his signis diagonios
structura conlocetur et ab ea media altera coniuncta
cum angulo muri. Ita dentes et diagonioe structurae
non patientur tota ui premere murum, sed dissipabunt
retinendum impetum congestionis.

8. Quemadmodum sine uitiis opera constitui oporteat et uti caueatur incipientibus exposui. Namque de
tegulis aut tignis aut asseribus mutandis non est eadem
cura quemadmodum de his, quod ea, quamuis sunt
uitiosa, faciliter mutantur. Ita quae nec solida quidem

8. 6. crassitudine *Gioc.* : -nis *codd.* ‖ pro quam *Gioc.* : per quam
*GUH*ᶠ*WVS* perquem *H* ‖ fuerat *HWVS* : -rat *GU.*
8. 7. distent *GUHWS* : -tant *V* ‖ crassitudines *GUVS* : -nis *HW* ‖ signis
*G*ᶜ*UHWVS* : -netur *G* ‖ diagonios *Gioc.* : -nius *HWVS* –nii *G*ᶜ*U* –niis *G* ‖
dentes *GUHVS* : dicentes *W* ‖ diogonioe *edd.* : -ni(a)e *codd.* ‖ patientur
*GU*ˣ*HWVS* : -etur *U* patiantur *S*ᶜ ‖ congestionis *GU* : -nes *HWVS.*
8. 8. opera constitui *om. G, suppl. G*ᶜ *supra lin.* ‖ oporteat *om. U,*
*suppl. U*ˣ *s. l.* ‖ constitui oporteat *G*ᶜ*V*ˣ*HWV* : oporteat (-tet *S*) constitui
*S*ᶜ ‖ caueatur *GUHWS* : -antur *V* ‖ tegulis *GUHWS* : regulis *V* ‖ ita quae
Philandrier : itaque *codd.* ‖ solida *fp Gioc.* : solidi *cett.*

exposé[3] comment assurer la résistance des structures mêmes
qui ne semblent pas avoir une solidité propre et comment les
construire.

La gloire de l'architecte   **9.** Le choix cependant des
                                          matériaux qu'il convient
d'utiliser n'appartient pas à l'architecte, pour la raison qu'on
ne trouve pas en tous lieux toute espèce de matériaux, ainsi que
cela a été exposé dans le premier livre[1] ; c'est en outre, au propriétaire qu'il appartient de décider s'il veut construire en
brique crue, en moellons ou en pierre de taille. Aussi apprécie-
t-on toute œuvre architecturale sous une triple perspective :[2] la
qualité du travail, le luxe et la composition architecturale. A-
t-on sous les yeux un ouvrage d'une réalisation somptueuse ?
on sera admiratif devant les dépenses voulues par le propriétaire[3] ; si l'exécution est soignée, on appréciera la maîtrise de
l'artisan[4] ; mais l'ouvrage s'impose-t-il par la séduction née de
ses proportions et de ses rapports modulaires ? ce sera alors la
gloire[5] de l'architecte. **10.** La réussite dans ce domaine
implique que l'architecte[1] accepte d'écouter les avis à la fois
des artisans et des profanes. Tout le monde, en effet, et pas
seulement les architectes, peut reconnaître ce qui est bien, mais
la différence entre profanes et architectes est qu'un profane
est incapable de savoir, à moins de l'avoir vu fait, ce qu'un
ouvrage sera, tandis que l'architecte, à peine l'a-t-il conçu, et
avant même de l'entreprendre, a une vision précise de l'élégance, de la fonction et de l'esthétique convenable qui seront
les siennes.

putantur esse, quibus rationibus haec poterunt esse
firma et quemadmodum instituantur, exposui.

9. Quibus autem copiarum generibus oporteat uti,
non est architecti potestas, ideo quod non in omnibus
locis omnia genera copiarum nascuntur, ut in pr*i*mo
uolumine est expositum ; praeterea in domini est potestate utrum latericio an caementicio an saxo quadrato
uelit aedificare. Itaque omnium operum probationes tripertito considerantur : id est fabrili subtilitate et magnificentia et dispositione. Cum magnificenter opus
perfectum aspicietur a *dom*i*ni* potestate, inpensae lau-
dabuntur ; cum subtiliter, officinatoris probabitur exac-
tio ; cum uero uenuste proportionibus et symmetriis
habuerit auctoritatem, tunc fuerit gloria [aria] architecti. **10.** Haec autem recte constituuntur cum is et a
fabris et ab idiotis patiatur accipere se consilia. Namque
omnes homines, non solum architecti, quod est bonum,
possunt probare, sed inter idiotas et eos hoc est discrimen, quod idiota, nisi factum uiderit, non potest scire
quid sit futurum, architectus autem, simul animo constituerit, antequam inceperit, et uenustate et usu et decore
quale sit futurum habet definitum.

8. 8. poterunt *MT pr.* : -rint *cett.* ‖ firma *GUHVS* : conf- *W* ‖ haec
poterint esse confirma *iter. W.*

8. 9. nascuntur ut *HWVS* : -cantur uti *GU* ‖ primo *Marini* : proximo
codd. ‖ est expositum *GUHVS* : nascuntur *W* (*e super loco repet.*) ‖ id est
GUHWS : idem *V* ‖ fabrili *GUHVS* : effabili *W* ‖ magnificenter *GUS* : -tur
HWV ‖ a domini *Meister* : ab omni *codd.* ‖ proportionibus *HWVS* : -ticio-
nibus *GU* ‖ gloria *GᶜUWVS* : gloria aria *GH.*

8. 10. is *GᶜHVS* : hiis *GUW* ‖ a (*ante* fabris) *om. V* ‖ hoc *om. V* ‖ uiderit *GUHVS* : fuerit *W.*

J'ai exposé en détail, le plus clairement possible, avec les règles de construction y afférentes, ce qui m'a paru utile s'agissant d'habitat privé. Je traiterai dans le livre suivant des travaux de finition qui en assurent l'élégance et une résistance sans défaut au temps.

Quas res priuatis aedificiis utiles putaui et quemadmodum sint faciundae quam apertissime potui, perscripsi ; de expolitionibus autem eorum, uti sint
elegantes et sine uitiis ad uetustatem, insequenti uolumine exponam.

8. 10. quam *GUHWS* : qua *V* ǁ expolitionibus *U^cWSL^ce^cf^cpP^cvh^cT^c* :
expoliat- *GHVMTLefPh* expliat- *lbc* explicationibus *R* ǁ elegantes *UVS^c* :
elig- *GHWS*

VITRVVII LIB(ER) SEX(TVS) (*uel* VI) *GUHLePvfpb* L. VITRVBII
LIBER. VI. EXPLICIT *R* LIB̄R SEXTVS VITRVVII *l* EXPLIC̄ LIB̄ VI *W*
SEXTVS LIBER EXPLICIT *c* : *om. VSMh*

‾INCIP(I)T LIB(ER) SEPTIMVS (*uel* VII) *GHSLePvfplb* INCIPIT
LIB̄ VII. VITRVVII *U* INCIPIT SEPTIMVS (*uel* VII') *Wc* INCIPIT VII *R*
M. VITRV. L. VII. INCIPIT De Expolitionibus *M* INCIPIT LIBER SEP-
TIMVS DE pollicōnibus edificiorum *V* : *om h.*

BIBLIOGRAPHIE

ADAM 1984

J.P. ADAM, *La construction romaine. Matériaux et techniques*, Paris 1984.

AGACHE 1978

R. AGACHE, *La Somme préromaine et romaine d'après les prospections à basse altitude*, Amiens 1978.

ALLISON 1994

P.M. ALLISON, *The Distribution of Pompeian House Contents and its Significance, I/II*, Ann Arbor 1994.

ANDRÉ 1981

J. ANDRÉ, *L'alimentation et la cuisine à Rome*, Paris 1981.

ANDRÉ 1991

J. ANDRÉ, *Le vocabulaire latin de l'anatomie*, Paris 1991.

BEK 1985

L. BEK, « Venusta species. A Hellenistic Rhetorical Concept as the Aesthetic Principle in Roman Townscape », *Analecta romana Instituti Danici*, XIV, 1985, 139-148.

BENOIT 1947

« Recherches archéologiques dans la région d'Aix-en-Provence », *Gallia,* V, 1947, 81-122.

BERTINO 1995

A. BERTINO, « Torcularium e cella olearia nella villa romana del Varigliano », *Splendida ciuitas nostra*, Rome 1995.

BLAKE 1947

M.E. BLAKE, *Ancient Roman Construction in Italy from the Prehistoric Period to Augustus*, Washington 1947.

BLANC 1983

N. BLANC, « Les stucateurs romains : témoignages littéraires, épigraphiques, et juridiques », *MEFRA*, 95, 1983,2, 859-907.

BOËTHIUS 1939
A. BOËTHIUS, « Vitruvius and the Roman Architecture of his Age », *Dragma*, Festchrift M.P. Nilson, Acta Instituti Romani Regni Sueciae, II, 1939,1, 114-143.

BON 1997
S.E. BON, R. JONES, *Sequence and Space in Pompeii*, Oxford 1997.

BRUUN 1991
Chr. BRUUN, *The Water Supply of Ancient Rome*, Helsinki 1991.

CALLEBAT 1973
Vitruve, De Architectura, livre VIII, texte établi, traduit et commenté par L. Callebat, Paris, 1973.

CALLEBAT 1974
L. Callebat, « Le vocabulaire de l'hydraulique dans le livre VIII de Vitruve », *RPh*, 1974, 2, 313-329.

CALLEBAT 1982
L. CALLEBAT, « La prose du *De Architectura* de Vitruve », *ANRW*, II, 30,1, 1982, 696-722.

CALLEBAT 1984
L. CALLEBAT, P. BOUET, Ph. FLEURY, M. ZUINGHEDAU, *Vitruve, De Architectura. Concordance*, Hildesheim 1984.

CALLEBAT 1986
Vitruve, De Architectura, livre X, texte établi, traduit et commenté par L. Callebat (avec la collaboration de Ph. Fleury, pour le commentaire), Paris 1986.

CALLEBAT 1994
L. CALLEBAT, « Rhétorique et architecture dans le De Architectura », *Le projet de Vitruve* (Collection de l'École française de Rome 192), Rome 1994, 31-46.

CALLEBAT 1996
L. CALLEBAT, « Le texte de Vitruve », *La maison urbaine d'époque romaine en Gaule narbonnaise et dans les provinces voisines* (Documents d'archéologie vitruvienne 6), Service d'archéologie du Conseil général du Vaucluse, 1996, 17-23.

CALLEBAT 1998
L. CALLEBAT (dir.), *Histoire de l'architecte*, Paris 1998.

CALLEBAT 1999[a]
Vitruve, De Architectura, livre II, texte établi et traduit par L.

Callebat (introduit et commenté par P. Gros, apparat critique et recherche sur les manuscrits par C. Jacquemard), Paris 1999.

CALLEBAT 1999[b]
L. CALLEBAT, « Observations sur le vocabulaire latin de l'habitat », *Latin vulgaire - Latin tardif* V, Heidelberg 1999, 519-527.

CALLEBAT 2003
L. CALLEBAT, « Les désignations diminutives de l'habitation, *Latin vulgaire - Latin tardif* VI, Helsinki 2003, 307-324.

CALLEBAT, FLEURY 1995
L. CALLEBAT, Ph. FLEURY, *Dictionnaire des vocabulaires techniques du De Architectura de Vitruve*, Hildesheim1995.

CAM 2001
Cetius Faventinus, Abrégé d'architecture privée, texte établi, traduit et commenté par M.-Th. Cam, Paris 2001.

CAMPOREALE 1992
G. CAMPOREALE, « Architecture civile et architecture religieuse », *Les Étrusques*, Paris 1992.

CARANDINI 1985
A. CARANDINI (ed.), *Settefinestre una villa schiavistica nell'Etruria romana* (3 vol.), Modène 1985.

CARANDINI 1989
A. CARANDINI, « La villa romana e la piantagione schiavistica », *Storia di Roma,* 4, Turin 1989, 101-199.

CARETTONI 1983
G. CARETTONI, « Le anterides di Vitruvio. Un esempio di applicazione pratica », *Analecta romana Instituti Danici*, Suppl. X, 1983, 15-19.

CAZZANIGA 1961
I. CAZZANIGA, « Note ad alcuni passi di Vitruvio », *Parola del Passato,* XVI, 1961, 447-453.

CHAMONARD 1922
J. CHAMONARD, *Exploration archéologique de Délos VIII, 1-8, 2 : Le quartier du théâtre. Étude sur l'habitation délienne à l'époque hellénistique*, Paris 1922.

CHANTRAINE 1990
P. CHANTRAINE, *Dictionnaire étymologique de la langue grecque*, Paris 1990 (1968[1]).

CLARKE 1991

J. R. CLARKE, *The Houses of Roman Italy 100 B.C. – A.D. 250*, Berkeley 1991.

COARELLI 1973

F. COARELLI, « Crypta, cryptoporticus », *Les cryptoportiques dans l'architecture romaine* (CEFR 14), Rome 1973, 9-20 ; 67-70.

COARELLI 1983

F. COARELLI, « Architettura sacra e architettura privata nella tarda Republica », *Architecture et Société* (Actes du Colloque international organisé par le CNRS et l'École française de Rome 2-4 déc. 1980) Collection de l'École française de Rome 66, 1983, 191-217.

COARELLI 1989

F. COARELLI, « La casa dell'aristocrazia romana secondo Vitruvio », *Munus non ingratum*, Leyde 1989, 178-187.

COARELLI 1994

F. COARELLI, *Guide archéologique de Rome*, Paris 1994 (Rome 1980[1]).

CORNELL 1995

T.J. CORNELL, K. LOMAS, *Urban Society in Roman Italy*, Londres 1995.

CORSO 1980-1981

A. CORSO, « I cenacula della villa urbana nel De re rustica di Varrone », *Atti dell'Istituto Veneto di scienze, lettere e arti*, CXXXIX, 1980-1981, 301-321.

CORSO 1997

Édition commentée et illustrée du livre VI, dans *Vitruvio. De Architectura* (édit. P. Gros), Turin 1997, 2, 801-1008.

CORSO 1998-1999

A. CORSO, « La casa greca secondo Vitruvio », *Archeologia Veneta*, XXI-XXII, 1998-1999, 37-49.

CROISILLE 1965

J.-M. CROISILLE, *Les natures mortes campaniennes*, Bruxelles 1965

DE ALBENTIIS 1990

E. DE ALBENTIIS, *La Casa dei Romani*, Milan 1990.

DE CARO 1994
S. DE CARO, *La villa rustica in località Villa Regina a Boscoreale*, Rome 1994.

DE KIND 1994
R. DE KIND, « A new Topology of the Houses in Herculaneum », *MNIR*, 1994 (51-52), 62-77.

DE KIND 1998
R. DE KIND, *Houses in Herculaneum. A new View on the Town Planning and the Building of Insulae III and IV*, Amsterdam 1998.

DELLA CORTE 1965
M. DELLA CORTE, *Case ed abitanti di Pompei*, Naples 1965³.

DELORME 1960
J. DELORME, *Gymnasion : Étude sur les monuments consacrés à l'éducation en Grèce* (BEFAR 196), Paris 1960.

DERUP 1959
H. DERUP, « Bildraum und Realraum in der Römischen Architektur », *RM,* 66, 1959, 147-174.

DICKMANN 1997
J.-A. DICKMANN, « The Peristyle and the Transformation of Domestic Space », *Domestic Space in the Roman World : Pompeii and Beyond* (edit. Ray Laurence et A. Wallace-Hadrill), *JRA*, Spl. 22, Portsmouth 1997, 121-136.

DICKMANN 1999
J.-A. DICKMANN, *Domus frequentata, Anspruchsvolles Wohnen im pompejanischen Stadthaus*, Munich 1999, 27 sq. ; 32 sq. ; 38 sq.

DONDERER 1996
M. DONDERER, *Die Architekten der späten römischen Republik und der Kaiserzeit*, Erlangen 1996.

DUCREY 1989
P. DUCREY, « Architecture et poésie : le cas de la maison aux mosaïques à Érétrie », *Architecture et poésie dans le monde grec* (Hommage à G. Roux), Lyon 1989, 51-62.

DWYER 1994
E. DWYER, « The Pompeian Atrium House in Theory and in

Practice », *Roman Art in the private Sphere* (édit. E.K. Gazda), 1994 (1991[1]), 25-48.

ERCOLANO 1993
Ercolano 1738-1988. 250 anni di ricerca archeologica (edit. L. Franchi dell'Orto), Rome 1993.

EVANS 1978
E.M. EVANS, « A Group of Atrium Houses without Side Rooms in Pompeii », *Papers in Italian Archaeology, I, British Archaeological Reports*, Spl. 41, Oxford 1978, 175-196.

EVANS 1980
E.M. EVANS, *The Atrium Complex in the Houses of Pompeii*, I-II, Birmingham 1980.

FERRI 1953
S. FERRI, « Note archeologico-critiche al testo di Vitruvio », *La Parola del Passato*, XXX, 1953, 214-223.

FLEURY 1990
Vitruve, De Architectura, livre I, texte établi, traduit et commenté par Ph. Fleury, Paris 1990.

FÖRTSCH 1993
R. FÖRTSCH, *Archaologischer Kommentar zu den Villenbriefen des Jüngeren Plinius*, Mainz am Rhein 1993.

FOUET 1969
G. FOUET, « La villa gallo-romaine de Montmaurin, Haute Garonne », (*Gallia*, Spl. 20), 1983 (1969[1]).

FRAYN 1978
J.M. FRAYN, « Home – baking in Roman Italy », *Antiquity*, 1978, LII, 28-33.

FRÉZOULS 1985
E. FRÉZOULS, « Vitruve et le dessin d'architecture », *Le dessin d'architecture dans les sociétés antiques*, Strasbourg 1985, 213-229.

GALLO 1940
A. GALLO, « L'orientazione della biblioteca nella casa secondo Vitruvio », *Boll. Ist. di patologia del libro*, II, 1940, 49-52.

GARDNER 1901
E. GARDNER, « The Greek House », *The Journal of Hellenic Studies*, XXI, 1901, 293-305.

GAZDA 1994

E.K. GAZDA, *Roman Art in the private Sphere* (Edit. G.), Ann Arbor 1994(1991[1])

GEERTMAN 1984[a]

H. GEERTMAN, « Geometria e aritmetica in alcune case ad atrio pompeiane », *Babesch*, 59,1, 1984, 31-52.

GEERTMAN 1984[b]

H. GEERTMAN, « Vitruvio e i rapporti numerici », Babesch, 59,1, 1984, 53-63.

GIERE 1986

A. GIERE, *Hippodromus und Xystus. Untersuchungen zu römischen Gartenformen*, Diss. Zurich 1986.

GINOUVÈS 1985

R. GINOUVÈS, R. MARTIN, *Dictionnaire méthodique de l'architecture grecque et romaine, I. Matériaux, techniques de construction, techniques et formes du décor*, Paris 1985.

GINOUVÈS 1992

R. GINOUVÈS, *Dictionnaire méthodique de l'architecture grecque et romaine, II. Éléments constructifs : supports, couvertures, aménagements intérieurs*, Paris 1992.

GINOUVÈS 1998

R. GINOUVÈS, *Dictionnaire méthodique de l'architecture grecque et romaine, III. Espaces architecturaux, bâtiments et ensembles*, Paris 1998.

GIRRI 1956

G. GIRRI, *La taberna nel quadro urbanistico e sociale di Ostia*, Rome 1956.

GRAHAME 1997

M. GRAHAME, « Public and Private in the Roman House : investigating the social Order of the Casa del Fauno », *Domestic Space in the Roman World : Pompeii and Beyond* (Edit. Ray Laurence and A. Wallace-Hadrill), Portsmouth 1997, 137-164.

GREENOUGH 1890

J.B. GREENOUGH, « The fauces of the Roman House », *Harvard Studies in Classical Philology*, I, 1890, 1-12.

GRIMAL 1969

P. GRIMAL, *Les jardins romains*, Paris 1969 (1943[1])

Gros 1975

P. Gros, « Structures et limites de la compilation vitruvienne dans les livres III et IV du De Architectura », *Latomus*, 34, 1975, 986-1009.

Gros 1976[a]

P. Gros, *Aurea templa. Recherches sur l'architecture religieuse de Rome à l'époque d'Auguste*, BEFAR 231, Rome 1976.

Gros 1976[b]

P. Gros, « Nombres irrationnels et nombres parfaits chez Vitruve », *MEFRA* 1976, 669-704.

Gros 1978

P. Gros, *Architecture et société en Italie centro-méridionale aux deux derniers siècles de la République* (Coll. Latomus 156), Bruxelles 1978.

Gros 1982

P. Gros, « Vitruve. L'architecture et sa théorie à la lumière des recherches récentes », *ANRW,* II, 30,1, 1982, 659-695.

Gros 1983

P. Gros, « Statut social et rôle culturel des architectes », *Architecture et Société. De l'archaïsme grec à la fin de la République* (CEFR 66), Rome 1983, 425-457.

Gros 1985

P. Gros, « Le rôle de la *scaenographia* dans les projets architecturaux du début de l'Empire », *Le dessin d'architecture dans les sociétés antiques*, Strasbourg 1985, 231-253.

Gros 1989

P. Gros, « L'*auctoritas* chez Vitruve. Contribution à l'étude de la sémantique des ordres dans le De Architectura », *Munus non ingratum*, Leyde 1989, 126-133.

Gros 1990

Vitruve. De Architectura, livre III, texte établi, traduit et commenté par P. Gros, Paris 1990.

Gros 1992

Vitruve. De Architectura, livre IV, texte établi, traduit et commenté par P. Gros, Paris 1992.

Gros 1996

P. Gros, *L'architecture romaine. Du début du IIIe siècle av. J.-C.*

à la fin du Haut-Empire. I. Les monuments publics, Paris 1996 (rééd. Paris 2002).

GROS 1998

P. GROS, « Les architectes grecs, hellénistiques et romains (IVe siècle av. J.-C. – IIIe siècle ap. J.-C.) », *Histoire de l'Architecte* (édit. L. Callebat), Paris 1998.

GROS 1999

Vitruve, De Architectura, livre II, introduit et commenté par P. Gros (texte établi et traduit par L. Callebat, apparat critique et recherche sur les manuscrits par C. Jacquemard), Paris 1999.

GROS 2001

P. GROS, *L'architecture romaine. Du début du IIIe siècle av. J-C. à la fin du Haut-Empire. 2. Maisons, palais, villas et tombeaux*, Paris 2001.

GUILHEMBET 1996

J.-P. GUILHEMBET, « Recherches récentes sur la domus à Rome et en Italie », *La maison urbaine d'époque romaine en Gaule narbonnaise et dans les provinces voisines* (Documents d'archéologie vauclusienne 6), Service d'archéologie du Conseil général du Vaucluse, 1996, 53-60.

HALES 2003

S. HALES, *The Roman House and Social Identity*, Cambridge University Press 2003.

HALLIER 1989

G. HALLIER, « Entre les règles de Vitruve et la réalité archéologique : l'atrium toscan », *Munus non ingratum*, Leyde 1989, 194-211.

HELLMANN 1986

M.-Chr. HELLMANN, « À propos du vocabulaire architectural dans les inscriptions déliennes : les parties des portes », *BCH*, 110, 1986, 237-247.

HELLMANN 1992

M.-Chr. HELLMANN, *Recherches sur le vocabulaire de l'architecture grecque d'après les Inscriptions de Délos*, BEFAR 278, Paris 1992.

HERNANDEZ GONZALEZ 1985

F. Hernandez GONZALEZ, *El vocabulario tecnico de la hidraulica en Vitruvio, Plinio, Frontino, Foventino y Palladio* (Tesis doctoral) Madrid 1985 (microfilm).

HODGE 1992
Trevor HODGE, *Roman Aqueducts and Water Supply*, Londres 1992.

HÖPFNER 2002
Antike Bibliotheken (*Zaberns Bildbände zur Archäologie*), Mayence 2002.

HÖPFNER, SCHWANDNER 1994
W. HÖPFNER et E.L. SCHWANDNER, *Haus und Stadt im klassischen Griechenland*, Münich 1994.

HUSSON 1983
G. HUSSON, OIKIA. *Le vocabulaire de la maison privée en Égypte d'après les papyrus grecs*, Paris 1983.

KNELL 1985
H. KNELL, *Vitruvs Architekturtheorie. Versuch einer Interpretation*, Darmstadt 1985 (réimp. 1991).

KNELL 1993
H. KNELL, « Vitruvs klimalehre », *Mitteilungen des Deutschen Arch. Inst.*, 100, 1993, 381-390.

KNÜVENER 2002
P. KNÜVENER, « Private Bibliotheken in Pompeji und Herculaneum », *Antike Bibliotheken* (*Zaberns Bildbände zur Archäologie*), Mayence 2002, 81 sq.

LAFON 1989
X. LAFON, « Vitruve et les villas de son temps », *Munus non ingratum*, Leyde 1989, 188-193.

LAFON 1991
X. LAFON, « Les bains privés dans l'Italie romaine au IIe siècle av. J.-C. », *Les thermes romains* (Collection de l'École française de Rome 142), Rome 1991, 97-114.

LAFON 1995
X. LAFON, « Dehors ou dedans ? Le vestibulum dans les domus aristocratiques de la fin de la République et au début de l'Empire », *Klio*, 77, 1995, 405-423.

LAFON 2001
X. LAFON, *Villa maritima. Recherches sur les villas littorales de*

l'Italie romaine (IIIe s. av. J.-C. – IIIe s. ap. J.-C.), BEFAR 307, Rome 2001.

LA ROCCA, DE VOS 2000
E. LA ROCCA, M. et A. DE VOS, *Pompei*, Milan 2000 (1976[1]).

LAURENCE 1996
Ray LAURENCE, *Roman Pompeii. Space and Society*, Londres-New York 1956.

LEACH 1993
E.W. LEACH, « The Entrance Room in the House of Julius Polibius and the Nature of the Roman Vestibule », *Functional and Spatial Analysis of Ancient Wall Painting* (Edit. E.M. Moorman), Leyde 1993, 23-28.

LEACH 1997
E.W. LEACH, « Oecus on Ibycus : Investigating the Vocabulary of the Roman House », *Sequence and Space in Pompeii* (Edit. S.E. Bon et R. Jones), Oxford 1997, 50-72.

LEVEAU 1996
Ph. LEVEAU, « L'eau dans la maison à l'époque romaine», *La maison urbaine d'époque romaine en Gaule narbonnaise et dans les provinces voisines* (Documents d'archéologie vitruvienne 6), Service d'archéologie du Conseil général du Vaucluse, 1996, 155-167.

LING 1997
R. LING, *The Insulae of the Menander at Pompeii. I. The Structures*, Oxford 1997.

LLINAS 1973
Chr. LLINAS, « Inter duas Januas à la Maison du Lac», *Études Déliennes, BCH*, Spl. I, 1973, 291-328.

MAGOUN 1896
H.W. MAGOUN, « Notes on the Etymology of Atrium», *TAPha*, XXVII, 1896, VI-X.

MAIURI 1933
A. MAIURI, *La Casa del Menandro e il suo tesoro di argenteria*, Rome 1933.

MAIURI 1946
A. MAIURI, « Portique et péristyle. Contribution à l'étude de la maison romaine», *La Parola del Passato*, III, 1946, 306-322.

MAIURI 1947

A. MAIURI, *La Villa dei Misteri*, Rome 1947(1931[1]).

MAIURI 1951

A. MAIURI, « Oecus Aegyptius», *Studies Robinson*, I, Saint-Louis, Missouri 1951, 423-429.

MAIURI 1952

A. MAIURI, « Gli oeci vitruviani in Palladio e nella casa pompeiana ed ercolanese», *Palladio*, II, 1952, 1-8.

MAIURI 1958

MAIURI, *Ercolano. I nuovi scavi (1927-1958)*, Rome 1958.

MALISSARD 1994

A. MALISSARD, *Les Romains et l'eau*, Paris 1994.

MARTIN 1959

Roland MARTIN, « Proportions et rapports mathématiques dans l'architecture grecque», *BACILg* VII,1, 1959, 1-8.

MARTIN 1974

Roland MARTIN, *L'Urbanisme dans la Grèce antique*, Paris 1974(1956[1]).

MARTIN 1971

René MARTIN, *Recherches sur les agronomes latins et leurs conceptions économiques et sociales*, Paris 1971.

MARTIN 1976

Palladius, Traité d'Agriculture I-II, texte établi, traduit et commenté par René Martin, Paris 1976.

MAU 1982

A. MAU, *Pompeii, its Life and Art*, New York 1982 (Titre original : *Pompeji in Leben und Kunst*, Leipzig 1908).

MCKAY 1998

A.G. MCKAY, *Houses, Villas and Palaces in the Roman World*, Baltimore 1998(1975[1]).

MIELSCH 1999

H. MIELSCH, *La Villa Romana*, Florence 1999 (Titre original : *Die Römische Villa. Architektur und Lebensform*, Münich 1987).

MORGAN 1910

M.H. MORGAN, « Critical and Explanatory Notes on Vitruvius», *Harvard Studies*, XXI, 1910, 1-21.

NICOLET 1988
C. NICOLET, *L'Inventaire du monde. Géographie et politique aux origines de l'Empire romain*, Paris, 1988.

NOVARA 1983
A. NOVARA, « Les raisons d'écrire de Vitruve ou la revanche de l'architecte», *BAGB,* 1983, 284-308.

NOVARA 1994
A. NOVARA, « Faire œuvre utile : La mesure de l'ambition chez Vitruve», *Le Projet de Vitruve* (Collection de l'École française de Rome 192), Rome 1994, 47-61.

ORR 1978
D.G. ORR, « Roman Domestic Religion : The Evidence of the Household Shrines », *ANRW, II*, 16,2, 1978, 1557-1591.

OVERBECK, MAU 1884
J. OVERBECK, A. MAU, *Pompeji in seinem Gebäuden, Alterthümern und Kunstwerken*, Leipzig 1884.

PASOLI 1980
E. PASOLI, « Scienza e tecnica nella considerazione prevalente del mondo antico : Vitruvio e l'architettura », *Scienza e tecnica nelle letterature classiche*, Gênes 1980, 66 sq.

PESANDO 1989
F. PESANDO, *La Casa dei Greci*, Milan 1989.

PESANDO 1997
F. PESANDO, « Domus. » *Edilizia privata e società pompeiana fra III e I secolo a.C.*, Rome 1997.

PETERSE 1985
C.L.J. PETERSE, « On the Design in the House of Pansa in Pompei », *MNIR,* XLVI, 1985, 35.

PETTENÒ 1999
E. PETTENÒ, « Vitruvio e la grecità : una proposta di rilettura del brano V,11 del De Architectura », *RA*, 1999, 3-34.

PINAMONTI 1984
A. Tessaro PINAMONTI, « Rapporti fra ambiente naturale ed ambiente architettonico nella villa romana del I sec. d. c. in Italia», *RdA,* VIII, 1984, 48-67.

PINON 1983
P. PINON, « L'invention de la maison romaine», *Présence de l'ar-*

chitecture et de l'urbanisme romains, Hommage à Paul Dufournet, Paris 1983.

PLATTHY 1968

J. PLATTHY, *Sources on the Earliest Greek Libraries*, Amsterdam 1968.

PLOMMER 1970

H. PLOMMER, « Vitruvian Studies », *ABSA*, 65, 1970, 179-190.

POLACCO 1952

L. POLACCO, *Tuscanicae dispositiones*, Padoue 1952.

RAEDER 1988

J. RAEDER-KIEL, « Vitruv, de architectura VI,7 (*aedificia Graecorum*) und die hellenistische Wohnhaus – und Palastarchitektur », *Gymnasium*, 99, 1988, 316-368.

REBER 1988

K. REBER, « Aedificia Graecorum. Zu Vitruvs Beschreibung des Griechischen Hauses », *Deutsches Archäologisches Institut, Archäologischer Anzeiger*, 1988, 4 653-666.

RICH 1959

A. RICH, *Dictionnaire des Antiquités Romaines*, trad. Chéruel, Paris 1859 (repr. 1959).

RICHARDSON 1989

L. RICHARDSON Jr., *Pompeii. An Architectural History*, Baltimore – Londres 1989 (1988[1]).

RIGGSBY 1997

A.M. RIGGSBY, « "Public" and "Private" in Roman Culture : the Case of the cubiculum », *Journal of Roman Archaeology* 10, 1997, 36-56.

ROBINSON 1946

D.M. ROBINSON, *Domestic and Public Architecture,* Baltimore 1946.

ROLLAND 1958

H. ROLLAND, « Fouilles de Glanum », *Gallia, Supl. XI*, 1958.

ROMANO 1987

E. ROMANO, *La capanna e il tempio : Vitruvio o dell'architettura*, Palerme 1987.

ROMANO 1994

E. ROMANO, « Dal De officiis a Vitruvio, da Vitruvio a Orazio : il dibattito sul lusso edilizio », *Le projet de Vitruve* (Collection de l'École française de Rome 192), Rome 1994, 63-73.

ROSSITER 1978
J. J. ROSSITER, *Roman Farm Building in Italy*, BAR Intern. Ser. 52, 1978.

ROUVERET 1981
Pline l'Ancien, *Histoire Naturelle, livre XXXVI*, commenté par A. Rouveret (texte établi par J. André, traduit par R. Bloch), Paris 1981.

ROWLAND, HOWE 1999
Vitruvius, Ten Books on Architecture, Edit. D. Rowland et Th. Noble Howe, Cambridge University Press 1999.

RUFFEL 1964
P. RUFFEL, « Mots grecs dans Vitruve », *Hommages à Jean Bayet*, Bruxelles 1964, 627-639.

RUMPF 1935
A. RUMPF, « Zum Hellenistischen Haus », *Jahrbuch des Deutschen Archäologischen Instituts*, L, 1935, 1-8.

SALIOU 1994[a]
C. SALIOU, *Les lois des bâtiments*, Beyrouth 1994.

SALIOU 1994[b]
C. SALIOU, « *Iura quoque nota habeat oportet…* Une autre façon de traiter de l'architecture : L'écrit de Julien d'Ascalon », *Le Projet de Vitruve* (Collection de l'École française de Rome 192), Rome 1994, 213-229.

SALIOU 2001
C. SALIOU, « *Locus communis* et murs mitoyens. Réflexions sur un passage de Vitruve (II, 8,17) », *REL*, 78, 2001(2000), 9-15.

SASSATELLI 1989
G. SASSATELLI, *La città etrusca di Marzabotto*, Bologna 1989.

SAURON 1980
G. SAURON, « Templa serena : À propos de la "Villa dei Papyri" d'Herculanum : Contribution à l'étude des comportements aristo-cratiques romains à la fin de la République », *MEFRA* 92, 1980, 277-301.

SCHATTNER 1990
T.G. SCHATTNER, *Griechische Hausmodelle*, Berlin 1990.

SCHLIKKER 1940
F.W. SCHLIKKER, *Hellenistiche Vorstellungen von der Schönheit des Bauwerks nach Vitruv. Schriften zur Kunst des Altertums*, Berlin 1940.

SCHMIDT 1982
E.E. SCHMIDT, *Geschichte der Karyatide : Funktion und Bedeutung der Menschlichen Träger – und Stützfigur in der Baukunst*, Würzburg 1982.

SCHRIJVERS 1989[a]
P.H. SCHRIJVERS, « Vitruve 1,1,1 : explication de texte », *Munus non ingratum*, Leyde 1989, 49-54.

SCHRIJVERS 1989[b]
P.H. SCHRIJVERS, « Vitruve et la vie intellectuelle de son temps », *Munus non ingratum*, Leyde 1989, 13-21.

SETTIS 1973
S. SETTIS, « "Esedra" e "ninfeo" nella terminologia architettonica del mondo romano. Dall'età repubblicana alla tarda antichità », *ANRW*, I,4, 662-675.

SMITH 1997
J.T. SMITH, *Roman Villas. A Study in Social Structure*, Londres – New York 1997.

SOUBIRAN 1969
Vitruve, De Architectura, Livre IX, Texte établi, traduit et commenté par J. Soubiran, Paris 1969.

SPINAZZOLA 1953
V. SPINAZZOLA, *Pompei alla luce degli Scavi Nuovi di via dell'Abbondanza* (anni 1910-1923), Rome 1953.

STROCKA 1993
V.M. STROCKA, « Pompeji VI 17,41 : Ein Haus mit Privatbibliothek », *Mitteilungen des Deutschen Archaeologischen Instituts Römische Abteilung*, 100, 1993, 321-351.

TAMM 1963
B. TAMM, *Auditorium and Palatium*, Stockholm 1963.

TAMM 1973
B. TAMM, « Some Notes on Roman Houses », *Opuscula Romana*, IX, 1973, 53-60.

THÉBERT 1985

Y. THÉBERT, « Vie privée et architecture domestique en Afrique romaine », *Histoire de la vie privée. I De l'Empire romain à l'an mil*, Paris 1985, 301-398.

TORELLI 1990

M. TORELLI, « La formazione della villa », *Storia di Roma*, II,1, Turin 1990.

TOSI 1974-1975

G. TOSI, « La Villa romana nelle "Epistulae ad Lucilium" di L. Anneo Seneca », *Aquileia nostra*, XLV-XLVI, 1974-1975, 217-226.

TOSI 1975

G. TOSI, « La casa romana di Valdonega e il problema degli oeci colonnati », *Venetia*, III, 1975, 9-71.

TYBOUT 1989

R.A. TYBOUT, « Die Perspektive bei Vitruv : Zwei Uberlieferungen von scaenographia », *Munus non ingratum*, Leyde 1989, 55-68.

UFFLER 1982

A.-M. UFFLER, « L'habitat rural en Gaule centrale : évolution des plans jusqu'au IVe siècle », *La villa romaine dans les provinces du nord-ouest, Caesarodonum*, 17, 1982, 247-256.

ULRICH 1996

B. ULRICH, « Contignatio, Vitruvius and the Campanian Builders », *AJA*, 100, 1996, 137-151.

WAITES 1914

M.C. WAITES, « The Form of the Early Etruscan and Roman House », *Classical Philology*, IX, 1914, 113-133.

WALLACE-HADRILL 1988

A. WALLACE-HADRILL, « The Social Structure of the Roman House », *Papers of the British School at Rome*, LVI, 1988, 49-97.

WALLACE-HADRILL 1994

A. WALLACE-HADRILL, *Houses and Society in Pompeii and Herculaneum*, Princeton 1994.

WALLACE-HADRILL 1997

A. WALLACE-HADRILL, « Rethinking the Roman atrium House »,

Domestic Space in the Roman World : Pompeii and Beyond (Edit. Ray Laurence et A. Wallace-Hadrill), *JRA*, Spl. 22, Portsmouth 1997, 219-240.

WESENBERG 1984
B. WESENBERG, « Augustus forum und Akropolis », *Jahrbuch des deutschen archäologischen Instituts*, XCIX, 1985, 161-185.

WIEGAND 1904
Th. WIEGAND, F. SCHRADER, *Priene*, Berlin 1904.

WISEMAN 1987
T.P. WISEMAN, « Conspicui postes tectaque digna deo : the Public Image of aristocratie and imperial Houses in the late Republic and early Empire », *L'Urbs : Espace urbain et histoire (Iᵉʳ siècle avant J.-C. – IIIᵉ siècle après J.-C.)*, Collection de l'École française de Rome 98, Rome 1987, 393-413.

WISTRAND 1970
E. WISTRAND, « Das altrömische Haus nach den literarischen Quellen », *Eranos,* LXVIII, 1970, 191-223.

ZACCARIA RUGGIU 1995ᵃ
A. ZACCARIA RUGGIU, *Spazio privato e spazio publico nella città romana* (Collection de l'École française de Rome 210), Rome 1995.

ZACCARIA RUGGIU 1995ᵇ
A. ZACCARIA RUGGIU, « Origine del triclinio nella casa Romana », *Splendida ciuitas nostra* (Studi archeologici in onore di Antonio Frova), Rome 1995, 137-154.

ZACCARIA RUGGIU 1998-1999
A. ZACCARIA RUGGIU, « Loca propria e loca communia. Lo spazio tricliniare e il concetto di "privato" in Vitruvio », *Archeologia Veneta,* XXI-XXII, 1998-1999, 186-204.

ZANKER 1993
P. ZANKER, *Pompei*, Turin 1993.

COMMENTAIRE

Praef. 1. 1. *Aristippus* : Sur ce philosophe de Cyrène, mort après 366, connu comme disciple de Socrate, mais comme fondateur surtout de l'école dite des Cyrénaïques, comme l'un des maîtres de l'hédonisme (cf. Cic., *Tusc.* 2,15 : *philosophorum princeps et auctoritate et antiquitate, Socraticus Aristippus non dubitauit summum malum dolorem ducere ; Fin.* 2,6,18 ; Hor., *Ep.* 1,1,18 ; Quint. 12,2,24 ; Diog. L. 2,8,65 sq.), voir Natorp, *s.u. Aristippos*, 8, *RE*, II, 1, 902 sq.

2. *uestigia uideo* : Le mot et l'anecdote sont rapportés, en des termes très proches, dans le *De Republica* (1,17,29) de Cicéron, qui renvoie cependant, non pas à Aristippe, mais, avec des réserves, à Platon : *Vt mihi Platonis illud, seu quis dixit alius, perelegans esse uidetur, quem cum ex alto ignotas ad terras tempestas et in litus detulisset, timentibus ceteris propter ignorationem locorum, animaduertisse dicunt in arena geometricas formas quasdam esse descriptas ; quas ut uidisset, exclamauisse ut bona essent anima ; uidere enim se hominum uestigia.* Ces données relevant, selon toute vraisemblance, d'un fonds largement et librement exploité d'*exempla* philosophiques et moraux, la source des informations vitruviennes peut être ici entièrement indépendante du texte du *De Republica*. Il est cependant remarquable que figure également dans les deux contextes la définition des biens véritables comme ceux que ne saurait affecter un naufrage (sans référence à un *auctor* déterminé chez Cicéron, *Rep.* 1,17,28 : *Quis uero… firmiore fortuna quam qui ea possideat quae secum, ut aiunt, uel e naufragio possit ecferre ;* sur cette image, cf. aussi *infra*, note 5) ; que, dans une perspective analogue à celle posée par Vitruve, l'observation prêtée à Platon illustre pour Cicéron l'incomparable richesse de la culture (*Rep.* 1,17,29 : … « il faisait cette supposition sans se fonder sur le fait qu'il voyait des plantations dans les champs, mais d'après des signes qui révélaient une culture intellectuelle » : *ex doctrinae indi-*

ciis. Trad. E. Bréguet) ; que les deux auteurs développent, dans ces contextes, le thème identique de la primauté d'un idéal de large culture et d'*humanitas* : « ceux qui ont embelli leur esprit grâce aux disciplines qui sont le privilège de l'humanité » (sur ce thème, cf. Novara, 1983, 294). Une influence du *De Republica* sur cette préface n'est donc pas à exclure, réminiscence directe ou indirecte touchant surtout la mise en relation et l'orientation dialectique de composantes largement exploitées par ailleurs (cf., *infra*, note 5). Distinguant dans le *De Architectura* « récits d'origine » de l'architecture, « récits illustratifs » destinés à appuyer les propos du théoricien et « récits décoratifs » généralement situés dans les *prooemia* et sans lien direct avec l'objet traité, F. Choay (*La règle et le modèle*, Le Seuil, Paris, 1980), classe cette anecdote parmi les récits décoratifs vitruviens (p. 149). Il n'est nullement exclu cependant que le choix de cet apologue réponde à un choix illustratif concerté : mise en évidence, comme le suggère E. Frézouls (1985, 216) de l'importance du rôle du dessin. « Tant il est vrai, note E. Frézouls, que le dessin, point de contact entre l'activité de l'esprit et la technique manuelle est, par excellence, le moyen d'action de l'architecte — et que l'architecture, comme l'écrit ailleurs Vitruve, a été l'introductrice des autres arts et des sciences ».

3. *oppidum Rhodum :* Place commerciale importante de la Méditerranée orientale, célébrée par les Romains tant pour la beauté de son site (cf. Plin., *N.H.* 5,132 : *pulcherrima est libera Rhodos*) que pour l'heureux équilibre de sa constitution (cf. Cic., *Rep.*, 1,31,47 ; *App. Sall., Ep. ad Caes.* 2,7,12), cette grande île du sud-est de la Mer Égée était également appréciée comme foyer culturel, scientifique, artistique et notamment réputée pour ses écoles et pour ses maîtres de rhétorique (cf. Cic., *De orat.* 2,13 ; *Brut.* 216…). De nombreux *exempla* pris à l'histoire de Rhodes et des Rhodiens figurent dans le *De Architectura* (où interviennent deux occurrences de *Rhodiensis*, quinze de *Rhodius*, neuf de *Rhodos* !). Sur Rhodes, voir Hiller von Gaertringen, *s.u. Rhodos, RE,* Spbd, V, 781 sq.

4. *gymnasium :* Sur la destination première du *gymnasium* et sur la concurrence que le sport y faisait aux conférences des philosophes, cf. le témoignage ironique de Crassus dans le *De Oratore* 2,21 : « Des gymnases existaient, bien des siècles avant d'avoir commencé à servir aux bavardages des philosophes ; et même à présent que les philosophes les ont tous envahis, les auditeurs préfèrent les bruits du disque à la parole du maître. À peine ce bruit a t-il frappé leurs oreilles, en vain le sujet traité serait le plus grand, le plus sublime, tous abandonnent le philosophe au milieu de sa

leçon et courent se frotter d'huile ». Pour l'ensemble de cette question, voir J. Delorme, *Gymnasion. Étude sur les monuments consacrés à l'éducation en Grèce*, BEFAR 196, de Boccard, Paris, 1960. Sur l'utilisation faite par Vitruve du terme *palaestra* comme désignation du gymnase romain (dans une réinterprétation à la fois architectonique et culturelle du gymnase grec — en regard des trois occurrences de *gymnasium* (*Arch.* 1,7,1 ; 6,pr.1 ; 7,5,6) renvoyant à un contexte spécifique grec —, cf. Pettenò 1999, 3-34.

5. *e naufragio… enatare* : L'image est également chez Diogène Laerce (6,6), qui attribue cette définition non pas à Aristippe, mais à l'Athénien Antisthène — tout en proposant une formulation qui rappelle très précisément celle de Vitruve : « Il faut avoir, dit-il (= Antisthène), comme provisions de voyage, celles que l'on peut conserver avec soi jusque dans l'eau où l'on a fait naufrage » τοιαῦτ ἔφη δεῖν ποιεῖσθαι ἐφόδια ἃ καὶ ναυαγήσαντι συγκολυμβήσει (cf., chez Vitruve : *e naufragio… enatare* ; Cicéron, *Rep.*, 1,17,28, écrit plus simplement : *e naufragio… ecferre*). Les incertitudes mêmes attachées à l'identification d'un *auctor* (Cicéron, dans ses *Paradoxa* 1,8, attribue le mot à Bias, l'un des Sept Sages, mais se borne, dans le *De Republica* 1,17,28, à la généralisation indéterminée : *ut aiunt*) manifestent la large diffusion de cette image — plus particulièrement liée au thème fréquemment énoncé de la possession des biens intérieurs, possession la plus sûre et la plus féconde : *Homo doctus in se semper diuitias habet* écrit Phèdre (4,22,1), avant de rapporter les paroles prêtées à Simonide, au moment précisément d'un naufrage (4,22,14) : « *Mecum* », inquit, « *mea sunt cuncta* ». Et Vitruve affirme lui-même, dans la suite de cette préface : *possessiones animo paraui* (6, *pr.* 4). Cf. A. Scheiber, « Die Parabel vom Schatz des Gelehrten. Zu den antiken Zusammenhängen der Aggada », *A Ant Hung*, X, 1962, 233-235. L'expression de ce thème sera singulièrement chère à Sénèque : cf. *Ad. Helu* 11,5 : *animus est qui diuites facit* ; *De Const.* 5,4 ; 5,6 ; *De Vit. beat.* 26,4 ; *Ad Lucil.* 1,9,18 ; 1,9,19 ; 5,42,10 ; 5,45,9… Sur le thème de l'αὐτάρκεια du sage, cf. Romano 1987, 131-132.

Praef. 2. 6. *Theophrastus* : Peut-être cette pensée a-t-elle été empruntée au Περὶ πλούτου de Théophraste ou à son traité Περὶ εὐδαιμονίας (cf. O. Regenbogen, *s.u. Theophrastos, RE,* Spbd, VII, 1482 sq.). Les incertitudes affectant le contenu de ces ouvrages ne permettent cependant aucune référence précise et l'hypothèse même d'une source indirecte ne saurait être exclue. Plusieurs lieux communs de la réflexion morale antique interfèrent ici avec le thème des biens intérieurs : celui de l'indifférence aux hasards de la Fortune (cf. Cic., *Tusc.* 5,4 : (*uirtus*) *omnia quae cadere in hominem possunt subter se habet eaque despiciens casus contemnit humanos*) ; celui aussi du cosmopolitisme, dès longtemps affirmé par Socrate (cf. Cic. *Tusc.* 5,108 : *Socrates... totius enim mundi se incolam et ciuem arbitrabatur*), repris par Cicéron (cf. *De Leg.* 1,61) et souvent par Sénèque (*Ad Helu.* 9,7 : *omnem locum sapienti uiro patriam esse* ; cf. *De Tranq.* 4,3 ; *De Vit. beat.* 20,5 ; *De ira* 2,31,7...). Marquant son élaboration artistique dans les structures d'énoncés (symétries : *neque... peregrinum, neque... inopem* ; antithèses : *neque... sed ; non... sed*), dans la qualité de rareté des mots (hapax tel que *labidus*), dans la fréquence des images (*praesidiis...* ; *uallatum ; uadentem* ; *infirma conflictari uia*), la mise en œuvre formelle du passage révèle la recherche sans doute, largement manifestée dans les préfaces vitruviennes, d'un style soutenu, voire emphatique. Elle ressortit certainement aussi aux modes d'expression rhétoriques des grands lieux communs philosophiques et moraux (en regard du *doctrinarum... praesidiis* de Vitruve, cf. par exemple, chez Cicéron *De Or.* 1,38 : *doctrinae praesidiis*).

Praef. 3. 7. *Epicurus* : C'est à l'une des quarante « pensées maîtresses » (κύριαι δόξαι) d'Épicure, conservées dans le dixième livre de Diogène Laërce, que Vitruve fait référence : βραχέα σοφῷ τύχη παρεμπίπτει τὰ δε μέγιστα καὶ κυριώτατα ὁ λογισμὸς διώκηκε καὶ κατὰ τὸν συνεχῆ χρόνον τοῦ βίου διοικήσει : «Rare est l'intervention du hasard dans la vie du sage ; ses intérêts les plus hauts et essentiels, c'est la raison qui les a réglés, qui les règle et qui les réglera tout au long de sa vie » (D.L. 10,144,16). Citant cette même pensée dans son *De Finibus* 1,19,63, Cicéron en présentait une version certainement plus proche du texte original (tel que nous le connaissons du moins par Diogène Laërce) : *Optime uero Epicurus quod exiguam dicit fortunam interuenire sapienti maximasque ab eo et grauissimas res consilio ipsius et ratione administrari* (cf. les correspondances *interuenire* : παρεμπίπτειν ; *grauissimas* : κυριώτατα ; *consilio ipsius et ratione* : λογισμός — en regard des expressions vitruviennes : *pauca... tribuere ; necessaria ; animi mentisque cogitationibus*). Cf. Cic., *Tusc.* 5,26 : *... fortunam exiguam interuenire sapienti*.

8. *antiquas* : L'emploi de cet adjectif répond plus précisément ici à la distinction établie par Aristote (cf. *Eth. Nicom.* 4,14) entre poètes comiques *anciens* et *récents*. C'est bien à la comédie *ancienne* qu'appartiennent les poètes mentionnés : Eupolis, Cratès,

Aristophane (cf. *infra*, notes 9 & sq.), la situation d'Alexis, aujour-
d'hui classé comme représentant de la « comédie moyenne » ou
comme précurseur de la « comédie nouvelle », semblant particularisée dans ce passage par l'expression *etiam cum his*.

9. *Eupolis* : La correction proposée par F. Krohn de la leçon
eucrates des mss en *Eupolis, Crates* (la lecture de ce dernier nom
ayant déjà été adoptée par Bondam) constitue une conjecture à la
fois séduisante et raisonnable. Si aucun auteur comique ancien du
nom d'*Eucrates* n'est en effet connu, le nom d'Eupolis est associé
en revanche par plusieurs écrivains latins à celui d'Aristophane (et
à celui de Cratinos : cf. *infra*, note 10) pour désigner les auteurs les
plus représentatifs de la comédie grecque ancienne : ainsi chez
Horace, *Sat.* 1,4,1 ; Velleius Paterculus 1,16,3 ; Quintilien 10,1,65.
Une faute de copie d'autre part était ici facile : faute (par anticipation de lecture) que contribuait à masquer la forme même du mot
ainsi créé abusivement : *eucrates*. Sur Eupolis, poète athénien né
aux environs de 429, mort en 411, auteur d'une quinzaine de pièces
dont ne subsistent que des fragments, cf. Kaibel, *s.u. Eupolis, RE*,
VI, 1,1230-1235.

10. *Crates* : C'est aux environs de 450 av. J.-C. que furent représentées les pièces de ce poète athénien dont Aristophane évoque les
« ingénieuses inventions », mais le manque aussi de force (cf. *Eq.*
538-539) et qui, selon Aristote (*Poet.* 5), aurait été le premier à aban-
donner les attaques personnelles de la comédie politique et à introduire systématiquement une intrigue. Cf. Körle, *s.u. Krates*, 4, *RE*,
XI, 2,1623-1625. L'orientation plus philosophique ou morale que
polémique des œuvres de Crates peut justifier la mention par Vitruve
de ce poète, de préférence à Cratinos dont Horace, Velleius
Paterculus et Quintilien associent le nom aux noms d'Eupolis et
d'Aristophane et dont les comédies, également représentées au
milieu du Vᵉ siècle, connurent un succès et une renommée certainement plus larges (cf. A. Körle, *s.u. Kratinos*, 3, *RE*, XI, 2,1647 sq.).

11. *Chionides* : Aristote (*Poét.* 3,5) cite Chionidès (dont la pro-
duction dramatique se situe vers 490-480) comme étant, avec
Magnès, le plus ancien poète comique grec (cf. Kaibel, *s.u.
Chionides, RE*, III, 2,2285-2286). Au nombre des pièces de
Chionidès figurait une comédie intitulée *Les Pauvres*.

12. *Aristophanes* : Sur le mieux connu des poètes grecs de la
comédie ancienne, cf. Th. Gelzer, *s.u. Aristophanes, RE*, Spbd, XII,
1393-1569.

13. *Alexis* : Deux cent quarante-cinq pièces étaient attribuées à
ce poète de la « comédie grecque moyenne », oncle de Ménandre,

né en Grande-Grèce, à Thurium, vers 372, mort vers 270 av. J.-C., et dont les fragments qui nous sont parvenus manifestent à la fois l'élégance, la familiarité et la veine moraliste. Cf. Kaibel, *s.u. Alexis*, 9, *RE*, I, 2,1468-1471 ; Capps, *s.u. Alexis*, *RE*, Spbd, I, 56-57.

14. *artibus* : Impliquant une connaissance approfondie, objective, systématisée (cf. Cic., *De orat.* 1, 108 : *Nam si ars ita definitur... ex rebus penitus perspectis planeque cognitis atque ab opinionis arbitrio seiunctis scientiaque comprehensis*), mais plus particulièrement aussi une compétence pratique (cf. Diom. GLK, I, 421 : *ars est rei cuiusque scientia usu uel traditione percepta tendens ad usum aliquem uitae necessarium* ; voir Auct. ad Herenn. 1,2,3), le mot *ars* désigne proprement dans ce contexte une qualification professionnelle — l'information donnée renvoyant à une loi de Solon qui « dispensait un fils de nourrir son père quand celui-ci ne lui aurait pas fait apprendre un métier » (Plutarque, *Sol.* 22,1). L'importance accordée par Solon à l'acquisition d'un métier, la considération revendiquée pour les activités manuelles (cf. Plutarque, *Sol.* 22,3 : ταῖς τέχναις ἀξίωμα περιέθηκε) doivent être cependant d'abord interprétées par référence à une situation économique : situation d'une Attique surpeuplée, dont les ressources tirées de l'élevage et de l'agriculture étaient limitées, et pour laquelle se révélait indispensable la constitution d'un artisanat national, puissant et productif, monnaie d'échange nécessaire pour les importations maritimes des marchands étrangers. Cf. P. Schmitter, « Compulsory Schooling at Athens and Rome ? A Contribution to the Historic of Hellenistic Education », *ASPh*, XCVI, 1975, 276-289.

15. *dantur... adimuntur* : Cf. Sén., *De Const.* 5,4 : *Nihil eripit fortuna nisi quod dedit ; Ad Lucil.* 1,8,10 : *Non est tuum, fortuna quod fecit tuum ; Ibid. : Dari bonum quod potuit, auferri potest* ; Ovid., *Trist.* 3,7,41 : *Nempe dat id* (= *immensos census*) *cuicumque libet fortuna rapitque* ; Liv. 32,21,7 : *Fortuna et dat fiduciam postulantibus et demit...*

16. *coniunctae cum animis* : Vitruve distingue moins ici deux valeurs complémentaires, l'instruction et l'intelligence (interprétation notamment de M. H. Morgan : « But education combined with intelligence » ; de F. Granger : « But when training is conjoined with mental power »), qu'il n'affirme — en l'opposant à l'instabilité des biens de Fortune — l'enracinement dans notre âme des connaissances acquises : « jamais au contraire les connaissances acquises, fixées dans notre âme, ne nous abandonnent » (cf. C. Fensterbusch : « Aber im Geist verankerte Kenntnisse schwinden zu keiner Zeit dahin »).

17. *permanent stabiliter* : Peut-être la formulation vitruvienne a t-elle été ici plus précisément inspirée par l'évocation, dans le *De Senectute* 3,9, de la permanence des valeurs morales : ... *numquam deserunt, ne extremo quidem tempore aetatis.*

Praef. 4. 18. *ago atque habeo* : Chacun des deux verbes conserve, dans cette expression, une valeur sémantique propre : témoignage actuel, pour *agere*, marque d'un sentiment permanent, qui engage l'avenir, pour *habeo*. Cf. Cic., *Phil.* 1,15 : *maximas gratias et ago et habeo Pisoni* ; 3,25...

19. *parentibus* : Assurément précieuses, s'agissant d'un auteur dont la vie nous est si mal connue, les quelques indications données dans ce passage restent cependant très lacunaires. Et l'interprétation d'A. Choisy (*Vitruve*, I, V) est particulièrement hasardeuse, qui fait de Vitruve « un fils d'architecte » qui « eut son père comme premier maître ». Ce qu'écrit Vitruve sur son éducation implique tout au plus, comme l'ont observé P. Ruffel et J. Soubiran (1962, 162), que ce type d'éducation n'était « guère compatible qu'avec la condition d'homme libre et une aisance au moins bourgeoise ».

20. *litteratura* : Comme dans les deux autres exemples du *De Architectura* où il est attesté (5,4,1 : *Harmonice autem est musica litteratura obscura et difficilis* ; 6, *pr.*, 6 : ... *patres familiarum eos qui litteraturae fiducia confirmati*), le mot *litteratura* apparaît utilisé ici au sens, non de « littérature » ou « culture littéraire » (cf. Ch. L. Maufras : « la connaissance de la littérature » ; S. Ferri : « cultura letteraria » ; C. Fensterbusch : « Kenntnis von Literatur »), mais dans l'acception plus générale de « culture », « instruction » (interprétation notamment de Cl. Perrault ; de Ch. L. Morgan ; cf. Cic., *Verr.* 2,4,44, 98 : *homo sine ingenio, sine litteris*), l'auteur précisant ensuite cette notion et renchérissant sur elle avec la nécessité affirmée d'une science encyclopédique.

21. *encyclioque doctrinarum* : Cf. Quintil. 1,10,1 : ... *de ceteris artibus quibus instituendos... pueros existimo strictim subiungam, ut efficiatur orbis ille doctrinae, quem Graeci* ἐγκύκλιον παιδείαν *uocant*. Le mot *encyclios* figure déjà dans le livre I du *De Architectura*, où Vitruve développe plus longuement son idéal d'une culture encyclopédique (1,1,1 sq. ; cf. 1,1,12 : ... *omnes disciplinas inter se coniunctionem rerum et communicationem habere... ; encyclios enim disciplina uti corpus unum ex his membris est composita*). Sur la somme de connaissances exigées par Vitruve de l'architecte, sur la cohérence perçue entre cette culture, large et diverse, et les activités de l'architecte, cf. Callebat 1973, XVI-XVII ; 1982,

709 sq. ; D. Goguey, « La formation de l'architecte : culture et technique », in *Recherches sur les « artes » à Rome, MDNM*, Les Belles Lettres, Paris, 1978, 100 sq. ; Gros 1982, 669 sq. ; Novara 1983, 3,284 sq. ; Romano 1987, 47 sq. ; Fleury 1990, 93.

22. *philologis et philotechnis* : Que ces deux termes (dont le second ne semble connu en latin que par ce seul exemple) soient utilisés par Vitruve pour caractériser *rebus*, mais communément appliqués en grec à des personnes, ne permet nullement d'affirmer (avec Silvio Ferri, par exemple, *Vitruvio*, 219) que Vitruve ignorait la langue grecque, ni même que sa connaissance de cette langue était très approximative. Ce type d'emploi peut très naturellement relever d'un usage vivant de la langue grecque, usage vraisemblablement facilité par des influences analogiques : celle peut-être de φιλόσοφος, celle aussi de φιλότεχνος même, appliqué à des choses au sens de « travaillé avec art » (cf. Diod. 1,33 ; 17,64).

23. *commentariorum scripturis* : Complétant *me delectans*, parallèlement au groupe à l'ablatif : *philologis et philotechnis rebus* (qui renvoie plus précisément à la *matière*, littéraire et scientifique, à l'objet d'intérêt et d'études), et s'agissant d'un contexte où l'auteur évoque sa formation et ses intérêts culturels de jeunesse (cf. : *eas possessiones animo paraui*), le mot *scripturis* n'est pas appliqué à l'«action d'écrire » (interprétation de M.H. Morgan : ... by the pleasure which I take in literary and artistic subjects and *in the writing* of treatises), mais selon un emploi constant de *scriptura* chez Vitruve (cf. *Arch.* 1,7,1 ; 5,4,1 ; 7, *pr.*, 15...), à un « écrit » (texte explicatif, descriptif). La fonction de *commentariorum* est celle d'un génitif dit « de définition », qui développe et précise le sens du mot *scriptura* : « Les écrits qui traitent de ces questions » (cf. F. Granger : « I found delight in literary and technical matters and in the works written upon them » ; C. Fensterbusch : « ... an Werken, die darüber geschrieben waren »). Sur le terme *commentarium*, cf. P. Gros, 1990, XXXVIII sq.

24. *doctrinarum diuitiarum* : Tout en conservant le texte des mss : *eamque esse proprietatem diuitiarum maxime nihil desiderare*, les éditeurs vitruviens ont adopté pour ce passage différentes ponctuations et proposé des traductions diverses. G. Schneider, Ch. L. Maufras, V. Rose, A. Choisy, S. Ferri ponctuent après *maxime* — Ch. L. Maufras comprend : « ... la véritable richesse est celle qui ne laisse rien à désirer » ; A. Choisy : « la possession des richesses consiste surtout à ne rien souhaiter » ; S. Ferri : « ... e questa esse la specifica proprietà della ricchezza mia, il non desiderare niente ». F. Krohn ponctue après *proprietatem*, F. Granger après *proprietatem*

et après *maxime* (« and that property consists in requiring nothing, least of all, riches ») ; C. Fensterbusch écrit sans ponctuation l'ensemble de cet énoncé et traduit : « … da der reich ist, der nicht von materiellem Richtum verlangt ». Notamment déterminées par les difficultés de construction et de traduction touchant les mots : *proprietatem, diuitiarum, maxime* (cf. C. Fensterbusch, 556, note 343), impliquant une interprétation très lâche ou peu cohérente du texte, les hésitations et divergences des éditeurs trahissent vraisemblablement l'altération, pour cette phrase, de la tradition manuscrite. La conjecture la mieux fondée (suggestion de J. Soubiran) nous a paru celle de la restitution, avant *diuitiarum*, d'un mot-thème du passage : *doctrinarum*, mot dont l'omission par le copiste était facilitée par la ressemblance formelle avec *diuitiarum* (identité de la consonne initiale et de la syllabe finale). En parfait accord sémantique avec l'ensemble du développement, éclairant plus nettement aussi l'effet d'opposition que marque l'énoncé suivant (*…putant eos esse sapientes, qui pecunia sunt copiosi*) la lecture *doctrinarum diuitiarum* se révèle également confortée par le rapprochement d'une formulation analogue de Phèdre, dans l'épisode précédemment mentionné de « Simonide naufragé » (cf. *supra, pr.* 1, note 5), et pour l'expression d'une thématique identique : *homo doctus in se semper diuitias habet* (4, 22, 10). Plutôt que sur la seule négation (il s'agirait alors d'un emploi unique parmi les soixante occurrences de cet adverbe chez Vitruve), *maxime* doit être vraisemblablement interprété comme particule assertive, appuyant l'ensemble de l'énoncé.

Praef. 5. 25. *bona fama* : Cf. 1,1,7 : *Ne sit cupidus (sc. architectus) neque in muneribus accipiendis habeat animum occupatum, sed cum grauitate sua tueatur dignitatem, bonam famam habendo ; et haec enim philosophia perscribit.* C'est par une phrase de type formulaire, mettant en œuvre une double antithèse *(potius tenuitatem cum bona fama quam abundantiam cum infamia)* que Vitruve réaffirme ici l'idéal, déjà revendiqué au livre I, d'une éthique professionnelle moralement exigeante et désintéressée.

26. *notities :* Parfaitement conciliable, malgré la thèse de F. Krohn (IV-VI), avec le texte du livre 5,1,6 évoquant la construction par l'auteur d'une basilique à Fano — une telle construction n'impliquant pas nécessairement l'acquis de la notoriété —, l'information que donne ici Vitruve doit être appréciée en fonction d'un ensemble complexe de composantes : traditions (thématiques et formelles) sans doute, liées aux modes d'expression de la *commenda-*

tio et de la *captatio beneuolentiae* ; confidence vraisemblable, également, d'un « honnête homme », amer, a-t-il semblé, devant la réussite de collègues moins scrupuleux, ou plus brillants, plus ouverts peut-être aussi à des orientations esthétiques nouvelles, à un goût « moderne » (cf. Gros 1975, 4,986 sq. ; 1976, 53 sq. ; 1990, 49) ; traitement d'une question personnelle (de réussite professionnelle) en référence à la fois au problème général de la situation et de la carrière de l'artiste dans la société antique (question notamment développée dans la préface du livre 3 : cf. *Arch.* 3, *pr.* 1 ; 3, *pr.* 2) et à l'idéal revendiqué d'une éthique professionnelle honnête et désintéressée (l'affirmation insistante, apparemment sincère, de cet idéal induisant à tempérer l'appréciation communément portée par la critique vitruvienne sur l' «amertume envieuse » ou le « dépit » jaloux qu'exprimerait ici l'auteur : cf. Gros, 1975, 990 ; 1976, 55).

27. *posteris ero notus* : Cf. 2, *pr.* 4 : *per auxilia scientiae scriptaque, ut spero, perueniam ad commendationem.* La conviction ici affirmée ne ressortit pas seulement au lieu commun de la survie de l'artiste par son œuvre (Cf. Ennius, *ap.* Cic., *Tusc.* 1,15,34 ; Virg., *Aen.* 9,446-447 ; Ovid., *Met.* 15,875 sq. ; *Pont.* 4,8). Elle participe plus précisément aussi d'une définition de l'écrit et des textes comme instruments privilégiés d'une valorisation exceptionnelle de la chose rapportée : définition déjà jugée pertinente pour l'histoire, par un auteur tel que Salluste (cf. *Catil.* 3 ; 8), mais singulièrement importante sans aucun doute pour les métiers et les techniques : importante dans la perspective générale du primat alors accordé aux recherches spéculatives (cf. Callebat 1986, 67-68 ; et bibl. citée) ; importante plus particulièrement aussi, au regard du statut de l'architecte romain, relativement modeste semble-t-il dans l'échelle des valeurs officielles (cf. Gros 1976, 55 sq. ; 1998, 19-40), moins apte assurément que celui de l'écrivain à la conquête d'une gloire durable (conséquence de la difficulté déjà pour l'architecte à laisser matériellement son nom sur l'édifice qu'il avait construit : cf. Gros 1976, 53-54). De sorte que l'une au moins des « raisons d'écrire de Vitruve » paraît bien être «la revanche de l'architecte » : cf. Novara 1983, 284 sq.

28. *rogant et ambiunt* : Si elle ressortit peut-être au lieu commun des conflits et rivalités d'amour-propre et d'ambition opposant les artistes (S. Ferri, *Vitruvio,* 219 évoque ici un texte d'Hésiode, *Op.* 25-26 : « Le potier en veut au potier, le charpentier au charpentier, le chanteur au chanteur ». Trad. P. Mazon ; un passage aussi de Donat, *Vit. Verg.* 18 : *architectum architecto inuidere et poetam poetae*, et renvoie à C. Promis, « Gli architetti e l'architettura presso i

Romani », in *Memorie Acc. Torino,* XXVII, 1873, 50), cette observation de Vitruve participe d'abord d'un ensemble de jugements
actualisés, plus précisément portés par l'auteur sur la toute-puis-
sance, à son époque, des intrigues et des bassesses, sur le triomphe
de l'incompétence et de la malhonnêteté. Cf. *Arch.* 3, *pr.* 3 :
*Quoniam... animaduerto potius indoctos quam doctos gratia super-
are, non esse certandum iudicans cum indoctis ambitione, potius his
praeceptis editis ostendam nostrae scientiae uirtutem.* « Même si
l'on fait sa part à la polémique et à l'amertume », note justement P.
Gros, « la formule de Vitruve... garde une valeur indicative sur l'importance de l'intrigue pour l'obtention de contrats et d'adjudica-
tions » (1976, 59) ; voir *ibid.* 57 sq., sur les modes de financement
des travaux, sur le choix des *architecti* et leurs relations avec le commanditaire ; Cf. Gros 1990, 51-52, *pr.* 3, note 1 ; 1998, 19-40). Plus
peut-être cependant que sur l'amertume polémique d'un praticien
déçu, la sévérité du jugement vitruvien se révèle d'abord fondée à la
fois sur un idéal authentique de rigueur morale (cf. *supra,* note 25)
et sur une conception surtout du métier d'architecte liant intimement
choix artistiques et préoccupations économiques. La critique sans
indulgence des architectes contemporains également développée
dans la préface du livre X est toute entière orientée sur le constat pes-
simiste des problèmes économiques, sociaux et moraux y afférents
(cf. Callebat 1986, 65-66 ; 69-70 ; 10, *pr.* 2, notes 8 ; 10). Et c'est dès
les premières pages du *De Architectura* qu'affirmant la nécessité
d'une appréciation et d'un contrôle rationnels des dépenses de
construction, Vitruve définissait ces principes d'économie comme
constituant l'un des premiers devoirs de l'architecte et comme l'une
des trois composantes de la *distributio* : *Distributio autem est copiarum locique commoda dispensatio parcaque in operibus sumptus
ratione temperatio. Haec ita obseruabitur, si primum architectus ea
non quaeret, quae non poterunt inueniri aut parari nisi magno*
(1,2,8). Sur la question, implicitement posée aussi, de l'accès au
métier d'architecte, cf. *infra,* note 32.

    29. *architectentur :* L'emploi exceptionnel que constituerait,
dans l'ensemble des textes latins, mais plus précisément aussi dans
le *De Architectura* même, la forme *architectent* (les quatre autres
exemples attestés chez Vitruve présentent une forme de déponent
(*Arch.* 1,1,12 ; 7, *pr.* 15 ; 7, *pr.* 17 ; 9,1,2) conduit à envisager l'omission (facile) par un copiste de l'abréviation marquant la forme en -
ur, et à retenir donc pour leçon authentique la correction
architectentur de l'*Editio princeps*. Cette leçon figure en fait dans
le *Vatican Urb. Lat. 293 (U),* mais l'abréviation paraît être d'une

main plus tardive. Sur les emplois littéraires et épigraphiques de *architectare* et *architectari* et sur ceux du grec ἀρχιτεκτονεῖν, cf. Donderer 1996, 19 sq.

30. *ingenuus color* : Cf. Prop. 1,4,13 : *ingenuus color et multis decus artibus* ; Juv. 11,154 : *ingenui uoltus puer ingenuique pudoris.*

31. *sumptus* : Cf. *supra*, note 28.

Praef. 6. 32. *maiores* : Peut-être le terme de *maiores* fait-il ici référence à un passé relativement récent que Vitruve lui-même, ou ses parents, auraient connu (cf. Novara 1983, 295). La pratique évoquée demeure caractéristique cependant d'un mode ancien de transmission d'une compétence professionnelle (privilège familial, ésotérique. Cf. S. Ferri, *Vitruvio*, 219-220 ; sur la notion de « secret », voir cependant R. Martin, « L'architecture, art ou technique ? », in *Comment construisaient les grecs et les romains, Dossiers de l'archéologie,* 27, Nov. Déc. 1977, 10 sq.), aucune indication n'étant par ailleurs donnée par ce texte sur l'appartenance personnelle de Vitruve à une famille d'architectes. C'est plus largement en réalité d'une relation de maître à disciple, d'homme de l'art à apprenti (et non seulement de père à fils) que relevait à cette époque, en l'absence d'école spécialisée, la formation professionnelle des *architecti* romains — ainsi pour les nombreux épigones que semble avoir eus Hermodoros de Salamine, présent à Rome pendant plus d'un demi-siècle (cf. Gros, 1976, 64 ; 1998, 19-40) et peut-être aussi pour Vitruve lui-même, qui renvoie plusieurs fois à ses *praeceptores (Arch.* 4,3,3 ; 6, *pr.* 4 ; 6, *pr.* 5 ; 9,1,16 ; 10,11,2 ; 10,13,8), de manière malheureusement lacunaire, mais en distinguant cependant, en 6, *pr.* 4, les domaines respectifs d'influence des *parentes* (responsables matériels et moraux de l'éducation) et des *praeceptores* (maîtres proprement dits) : *Cum ergo et parentium cura et praeceptorum doctrinis auctas haberem copias disciplinarum.* Sur les *praeceptores* vitruviens, voir aussi Callebat 1986, XIX ; XXII. Même si elles sont marquées d'amertume nostalgique, les observations de Vitruve éclairent surtout, avec sincérité semble t-il et lucidité, quelques problèmes importants touchant la formation et l'activité des *architecti* romains : absence singulièrement d'écoles proprement spécialisées dans la préparation au métier d'architecte (métier aux profils et aux domaines en réalité très diversifiés : cf. Gros 1976, 53 sq. ; 1998, 19-40 ; Martin, *Op. cit.,* 16 ; Callebat 1986, XI), absence d'une réglementation efficace du métier d'architecte, aux plans tant de la compétence technique que d'une déontologie professionnelle. Sur ces problèmes, notamment liés au milieu et au pays d'origine des architectes, à leur condition sociale, à leur statut (Martial, 5,56,10-11, conseillera aux parents d'orienter vers l'architecture leurs enfants difficiles :

> Si duri puer ingeni uidetur
> Praeconem facias uel architectum,

mais Cicéron, ironique, dans une lettre Ad Quint 2,2, sur la cuistrerie d'un architecte, admettait cependant (Off. 1,51) que l'architecture pouvait être un beau métier « pour ceux » du moins « au rang duquel il convient »), voir notamment Ch. Lucas, s.u. architectus, D.S., I, 1,314 sq. ; C. Germain de Montauzan, Essai sur la science et l'art de l'ingénieur aux premiers siècles de l'Empire romain, Paris, Leroux, 1908, 111 sq. ; F.E. Brown, « Vitruvius and the Liberal Art of Architecture », Bucknell Review, 11,4, 1963, 99-107 ; B. Pedotti, L'architettura e la figura dell'architetto secondo Vitruvio, Firenze, 1969 ; Gros 1976, 53 sq. ; Gros 1983, 425 sq. ; Schrijvers 1989, 13 sq. ; Gros 1998, 19-41. Sur cette question de la culture et du statut social des architectes, voir maintenant Donderer 1996, 57 sq. et 71 sq.

33. *quibus tantarum rerum fidei* : Les conjectures proposées pour ce texte difficile sont à la fois diverses et peu probantes : correction par Cl. Perrault de *fidei* en *peritis ;* suppression, par V. Rose, de *pecuniae* et correction de *fidei* en *fides* ; lecture *quorum* pour *quibus* (sur cette lecture, cf. I.G. Schneider, II, 240). Si elle ne peut être considérée comme incontestablement authentique, la leçon *quibus tantarum rerum fidei* des mss se révèle moins hasardeuse cependant qu'une restitution arbitraire, cette lecture étant raisonnablement justifiable par l'analyse de *fidei* comme datif de but (= « en recherchant toute garantie », « en s'assurant… »), et, par l'interprétation de *rerum* au sens de « travaux ».

34. *fabrica* : Utilisé au livre I pour désigner une compétence technique, manuelle, l'un des deux éléments constitutifs, avec la *ratiocinatio*, ou faculté conceptuelle, de la science architecturale (fondée à la fois sur la pratique et sur la théorie : cf. *Arch.* 1,1,1) le terme *fabrica* est plus précisément défini dans ce passage par son opposition, non plus avec *ratiocinatio*, mais avec *architectura* : référence établie au seul travail matériel de construction, travail d'exécution de l'ouvrier (cf. *Arch.* 6,8,10). Aristote, dont Vitruve se souvient peut-être ici, distinguait déjà l'ἀρχιτέκτων, architecte, maître d'œuvre, et l'ouvrier bâtisseur, le χειροτέχνης, observant qu'une plus grande estime allait à l'architecte (cf. *Metaph.* 1,1,981 a-b). Cf. L. Callebat, « Fabrica et ratiocinatio dans le *De*

Architectura de Vitruve », *Imaginaire et modes de construction du savoir* (Actes du Colloque International, Perpignan 12-13 mai 2000), PU, Perpignan, 2001, 145-154.

35. *patres familiarum* : Sur les observations présentées ici par Vitruve, cf. Callebat 1986, 69-70 ; voir aussi *supra* note 28. Sur l'emploi de *fabrica* chez Vitruve, voir notamment Fleury 1989, 66-67 ; Schrijvers 1989, 13 sq. ; Frézouls 1989, 40 sq.

Praef. 7. 36. *Corpus architecturae* : La définition proposée par Vitruve de son traité comme *corpus architecturae*, ensemble unitaire et somme de spécialiste, n'intervient pas seulement comme déclaration liminaire d'auteur dans les premières pages de l'ouvrage (cf. *Arch 1, pr.* 3 : *his uoluminibus aperui omnes disciplinae rationes*), mais comme un leitmotiv imposé au long de l'œuvre, le mot même de *corpus* étant le plus souvent associé à ce thème récurrent : cf. 2, 1, 8 : *Cum corpus architecturae scriberem* ; 4, *pr.*, 1 : *disciplinae corpus ad perfectam ordinationem perducere* ; 7, *pr.*, 10 : *id profero corpus* ; 7, *pr.*, 14 : *collecta in unum coegi corpus* ; 7, *pr.*, 18 : ... *disposite singulis uoluminibus de singulis exponeremus*. Sur cette conception unitaire que Vitruve a eue de son entreprise, effort tenté pour rassembler des informations dispersées, mais recherche aussi (sous l'influence vraisemblable de Cicéron) d'une systématisation logique et du perfectionnement de l'exposé technique, cf. Gros 1975, 986 sq. ; Novara 1983, 286 sq. Sur l'unité réelle d'inspiration et de matière établie entre les différentes composantes du *De Architectura*, cf. Callebat 1989, 34-38. Excellente mise au point récente de J. K. Mc Ewen, *Vitruvius. Writing the Body of Architecture*, MIT, Massachusetts 2003.

37. *opportunitate* : Envisageant, dans son livre I, trois sortes d'ouvrages publics : les constructions militaires, les édifices religieux et les bâtiments d'intérêt commun (ports, places, portiques, bains, théâtres), Vitruve caractérisait ce dernier type d'ouvrage par *opportunitas*, terme impliquant à la fois les notions de qualité fonctionnelle et d'aménagement : *Publicorum autem distributiones sunt tres e quibus est una defensionis altera religionis, tertia opportunitatis... Est opportunitatis communium locorum ad usum publicum dispositio, uti portus, fora, porticus, balinea, theatra, inambulationes ceteraque quae isdem rationibus in publicis locis designantur* (1,3,1). Cf. *1, pr,* 2 : *Cum uero adtenderem te non solum de uita communi omnium curam publicaeque rei constitutionem habere, sed etiam de opportunitate publicorum aedificiorum..* Cf. 1,7,1 ; 5,12,1 ; 7,14,3.

38. *commensus symmetriarum* : Seulement connu par Vitruve, mais fréquent dans le *De Architectura* (dix exemples) et répondant

au classique *commetior*, le mot *commensus* paraît être, non pas une création, mais un emprunt au vocabulaire mathématique, abstrait d'abord rattaché par Vitruve à *commetior*, plutôt que perçu comme calque de συμμετρία. Le sens est celui de « rapport », « relations ». Cf. 1,3,2 : *cum fuerit operis species grata et elegans membrorumque commensus iustas habeat symmetriarum ratiocinationes* ; 6,1,12 : *itaque nunc singulorum generum in aedificiis commensus symmetriarum et uniuersos et separatos breuiter explicabo.* Cf. 6,1,12 notes 1-2 ; Introduction, p. 22 sq.

1. 1. 1. *disposita :* Impliquant, dans une acception large, la notion de distribution rationnelle et de mise en ordre d'éléments divers, le verbe *disponere* relève plus particulièrement aussi, dans sa relation avec *dispositio,* du vocabulaire théorique de l'architecture actualisé par Vitruve. Transcription du grec διάθεσις et terme spécialisé du vocabulaire de la rhétorique, le mot *dispositio* est plus précisément défini dans le *De Architectura* (1,2,3) comme « la mise en place correcte des composantes, dont l'ordonnance appropriée produit une œuvre de qualité ». Sur cette notion, cf. Gros 1990, XXXIX ; Callebat 1994, 37 sq. Le mot *haec* renvoie, de manière lâche, aux · objectifs d'étude posés par Vitruve dans la phrase précédente.

1. 2. *regionibus* : Relevant de plusieurs vocabulaires en contact, spécialisés ou techniques : vocabulaire des géomètres, vocabulaire religieux, vocabulaire administratif (cf. Cl. Nicolet, *L'inventaire du monde,* Paris, Fayard 1988, 221-222), vocabulaire des géographes, le mot *regio* renvoie, dans ce dernier ensemble, auquel appartient ici *regionibus*, à une unité physique que particularisent une configuration, des limites, un peuplement, des conditions naturelles spécifiques. Mais l'emploi du mot participe également de la définition de zones (torrides, glaciales, tempérées) par lesquelles le globe terrestre se trouve distribué en régions plus chaudes ou moins chaudes : « Il faut poser en préalable, écrit Strabon (2,5,3), que le ciel a cinq zones, cinq aussi la terre, et que les zones portent le même nom ici bas qu'en haut [...] Les zones seraient délimitées par des cercles parallèles à l'équateur, tracés de chaque côté, de celles-ci, deux d'entre eux isolant la zone torride, deux autres à la suite formant, à partir des zones tempérées, les zones glaciales » ; « On appelle tempérées, ajoute Strabon, celles que l'on peut habiter, inhabitées les autres, l'une à cause de la chaleur, les deux autres à cause du froid » (trad. G. Aujac). Sur ces définitions et leurs variations, cf. G. Aujac, *Strabon et la science de son temps*, Les Belles Lettres, Paris, 1966, 147 sq.

1. 3. *inclinationibus mundi* : Sur l'emploi de *inclinatio mundi* (ou *inclinatio caeli*) pour désigner la « latitude » et comme transcription du grec κλίμα, cf. Kubitschek, *s.u. Klima*, *RE*, XI, 833 sq. ; Soubiran 1969, 79-81 ; 198. Il semble qu'utilisée au singulier l'expression *inclinatio mundi* (*caeli*) désigne l'obliquité (sauf à l'équateur et aux pôles) de l'axe du monde vu de la terre et, au pluriel (*inclinationes*), les différentes obliquités que prend cet axe selon les latitudes — ce qui implique (en discordance avec une partie des informations suivantes) une terre sphérique.

1. 4. *aliter :* Fondée sur un double rapport de symétrie et d'opposition (variations lexicales : *dissimiliter, non eodem modo* ; répétition de *alius, aliter...*), cette structure d'énoncé, souligne également, en plusieurs autres passages du *De Architectura*, la nécessaire prise en compte par le spécialiste de la diversité complexe des données (cf. *Arch.* 1,2,9 ; 1,4,7 ; 6,2,2, ; 9,1,1 ; et *passim*).

1. 5. *premitur :* Démarqué de la langue courante, le mot relève du vocabulaire de l'astronomie comme dénotation spécialisée de la trajectoire rasante du soleil ou de la position d'un astre « à la verticale de » (cf. J. Beaujeu, « L'astronomie de Lucain », *L'astronomie dans l'Antiquité classique* (Actes du Colloque tenu à l'Université de Toulouse Le Mirail, 21-23 oct. 1977), Les Belles Lettres, Paris, 1979, 220-221. Cf. Virgile, *G.* 1,240 :
mundus, ut ad Scythiam Riphaeasque arduus arces
  consurgit, premitur Libyae deuexus in Austros

Lucain 3,253 sq :
Aethiopumque solum, quod non premeretur ab ulla
  signiferi regione poli, nisi...

Id. 9,691-692 :
  premit orbita solis
exuritque solum

Id. 9,866 ss :
  coeunt ignes stridentibus undis
et premitur natura poli

Sur la théorie antique du disque terrestre s'élevant vers le Nord et s'abaissant vers le Sud, cf. Callebat 1973, 107. L'information vitruvienne se révèle incompatible ici avec la théorie « scientifique » de la terre sphérique, minuscule au centre de l'Univers, le soleil décrivant une orbite circulaire autour de la terre et étant donc toujours à égale distance de celle-ci. Ce n'est pas la distance variable du soleil à la terre qui crée les différences de température, mais sa hauteur variable au dessus de l'horizon. Sur l'idée primitive du soleil plus proche des régions méridionales et les rendant ainsi torrides, idée ayant perduré dans les croyances popuplaires et en poésie, cf. Soubiran 1969, 78-81.

1. 6. *signifer circulus* : L'unité lexicale associant *signifer à circulus*, mais souvent aussi à *orbis* (cf. Cic., *Diu.* 1,17 ; 2,89 ; *N.D.* 2,53 ; Lucr. 5,691...), répond au grec ζωδιακόν identifiant le zodiaque. Cf. Cic. *Diu.* 2,89 : *signifero in orbe, qui Graece* ζωδιακός *dicitur* ; *Arat.* 563-564 : *zodiacum hunc Graeci uocitant nostrique Latini orbem signiferum perhibebunt, nomine uero* ; Censor. 8,4 : *circulus est, ut ferunt, signifer, quem Graeci uocant zodiacon.* Voir S. Pease, *Natura Deorum*, 673 ; *De Diuinatione*, 499. Dans son livre IX (1,3 sq.), Vitruve définit le zodiaque comme « une large zone, transversalement située à équidistance des pôles et inclinée vers le Sud ; douze signes la constituent, dont l'aspect, avec la répartition des étoiles, présente une configuration enluminée par la nature » (trad. J. Soubiran). Voir Soubiran 1969,79 sq. C'est au long de ce grand cercle de la sphère, notera Strabon 1,21,13), que « le soleil va et vient dans sa course, provoquant la diversité, des climats et des vents ». Cf. G. Aujac, *Strabon et la science de son temps*, 117 sq ; « Le ciel des fixes et ses représentations en Grèce ancienne », *RHS*, 29, 1976, 289-307 ; « Le zodiaque dans l'astronomie grecque », *RHS* 33, 1980, 3-32 ; « Les représentations de l'espace géographique ou cosmologique dans l'Antiquité », *Pallas*, XXVIII, 17,3, 1981, 11.

1. 7. *dirigi :* Comme en plusieurs autres passages du *De Architectura* (cf. *Arch.* 1,6,7 ; 5,6,2 ; 6,2,2, ; 9,8,12 ; et *passim*), le mot relève du vocabulaire spécialisé des géomètres et des dessinateurs. Cf. Callebat, Fleury 1995, 77 ; 87 ; 281.

1. 8. *ad regionum rationes* : Les développements urbanistiques du livre I (4-7) manifestaient déjà l'importance accordée par l'auteur du *De Architectura* aux exigences et potentialités de l'environnement géographique, l'implantation et l'aménagement des villes étant, non pas définis *in abstracto*, mais étroitement subordonnés par Vitruve à un « cadre atmosphérique », ou environnement ; cf. Fleury 1990, XCIV sq. ; W. Kirk, « The Geographical Significance of Vitruvius' *De Architectura* », *The Scottish Geogr. Magazine*, LXIX, 1, 1953, 1-10. La perspective proprement architecturale ouverte par ce passage, et impliquant des types divers de constructions suivant les régions, complète heureusement les développements du livre I, essentiellement fondés sur des considérations de salubrité.

1. 2. 1 *testudinata* : Cf. Varron, *L. L.* 5,161 : *Locus, si nullus relictus erat sub diuo qui esset, dicebatur testudo, a testudinis similitudine.* Le mot fait référence à une toiture sans ouverture, mais non pas nécessairement à une construction voûtée. Voir notre Commentaire à 6,3,1.

2. 2. <*debet*> *temperari* : Conservée par des éditeurs tels que G. Schneider et F. Granger, mais difficilement justifiable, la leçon *temperari* a été diversement corrigée : *temperata* (Rose), *temperanda* (Marini), *temperandum* (Chausserie-Laprée, qui propose une hypothèse plausible : chute de la finale -*dum,* dans une succession de trois finales identiques et interprétation de **temperan* comme forme de *temperari*). Avec F. Krohn, S. Granger, C. Fensterbusch nous avons retenu la lecture de Rose, <*debet*> *temperari*, qui à la fois participe d'un mode d'expression familier à l'auteur et se trouve fondée sur un type de faute aisément explicable : chute de *debet* entre une forme à finale -*dum* et un mot à initiale *t-*.

2. 3. *ultro* : De préférence à *ultra*, la leçon *ultro* des mss *S* et *V* doit être ici retenue, auprès d'un verbe exprimant, selon une métaphore militaire probable (cf. *ultro inferre arma* : Tite-Live 21,1,3 ; et *passim*), une violence faite, et dans une opposition — appuyée par cette image — entre une donnée spontanée de la nature et sa correction par l'art. Un thème identique est exprimé, par une image différente, celle du jeu de dés, chez Térence, *Adelphes* 741 :

Illud quod cecidit forte, id arte ut corrigas

1. 3. 1. *ex membris corporibusque gentium :* Le développement vitruvien, liant les particularités physiques et morales des populations à un environnement géographique et au climat (mot pris à la fois au sens courant de « propriétés atmosphériques et météorologiques d'une région » et dans son acception astronomique : cf. Fleury 1990, 90) participe de théories, sinon apparues chez Héraclite (la lecture du *fr.* 118 Diels repose sur une correction), du moins largement traitées dans le Corpus hippocratique (cf. *De aere, aquis et locis,* édit. Kuhn 547-553 ; 554-555 ; 566-568 ; & *passim*), systématisées dans l'enseignement de Panaetius (cf. Procl., *ad Plat. Tim.,* p. 50 b), adoptées par Posidonius (cf. G. Aujac, *Strabon…*, 270 sq) et très souvent exploitées par les auteurs grecs et latins, depuis Platon (cf. *Leg.* 5, p. 747 d-e) et Aristote (*Probl.* 14,1 ; 14,8 ; 14,15 ; *Physiogn.* 2, p. 806 b 15 ; & *passim*) jusqu'à Strabon (2,2,3, 96 ; &

passim) et Isidore de Séville (*Or.* 9,2,105), en passant par Cicéron (*Diu.* 1, 79 ; *N.D.* 2,17 ; 2,42), Pline l'Ancien (2,189) et Végèce (*Mil.* 1,2)… Voir l'excellente note de S. Pease, *De Diuinatione* 234-236. Vitruve ne doit donc pas être considéré comme un véritable « précurseur » de ces théories (ainsi que le définit A. Rainaud, *s.u. Geographia*, *D.S.* 2,2,1527), même si son exposé a peut-être influencé les écrits d'auteurs postérieurs (cf. U. Capitani, « Una presenza di Vitruvio in Vegezio ? », *Maia*, I, XXXI, 1970, 179-185. U. Capitani envisage aussi l'hypothèse d'une source commune, qui pourrait être Varron, ou d'un intermédiaire, tel que Frontin). Sans doute est-il plus exact de définir l'exposé vitruvien comme une large synthèse dont l'intérêt original relève plus particulièrement d'une double mise en relation : relation établie avec le projet proprement architectural de l'auteur et liant les types et modes de construction à un environnement spécifique ; relation explicitée d'autre part avec le destin national de Rome (cf. Cl. Nicolet, *L'inventaire du monde*, 209), dans l'affirmation des « qualités insurpassables d'équilibre » que donne à l'Italie sa situation au centre de l'Univers, et une « région tempérée exceptionnelle » déterminant aptitude et vocation à dominer le monde. Cf. Y. Janvier, « Vitruve et la géographie », *Géographia antiqua*, III-IV, 1994-1995, 63.

3. 2. *caloribus* : Cf. Cic., *N.D.* 2,151 : *frigora caloresque*. Sur cet emploi d'un pluriel abstrait marquant un effet d'insistance, mais connotant aussi le caractère permanent ou répétitif ainsi que différents aspects ou degrés d'un phénomène, voir J. B. Hofmann, A. Szantyr, *Lateinische Syntax und Stilistik*, 18.

3. 3. *uocisque sonitus* : Cf. *infra* 6,1,9, note 1. Sur les registres de la voix humaine, étudiés dans la perspective plus large de l'« harmonie », voir le développement (placé par Vitruve sous la caution d'Aristoxène) du *De Architectura* 5,4,1 sq.

3. 4. *septentrionibus* : Sur cette forme de pluriel, de base étymologique : septem triones (« les sept bœufs de labour » : cf. Varron, *L.L.* 74 sq. ; Pline, *N.H.* 2,110), et qui a désigné indifféremment la Petite et la Grande Ourse, voir J. Soubiran, *Comment.* IX, 145.

3. 5. *immanibus corporibus* : Rapportant la description effrayante des Germains faite à ses soldats par les Gaulois, César (*G.* 1,39,1) utilise une caractérisation également très forte, l'adjectif *ingens* : « ils parlaient, écrit-il, de la taille immense des Germains (*ingenti magnitudine corporum Germanos*). Cf. *G.* 2,30,4. Tacite (*G.* 4) note pour sa part que les Germains ont des yeux farouches, bleu-clair, des cheveux fauves, une grande stature » (*truces et caerulei oculi, rutili comae, magna corpora*).

3. 6. *caesis* : Cet adjectif caractérise plus précisément une couleur des yeux bleu-clair et brillante, mentionnée en diverses occurrences des textes latins dans une perspective dépréciative (cf. Tér., *Hec.* 440 ; *Heaut.* 1062 ; Lucr. 4,1161…). Voir J. André, *Étude sur les termes de couleur dans la langue latine*, Klincksieck, Paris, 1949, 178-180.

1. 4. 1. *axem meridianum* : Le ciel, note Vitruve dans son livre 9 (*Arch.* 9,1,2) « est animé d'un perpétuel mouvement de révolution autour de la terre et de la mer grâce aux pivots situés à l'extrémité de son axe. Tel est en effet, en ces points, le dispositif réalisé par la puissance de la nature, qui a placé ces pivots comme centres : l'un d'eux, au point de l'univers le plus élevé par rapport à la terre et à la mer, dépasse même les étoiles de la Grande Ourse ; l'autre, tout à fait opposé, se trouve sous la terre, dans les régions méridionales » (Trad. J. Soubiran). L'*axis meridianus* est, selon cette interprétation, la partie de l'axe du monde allant du centre au pôle Sud. Voir Kauffmann, *s.u. axis, RE*, II, 2631 sq. ; Soubiran 1969, 75 sq.

4. 2. *breuioribus corporibus* : Cf. Pline, *N.H.* 2,189 : « il est hors de doute que les Éthiopiens sont rôtis par la radiation de l'astre tout proche et ont en naissant l'air brûlé du soleil, que leur barbe et leurs cheveux sont crépus, tandis que dans la zone contraire les races ont la peau blanche et glacée, avec de longs cheveux blonds ; le froid raide de l'air rend ces derniers sauvages, sa mobilité rend les autres sages ; et leurs jambes même fournissent la preuve que chez les uns la radiation solaire attire les sucs dans le haut du corps et que chez les autres ils sont refoulés dans ses parties inférieures par la chute des liquides ». Voir J. Beaujeu, *Pline l'Ancien, H.N.* II, 240.

4. 3. *cruribus ualgis* : Comme l'a justement noté G. Cipriani (« Le gambe degli Etiopie in un passo di Vitruvio (6,1,4) », *QILL*, II-III, 1980-1981 [1983], 23-28, la confrontation de ce passage avec plusieurs textes antiques (Pline, *N.H.* 2,189 ; Aristote, *Probl.* 14,909 a, 28-32 ; Strabon 2,2,3) induit à identifier ici un lieu commun. La leçon des mss, *cruribus ualidis*, doit donc être corrigée, mais non pas considérée comme une interpolation (proposition de Nohl, notamment adoptée par F. Krohn et C. Fensterbusch). Plusieurs corrections ont été effectivement choisies : *inualidis* (Fra Giocondo, Rose), *squalidis* (Rose), *aridis* (Ferri)… La lecture *uitiosis* pourrait être également raisonnablement envisagée, Vitruve utilisant ce qualificatif auprès des mots *pes* (*Arch.* 8,3,6 : *pedibus uitiosi*) et *crus* (*Arch.* 8,4,1 : *cruribus non uitiosis*). La lecture de R. Browning (« Vitruuius VI, 1,4 », *CR*, 1948, 58-59), *ualgis*, reprise par G.

Cipriani (qui propose aussi de lire *uatiis*), constitue un hapax vitruvien. Nous l'avons cependant retenue, y voyant une conjecture
paléographiquement saine qu'étayaient par ailleurs assez fortement
les relations sémantiques et thématiques perçues avec les textes cités
supra, et notamment Strabon 2,2,3 (... « aussi ces régions engen-
drent-elles des créatures à cheveux crépus, à cornes enroulées, à
lèvres saillantes, à nez épaté, les extrémités se repliant sur elles-
mêmes : τὰ γαρ ἄκρα αὐτῶν συστρέζεσθαις » Trad. G. Aujac). Cf.
aussi Pétrone, *Sat.* 102, 15 (référence aux « jambes en cerceau » des
Africains).

4. 4. *sanguinis exiguitatem* : U. Capitani (*Una presenza di
Vitruvio in Vegezio ?*, 182) a attiré l'attention sur la rareté de cette
expression (cf. *Thes. L.L.* V, II, 1742, 29 sq.), également attestée
cependant dans une notice parallèle de Végèce (*Mil.*1,2) : *Omnes
nationes quae uicinae sunt soli, nimio calore siccatas, amplius quidem sapere, sed minus habere sanguinis dicunt ac propterea
constantiam ac fiduciam comminus non habere pugnandi, quia
metuunt uulnera qui exiguum sanguinem se habere nouerunt.
Contra septentrionales populi, remoti a solis ardoribus, inconsul-
tiores quidem, sed tamen largo sanguine redundantes, sunt ad bella
promptissimi* : « Toutes les nations qui sont proches du soleil, des-
séchées par l'excès de chaleur, passent sans doute pour avoir plus
d'intelligence, mais, possédant moins de sang, pour manquer de
fermeté et d'assurance dans les combats rapprochés : ceux qui
savent en effet qu'ils n'ont que peu de sang craignent les blessures.
Les populations du Nord, au contraire, à l'écart des ardeurs du
soleil, sont peut-être moins avisées, mais, ayant abondance de sang,
elles sont pleines d'allant pour la guerre ». Peut-être la notice de
Végèce dérive-t-elle — directement ou indirectement — de celle de
Vitruve (cf. *supra* 6,1,3, note 1), mais Vitruve lui-même transcrit
certainement ici l'enseignement vulgarisé de la science grecque,
hippocratique (cf. D. Schenk, *Flavius Vegetius renatus. Die Quellen
der Epitoma rei militaris*, Diss. Erlangen 1930, 31 — voir U.
Capitani, *op. cit.* 179 sq.) ou, plus précisément sans doute, aristoté-
licienne « Les peuples des régions froides, écrit Aristote dans sa
Politique (7, 2, 1327 b), et ceux de l'Europe sont pleins de courage,
mais manquent plutôt d'intelligence et d'habileté [...] Les peuples
de l'Asie, au contraire, sont dotés d'une nature intelligente et de
capacité technique, mais ils manquent de courage ». Nettement
posée dans les *Problèmes* : « pourquoi les habitants des pays chauds
sont-ils craintifs et ceux des pays froids courageux ? » (*Probl.* 14,
8) ; « pourquoi les habitants des régions chaudes ont-ils plus de

sagesse que ceux qui se trouvent dans les pays froids ? » (*Probl.* 14, 15), la question d'une interaction : climat — comportement est également traitée par Aristote (*Part. Anim.* 2, 4, 650b) comme relevant d'une explication somatique : « Les animaux qui ont des humeurs plus légères et plus pures ont une sensibilité plus vive. Voilà pourquoi même certains animaux dépourvus de sang ont l'âme plus intelligente que certains animaux sanguins [...] Les animaux qui n'ont pas de sang sont, d'une manière générale, plus craintifs que les animaux sanguins » (trad. P. Louis). Sur les théories dont relèvent les mentions faites à ce type d'interaction — également signalée par Pline, *N.H.* 11, 221 —, cf. *supra* 6,1,3, note 1.

1. 5. 1. *sonus uocis* : Évoquée par Manilius (*Astronomica* 4, 731) : *adde sonos totidem uocis…*, la relation spécifique : registre de la voix — zones géographiques est définie dans le Corpus hippocratique (*Traité des airs, des eaux et des lieux*, 5-6) en fonction de l'exposition des villes : à l'Est (voix claires) ou à l'Ouest (voix graves), l'humidité et la mauvaise qualité de l'air étant données, dans ce dernier cas, comme causes déterminantes. L'information vitruvienne dérive, selon toute vraisemblance, d'une source grecque (cf. *infra* la référence faite *ad mediam Graeciam* : 6,1,6), mais sans que l'on puisse identifier précisément cette source, ni non plus un éventuel intermédiaire — Nigidius Figulus, selon E. Oder (« Ein angebliches Bruchstück Democrits über die Entdeckung unterirdischer Quellen », *Ph.*, Spbd., 7, 1899, 323 sq.).

5. 2. *terminatio* : Également attesté aux livres I et IX comme terme du lexique géographique pour désigner respectivement les zones d'où soufflent les vents (1,6,11) et les limites connues de la terre (9,5,4 : *negotiatores qui ad extremas Aegypti regiones proximasque ultimis finibus terrae terminationes fuerunt*), *terminatio* est plus particulièrement utilisé ici comme élément d'une désignation périphrastique identifiant l'horizon, spécialisation sémantique en correspondance avec les transcriptions latines usuelles du grec ὁρίζων : *finiens (orbis), finitor.* Cf. Cic., *Diu* 2, 92 : *orbes qui caelum quasi medium diuidunt et aspectum nostrum definiunt, qui a Graecis* ὁρίζοντες *nominantur, a nobis finientes rectissime nominari possunt* ; Sén., *N.Q.* 5,17,3 : *hanc lineam quae inter aperta et occulta est, id est hunc circulum, Graeci* ὁρίζοντα *nostri finitorem dixerunt, alii finientem.* En dehors de l'équivalence proposée ici par Vitruve, le terme grec ὁρίζων n'est employé, dans le *De Architectura*, que dans deux autres exemples (9,7,3 ; 9,7,6), sous une forme semble-t-il latinisée, avec l'acception originale d'une droite tracée sur l'épure : cf. Soubiran 1969, 22 ; S. Pease, *De Diuinatione*, 506. La théorie développée dans ces chapitres marque cependant d'ambiguïté la représentation et le concept même afférents au mot *terminatio*.

5. 3. *circa terrae librationem* : Le mot *libratio* rélève d'abord, dans cet emploi, du vocabulaire du dessin géométrique où il s'applique à une *horizontale*, valeur sémantique notamment attestée au premier chapitre du livre I, à propos de l'usage du compas : « C'est grâce à lui, écrit Vitruve, qu'est assuré le tracé des angles droits, des horizontales et des lignes droites » (*normarum et librationum et linearum directiones* : *Arch.* 1,1,4). Cf. Frézouls 1985, 216 ; Callebat, Fleury 1995, *s.u.* Précisé par *circa* et par *terrae*, *libratio* est ici actualisé comme dénotation d'une ligne, ou plan, de niveau — notion exprimée chez Sénèque (*N.Q.* 1,2,1) par le mot *libramentum* (dans une description de l'éclipse du soleil, l'auteur précisant que les centres des deux disques du soleil et de la lune « se trouvent sur une même ligne droite »). L'expression vitruvienne s'applique proprement au plan de niveau qui coupe l'axe du monde et dont la circonférence, figurant l'équateur, sépare l'hémisphère nord de l'hémisphère sud. En regard de l'alternative possible entre un horizon géométrique, virtuel, et la surface de la terre plate, l'expression *terrae libratio*, dénotant l'« horizontalité de la terre » oriente vers l'interprétation de la terre conçue comme un disque plat.

5. 4. *libratam circumitionem* : Observant que le ciel est « partagé par cinq cercles dont le centre est sur l'axe du monde », Sénèque mentionne aussi, en des termes très proches de ceux de Vitruve, qu'il existe « en outre un sixième cercle qui sépare la partie supérieure de la partie inférieure du monde » : *His sextus accedit qui superiorem partem mundi ab inferiore secernit*. En effet, ajoute Sénèque, « il y a toujours une moitié du monde au-dessus et une moitié au-dessous de nous. Cette ligne qui sépare la partie visible de la partie invisible est celle que les Grecs appellent ὁρίζων, les Romains *finitor* ou *finiens* (*N.Q.* 5,17,2) ». « L'horizon, écrivait Géminos (5, 54), est le cercle qui sépare pour nous la part de l'univers visible de la part invisible ; il coupe en deux la sphère de l'univers, de sorte qu'il y a un hémisphère au-dessus de la terre, un hémisphère en-dessous. Il y a deux horizons : l'horizon sensible et l'horizon théorique. L'horizon sensible est celui que décrit notre regard aussi loin que peut porter la vue […] L'horizon théorique est celui qui atteint jusqu'à la sphère des fixes et qui coupe en deux l'univers entier » (Trad. G. Aujac). Cf. S. Pease, *De Diuinatione* 506 ; G. Aujac, *Strabon*, 119 sq. ; C. Fensterbusch, note 347.

5. 5. *mathematici* : Vitruve utilise une expression analogue dans son livre IX, à propos de la ligne d'horizon de l'épure : *haec autem linea a mathematicis dicitur horizon* (9,7,3. Cf. Soubiran 1969, 222). Dans ces deux exemples, comme usuellement chez Cicéron (cf. S. Pease, *De Diuinatione*, 504), *mathematicus* renvoie à une activité proprement scientifique, celle non de l'astrologie (cf. Tac. *H.* 1, 22 ; Juv. 14, 248 ; Tert., *Apol.* 43 ; voir Gell. 1,9,6), mais de l'astronomie : le mot qualifie ainsi Aristarque de Samos, au livre IX (*Arch.* 9,2,3 ; cf. Soubiran 1969, 124-125) et, comme encore chez Cicéron (*Diu.* 2, 91), est souvent associé à *ratio* : cf. *Arch.* 1,1,9 ; 1,6,9 ; 5,3,8 ; 5,5,1 ; 9,7,5. Cf Fleury 1990, 102.

5. 6. *meridianum axem* : Cf. *supra* 6,1,4, note 1. Sur les variantes d'expression qui marquent, dans ce chapitre, la désignation par Vitruve des extrémités nord et sud du monde, cf. C. Fensterbusch, note 347.

5. 7. *ad summum cardinem* : Employé au sens de « pivot », le mot *cardo* est appliqué par Vitruve à chacune des deux extrémités immobile de l'axe du monde. *Summus cardo* renvoie plus précisément à celui des pivots qui, selon la définition du livre IX, « au point de l'Univers le plus élevé par rapport à la terre et à la mer, dépasse même les étoiles de la Grande Ourse » (*Arch.* 9,1,2). Cf. Soubiran 1969, 75 sq.

5. 8. *post stellas septentrionum* : cf. *supra* 6,1,3, note 4. Sur la Grande et la Petite Ourse, cf. *Arch.* 9,4,1 sq. : « Elles s'élèvent vers le haut et trônent au sommet de l'univers », écrit notamment Vitruve (*Arch.* 9,4,5).

5. 9. *schema trigonii* : La figure triangulaire que décrit ici Vitruve, à partir d'un horizon donné — plan essentiellement de base pour le tracé proposé — implique, pour être lisible, la représentation d'une terre plate (l'auteur se référant aux théories anciennes sur la prétendue élévation du pôle Nord et sur les différences de hauteur y afférentes : cf. Soubiran 1969, 79 sq.). Il semblerait en fait que, sans ignorer lui-même ce que E. Oder (*Op. cit.,* 323) définit comme « les résultats séculaires déjà obtenus par la science grecque sur la sphéricité de la terre » (cf. Soubiran 1969, 80 ; 83 ; 198 sq.), mais trouvant chez un *auctor* (vraisemblablement grec : cf. E. Oder, *Op. cit.,* 324) une illustration pittoresque de la relation étudiée (registre des voix - zones climatiques) et négligeant les implications proprement astronomiques de son exposé, Vitruve n'ait été ici intéressé que par la fonction imagée didactique de cette représentation illustrée qui répond à la vision la plus archaïque du monde : celle, semble-t-il, d'un Thalès d'Anaximandre, d'Anaximène, de Leucippe, de Démocrite,

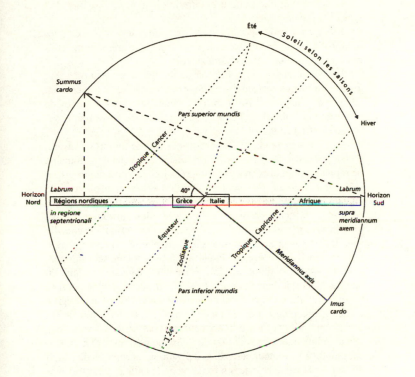

Fig. 8 a. *Schema trigonii*. D'après J. Soubiran.

d'Anaxagore, faisant du ciel une sorte de cloche posée sur la terre plate (cf. P. Moraux, *Aristote, Du Ciel,* texte établi et traduit par P.M., Les Belles Lettres, Paris, 1965, XCVII). La représentation du monde sur laquelle s'appuie le schéma vitruvien apparaît (analyse de J. Soubiran) sur plusieurs points irrecevables, au regard même des connaissances de l'époque de l'auteur :

Elle suppose une inclinaison fixe de l'axe du monde, axe qui traverserait le disque terrestre dans la région méditerranéenne

Elle établit les différences climatiques, non sur la hauteur du soleil, mais sur sa distance prétendument variable à la surface de la terre

Elle introduit une ligne arbitraire joignant le *labrum meridia-num* et le *summus cardo*

Elle est contredite par la longueur variable des ombres du gno-mon, fondement de la gnomonique, et par leur orientation diffé-rente selon les zones et les hémisphères

Elle suppose pour la voûte céleste un diamètre à peu près égal à celui du disque terrestre — dimension dérisoire, vraiment mal adaptée à l'étagement des orbitres planétaires que les durées de révolution des planètes (12 ans ; 30 ans) font supposer immenses (cf. *Arch.* 9,1,11 ; 9,14,16).

S'agissant cependant d'un auteur qui, s'il ne fut pas un savant, n'était pas cependant sans culture ni raison, et touchant un domaine de représentation obscurci par l'imprécision du vocabulaire dispo-nible, une seconde lecture peut être tentée, compatible avec la conception d'une terre sphérique, située au milieu de la sphère céleste. C. Jacquemard propose l'interprétation suivante : Vitruve trace la ligne d'horizon, d'où il élève une oblique jusqu'à la cheville supérieure, c'est-à-dire le pôle nord. Cette oblique se confond avec l'axe du monde. Il repère ainsi l'élévation de la polaire sur l'horizon, qui est égale à la latitude géographique et à la hauteur du zénith du lieu par rapport à l'équateur céleste. Cette troisième réalité pourrait fournir la clef d'interprétation du texte. Il était habituel de désigner un lieu géographique par le lieu de la sphère céleste qui se trouvait à son zénith ; il était par ailleurs courant d'expliquer les variations ethnico-climatiques en fonction de l'éloignement du zénith du lieu par rapport à l'équateur céleste. Les positions successives du zénith du lieu sur la voûte céleste, en fonction de la latitude terrestre, évo-queraient donc à Vitruve les chevilles qui retiennent les cordes sur le bras cintré de la sambuque ; les hauteurs zénithales abaissées sur le plan équatorial correspondraient au diagramme que dessinent les cordes de la sambuque. Si on comprend *imus cardo* comme faisant référence à la cheville la plus basse de la sambuque, et désignant donc, sur la voûte céleste, l'équateur, Vitruve signifie que les peuples dont le zénith est le plus proche de l'équateur, dans les limites méri-dionales du monde habité connu (entre 6° et 12° selon les auteurs), fournissent le son le plus aigu, comme la corde la plus courte de la sambuque. Ceux dont le zénith est le plus éloigné de l'équateur (54° et 66° selon les auteurs) fournissent le son le plus grave comme la corde la plus haute de la sambuque.

La forme *trigonium* n'est attestée que par deux exemples dans le *De Architectura* où figurent 18 exemples de *trigonum* et peut-être (leçon discutée de 5,6,8) 1 exemple de *trigonos*.

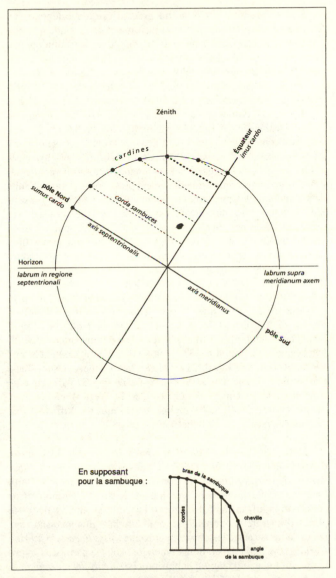

Fig. 8 b. *Schema trigonii*. Hypothèse sphérique C. Jacquemard.

5. 10. σαμβύκη : Ce terme grec, d'origine orientale (cf.
Chantraine 1984,986) identifie un instrument de musique à cordes
(cf. Festus 435 L), de la famille des harpes, dont la restitution, établie à partir d'une documentation antique lacunaire, demeure incertaine : forme triangulaire, selon Suidas (*s.u.*), pluralité de cordes,
suivant Plutarque (*Moralia* 827 a), quatre seulement d'après
Euphorion (cité par Athénée 14, 633 F sq.), sonorité aiguë liée à la
« petitesse des cordes » (cf. Athénée, *ibid.* ; Aristide, *De musica*
2,101). Distinguée des trigones par Aristote (*Polit.* 8,6,13), la sambuque est confondue avec eux par Élien (*ap.* Prophyre, *Commentaire
à l'Harmonique de Ptolémée, 1*), qui décrit un instrument « ayant des
cordes inégales en longueur, la plus longue se trouvant vers l'extérieur, suivie par la corde immédiatement plus courte, et ainsi de suite
vers l'intérieur, les plus courtes se situant vers l'angle de l'instrument ». Rapprochée du texte de Vitruve, où l'échelle musicale évoquée s'étend du prolambanomène à la nète, la description d'Élien
conduit à identifier une harpe verticale angulaire à neuf cordes, dont
la caisse de résonance est dressée en oblique. Les références antiques
à la petitesse des sambyques (cf. Perse, *S.* 5,95 ; Aristide, *De musica*
2,101 ; Macrobe, *S.* 3,14,7) laissent cependant supposer qu'avec la
vulgarisation de cet instrument (« À travers toute la ville, j'ai repéré
des joueurs de sambyque … pour adoucir le sort des humbles
gens » : cf. Martianus Capella 9,924) s'est répandu un type de sambuque horizontal, plus petit et plus pratique à transporter ». Cf. M.
Duchesne-Guillemin, *A.C.,* 37,1, 1968, 3-18. Voir également Maux,
s.u. sambucca, RE, 1 A II, 2124-2125 ; J.G. Landels, « Ship-shape
and sambuca Fashion », *JHS,* 86, 1966, 69-77 ; G. Wille, *Musica
Romana,* Amsterdam 1967, 215 sq. ; M.L. West, *Ancient Greek
Musik,* Oxford 1992. Sur l'application du mot par Vitruve à une
machine de guerre, cf. Callebat 1986, 286-287.

1. 6. 1. *tenuem et acutissimam* : C'est sous la caution
d'Aristoxène que Vitruve présente, dans son livre V (*Arch.* 5,5,4
sq.), le long développement consacré aux registres de la voix
humaine et, plus largement, aux lois et règles de l'harmonie (sur
cette notion, cf. *infra,* 6,1,6, note). La zone évoquée dans cette
phrase d'interprétation malaisée paraît être la région du disque terrestre comprise entre le centre que traverse l'*axis linea* et le *labrum
meridianum. Sub eo loco* doit s'entendre : sous la partie de l'hypo-
ténuse du triangle rectangle la plus proche du *labrum meridianum.*
6. 2. *ad mediam Graeciam* : L'expression doit être comprise
comme désignant, non « le centre de la Grèce » (interprétation la

plus souvent adoptée par les traducteurs (cf. Perrault : « le milieu de la Grèce » ; M.H. Morgan : « the middle of Greece » ; C. Fensterbusch : « zur Mitte von Griechenland »), mais plus précisément d'abord, comme l'avait bien vu F. Granger, (« Greece which is in the middle ») « la Grèce *qui est au centre* » — Vitruve retrouvant ici la tradition ancienne d'une division ethnico-climatique, notamment signalée par Ephore, dans son *Traité sur l'Europe* (*F. G. H.,* 70 F 30) et reprise, dans une perspective proche, par Posidonius (cf. Strabon 1,2,28), division tendant à situer la Grèce au centre même du monde habité. L'idée de climat médian tempéré s'entend, en réalité, d'une position intermédiaire entre la zone équatoriale torride et la zone arctique glacée du globe terrestre.

6. 3. *remissionibus* : Le mot, qui introduit la notion de tension (non impliquée par le schéma dont la longueur constituait le facteur unique), relève d'un emploi spécialisé dont Quintilien (11,3,42) fournit un exemple éclairant : « La voix, écrit Quintilien, est comme les cordes d'un instrument : plus elle est lâche, plus elle est grave et pleine ; plus elle est tendue, plus elle est grêle et aiguë » (*Nam uox, ut nerui, quo remissior, hoc grauior et plenior, quo tensior, hoc tenuis et acuta magis est*). Dans la phrase du *De Architectura* où, précédée de *secundum eam* (i.e. *chordam*), la forme *reliquae* renvoie proprement aux « cordes » de la sambyque — Vitruve surimposant en fait deux images (1. Le triangle céleste ; 2. La sambyque) et deux types d'énoncés (1. descriptif ; 2. métaphorique) — *remissionibus* (à interpréter comme un ablatif de cause) dénote d'abord le « relâchement » (ou moindre tension) des cordes de la sambyque, mais celui aussi de la voix, relâchement également progressif dans les deux cas, proportionnel à la longueur des cordes dans le premier cas, à la hauteur du ciel, suivant le schéma proposé, dans le second. L'échelle des sons évoquée est, en accord avec la perspective la mieux connue de la musique grecque, une échelle *descendante* du grave à l'aigu (cf. J. Chailley, *Op cit.* 28 sq.).

6. 4. *ad harmoniam* : Le mot figure dans sept autres passages du *De Architectura*, tous au livre V, où Vitruve, exposant les théories d'Aristoxène, classe les échelles musicales en trois genres : harmonique, chromatique, diatonique (cf. *Arch.* 5,4,3 : *Genera sunt modulationum tria : primum quod Graeci nominant* ἁρμόνιαν, *secundum* χρῶμα, *tertium* διάτονον ; Macrobe, *Comm. Scip.* 2,4,13). Cf. Walther Vetter, *s. u. Musik*, *RE*, XVI, 1, 823 sq. ; A. Choisy, *Vitruve*, 321 sq. ; J. Chailley, *La musique grecque antique*, 23 sq. L'acception du mot est ici plus large, impliquant, avec la notion de groupement de sons, celle d'une structuration musicale parfaitement équilibrée et composée. Elle renvoie d'abord aux lois générales de la musique et au registre propre d'un instrument, et ne présente donc aucune relation directe immédiate avec les théories pythagoriciennes, ou tardo-pythagoriciennes, sur la musique des sphères (cf. S. Pease, *N.D.*, II, 1019-1020). Cet énoncé n'en participe pas moins des théories associant astronomie et musique, théories notamment évoquées par Vitruve dans son livre I : « astronomes et musiciens, écrit-il, ont un sujet commun de discussion, celui sur l'harmonie des astres et sur l'harmonie musicale » (*Arch.* 1,1,16).

1. 7. 1. *in diagrammate musico* : Pour ce diagramme, comme pour les règles générales de l'harmonique, Vitruve renvoie explicitement, dans son livre V, aux écrits d'Aristoxène : *Harmonice autem est musica litteratura obscura et difficilis* […] *Itaque, ut potuero, quam apertissime ex Aristoxeni scripturis interpretabor et eius diagramma subscribam* (*Arch.* 5,4,1). Voir Fig. 9. Cf. J. Chailley, *La musique grecque antique*, 23 sq. ; A.J. Neubecker, *Altgriechischen Musik*, Wissenchaftliche Buchgesellschaft, Darmstadt, 1997, 93 sq.

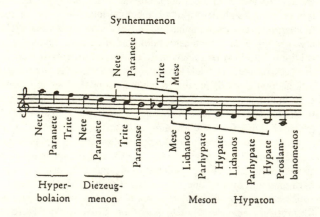

Fig. 9. Échelle musicale grecque. Système ametabolon.

7. 2. *Spiritus uocis* : Cf. *Arch.* 5,3,6 : *Vox autem est spiritus fluens aeris*. Cette définition est particulièrement fréquente dans les *Problèmes* du corpus aristotélicien (Section sur la voix) : « la voix est de l'air qui a pris une certaine forme et qui se déplace (11,23) » ; « la voix est une sorte de flux » (11,45) ; « la voix est de l'air » (11,58) ; cf. 11,51 ; 19,35 (dans la Section sur l'harmonie).

7. 3. *hypatas* : L'hypate est la corde, ou note, la plus basse des tétracordes inférieurs à la mèse. Cf. J. Chailley, *La musique grecque*, 216. Voir Arist., *Problèmes* 19, 44 : « les points extrêmes de l'harmonie étant la nète et l'hypate, et le reste des notes se situant entre les deux, comme d'autre part celle qu'on appelle la mèse est la seule à être le principe de l'autre tétracorde, c'est à juste titre qu'on lui donne le nom de mèse (médiale) » [Trad. P. Louis].

7. 4. *proslambanomenos* : son le plus grave du système placé en dehors du groupement tétracordal. Cf. J. Chailley, *La musique grecque antique*, 213.

7. 5. *paranetarum* : note placée en dessous de la nète. Cf. J. Chailley, *La musique grecque antique*, 212.

7. 6. *netarum* : note la plus aiguë des tétracordes supérieurs à la mèse. Cf. J. Chailley, *La musique grecque antique*, 211.

1. 8. 1. *calices* : Selon E. Oder (*Op. cit.*, 323), *l'auctor* de cet argument pourrait être Posidonius « amateur, note-t-il, d'images prises à la vie familière et courante ». Plus largement surtout, ce type de comparaison apparaît caractéristique des modes d'exposition des anciens physiciens grecs et relève vraisemblalement des exemples d'École. Après, semble-t-il, Lasos d'Hermione (cf. Théon de Smyrne, *Commentaires*, 59 Hiller), l'auteur des *Problèmes* fait ainsi également référence à une expérience réalisée avec deux vases semblables, l'un vide, l'autre à moitié plein. Mais l'objet de la démonstration intéresse une question différente : « Pourquoi, écrit l'auteur (*Probl.* 19, 50), avec des vases de contenance égale et de forme semblable dont l'un est vide et l'autre à moitié plein, la consonance donne-t-elle l'octave ? Est-ce parce que le son du vase plein est lui-aussi le double de celui du vase vide ? » [Trad. P. Louis].

1. 9. 1. *tenuitatem caeli* : Cf. Cic., *N.D.* 2, 42 : *Licet uidere acutiora ingenia et ad intelligendum aptiora eorum qui terras incolant eas in quibus aer sit purus ac tenuis quam illorum qui utantur crasso caelo atque concreto*. Cf. *Ibid.* 2,17 ; *De diuinat.* 1,79. Voir *supra* 6,1,3, note 1 ; 6,1,4, note 4 ; S. Pease, *De diuinatione*, 234 sq. ; *De natura deorum*, 592 sq. ; 640 sq.

9. 2. *obstantiam* : Attesté par un seul exemple connu, en dehors du *De Architectura* (Sén., *N.Q.* 5,14,3, à propos de vents souterrains « brisant l'obstacle de la croûte terrestre » : *terrae obstantiam*), ce substantif féminin est appliqué par Vitruve à ce qui fait obstacle (*Arch.* 10,9,6) ou écran (*Arch.* 8,1,7 ; 9,5,4). Ces deux valeurs sémantiques interfèrent dans ce passage où l'association *crassitudine caeli / obstantiam aeris* répond au groupe *crassus / concretus* notamment utilisé par Cicéron dans le même type de développement : *N.D.* 2,42 (voir *supra*, note 1) ; cf. *Tusc.* 1, 42 : *crassus hic et concretus aer.*

9. 3. *serpentibus* : Une information analogue figure chez Galien, qui note l'action énergétique de la chaleur, mais paralysante du froid, sur les animaux et qui cite l'exemple de la vipère engourdie par le froid, mais agressive avec la canicule (Περὶ τῶν πεπονθόθων τόπων = *De locis affectis*), 2, Edit. Chart. VII, 422-423 ; Kühn 132-133 : « les animaux dont la température est très basse gisent l'hiver, comme morts, dans leurs trous, sous l'effet du froid ; et l'on peut alors constater que même si l'on prend dans ses mains et que l'on soulève une vipère, elle ne mord absolument pas. En été au contraire cet animal, mais aussi tous les autres serpents, s'échauffent violemment, sous la brûlure singulièrement de la canicule, et deviennent furieux, sans se calmer un seul instant ». Ce type d'illustration relève, en fait, ici encore, d'exemples d'École, largement vulgarisés. Cf. Ovid., *M.* 2, 173 sq. (avec transfert sur la Constellation)

> *Quaeque polo posita est glaciali proxima Serpens*
> *Frigore pigra prius nec formidabilis ulli*
> *Incaluit sumpsitque nouas feruoribus iras ;*

Sén., *Ep.* 5, 42, 4 : *Sic tuto serpens etiam pestifera tractatur, dum riget frigore ; non desunt tunc illi uenena, sed torpent.*

9. 4. *quae* : Les principaux mss vitruviens donnent, pour les emplois du mot *serpens* (désignant l'animal lui-même ou la Constellation), deux accords de genre au féminin (*Arch.* 8,3,17 : *reliquarumque serpentium* ; 9,4,6 : *Serpens exporrecta*) et un exemple de masculin (*Arch.* 9,4,4 : *At eum medium Ophiuchos in manibus tenet Serpentem*), leçon corrigée par Rose en *eam mediam*, cette correction étant retenue par J. Soubiran d'après l'emploi féminin de 9,4,6. Mise en relation avec *immota*, la leçon *quae* donnée par *EGHWV* a semblé impliquer ici un accord au neutre de *serpentibus*, interprétation notamment choisie par F. Granger, S. Ferri et C. Fensterbusch. Un tel accord serait cependant exceptionnel dans la latinité (malgré l'exemple cité par F. Granger d'un nominatif pluriel neutre *serpentia* dans la *Vulgate, Act.* 10,12) et l'analyse d'éditeurs tels que V. Rose ou F. Krohn apparaît mieux fondée, qui considèrent l'antécédent de *quae, serpentibus*, comme un féminin et corrigent *refrigerata* et *immota* en *refrigeratae* et *immotae*. Cette correction elle-même n'apparaît pas cependant nécessaire, si les formes neutres *refrigerata* et *immota* sont analysées comme se rapportant respectivement à *tempore* et à *stupore* (avec hypallage dans ce dernier cas). Si cette analyse semble devoir être privilégiée, une interrogation demeure cependant sur la pertinence possible de la leçon *qui... immoti* proposée par le copiste du manuscrit *U* et par le correcteur de *G*.

1. 10. 1. *medio mundi populus Romanus* : La notice vitruvienne relève d'un type spécifique de *laudatio* — déjà attestée chez Aristote — fondant sur le concept de μεσότης l'affirmation raisonnée de la suprématie d'un peuple : « Quant à la race des Hellènes, écrivait ainsi Aristote (*Politique* 7,7,3), comme elle a géographiquement une position intermédiaire, ainsi participe-t-elle à ces deux types [*i.e.* le type des peuples des régions froides et d'Europe et celui des peuples de l'Asie] ; elle est en effet courageuse et douée d'intelligence ; c'est pourquoi elle demeure libre, jouit de la meilleure organisation politique et est capable de commander à tous les peuples » [Trad. J. Aubonnet]. Reportée sur Rome, l'excellence ainsi définie participe également d'un motif largement exploité par les poètes et par les prosateurs latins, celui de la *laudatio Vrbis*, éloge de Rome « merveille du monde », comme l'écrit Virgile (*G.* 2, 534-535) ou, comme l'affirmera plus tard Ausone (*Vrb.* 1) 'Rome d'or, première des villes, demeure des dieux' ; éloge encore de la qualité de son site, de sa position géographique privilégiée (cf. Cic., *Rep.* 2,5 ; Varron, *R.R.* 1,2,3 sq. ; Liv. 5,54,4 : cf. Strabon 6,4,1, avec la conséquence y afférente de sa vocation naturelle à être le plus grand des empires : cf. Cic., *Rep.* 2,5 : *hanc urbem sedem aliquando et domum summo esse imperio praebiturum* (à rapprocher de Vitruve, *Arch.* 6,1,11 : *Ita diuina mens* [*diuinius* figure dans ce même texte de Cicéron] *ciuitatem populi Romani egregia temperataque regione conlocauit uti orbis terrarum imperii potiretur*). Mais l'excellence définie par Vitruve participe certainement aussi, plus précisément, des préoccupations à la fois proprement urbanistiques, administratives et politiques d'une Rome augustéenne affirmant avec force son destin impérial (cf. Cl. Nicolet, *L'inventaire du monde*, 208-210). Et peut-être cette notice vitruvienne complexe (à la fois géographique, ethnographique, idéologique) fonde-t-elle plus précisément son originalité sur sa composante idéologique, la substitution même de Rome à la Grèce intervenant peut-être chez l'un des *auctores* vitruviens : Posidonius ? Varron ? Sur ces hypothèses, voir Romano 1987, 26-30 (et bibl. citée).

1. 11. 1. *Iouis stella* : « Jupiter, note Vitruve (*Arch.* 9,1,14), qui décrit une orbite située entre Mars et Saturne parcourt une distance plus grande que Mars, plus petite que Saturne » [...] ; se déplaçant entre leurs orbites, ajoute-t-il (*Arch.* 9,1,16), « il semble avoir une puissance parfaitement tempérée, intermédiaire entre le froid de l'une [*i.e.* Saturne] et la chaleur de l'autre » [*i.e.* Mars]. Assurément erronée par rapport aux données de la science moderne (la température de Jupiter est de -135° à -155°), mais communément admise dans l'Antiquité (cf. Cic., *N.D.* 2, 119 ; Plin. 2, 34 ; Claud., *De cons. Stil.* 2,7,8... Voir S. Pease, *De natura deorum*, II, 850-851 ; J. Beaujeu, *H.N.*, II, 136-137), l'information ici donnée par Vitruve relève de considérations surtout para-scientifiques : « À Jupiter, observe J. Soubiran (1969, 115), l'astre du roi des dieux — que le stoïcisme tend à identifier avec la divinité suprême (cf. l'*Hymne à Zeus* de Cléanthe ; Sénèque, *N.Q.* 2,45 ; Lucain, *Ph.* IX, ; 580) — convenait aussi l'état physique le plus satisfaisant, sorte d'équilibre entre les deux extrêmes que représentent la chaleur torride de Mars et le froid glacial de Saturne ». Moins sans doute par ailleurs qu'une référence à la gamme de la musique des sphères — où Jupiter est effectivement situé entre Mars et Saturne, mais où la mèse coïncide avec le soleil — la comparaison introduite par Vitruve semblerait proposer un élargissement symbolique des théories exposées : exaltation sublimée du peuple-roi par le rapprochement établi avec l'astre du Dieu-roi !

11. 2. *Martis feruentissimam* : La température moyenne de Mars est en réalité de -20° à -30°, mais c'est une chaleur brûlante que lui attribuaient communément les Anciens, chaleur notamment mise en relation avec la couleur rougeâtre de cette planète. Cf. Cic., *N.D.* 2,119 : *media Martis incendat* ; Plin. 2,34 : *Martis, quod quidam Herculis uocant, igne ardens solis uicinitate ;* Lucain, *Ph.* 1, 658-660 : *... Tu qui flagrante minacem*
    Scorpio incendis cauda chelasque peruris
    ... Gradiue. Sur la couleur rougeâtre de la planète, dès longtemps évoquée dans les textes grecs (cf. Hom., *Hymn.* 3,6 ; Plat., *Rep.* 10,617 a), cf. Cic., *N.D.* 2,53 : Πυρόεις, *quae stella Martis appellatur* ; Plin., *N.H.* 2,79 : *suus quidem cuique color est* : *Saturno candidus, Ioui clarus, Marti igneus.* Cf. W. et H.

Gundel, *s.u. Planeten, RE*, XX, 1,211 ; S. Pease, *De natura deo-rum*, 674 ; Soubiran, 1969, 112 sq. Vitruve proposera, dans son livre IX, une explication de la chaleur élevée qui serait celle de Mars et des variations de température entre les planètes (*Arch.* 9,1,16), explication assurément peu convaincante, à la fois par l'objet même de la démonstration et par les éléments aussi de l'argumentation, s'agissant notamment de la théorie d'un réchauffement par le soleil que détermineraient les propriétés ascendantes du feu (cf. Soubiran 1969,113) : « Que certains astres soient d'une température moyenne, écrit ainsi Vitruve, d'autres chauds et d'autres encore froids semble s'expliquer par le fait que tout foyer comporte une flamme qui s'élève vers le haut. Le soleil, embrasant de ses rayons l'éther situé au dessus de lui l'échauffe donc, et c'est la région où se déplace la planète Mars ; aussi l'ardeur du soleil la rend-elle brûlante ; Saturne au contraitre, la plus proche des limites de l'Univers, aux confins des régions glacées du ciel, est d'un froid intense. Par suite Jupiter, se déplaçant entre les orbites des deux précédentes, semble avoir une puissance parfaitement tempérée, intermédiaire entre le froid de l'une et la chaleur de l'autre » [Trad. J. Soubiran].

11. 3. *Saturni frigidissimam* : *Saturni quod est proxime extremo mundo et tangit congelatas caeli regiones uehementer est frigida* (*Arch.* 9,1,16). La température de Saturne est effectivement très basse (environ -145°) et les références sont nombreuses chez les auteurs latins au froid extrême de cette planète : cf. Cic., *N.D.* 2,119 : *cum summa Saturni refrigeret* ; Plin. 2,34 : *Saturni autem sidus gelidae ac rigentius esse naturae* ; Virg., *G.* 1,336 : *frigida Saturni... stella* ; Lucain 1, 651-652 : *frigida... stella nocens... Saturni* ; Aug., *De Gen. ad litt.* 2, 9 : *stellam quam Saturni appel-lant esse frigidissimam.* Cf. S. Pease, *De natura deorum*, II, 850-851 ; J. Beaujeu, *H.N.*, II, 136 ; Soubiran 1969, 114-115.

11. 4. *diuina mens* : L'expression est appliquée par Vitruve à l'Intelligence divine qui organise l'Univers et préside à sa destinée (cf. *Arch.* 8, *pr.* 3 ; 9,1,11 ; 9,5,4). Voir notre commentaire à *Vitruve*, VIII, 47.

1. 12. 1. *commensus* : S'il implique un rapport de commune mesure, le mot *commensus*, souvent utilisé par Vitruve avec un déterminatif (cf. Gros 1990, 57), ne revêt pas dans le *De Architectura* la complexité de signification du mot *symmetria* (voir *infra*, note 2) et ne peut donc pas être interprété comme sa traduc-tion (cf. cependant Fleury 1990, 112).

12. 2. *symmetriarum* : Le premier exemple connu de *symmetria* est chez Varron :

> *harum aedium*
> *summetria confutabat architectones* :

« l'harmonie des « proportions » de cette maison confondait les architectes » (*Men* 260) [249]. *Symmetria* se retrouve chez Pline, appliqué à la peinture de Parrhasius : « Parrhasius, natif d'Éphèse, écrit Pline (35,67), contribua beaucoup lui aussi aux progrès de la peinture. Le premier il sut la doter de *proportions* ». [Trad. J.M. Croisille]. C'est encore Pline (35,128) qui, à propos du statuaire Euphranor, observe qu'il fut le premier à bien appliquer la règle des « proportions » et qu'il écrivit un ouvrage *de symmetria*. L'emploi de *symmetria* par Varron et par Pline atteste la spécialisation de cet emprunt dans les vocabulaires romains de l'architecture et des arts plastiques. Sa fréquence remarquable dans le *De Architectura* (84 exemples), sa fonction thématique centrale et sa valorisation même par Vitruve comme expression d'une découverte ultime dans l'histoire des civilisations et de l'histoire de l'architecture (*Arch.* 2,1,7 ; cf. Frezouls 1985, 225) induisent à retrouver, à travers ses nombreuses occurrences, une base sémantique complexe, d'abord fondée sur une double perspective originelle :

celle d'une procédure mathématique de réduction à une commune mesure (« sont dites « symétriques », écrit Héron, les quantités mesurables avec une mesure unique, « asymétriques », celles qui n'admettent pas une commune mesure » : *Def.* 128. Cf. Arist., *Metaph.* 1061, 1)

celle d'autre part, esthétique, de l'harmonie proportionnelle qui en résulte (cf. Plat., *Phlb.* 64 e sq ; *Rep.* 530 a). Cf. Callebat 1994, 42 sq. Voir aussi Gros 1990, XI ; XLV sq. ; 56 sq.

2. 1. 1. *proportionibus* : « L'ordonnance des édifices religieux, écrivait Vitruve au début de son livre III, est fondée sur la « symétrie » dont les architectes doivent respecter le principe avec le plus grand soin. Celle-ci, naît de la « proportion », qui se dit en grec ἀναλογία. La « proportion », consiste en la commensurabilité des composantes en toutes les parties d'un ouvrage et dans sa totalité, obtenue au moyen d'une unité déterminée qui permet le réglage des relations modulaires » (*Arch.* 3,1,1. Trad. P. Gros). C'est en référence aux mêmes règles idéales de l'architecture, explicitées dans le premier livre de son traité (*Arch.* 1,2,1 sq.), que Vitruve établit ainsi les fondements théoriques d'une pratique architecturale intéressant les constructions tant profanes que sacrées. Participant à la fois des concepts organisateurs et des catégories esthétiques définis au premier livre (*Arch.* 1,2,1 sq.), un élément privilégié est ici retenu : celui de la *symmetria*, harmonie relationnelle que réalise la *proportio* au terme d'une procédure de calculs attentifs et ingénieux (cf. *rationum exactiones / symmetriarum ratio / commensus ratiocinationibus*). Sur les concepts de *commensus*, *proportio*, *symmetria*, cf. Gros 1990, 56 sq. ; Callebat 1994, 41 sq.

1. 2. *rationum exactiones* : cf. 3, 1, 1 : *Namque non potest aedis ulla sine symmetria atque proportione rationem habere compositionis, nisi uti [ad] hominis bene figurati membrorum habuerit exactam rationem.* L'expression *rationum exactiones* (variante formelle de *exacta ratio*) définit un rapport modulaire à la fois exact, au sens de « qui tombe juste » (relation simple, exprimée par un nombre entier), et « bien calculé, en fonction des exigences propres à la place de chacune des parties et à leur rôle dans l'ensemble » : Gros 1990, 60, 61.

1. 3. *ratae partis* : Transcription approximative du grec τὸ ῥητὸν μέρος — expression dans laquelle ῥητός a le sens mathématique de « rationnel » (= qui peut s'exprimer par un nombre entier) et où μέρος renvoie à une unité de commune mesure (= τὸ κοινὸν μέτρον) — *rata pars* constitue chez Vitruve l'une des définitions du module : cf. Gros 1990, 60 ; S. Ferri, *Vitruvio*, 53 sq.

1. 4. *temperaturas* : Le mot est ici appliqué par Vitruve aux ajustements, ou corrections, introduits comme compromis, à la fois fonctionnels et esthétiques, dans la rigidité du système modulaire. Cf. *Arch.* 3,3,13 (où *temperatura* est repris en contexte par *temperatio*) : *propter altitudinis interuallum scandentis oculi species, adiciuntur crassitudinis temperaturae. Venustates enim persequitur uisus, cuius si non blandimur uoluptati proportione et modulorum adiectionibus, uti quod fallitur temperatione augeatur* (voir Gros 1990, 122-123) ; 4,4,3 : *cum habeamus adiutricem striarum temperaturam.* Peut-être (selon l'observation de S. Ferri, *Vitruvio*, 116) attendrait-on plutôt dans ce sens le dérivé en -*mentum*, mais aucun exemple de *temperamentum* n'est attesté dans le *De Architectura* et la fréquence du suffixe -*tura* dans les langages techniques (cf. E. Zellmer, *Die Wörter auf -ura*, Franckfurt, 1976[2] (Gotha[1], 1930) ; A. Giacalone Ramat, « I derivati latini in -tura », *Rend Ist.Lomb.* 108, 1974, 236-293) a pu favoriser l'emploi privilégié (24 exemples) de ce mot chez Vitruve, qui l'utilise par ailleurs largement en différents contextes pour exprimer une notion de juste dosage et d'équilibre : à propos des éléments du corps humain (*Arch.* 1,4,5), de la composition d'un mortier (*Arch.* 2,5,1), du réglage de machines de guerre (*Arch.* 1,1,8)…

1. 5. *<detractionibus> aut adiectionibus* : Intervenant comme correctifs du système modulaire vitruvien, les procédures d'*adiectio* et de *detractio* en constituent aussi les compléments indissociables, tendant à adapter les données relationnelles théoriques aux circonstances particulières et aux contraintes d'abord imposées par la nature — celle singulièrement, rappelée ici, des anomalies de la vision humaine. Également appliquée aux mesures de construction des machines de guerre (cf. *Arch.* 10, 10, 6. Voir Callebat, Fleury 1986, 219-220), la procédure d'*adiectio* et de *detractio*, étroitement liée chez Vitruve au paramètre éminemment variable de l'*opportunitas* (impliquant à la fois commodité et convenance), relève d'un système d'analyse — et de pensée — largement étendu, dans l'Antiquité, au delà de relations purement mathématiques : elle est notamment, dans l'enseignement des rhéteurs, au cœur même de la *compositio* (cf. Callebat 1994, 44) et se retrouve jusque dans les principes et traitements de la médecine : cf. *Arch.* 1,6,3 : *sanguinis eiectio et cetera quae non detractionibus, sed adiectionibus, curantur.* « La médecine est addition et retranchement » (ἀφαίρεσις καὶ πρόσθεσις) écrivait Hippocrate, *Flat.* 1 (Cf. Fleury 1990, 158). Cf. S. Ferri, *Vitruvio*, 116 ; Gros 1990, XXI.

La restitution *detractionibus* par Fra Giocondo répond raisonnablement à une exigence de cohérence sémantique et trouve un appui convaincant aussi dans la leçon des mss attestée *infra* (*Arch.* 6,2,4,) : *detractiones aut adiectiones fieri debeant.*

2. 2. 1. *non... ueros... uisus effectus* : Réfutant la véracité du témoignage des sens (« rien ne nous trompe plus que nos yeux », écrira Sénèque, *N.Q.* 3, 1, 9 : *illud dicam oportet nihil esse acie nostra fallacius*), ce postulat vitruvien doit être situé sans doute par rapport à un contexte historique où, comme le souligne P.H. Schrijvers (1989, 19) « la véracité de la perception a été vivement discutée dans les écoles philosophiques et les milieux intellectuels romains, sous l'influence des critiques sévères formulées par les Sceptiques contre ce postulat. C'est ce qui ressort aussi bien des *Académiques* de Cicéron que de la polémique lucrétienne au chant IV du *De rerum natura* ». Cf. Cic., *Acad.* 2,25,78-80 ; 2,26,82 ; Lucr., *RN*. 4,379 sq. ; 4,426 sq. (voir A. Ernout, *Lucrèce, De la nature, Commentaire*, Paris, Les Belles Lettres, 1962, II, 217 sq.). Dans sa formulation théorique cependant et dans les exemples mêmes donnés comme illustration, le développement vitruvien n'en constitue pas moins le support d'abord et la caution scientifiques d'informations touchant le domaine pratique d'un homme de l'art.

Et peut-être la relation entre ces deux plans apparaissait-elle d'autant plus étroite et naturelle aux lecteurs contemporains que, selon une suggestion de P. Gros (1983, 448-449), l'évolution théorique des épicuriens sur la question âprement discutée des données des sens a été certainement en partie orientée par les réflexions que leur inspirait l'environnement architectural de leur temps.

2. 2. *scaenis pictis* : L'illustration que propose ici Vitruve des illusions de la vue figure parmi les exemples relevés et classés par les sophistes — classification connue sous le titre de « modes sceptiques », formulés par un contemporain de Vitruve, le philosophe Enésidème : le « cinquième mode » évoque précisément les aberrations visuelles liées à la situation des objets, et la scénographie constitue l'un des exemples cités dans les écrits sceptiques : cf. J. Annas — J. Barnes, *The Modes of Scepticism. Ancient Texts and Modern Interpretations*, Cambridge, 1985, 15. Attirant l'attention sur ces textes et soulignant leur actualité d'époque, P.H. Schrijvers (1989, 19) envisage un phénomène de pénétration réciproque entre des disciplines différentes. « Le philosophe sceptique, écrit-il, a emprunté l'exemple de la scénographie aux domaines des sciences optiques et architecturales ; d'autre part Vitruve a repris des Sceptiques quelques idées et systématisations ». Plusieurs passages du *De Architectura* manifestent en fait l'intérêt scientifique, mais aussi professionnel, attaché par l'auteur aux problèmes à la fois théoriques et pratiques de la perspective : corrections optiques proposées dans l'inclinaison des entablements (*Arch.* 3,5,13) ; définition de la *scaenographia* comme composante de la *dispositio*, (*Arch.* 1,2,2 : cf. Fleury 1990, 110-112) ; témoignage développé sur les premiers efforts de théorisation des lois de la perspective et leur application à la représentation picturale du décor de scène (*Arch.* 7, pr. 11 : « Ce fut d'abord, à Athènes, Agatharcos qui réalisa le décor d'une tragédie que faisait représenter Eschyle et laissa des notes à ce sujet. Démocrite et Anaxagore, s'en inspirant, écrivirent sur la même matière et montrèrent comment, un point précis étant pris comme centre, il y a nécessairement, en vertu d'une loi naturelle, correspondance entre les lignes d'une part et, d'autre part, le regard du spectateur et la propagation des rayons, de telle manière qu'à partir d'objets imprécis, des représentations précises créent l'illusion des édifices dans les peintures de scène, et que ces édifices qui sont figurés sur des façades verticales et planes apparaissent situés les uns en retrait, les autres plus en avant ». [Trad. B. Liou, M. Zuinghedau]. Cf. Cam 1995, 60-62 ; A.M. Rouveret, « Peinture et théâtre dans les fresques du second style. À propos de Vitruve (*De*

Arch. VII, pr. 11) », *Texte et Image* (Actes du Colloque International de Chantilly, 13-15 oct. 1982), Paris, 1984, 151-165 ; Gros 1985, 231 sq. ; Tybout 1989, 55-65 ; A. Novara, « Démocrite dans le *De Architectura* de Vitruve », *Helmantica*, L, 151-153, Jan.-Déc. 1999, 596-598.

Communément choisie par les éditeurs (Rose, Krohn, Granger, Fensterbusch), la leçon de *G sc(a)enis* est fortement appuyée par le contexte (voir aussi *infra*, note 3), malgré S. Ferri (*Vitruvio*, 23-24 ; 228) qui, rejetant *scenis* comme *lectio facilior*, mais sans argument convaincant, retient la leçon *caenis* donnée par *H* et *S*.

2. 3. *proiecturae* : Cf. *Arch.* 7,5,1 : « Plus tard, ils se mirent à imiter aussi les formes des édifices, les saillies en relief des colonnes et des frontons » (*Postea ingressi sunt ut etiam aedificiorum figuras*, **columnarum** *et fastigiorum* **eminentes proiecturas** *imitarentur*). Dénotant par ailleurs la « saillie » d'une moulure (cf. Ginouvès, Martin 1985, 152-153) et donné en 3,5,1 comme répondant au grec ἐκφορά, *proiectura* est appliqué ici, comme dans le passage cité du livre VII, à l'avancée d'une colonne peinte en trompe-l'œil, effet réalisé entre autres dans la salle 8 de la villa des Mystères, dans la Maison du Labyrinthe ou dans la Maison d'Auguste. Cf. Cam 1995, 131.

2. 4. *mutulorum* : Cf. *Arch.* 4,2,3 (à propos de l'origine des mutules de la corniche dorique) : « Plus tard d'autres charpentiers dans d'autres constructions placèrent à l'aplomb des triglyphes des arbalétriers en surplomb dont ils redressèrent en les rognant les extrémités saillantes. De là l'agencement des mutules sous corniche, dont l'idée vient du surplomb des arbalétriers, comme celle des triglyphes vient de la distribution des solives ; on explique de la sorte que dans les constructions de pierre ou de marbre les mutules sont d'ordinaire taillés selon un profil incliné » [Trad. P. Gros]. Appliqué proprement aux petits supports placés sous une corniche, le mot latin *mutulus* fait également référence chez Vitruve aux « modillons » quadrangulaires des corniches « corinthiennes » et, comme le note P. Gros (1992, 49), désigne chez Vitruve tout élément horizontal ou en surplomb. Cf. Callebat, Fleury 1995, 141 ; 227.

2. 5. *ecphorae* : Attesté par trois exemples dans le *De Architectura*, seules occurrences connues dans les textes latins, *ecphora* est explicitement présenté par Vitruve comme un terme grec que transcrirait le latin *proiectura : proiecturamque quam Graeci* ἐκφοράν *uocitant* (*Arch.* 3,5,1). Le mot désigne, chez Vitruve, tout élément en débord ou en surplomb : cf. Gros 1990, 148 ; Callebat, Fleury 1995, 215.

2. 6. *remi* : W.A. Merril (« Notes on the Influence of Lucretius on Vitruvius », *TAPha*, 1904, XIX) propose de voir dans cet exemple une réminiscence de Lucrèce (*R.N.* 4, 438-442 : « Toute la partie des rames qui s'élève au dessus des vagues est droite ; droite aussi la partie supérieure du gouvernail. Mais les portions qui plongent dans l'élément liquide semblent, par la réfraction, changer de direction, retourner de bas en haut, et venir presque flotter à la surface des eaux » [Trad. A. Ernout]. Peut-être Vitruve s'est-il effectivement souvenu du texte de Lucrèce, mais l'utilisation de ce même exemple par différents auteurs, grecs et latins (cf. Sén. *N.Q.* 1,3,9 : *Remus tenui aqua tegitur et fracti speciem reddit* ; *Ad Lucil.* 71,24 ; *Tertull.*, *An.* 17,6 ; Aug., *c. Acad.* 3,11,26 ; Sext. Emp., *Pyrrh. Hypot.* 1,119…) conduit à l'interprêter plutôt comme un argument d'École largement vulgarisé, au même titre que d'autres exemples souvents cités de déformation optique, celui singulièrement touchant les portiques (cf. Lucr. 4,426-431 ; Sén., *Ben.* 7,1,5 ; *N.Q.* 1,3,9 ; Ter., *An.* 17, 6 ; Chalcid., *Comm.* 237…) ou celui, parmi les plus célèbres des « tours carrées d'une ville » qui, « vues de loin, semblent arrondies » : Lucr., *R.N.* 353-354 (*cf.* Pétr. *fgm.* 29 ; Tert., *An.* 17,6 ; Damien, *Fgm.* 22 Schöne ; Sext. Emp., *Adu. Math.* 7, 208 sq. Cf J.H. Waszink, *De anima, Edit. with Introduction and Commentary*, J.M. Meulenhoff, Amsterdam, 1947, 245 sq. ; A. Ernout, *Lucrèce, De la nature, Comment.*, t. II, 215-219 ; S. Ferri, *Vitruvio*, 114 sq. ; Gros 1982, 689 ; J. Annas - J. Barnes, *The Modes of Scepticism*, 105-109.

2. 7. *raritatem* : L'adjectif *rarus* est attesté chez Lucrèce au sens de « poreux » (*R.N.* 1,347 ; 4,730 : *corporis haec quoniam penetrant per rara*), mais la première occurrence de *raritas*, « porosité », paraît être chez Cicéron, *De Or.* 2,247 (cf. S. Pease, *Natura Deorum*, 904-905). On trouve dans le *De Architectura* 21 exemples de ce terme spécialisé du vocabulaire des sciences naturelles. Cf. L. Callebat, «Le vocabulaire de l'hydrologie et des sciences auxiliaires dans le livre VIII du *De Architectura*», *Voces*, I, 1990, 20.

2. 3. 1. *uti physicis placet* : En s'abstenant de trancher entre l'une ou l'autre des deux théories en débat — la méthode d'exposé ici choisie est, comme souvent, notamment chez Lucrèce (cf. Schrijvers 1989, 19), celle de l'explication multiple : simple énoncé des hypothèses probables quand ne peut pas être dégagée une certitude — Vitruve privilégie un point de vue pragmatique : celui d'un professionnel de l'architecture, susceptible d'être confronté aux problèmes de perspective et nécessairement amené à corriger les apparentes anomalies de la vision : « Pour arriver à cela, précisera-t-il, il faut non seulement des connaissances, mais du talent aussi et de la finesse » (*Arch.* 6,2,4 : *Haec autem etiam ingeniorum acuminibus, non solum doctrinis efficiuntur*). Le traitement par Vitruve de l'ensemble de ces questions s'inscrit en fait dans une réalité historique qui est à la fois celle de débats scientifiques et d'idées familiers aux écoles philosophiques et aux milieux intellectuels romains contemporains, mais celle aussi de préoccupations, d'intérêts, voire de « modes » touchant directement le travail de l'architecte. L'évocation par Cicéron de la justification théorique donnée par son architecte Cyrus à un problème pratique de dimension des fenêtres est à cet égard particulièrement significatif : « Quand tu blâmes l'étroitesse de mes fenêtres, écrit Cicéron à Atticus, sache que tu fais le procès de la Cyropédie. En effet, comme je disais la même chose que toi, Cyrus m'a démontré qu'avec de larges ouvertures la perspective des bosquets perdait de son charme : soit donc α le regard, β et γ l'objet regardé, δ et ε les rayons visuels... tu vois la suite. Sans doute, si nous voyons à l'aide d'émissions d'images, ces images seront-elles pressées en passant par des fenêtres étroites. Mais la propagation des rayons se réalise sans encombre »... (*Ad Att.* 2,3,2. Trad. E. Bailly). Cf. Gros 1983, 446-447 ; Schrijvers 1989, 18-19. Sur les différentes théories optiques de l'Antiquité grecque, voir aussi J.J. Beare, *Greek Theories of Elementary Cognition from Alcmaeon to Aristotle*, Oxford 1906.

2. 5. 1. *et latitudinis* : Sur cette restitution de Fra Giacondo, imposée par le sens, cf. R.-S. 67.

5. 2 *decorem* : Le mot, dont l'utilisation en prose est rare avant l'époque d'Auguste, est appliqué par Vitruve à la beauté que détermine une convenance, ou harmonie naturelle. Cf. Callebat 1994, 39 sq.

5. 3 *eurythmiae* : Composante de la caractérisation liminaire donnée, au livre I, de l'architecture (*Arch.* 1,2,1), l'*eurythmia* est définie par Vitruve comme associant les concepts de beauté, d'équilibre et d'harmonie. Cf. Callebat 1994, 40 sq.

3. 1. 1. *quinque generibus* : Les cinq types de *caua aedium* que mentionne Vitruve peuvent être classés dans les deux groupes de base retenus par Varron (*L.L.* 5,161. Cf. *infra*, note 2) ; *cauum aedium* à toit fermé (*testudinatum*) ; *cauum aedium* à toit ouvert (*tuscanicum, corinthium, tetrastylon, displuuiatum*). Les composantes de ce second groupe peuvent être ramenées elles-mêmes à

deux systèmes fondamentaux : le *cauum aedium compluuiatum*, dit
tuscanicum, dont le *tetrastylon* et le *corinthianum* proposent des
variantes élaborées, système à écoulement intérieur associant, dans
une relation fonctionnelle, *compluuium* et *impluuium* ; le *cauum
aedium displuuiatum*, d'autre part, également pourvu d'un espace
hypêtre, mais dont l'inclinaison des pans vers l'extérieur visait à y
rejeter l'eau (autant qu'il était possible), eau que recueillaient des
tuyaux (cf. *infra*, note). La fonction de ce système, plus particulièrement approprié aux habitats du Nord (en regard du *compluuiatum*,
mieux adapté au climat méditerranéen), était donc essentiellement
ainsi que l'écrit Vitruve (6,3,2), de « laisser librement entrer la
lumière ». S'ils rendent compte de structures-types de couvertures,
les cinq formes de *caua aedium* cités par Vitruve n'en épuisent pas
cependant tous les modes possibles (encore convient-il d'observer
que le propos vitruvien touche ici à la couverture de l'atrium, non
à celle de l'ensemble de la *domus*). En regard du *tectum testudinatum*, Festus (p. 233, 4 L) mentionne ainsi un *tectum pectenatum*
dont il explique la dénomination par référence aux deux rangées
opposées d'un peigne : *pectenatum dicitur a similitudine pectinis in
duas partes deuexum, ut testudinatum in quattuor*. Il s'agit d'une
couverture à double pente — au livre 5,1,10, Vitruve a recours à
l'expression *pectinata dispositio* (restitution probable de Bondam :
cf. Callebat, Fleury 1995, 143) — que la définition de Festus induit
à différencier du *cauum aedium testudinatum*, à quatre pentes, ces
deux modes de couverture relevant cependant du même groupe de
caua aedia : les *caua aedia* à toit fermé, indistinctement désignés
par Varron sous le terme de *testudinata*. Il appert, beaucoup plus largement, qu'à partir des deux structures fondamentales (*cauum
aedium* à toit fermé, *cauum aedium* à toit ouvert) de nombreuses
variantes étaient possibles en fonction des climats, des sites, des
conditions historiques, de l'évolution des arts et des techniques, du
choix des architectes et des propriétaires : cf. Zaccaria Ruggiu
1995[a], 354.

1. 2. *Caua aedium* : Le *cauum aedium* est défini par Varron
comme un « lieu couvert, à l'intérieur de la maison, espace laissé
libre pour l'ensemble des activités communes » (*L.L.* 5,161 : *Cauum
aedium dictum qui locus tectus intra parietes relinquebatur patulus,
qui esset ad communem omnium usum*). Varron distingue (*ibid.*)
deux types de *caua aedium* : à toit fermé ou avec ouverture : « Si
aucune ouverture à ciel ouvert n'avait été prévue, l'endroit était dit
« tortue » (*testudo*) par comparaison avec la tortue, un exemple étant
celui du *praetorium* dans un camp ; si une ouverture avait été ména-

gée, au centre, de manière à laisser passer la lumière, la partie inférieure où était recueillie la pluie était dite *impluuium*, la partie supérieure, par où passait la pluie, *compluuium*, l'un et l'autre terme
dérivant de *pluuia*. » (*In hoc locus, si nullus relictus erat sub diuo
qui esset, dicebatur testudo ab testudinis similitudine, ut est in prae-
torio et castris. Si relictum erat in medio ut lucem caperet, deorsum
quo impluebat, dictum impluuium, susum qua compluebat, compluuium : utrumque a pluuia*). Malgré une interprétation largement
répandue, depuis au moins la Renaissance et jusqu'à l'époque
moderne (sur l'historique de cette question, cf. Pinon 1983, 282-
290), *cauum aedium* n'identifie pas une pièce de la *domus* nécessairement distincte de l'*atrium*. Mais les deux mots ne sont pas, non
plus, en stricte synonymie. Peut-être, comme l'observait P. Pinon
(1983, 287, n. 34) conviendrait-il d'évoquer deux aspects corres-
pondants d'un seul et même espace plutôt que de parler d'*atrium* et
de *cauum aedium* comme pièces. Une différenciation plus précise
semble en fait devoir être recherchée dans le type de nomenclature
particulière dont relève chacun de ces termes, à l'intérieur d'un
lexique commun de la *domus* : *atrium* identifie une composante de
l'habitat associée à son histoire et à la vie sociale de ses occupants
— l'étymologie varronienne, bien que certainement mal fondée
(*atrium dictum ab Atriatibus Tuscis* : *L.L.* 5,161), ou le rapprochement établi avec *ater* (*atrium enim erat ex fumo*, note Servius, *ad
Aen.* 1,726) sont significatifs à cet égard. *Cauum aedium* relève
d'une terminologie plus spécifiquement architecturale, dénotation
d'un espace intérieur de la *domus* (cf. Varron *L.L.* 5,161 : *locus intra
parietes* ; Virg. *Aen.* 2,483), espace défini comme « libre » (cf. chez
Varron, *op. cit.*, et chez Servius, *ad Aen.* 1,505, sa caractérisation par
patulus), en référence possible à la diversité d'utilisations qu'il
offrait (cf., dans la définition varronienne : *ad communem omnium
usum*, cf. E. Winsor Leach, ed. S.E. Bon/R. Jones 1997, 56-58) et
dans la perspective de la distribution des pièces et de leur architecture, s'agissant singulièrement de la couverture — et ouverture —
de leur partie supérieure (cf. Servius, *ad. Aen.* 1,505 : *locus patulus
relinquebatur sub diuo*). Si une correspondance étroite est établie
chez Vitruve entre les deux termes, leur spécificité sémantique ren-
dait également possible, en fonction des aménagements divers et
des transformations de la *domus*, la désignation différenciée, non
plus seulement d'un même espace, mais de deux lieux distincts :
dans la description par exemple, faite par Pline le Jeune (*Ep.*
2,17,45) de sa villa de Laurentinum (sur l'emploi de *cauum aedium*
chez Pline le Jeune, cf. Förtsch 1993, 19 ; 30). Cf. Callebat 1996,

19. La structure évolutive de la maison romaine n'est pas envisagée ici par Vitruve qui propose la typologie normative d'un habitat de vieille tradition, non pas primitif (question traitée dans la reconstitution archéologique du livre II,1,4), ni relevant non plus des formes les plus simples de l'aménagement architectural (la typologie est celle de la *domus* aristocratique), mais privilégiant d'abord, en référence possible à un *mos maiorum* moralisant (sur cette connotation, cf. Dwyer (Gazda edit. 1994), 26-27), le concept de l'*atrium* cœur ancestral de la maison. Sur la structure évolutive de la *domus* à *atrium*, cf. McKay 1998, 11-63 ; Richardson Jr. 1989², 382-400 ; de Albentiis 1990, 13-220 ; Clarke 1991, 1-123 ; Zanker 1993, 183 ; Dwyer 1994, 25-48 ; Zaccaria Ruggiu 1995, 348-382 ; Corso 1997, 894-897 ; Wallace-Hadrill 1997, 219-240 ; Gros 2001, 30 ss.

1. 3. *Tuscanica* Sur la spécificité de cet adjectif, chargé d'une connotation culturelle et de civilisation, en regard d'*Etruscus*, qui semblerait renvoyer plus particulièrement à une race, à un peuple, cf. Gros 1992, 177-178 ; Corso 1997, 897. « *Tuscanicus*, écrit Varron, dans la notice qu'il consacre au *cauum aedium* (cf. *supra*, note 1), vient de *Tuscus*, emploi introduit quand les Romains prirent pour modèle leur *cauum aedium* » (*LL* 5,161 : *Tuscanicum dictum a Tuscis posteaquam illorum cauum aedium simulare coeperunt*). Varron conforte dans ce même passage la définition proposée en dérivant le terme *atrium* du nom de la ville d'Atria — l'actuelle Adria, dans la partie sud-ouest de la Vénétie, centre habité par les étrusques depuis la fin du VIᵉ siècle av. J.-C. : *Atrium appellatum ab Atratibus Tuscis : illinc enim exemplum sumptum*. Cette étymologie touchant la typologie de la maison à atrium et une référence identique à l'apport fondateur étrusque se retrouvent chez Festus : « On appelle proprement *atrium* un type de construction à cour centrale où descend la pluie collectée de tout le toit. On parle d'*atrium* [...] parce que c'est à Atria, en Étrurie, qu'a été d'abord élaboré ce type de construction » (12,16 L. : *Atrium proprie est genus aedificii ante aedem continens mediam aream, in quam collecta ex omni tecto pluuia descendit. Dictum autem atrium [...] quia id genus aedificii Atriae primum in Etruria sit institutum*). Même écho encore de cette tradition chez Servius : « Certains aussi disent qu'une ville d'Étrurie, Atria, avait des maisons pourvues de vastes « vestibules » et que, les prenant pour modèle, les romains leur donnèrent le nom d'*atria* (*Ad Aen.* 1,726 : *alii dicunt Atriam Etruriae ciuitatem fuisse, quae domos amplis uestibulis habebat, quae cum Romani imitarentur 'atria' appellauerunt*. Sur la confusion établie dans le langage courant entre *uestibulum* et *atrium*, cf. Aulu-Gelle, *N.A.* 16,5). L'étymologie *ab*

Fig. 10. Restitution graphique de l'atrium toscan de la villa de Settefinestre, près de Cosa (premier état, vers 30 av. J.-C.). D'après R. Filippi.

Atria donnée par Varron se révèle cependant scientifiquement mal fondée et l'histoire de l'atrium ne saurait être envisagée non plus dans une perspective purement ethnique (cf. de Albentiis 1990, 85). Le choix même de *tuscanicus*, comme terme différenciateur identifiant un type particulier d'atrium n'implique pas nécessairement la référence précise à l'Étrurie comme modèle originel de ce type. Peut-être relève-t-il d'abord d'une recherche étiologique plus large, attachée à retrouver, dans ses réalisations les plus anciennes, celles singulièrement de l'Étrurie, un *mos ueterum* architectural de la maison à atrium. Les données archéologiques orientent de fait vers la reconnaissance, non d'une pure filiation génétique qui conduirait de la maison étrusque à la maison romaine à *atrium*, avec ses différentes variantes telles que l'*atrium tuscanicum*, mais vers une contribution plutôt, apportée à leur élaboration typologique. On situera dans cette perspective les convergences structurelles perçues entre le schéma architectural des grandes *domus* mises au jour sur les pentes du Palatin (*domus* datées entre 530/520 et 210 av. J.-C., moment de leur destruction) et les demeures de Murlo et d'Acquarossa, constructions de type quadrangulaire réservant, au centre d'un ensemble de nombreuses pièces, une cour intérieure à portique. C'est également dans un rapport de correspondance et de confrontation, non de filiation, que peut être rapprochée de la *domus* à *atrium* la structure spécifique de l'habitat de Marzabotto (centre fondé vers 520 av. J.-C., au sud de l'actuelle Bologne), dont la maison, pourvue d'un atrium sur lequel donnent le triclinium et les chambres à coucher, deviendra typique de l'habitat des classes moyennes et supérieures à partir du Ve siècle av. J.-C. Cf. Sassatelli 1989, 53-74 ; de Albentiis 1990, 24-53 ; 64-72 ; McKay 1998[3], 11-29 ; Camporeale 1992, 72-74 ; Zaccaria Ruggiu 1995, 358-361. Gros 2001, 30-38. Largement identifié par l'archéologie campanienne, le système d'*atrium compluuiatum* auquel renvoient les trois premiers types de *caua aedium* cités par Vitruve : toscan, corinthien, tétrastyle, système qui associe, dans une relation fonctionnelle, *compluuium* et *impluuium* (ensemble communément complété par une citerne de stockage située sous la maison) et qui répond efficacement à la double recherche d'éclairage de l'habitat et de collecte de l'eau participe ainsi d'un processus d'évolution progressivement élaboré (une illustration de ce processus est, entre autres, donnée par *la Maison du Chirurgien*, à Pompéi, dont l'*impluuium* en tuf, aménagé au centre de l'atrium, n'appartient pas à la phase primitive de construction. Cf. de Albentiis 1990, 101). Les théories et expériences de l'Étrurie ont pu favoriser cette élaboration, sans en constituer pour autant le modèle.

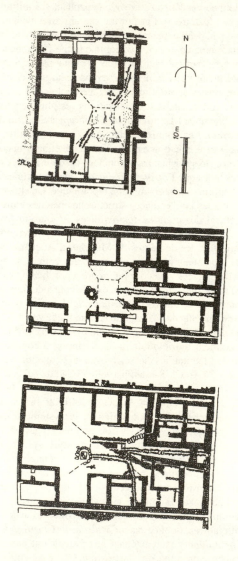

Fig. 11. Plan de trois maisons à atrium de Marzabotto. D'après G. Colonna.

1. 4. *trabes* : Le système de couverture du *cauum aedium* toscan est constitué par une enchevêtrure que soutiennent deux poutres maîtresses lancées entre les longs pans de la cour (cf. Hallier 1989, 196). Dans la description proposée, *trabes* désigne ces deux poutres maîtresses ; *interpensiua*, les traverses, qui, disposées perpendiculairement aux précédentes et y prenant appui (vraisemblablement par encastrement), délimitent avec elles, à leurs points de rencontre, l'ouverture du *compluuium*. Les *colliciae* sont les arêtiers de noue, pièces obliques qui joignent les angles des murs à ces points de rencontre (sur la spécialisation, dans le vocabulaire de l'architecture, de *colliciae*, par ailleurs appliqué à une gouttière, ou chéneau, cf. Corso 1997, 906). Les *asseres*, enfin, sont les chevrons, disposés parallèlement, qui descendent vers l'intérieur, *in medium compluuium*, en prenant appui à la fois sur les murs et sur l'ensemble que forment

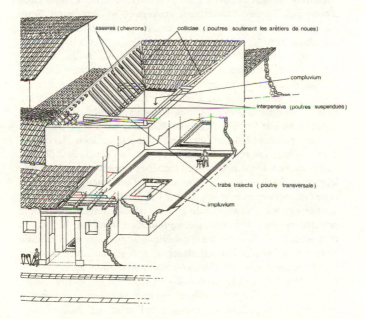

Fig. 12. Dispositif de couverture d'un atrium classique. D'après P. Gros.

les poutres maîtresses, les traverses et les arêtiers. Vitruve, qui recommande par ailleurs (*Arch.* 7, 3, 1) que ces *asseres* soient en bois de cyprès, ne fait ici aucune référence au revêtement de tuiles qui les recouvrait, apparemment sans intermédiaire (cf. Gros 1992, 99). C'est un dispositif de ce type que propose la restitution de la charpente de l'atrium toscan de la Maison de la cloison de bois, à Herculanum (cf. Adam 1984, 225).

    1. 5. *Compluuium* : Déjà souligné par Varron (*LL* 5,161), le rapport étymologique liant *compluuium* et *impluuium* à *pluuia* (*utrumque a pluuia* : cf. *supra*, note 1) fonde également la définition donnée de ces mots par Festus et par Isidore de Séville : « L'*impluuium*, écrit Festus, est là où se déverse l'eau recueillie du toit. On parle de *compluuium* parce que c'est le point où converge l'eau pluviale venue des toits » (96,10 L. : *Impluuium quo aqua impluit collecta de tecto. Compluuium quod de diuersis tectis aqua pluuialis confluit in eundem locum*). Cf. Isidore, *Orig.* 15,8,12 : *Compluuium dictum quia aquae partibus quae circa sunt, eo conueniunt.* Cette eau venue du toit et rassemblée dans les gouttières tombait dans l'*impluuium* en s'écoulant par des gargouilles, à têtes souvent d'animaux (chiens et lions singulièrement), qui ornaient les bords du *compluuium*, où étaient également sculptées des palmettes de feuilles d'acanthe (un exemple significatif d'un tel ensemble est fourni par une maison de Pompéi, proche de la porte marine (VII,15,5) : l'eau se déversait sous les pattes de chiens par un demi-tuyau enrichi de feuilles d'acanthe, tandis qu'un lion de haute stature surmontait, aux angles, un tuyau de plus large débit). La citerne dans laquelle était recueillie l'eau reçue dans l'*impluuium* pouvait être également alimentée par une canalisation secondaire. Le développement, à l'époque tardo-républicaine, d'un système d'adduction et de distribution qui rendait possible l'alimentation de maisons particulières en eau courante tendit en fait à nécessairement modifier le principe originel de l'atrium *compluuiatum* fondé sur la relation fonctionnelle établie entre *compluuium, impluuium* et citerne de stockage. A l'*impluuium* fut attachée, non seulement la fonction d'*utilitas*, mais celle aussi de *delectatio* (décoration, agrément : cf. Ovide, *Met.* 2,113-114 : *plena rosarum atria*. Cf. Corso 1997, 908). S'il répond à un type courant de désignation métonymique, l'emploi de *compluuium* appliqué à l'ensemble de l'atrium (cf. Suétone, *Aug.* 92,10) peut être également interprété dans cette perspective évolutive de l'aménagement de l'*atrium*. Sans doute aussi l'*atrium compluuiatum* fournira-t-il à époque tardive (cf. Paulin de Nole, *Carm.* 16,156-208), mais déjà vraisemblablement chez Pline (*Ep.* 5,6,15 :

atrium [...] *ex more ueterum*), un *exemplum* de référence à la civilisation de l'ancien temps. On ne saurait cependant parler de disparition générale et rapide de ce système d'approvisionnement
hydrique, solution ingénieuse impliquant un stade déjà avancé dans
l'histoire de l'eau domestique à Rome. Cf. Trevor Hodge 1992, 273-
331 ; Malissard 1994, 137-154 ; Leveau 1996, 155-167.

    1. 6. *Corinthiis* : La caractérisation par l'adjectif *corinthius* du
second type de *cauum aedium* cité par Vitruve ne relève pas d'une
identification géographique précise et ne renvoie pas non plus à un
modèle spécifique grec : « Les Grecs, écrit Vitruve (*Arch.* 6,7,1)
n'ont pas d'*atrium* et n'en construisent pas ». Elle explicite seulement, par une épithète de fonction métonymique, vraisemblablement d'excellence (cf. Gros 1992, 50-51, note 1 ; Corso 1997, 900),
l'influence esthétique et technique exercée par la Grèce sur un parti
architectural romain : influence plus précisément de la cour à péristyle orientant vers un type d'*atrium* enrichi de colonnes. Comme le
souligne Vitruve lui-même à propos de l'atrium tétrastyle, l'introduction de colonnes permettait de répondre efficacement à une préoccupation d'abord technique : celle de neutraliser, en allégeant la
portée des poutres maîtresses, les problèmes posés par la structure
à charpente suspendue (flexion des poutres sous l'effet du poids des
versants de la toiture, action des chevêtres sur les points d'assemblage aux angles du *compluuium* et sur les poutres : cf. Hallier 1989,
209, note 57). L'adoption de colonnes permettait de remédier également à la difficulté croissante de trouver en Italie les longues et
puissantes pièces de bois appelées à soutenir le poids de la toiture.
Singularisé par un nombre de colonnes plus important que celui de
l'atrium tétrastyle et en constituant une variante élaborée — dans
une perspective d'esthétique architecturale, mais comme élément
aussi de prestige — l'atrium corinthien a été identifié à partir de 150
av. J.-C. (Villa de Vittimose, à Buccino : cf. Förtsch 1993, 143 qui
fait également référence à la Villa de Varignano, datée d'environ
100 av. J.-C. et à la Villa de Voconius Pollio, à Rome : Ier siècle
après J.-C.). Relevant d'une documentation archéologique moins
riche que celle de l'atrium toscan, l'atrium corinthien est cependant
connu par différentes maisons de l'époque tardo-républicaine et
impériale, telles que celles, à Pompéi, de Castor et Pollux, du
Centaure, d'Epidius Rufus, ou, à Vaison-la-Romaine, de la maison
du Buste d'argent, maisons dotées d'un atrium à douze colonnes, à
l'exception de la maison d'Epidius Rufus, dotée de seize colonnes.
La différenciation peut-être cependant difficile à établir aujourd'hui
entre atrium corinthien et péristyle : ainsi, à Herculanum, pour la

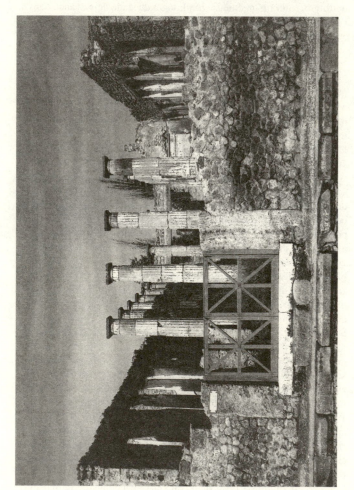

Fig. 13. Atrium « corinthien » à 16 colonnes doriques de la Maison d'Epidius Rufus.

maison dite cependant de l'Atrium corinthien, « atrium » à six colonnes dont l'*impluuium* a évolué en petit jardin (cf. *Ercolano* 1738-1988, 1993, 230 ; Wallace-Hadrill 1994, 84). Dans un cas tel que celui de la Casa dei Diadumei, dont l'*impluuium* de l'atrium corinthien (long de 17.70 m, large de 12 m) était entouré de seize colonnes doriques de tuf, s'il est abusif, comme le note P. Gros (2001, 43) de parler de péristyle, « cette forêt de colonnes […] contribue cependant à recréer l'atmosphère de certaines des demeures à vocation palatiale de l'Orient hellénistique ». Le problème des rapports de ressemblance et différence entre atrium et péristyle était déjà posé par Varron, *L.L.* 8, 29 (cf. Corso 1997, 900).

1. 7. *tetrastyla* : La définition vitruvienne du *cauum aedium* tétrastyle relève de la notion d'*utilitas* : définition d'une structure fonctionnelle dans laquelle quatre colonnes d'angle, servant d'étais, obvient efficacement aux problèmes techniques de déversement et de charge posés par la structure du *cauum aedium* toscan (cf. *supra*, note 6). L'introduction de colonnes constituait une solution opportune, comme le suggère G. Hallier (1989, 196-197, et notes 56-58), dès l'instant où le quartier de réception atteignait une échelle monumentale et où des grumes de fort équarrissage ne pouvaient plus être trouvées. Un certain nombre d'atriums pompéiens furent sans doute ainsi transformés en atriums tétrastyles après le séisme de 62, l'adjonction de supports s'avérant moins onéreuse que le remplacement à l'identique de bois de forte section. La fonction esthétique et de prestige attachée aux colonnes ne saurait par ailleurs être négligée, s'agissant notamment d'atriums imposants tels que ceux, à Pompéi, de la Maison des Noces d'Argent ou de celle de M. Obellius Firmus. S'élevant, dans une diatribe moralisante, contre les raffinements excessifs d'une *luxuria* privée, Pline l'Ancien cite l'exemple de l'atrium de Scaurus, orné par son propriétaire de colonnes de marbre luculléen («africano»), hautes de plus de 11 mètres, prises dans un lot de 360 colonnes destinées à la scène d'un théâtre provisoire (*N.H.* 36,5-7) : cf. Asconius, *Scaur.* 23-24 : *in huius domus atrio […] quattuor columnas marmoreae insigni magnitudine* (sur les difficultés de transport de ces colonnes jusqu'à la demeure de *Scaurus*, cf. Pline, *N.H.* 36,6 ; Quintilien, *Inst.* 5,13,40). L. Crassus, le premier selon Pline (*N.H.* 36,7. Sur ce témoignage, cf. Gros 1976, 70-71), aurait « possédé des colonnes de marbre étranger, marbre de l'Hymette » — également d'abord utilisées pour la scène — dont quatre dressées dans son atrium (*N.H.* 17,6. La leçon unanime des mss, *quattuor*, doit être conservée. Cf. Corso 1997, 901). En situant cependant sa description dans la stricte perspective d'une évolution

Fig. 14. Atrium tétrastyle de la Maison des Noces d'argent.

et d'un parti techniques, Vitruve ne privilégie pas seulement le point de vue pragmatique d'un homme de l'art (Cf. Corso 1997, 909), mais isole surtout la fonction essentielle de l'atrium tétrastyle, celle de l'*utilitas*, réponse appropriée trouvée à des problèmes d'abord techniques. La fonction de *uenustas* et de *maiestas*, voire de *luxuria* (cf. *supra*) attachée à l'atrium tétrastyle le fut également, et de concert, à l'atrium toscan. Si l'un des plus grands atriums de Pompéi, celui de la Maison des Noces d'Argent est ainsi un atrium tétrastyle, la Maison du Faune et la Maison de Salluste offrent, en regard, de remarquables exemples d'une architecture imposante d'atrium toscan. Et si ce type d'atrium a pu être utilisé comme atrium secondaire d'un atrium tétrastyle, c'est comme pièce principale de réception qu'il se rencontre le plus souvent, en Italie comme en Espagne, l'atrium tétrastyle tendant à devenir un lieu de délassement et d'agrément dont l'*impluuium* est transformé en *piscina*, parfois profonde (à la Villa San Marco, par exemple) ou en bassin fleuri, comme à Torre Annunziata : cf. Förtsch 1993, 37. Ce lieu pouvait être d'extrême raffinement artiste, si l'on se réfère du moins à la description dressée par Apulée, dans ses *Métamorphoses*, au IIᵉ siècle, de l'atrium tétrastyle de Byrrhène, orné de magnifiques sculptures — luxueusement aménagé aussi avec un « rocher en forme de grotte » et « toute une floraison sortie de la pierre » (« mousses, herbes, feuilles, branches flexibles, pampres, arbustes »), cependant qu'une source répandait […] son onde aux doux frémissements » (*Met*. 2,4).

3. 2. 1. *Displuuiata* : Connu seulement par les deux occurrences de ce chapitre 3, le terme *displuuiatum* caractérise un type de *cauum aedium* décrit par Vitruve comme pourvu d'un espace hypètre dont la structure assure la pénétration de la lumière, sans cependant laisser l'eau s'introduire. Supportant l'armature du toit (*arcam sustinentes* : cf. *infra*), les arétiers de croupe (*deliquiae*) convergent, non plus vers le bas, mais vers le haut (cf. *erecta*), ménageant une ouverture sommitale plus élevée que dans les *caua aedium compluuiata*, cependant que l'inclinaison des pans vers l'extérieur y assure l'écoulement des eaux. Spinazzola (1953, I,45 ; II,716 sq.) a cru reconnaître une première forme de ce type de *cauum aedium* dans l'une des maisons du Cenaculum (IX,12,4), à Pompéi (identification d'un système à œil circulaire, en terre cuite, à bords relevés, assurant, au centre du toit, le libre passage de la fumée et de la lumière). La Maison dite de Modestus proposerait également, selon Mazois (II, pl. XLIV), un exemple de construction à *cauum aedium dis-*

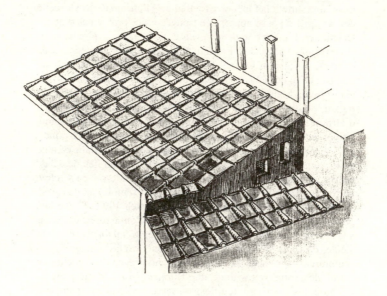

Fig. 15. Reconstitution d'une couverture *displuuiata* : Casa del Cenacolo colonnato. D'après V. Spinazzola.

pluiatum, les eaux étant ramenés par des conduits de l'extérieur vers l'intérieur pour y être collectées dans une citerne. Dans cet atrium sans *impluuium* un espace carré, peut-être destiné à être garni de fleurs, était entouré d'un petit mur double (cf. Saglio, *D.S.*, 984). Ces restitutions demeurent cependant incertaines et l'illustration sans doute la plus éclairante de ce que pouvait être un *cauum aedium displuuiatum* est-elle fournie par l'urne funéraire tardo-archaïque de Poggio Gaiella, près de Chiusi : l'habitation représentée est pourvue d'un large toit pyramidal dont les quatre pentes font saillie autour des murs, ce toit étant lui-même surmonté d'un toit plus petit, à ouverture centrale, également à quatre versants inclinés vers l'extérieur. Mal adapté au climat méditerranéen, convenant moins sans doute aussi que les autres *caua aedium* à une architec-

Fig. 16. Urne funéraire dite de Porsenna, à Chiusi (Musée archéologique de Berlin). Dessin reconstruit (cf. Spinazzola).

ture de prestige (cf. Corso 1997, 903-904), susceptible surtout d'entraîner de sérieux dégâts par les eaux (cf. *infra*), le *cauum aedium
displuuiatum* a vraisemblablement appartenu à un stade ancien de
couverture. Cf. Boethius 1939, 119 ; Polacco 1952, 111-117 ;
Spinazzola 1953, II, 808-809 ; Crema 1959, 105-106 ; Boethius-
Ward Perkins 1970, 73-75 ; McKay 1998, 24,37-38 ; Richardson Jr.
1989, 386-387 ; de Albentiis 1990, 102-106 ; Corso 1997, 902.

    2. 2. *arcam* : Communément appliqué à un « coffre », à une
« caisse », et spécialisé en différentes acceptions métonymiques ou
métaphoriques (« cercueil », « prison », … « arche » de Noë), *arca*
figure en 9 passages du *De Architectura* pour désigner, au livre V
(5,12,3 bis ; 5,12,4 ; 5,12,5), un « coffrage » ; au livre X (10,8,3 ;
10,8,5), le « coffre » d'un orgue hydraulique, et en X,15,7 le cadre

de la tortue d'Hégétor. Le mot est appliqué, dans ce passage, au cadre que forme l'ouverture du *displuuium*, coïncidant avec la ligne du chéneau. Cf. Callebat, Fleury 1995, 28 ; 260 ; 340 ; 144 ; Corso 1997, 910.

2. 3. *stillicidia* : Associé à *reicientes*, *stillicidia* est ici utilisé, comme dans sept autres occurrences du *De Architectura* — le mot y figure 9 fois —, pour désigner l'écoulement des eaux de pluie (et ces eaux elles-mêmes : cf. 1,1,10 ; 2,1,3 ; 4,2,3 ; 4,2,5 ; 6,3,2 ; 7,5,5). Au livre 4,7,5, *stillicidium* est attesté dans une acception métonymique : identification d'une couverture à double pente dont l'inclinaison est destinée à faciliter l'écoulement des eaux pluviales : cf. Callebat, Fleury 1995, 146 ; 239.

2. 4. *compluuia erecta* : La caractérisation par *erecta* assume dans ce passage une fonction à la fois descriptive et différenciatrice (différenciation marquée en regard de l'*atrium compluuiatum* : cf *supra* 6,3,1, note 2 ; 6,3,2, note 1) auprès de *compluuium*, utilisé dans un emploi métonymique qui renvoie, non plus strictement à l'acception étymologique rattachant le mot à *pluuia*, mais à l'identification d'une structure architecturale quadrangulaire — également appliquée à d'autres domaines : ainsi, chez Varron (*R.R.* 1,8,2) et chez Pline (*N.H.* 1,17), à un type de support pour la vigne.

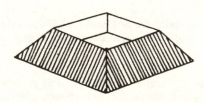

Fig. 17. Reconstitution graphique de la couverture *displuuiata*.

2. 5. *luminibus* : Le terme *lumen* peut être ici interprété dans l'acception large de « lumière », Vitruve faisant, dans ce cas, référence à la clarté que la structure du *displuuiatum* apporte à l'atrium, mais aux pièces aussi environnantes. *Lumen*, cependant, peut être également interprété au sens continûment attesté dans le *De Architectura* d'«ouverture », « baie », l'idée exprimée étant alors qu'aucune zone d'ombre n'atténue la lumière venue des ouvertures des pièces adjacentes.

2. 6. *fistulae* : Si les conduites de descente d'eau pluviale pouvaient être non seulement de plomb, mais aussi de terre cuite, voire combiner plusieurs techniques (avec une gaine, par exemple, en maçonnerie : cf. Ginouvès 1992, 207), le terme *fistula* est très vraisemblablement appliqué dans ce passage à un tuyau, non de terre (interprétation de Bruun 1991, 125, note 36), mais de plomb. C'est à ce matériau que renvoient les 24 autres occurrences du mot attestées dans le *De Architectura*, usage confirmé par celui de Frontin et, plus généralement, des différents auteurs latins : cf. *Th.L.L.* VI, 1, 828 sq. ; Callebat 1974, 2, 326.

2. 7. *intestinum* : *Intestinum (opus)* s'applique à toute la menuiserie architecturale d'intérieur : cf. Ginouvès, Martin 1985 ; Callebat, Fleury 1995, 210 ; Gros 1999, 161-162.

2. 8. *testudinata* : Ce dénominatif ressortit à un type d'expression métaphorique dont le modèle analogique a été source d'ambigüité. Impliquant le plus fréquemment en effet une relation iconographique avec un objet voûté, le substantif *testudo* est effectivement utilisé en architecture pour caractériser une voûte, dans les thermes par exemple (cf. *Arch.* 5,10,1). C'est abusivement cependant qu'a été ici invoquée l'autorité de Varron (cf. P. Chiolini, *I caratteri distributivi degli antichi edifici*, Milano 1959, 48) pour envisager une couverture nécessairement voûtée. La métaphore militaire du *De lingua latina* 5,16 (cf. *supra* 6,3,1, note 1) participe en réalité d'une fonction moins proprement visuelle que conceptuelle : identification par l'image d'un caractère distinctif : celui de « protection », de « couverture » (cf. Callebat 1996, 20). Le texte vitruvien associant le *cauum aedium testudinatum* à la possibilité d'un « large espace laissé aux appartements du dessus » exclut en fait l'hypothèse d'une structure voûtée. De préférence à une couverture en terrasse (interprétation de Spinazzola 1953, I, 41-43, et de Crema 1955, 105), on envisagera une toiture à quatre pans, identification vers laquelle orientent à la fois la définition de Festus (p. 233, 4 L : *pectenatum dicitur a similitudine pectinis in duas partes deuexum, ut testudinatum in quattuor*) et l'emploi par Vitruve, au livre 2,1,4, de l'expression *testudinatum tectum* pour désigner une couverture sommaire, terminée en pointe de cône, mais à quatre pans (cf. Gros 1999, 70). Le type de couverture à quatre pans de nombreuses maisons méridionales est susceptible de fournir une orientation, au moins, d'identification. La forme générale de ces couvertures peut facilement évoquer, au demeurant, celle, allongée et bombée, d'une carapace de tortue.

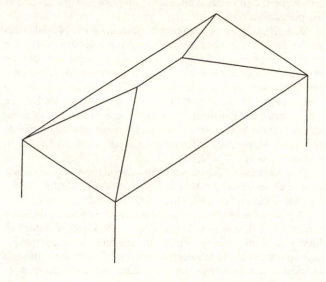

Fig. 18. Reconstitution graphique du *cauumaedium testudinatum*.

Très peu de maisons à atrium ont été interprétées par les archéologues comme relevant du type *testudinatum*. On citera : à Herculanum, la Casa dello Scheletro et la Casa dei Cervi, habitations dans lesquelles les dimensions relativement modestes répondaient par ailleurs à l'observation vitruvienne associant le *cauum aedium testudinatum* à l'«absence de portée considérable » (cf. Maiuri 1958, 268 ; 302 ; 305) ; à Pompéi, la maison de G. Julius Polybius ; près de Rome, la villa dite dei Setti Bassi (cf. Förtsch 1993, 144 ; Corso 1997, 904-905). Ces exemples cependant restent eux-mêmes mal établis et P. Gros (2001, 32) rappelle opportunément qu'une série de maisons présentées par A. Hoffman comme pourvues d'un *atrium testudinatum* avaient en réalité un espace central entièrement découvert (cf. Zaccaria Ruggiu 1995, 352 sq.). Et sans doute convient-il de s'habituer à l'idée que l'absence d'*impluuium* n'a pas pour corollaire nécessaire une couverture de type *displuuiatum* ou *testudinatum* ou que sa présence implique nécessairement un atrium *compluuiatum*. Cf. Wallace-Hadrill 1997, 232. Il n'est pas sûrement établi par ailleurs, que le type *testudinatum* relève des versions les plus anciennes d'atrium. Cf. Wallace-Hadrill 1997, 236.

3. 3. 1. *tribus generibus* : Vitruve propose trois variantes rela-tionnelles de la *ratio symmetriarum* de l'atrium, les rapports étant envisagés entre les deux grandeurs cardinales : longueur et largeur — celle-ci constituant l'élément de base mesuré à partir duquel s'organise la composition d'une demeure : la largeur de l'*atrium* détermine celle du *tablinum*, la largeur du *tablinum* détermine celle des *fauces*… (cf. Hallier 1989, 194). Des trois rapports donnés — en coïncidence probable avec les trois types mentionnés d'*atrium compluuiatum* : toscan, tétrastyle, corinthien (cf. Coarelli 1989, 181), les deux premiers sont numériques (5 sur 3 ; 3 sur 2), mais c'est d'un schéma géométrique que relève le dernier : rabattement de la diagonale d'un carré sur la largeur, soit la valeur de $\sqrt{2}$ — dont le caractère opératoire semble mal apprécié au demeurant par Vitruve (cf. Gros 1976[b], 683). En regard des mesures pompéiennes qui relèvent toutes d'un système géométrico-arithmétique, les mesures vitruviennes paraissent déterminées, en fait, par de simples rapports numériques (cf. Geertman 1984[b], 54). Sur une centaine d'atriums analysés par G. Hallier (1989, 194-211), dont 83 contrô-lés sur le terrain, 31% relèvent effectivement d'une des trois variantes retenues par Vitruve, la variante 2, singulièrement (18% des cas étudiés) et la variante 3 (14%). Commentant l'épure réali-sée d'après la répartition de ces variantes, G. Hallier suggère avec vraisemblance que Vitruve a pu vouloir, « non pas limiter la liberté du constructeur à trois options arbitrairement arrêtées, mais plutôt suggérer, par trois exemples, intentionnellement choisis au départ de chaque ensemble et par là même à valeur d'échantillon représenta-tif, un large éventail de tracés empruntés aux mathématiciens, puis conservés par la voie orale et qu'il était au demeurant sans intérêt d'exposer dans le détail aux profanes » (Hallier 1989, 194). Il reste, de toute manière, que les différentes relations introduites par Vitruve entraînent une combinatoire extrêmement complexe — H. Knell (1985, 145-165) envisage environ 100 cas de figures — la maison romaine selon Vitruve se présentant, ainsi que le note P. Gros (2001, 29), « comme une sorte de jeu de construction aux modulations multiples ». La définition de l'atrium et de l'ensemble de la *domus*, telle que la présente Vitruve, relève moins apparemment, d'une recette concrète que d'un système conceptuel. Cf. Zaccaria-Ruggiu 1995[a], 354 ss.

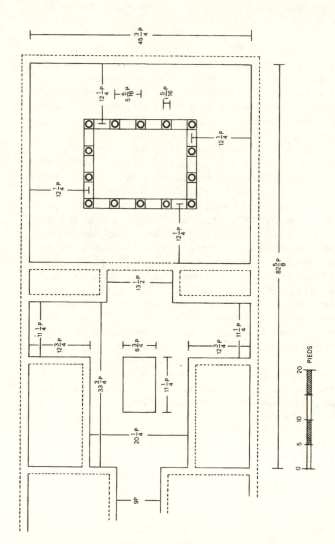

Fig 19. Schéma d'une maison à atrium toscan. D'après H. Knell.
a. Hypothèse vitruvienne 1 (H = 3/4 L).

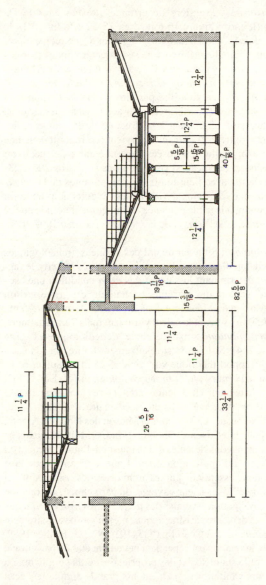

Fig 19. Schéma d'une maison à atrium toscan. D'après H. Knell.
b. Coupe longitudinale.

3. 2. *atriorum* : Première occurrence attestée dans le *De Architectura* (le mot y figure 16 fois, dont 15 dans le livre VI), le mot *atrium* relaie ici *cauum aedium*, s'agissant d'une même pièce, mais dans une approche différente de ses caractéristiques (sur ces deux mots, cf. *supra* 3,1, note 1). Précisé par un adjectif différenciateur (*tuscanicum, corinthium, tetrastylon, displuuiatum, testudinatum*), *cauum aedium* était utilisé par Vitruve dans la définition et la classification de divers partis architecturaux touchant les atriums, partis liés plus particulièrement à la structure de la toiture et des aménagements y afférents. *Atrium* intervient, en regard, dans une saisie et une analyse du lieu posées dans une autre perspective : celles d'un espace, de vocation centralisatrice (cf. Gros 2001, 23-26), mis en relation avec l'ensemble des composantes de la *domus* et intégré dans une *ratio symmetriae* où les rapports de proportion tendent à répondre à la triple exigence — notamment définie en 6,2 — de la *natura loci*, de l'*usus* et de la *species* (cf. Corso 1997, 913).

3. 4. 1. *altitudo* : Situé en regard des données archéologiques (tirées d'un champ d'enquête, il est vrai, encore très ouvert), le rapport vitruvien déterminant la hauteur des *atria* conduit à une estimation haute, sans doute extrême. La hauteur du grand atrium toscan de la Maison du Ménandre, long d'environ 10 m. sur 7,25 m., aurait ainsi 7,50 m., suivant le calcul vitruvien, mais 7 m., aux murs, 5,90 m., au *compluuium* suivant l'étude archéologique (cf. *Ling* 1997, 48 ss. ; 264). Si l'écart est relativement faible pour la Casa degli Amanti (rapport théorique vitruvien : 5,25 m. ; hauteur restituée : 6,30 m. aux murs ; 4,90 m. au *compluuium* (cf. Ling 1997, 197 ss. ; 299), la hauteur vitruvienne serait, en revanche, supérieure d'environ 2,41 m., pour la Maison du Bicentenaire, de 3,08 m., pour la Maison du Faune, de 4,39 m. pour la Maison des Noces d'Argent, de 4,93 m., pour la Maison d'Obellius Firmus. Mais les écarts se révèlent également considérables d'une maison à l'autre, mettant en évidence l'absence d'application stricte d'une règle arithmétique et la prise en compte essentielle par les architectes des commodités et convenances spécifiques à leur ouvrage, du parti choisi, en fonction du rang et des obligations sociales des propriétaires. S'il est vrai que l'*auctoritas* des demeures aristocratiques n'était pas nécessairement lié à leur gigantisme (cf. Coarelli 1983, 191-192 ; G. Hallier 1989, 208 et note 9), la relation est cependant nettement établie par Vitruve lui-même entre le statut social des propriétaires et la simplicité, ou le luxe, de leurs habitations : « Quant aux grands dignitaires, écrit l'auteur du *De Architectura* (3,6,2), que l'exercice des plus hautes magistratures astreint à des obligations envers leurs concitoyens, il leur faut de grandes entrées de style royal, des atriums et des péristyles immenses... » Les mesures extrêmes impliquées par le calcul vitruvien semblent donc coïncider avec ces *amplissima atria* dont un exemple-type a été plus particulièrement mis en lumière par F. Coarelli, celui de l'atrium de Scaurus, enrichi de quatres colonnes hautes de 28 pieds (soit environ 11,24 m. (voir Coarelli, 1989, 180 ss.). Cf. Geertman 1984 a, 31-52 ; *Id.* b, 53-62 ; Knell 1985, 145-165 ; Hallier 1989, 194-211.

4. 2. *ratio habeatur :* Corrigée par Krohn en *spatio tribuatur* (correction retenue par Fensterbusch), la leçon des mss ne pose cependant aucun problème sérieux d'interprétation ou d'analyse : *reliquum* est, dans cette phrase, en fonction de sujet et *ratio* doit être analysé comme un attribut auquel se rattachent les deux génitifs : *lacuniorum* et *arcae.*

4. 3. *alis : Ala* n'est connu que par Vitruve comme terme du vocabulaire de l'architecture, mais la métaphore de l'aile est attestée, dans ce vocabulaire, par des emplois tels que ceux de *pteroma*, désignant les portiques dont le temple est enveloppé (*Arch.* 3,3,9 ; 4,4,1 ; 4,8,6 – hapax de sens : cf. Gros 1990, 114), de *pteron*, portique périphérique (Pline, *N.H.* 36, 30 ; cf. Gros 1990, 115) et des composés en *–pteros* (cf. Corso 1997, 915-916). Le terme *ala* doit être également lu, au livre 4,7,2, où il est appliqué, s'agissant du temple toscan, à des pièces, ou *cellae*, ouvertes sur un seul côté (cf. Gros 1992, 181-182). Dans le schéma canonique que propose ici Vitruve d'une articulation de la *domus* développée selon un axe longitudinal les *alae*, dépendances latérales de l'atrium, s'ouvrent de part et d'autre de son long côté, sur un axe transversal. Participant de la perspective esthétique générale de l'atrium, leur entrée, que distinguaient dans les grandes demeures, des pilastres muraux à architraves, composaient avec le *tablinum*, dont elles reprenaient latéralement le motif, une unité architecturale et de décoration. En quelques exemples, les *alae* s'ouvrent en exèdre entre deux colonnes : ainsi dans la *domus* d'Emilius Rufus où deux colonnes ioniques divisent l'entrée des *alae*, ornée d'autre part de deux piliers d'angle corinthiens dont elles prolongent le thème architectural. Si les *alae* sont en fait souvent situées à proximité du *tablinum*, elles se rencontrent également au milieu de l'atrium (Casa dei Diadumei : cf. Gros 2001, 43), voire, exceptionnellement, près de l'entrée (Grottarossa : cf. Förstch 1993, 32), mais c'est fréquemment aussi que l'absence d'*alae* a été constatée par les archéologues. Birgitta Tamm (1973, 58 sq) note ainsi que sur environ 300 maisons pompéiennes recensées, 45 présentent des *alae* sur chacun des côtés de l'atrium, 24, une seule, 231 n'en possèdent aucune (cette absence pouvant naturellement être parfois la conséquence de remaniements). La fonction de ces pièces reste soumise à hypothèses. La documentation archéologique ne fournit que de rares indices, laissant envisager cependant leur possible affectation comme lieu où déposer et ranger différents objets et matériels utiles à la vie quotidienne de la maison et aux activités de son propriétaire (cf. Allison 1994, 52-53). Peut-être aussi, comme le suggère L. Richardson Jr — hypothèse conciliable au demeurant avec la précédente — permettaient-elles à des serviteurs et secrétaires de s'y tenir à la disposition du *dominus*, lorsque celui-ci traitait avec ses clients et relations sans gêner le mouvement de l'atrium et la discrétion des entretiens (cf. Richardson 1989, 389). Si l'on ne peut non plus exclure que cet espace ait parfois servi de salle d'attente (cf. McKay 1998, 34), sans doute encore a-t-il pu être utilisé pour une fonction cultuelle : c'est aux *Lares* et au *Genius* vraisemblablement de Marcus Epidius Rufus, *patronus* des deux affranchis (cf. Della Corte 1965, 245) qu'est dédié l'élégant *sacellum* situé dans l'*ala* droite de la Casa dei Diadumedei (cf. La Rocca-de Vos 2000, 196) ; c'est également un laraire qu'abritait, à Stabies, l'*ala* 45 de la Villa de S. Marco (cf. Förtsch 1993,32) et l'hypothèse a été par ailleurs émise que le podium de l'*ala* droite de la Maison du Bicentenaire, à Herculanum, servait de support au « sanctuaire » contenant les *imagines maiorum* (sur les différents types et dénominations de ces abris et représentations cultuels, sur la difficulté aussi de leur identification, cf. Orr 1978, 1577-1591, notamment 1576-1577). Si la référence faite *infra* par Vitruve (*Arch.* 6,3,7) aux *imagines maiorum* ne constitue pas, comme on l'entend généralement, une information explicite sur leur localisation dans les *alae* (Vitruve établit seulement un rapport métrique : « La hauteur des images, avec leur modénature, sera déterminée en fonction de la hauteur des ailes » : *Imagines ita alte cum suis ornamentis ad latitudinem alarum sint constitutae*), cette localisation ne saurait non plus être mise en question par les nombreux témoignages anciens qui situent dans l'atrium les *imagines* : cf. Polybe, 6,53 ; Ovide, *Am.* 1,8,65 ; *Fast.* 1,591 ; Sénèque, *De benef.* 3,28,2 ; *Ep.* 44,5 ; *Pol.* 14,3 ; *Laus Pisonis* 8 *sq* ; Pline, *N.H.* 35,6 ; Juvénal 8,19-20 ; Suétone, *Galb.* 2. Voir Corso 1997, 894-895 ; 923-924. La perspective architecturale ouverte par Vitruve (qui ne mentionne ici aucune autre pièce latérale que les *alae*) et les rapports métriques y afférents doivent être en réalité considérés comme définissant un *ensemble*, espace complexe associant intimement l'atrium, les ailes et sans doute aussi le *tablinum* (cf. de Albentiis 1990, 87). On rappellera (avec une grande prudence), en relation avec cette notion d'espace complexe, l'hypothèse de Mau (1908, 265), reprise par McKay (1998, 34) selon laquelle une fonction originelle des *alae* aurait été de fournir de la lumière à l'atrium en un temps où le toit n'avait pas encore de *compluuium*.

4. 4. *latitudo* : Établissant l'estimation de l'ouverture des *alae* à partir de l'allongement de l'*area* rectangulaire (cf. Hallier 1989, 197, et fig. 3), Vitruve fonde ici son calcul sur la loi d'une variation dégressive des *alae*, en fonction inverse des longueurs d'atriums. La série de rapports arithmétiques qu'il présente peut être transcrite dans une série géométrique (cf. Geertman 1984 b, 57) :

Longueur de l'atrium	Largeur des alae
30 - 40 pieds	1/3 = 2/6 (= 0,333)
40 - 50 pieds	1/3,5 = 2/7 (= 0,286)
50 - 60 pieds	1/4 = 2/8 (= 0,250)
60 - 80 pieds	1/4,5 = 2/9 (= 0,222)
80 - 100 pieds	1/5 = 2/10 (= 0,200)

Si les rapports proposés participent d'un système dimensionnel et proportionnel dont les éléments sont à considérer d'abord comme repères théoriques (n'impliquant donc pas l'application stricte de règles rigides : cf. *supra* 3,3 note 2 ; 3,4 note 1), les relevés archéologiques intéressant les riches demeures pompéiennes (Maison du Faune, de Salluste, du Ménandre, d'Obellius Firmus), ou des *domus* plus modestes (telles que celles du Chirurgien, de M. Lucretius et, à Herculanum, de la Cloison de Bois ou du Bicentenaire) attestent cependant la mise en œuvre de tracés régulateurs proches, dans leur réalisation, du schéma idéal vitruvien. Voir, avec des écarts peu significatifs, le tableau *infra*, p. 120.

Ce sont les rapports 1 : 3 (pour des atriums modestes), 1 : 3/5 et 1 : 4 (dans des aménagements déjà très élaborés) qui apparaissent ainsi les mieux identifiés dans la matérialité des ruines. Beaucoup plus rarement identifiées (voire totalement absents des relevés archéologiques, dans le cas du rapport 1/5), les estimations relatives à des atriums de 60-80 pieds et de 80-100 pieds (sur les problèmes afférents à la mesure du pied, cf. Geertman

1984 a, 31 sq.) pourraient relever d'une systématisation vitru-vienne outrancière, exprimée dans d'autres développements du *De Architectura*, tels que celui concernant la nomenclature des tuyaux (cf. Callebat 1973, 164). Il est beaucoup plus vraisem-blable que les deux derniers rapports du schéma renvoient aux *magnifica et amplissima atria* mentionnés *infra* par Vitruve (*Arch.* 3,5,1 ; 3,5,2). Sur l'ensemble de cette question voir plus particuliè-rement : Geertman 1984 a, 31-52 ; 1984 b, 53-62 ; Hallier 1989, 194-211 ; Corso 1997, 915-918.

Maisons	Longueur d'atrium	Largeur théorique des alae			Largeur réelle	Différence
		I	II	III		
Porte marine	12m60		3m60		3m90	+0m30
M. Lucretius	09m70	3m23			3m18	-0m05
Obellius Firmus	17m25			4m31	4m60 environ	+0m29
Pansa	14m40		4m11		3m60 environ	-0m51
Cloison de bois	09m32	3m10			3m environ	-0m10
Bicentenaire	10m55	3m51			3m50 environ	—

4. 5. *Trabes* : Les *alae* pompéiennes et d'Herculanum ayant conservé leurs piliers d'angle et dont la hauteur a pu être établie présentent un rapport hauteur : largeur en écart assez net avec la norme vitruvienne. L'élévation des *alae* de la Maison près de la Porte marine est ainsi de 4m93, soit 1m03 de plus que ne le laisse-rait attendre leur largeur (3m90). Les *alae* de l'atrium secondaire tétrastyle de la Maison du Faune ont 4m35 de hauteur pour 3m60 environ de largeur. Un même type d'écart intervient à Herculanum, dans la Maison de la Cloison de Bois (3m70 de haut, 3m50 environ de large), le rapport étant inversé dans la Maison du Bicentenaire (3m10 de hauteur, 3m50 environ de large). S'il n'est pas exclu que la relation proportionnelle vitruvienne 1 :1 ait été pertinente pour quelques-uns des *magnifica atria* de la *nobilitas* vitruvienne (cf. Corso 1997, 918), il apparaît surtout que la hauteur des *alae* a nécessairement varié en fonction du statut social des propriétaires, des modes de vie et des époques — avec une tendance à la diminution des hauteurs (un exemple significatif est offert par la Maison de Lucretius Fronto, reconstruite au début de l'Empire et dont le *tablinum*, surmonté d'un vaste *cenaculum* a une hauteur désormais inférieure à 3m50). Sur l'emploi du mot *trabs* pour désigner des pièces d'huisserie de dimensions importantes, cf. *supra*, 6,3,1, note 4 ; Ginouvès 1992, 48.

3. 5. 1. *Tablinum* : Le terme *tablinum* apparaît chez Varron, sous la forme *tabulinum* (*De uita populi romani* 1,29), en référence à un espace à ciel ouvert de l'habitat urbain où, selon l'auteur, les anciens Romains prenaient leur repas au cours de l'été : « En la saison d'été, écrit Varron (qui fonde implicitement l'étymologie du mot sur *tabula*, « planche à bois »), ils prenaient leur repas dans un lieu à ciel ouvert : dans la cour, à la campagne ; en ville, dans le *tablinum*, type de balcon dont on peut envisager qu'il était construit en bois » (*aestiuo tempore in loco propatulo : rure in chorto ; in urbe in tabulino quod maenianum possumus intellegere tabulis fabricatum*). Bien que peu explicite, la notice varronienne semble renvoyer à un petit portique en bois, appuyé sur le mur extérieur de la maison où à une terrasse constituant, à l'étage supérieur, une sorte de véranda ou de bowindow. Cf. Zaccaria Ruggiu 1995[a], 385. Elle intéresse donc une structure architecturale difficilement identifiable à l'espace intérieur de la *domus* dont Vitruve établit ici les paramètres — l'hypothèse de Nissen (1884, 643 sq) reste peu convaincante, qui proposait de considérer le *tablinum* varronien comme élément original du *tablinum* vitruvien : prenant appui contre le mur extérieur du fond de l'atrium, la tonnelle qui y était adossée s'y serait incorporée et aurait donné son nom à l'espace ainsi ouvert. Seuls restent proprement convergents avec les informations données par Vitruve, les trois autres textes latins faisant mention du *tablinum* : la *Naturalis Historia* de Pline l'Ancien (35,2,7), les *Florides* d'Apulée (23) et le *De uerborum significatione* (*Fragmenta Festi / Excerpta Pauli*, éd. Lindsay, p. 490 ; 491). Alors qu'Apulée évoque, dans les *Florides*, à propos d'une demeure luxueuse, aux plafonds ornés d'or (*lacunaria auro oblita*), les « splendides *tablina* » (*tablina perpulchra*), Pline et le *De uerborum significatione* présentent cet endroit comme, un lieu de dépôt d'archives : « On rassemblait dans les *tablina*, écrit Pline, les registres et recueils touchant la gestion d'une magistrature » (*tabulina codi-*

cibus implebantur et monumentis rerum in magistratu gestarum). Dérivant le mot de *tabula* (tablette de bois enduite de cire) et situant le *tablinum* à proximité immédiate de l'atrium, les *Festi fragmenta* présentent, pour leur part, le *tablinum* comme un « espace contigu à l'atrium et ainsi appelé parce que cet endroit avait été prévu pour que les magistrats en fonction y conservent, sur des tablettes, leurs comptes publics » (*Tablinum proxime atrium locus dicitur quod antiqui magistratus in suo imperio tabulis rationum ibi habebant publicarum rationum causa factum locum.* Cf. p. 491 Lindsay : *Tablinum locus proximus atrio, a tabulis appellatus).* Réfutant la possibilité qu'un usage limité à un nombre restreint de familles ait pu conduire à la dénomination générique de *tablinum*, mais posant superficiellement le problème étymologique des termes spécialisés, les réserves notamment émises par Overbeck-Mau (1884, 262), sur la définition donnée dans le *De rerum significatione* — définition confortée cependant par le texte de Pline — ne suffisent pas à en infirmer la vraisemblance. Bien que déjà identifiable à Regae et à Marzabotto et, au IVe siècle avant J.-C., dans l'état ancien de la Maison du Chirurgien, à Pompéi, le *tablinum* ne constitue pas en fait un élément constant de la maison romaine et Vitruve lui-même, envisageant la relation souhaitable entre la qualité de l'habitat et le statut social de ses propriétaires, note que les « personnes de condition moyenne n'ont nul besoin de magnifiques vestibules, *tablina* ou *atria* » (*Arch.* 6,5,1 : *iis qui communi sunt fortuna non necessaria magnifica uestibula nec tabulina neque atria).* Les exemples de *tablinum* les plus remarquables par leur ampleur et leur décoration ont effectivement été retrouvés, comme le souligne P. Gros (2001, 40), dans les demeures des plus hautes familles pompéiennes. Cf. Zaccaria Ruggiu 1995[a], 388-389. Assurant une fonction essentielle de représentation, c'est donc de la partie publique de la maison que relevait le *tablinum*, où les archives conservées concernaient vraisemblablement l'ensemble des intérêts et les activités du *dominus*. Celui-ci pouvait y accueillir ses *clientes* pour les *salutationes* quotidiennes donnant lieu à des distributions d'argent ou de nourriture. (Les clés et serrures trouvées à proximité du *tablinum* témoignent de cette pratique — les coffres et celliers étant à proximité immédiate de l'axe *atrium — tablinum*). C'est au demeurant une fonction également de sécurité qu'assurait le *tablinum* grâce à sa position stratégique entre l'atrium et l'arrière de la *domus* et à la nécessité de le traverser (directement ou par un passage latéral) pour accéder à une autre pièce intérieure de la mai-

son. Cf. Dwyer 1994, 28-29 ; Zaccaria Ruggiu 1995[a], 388-389 ;
Gros 2001, 39-40. Si les propriétaires du lieu conservaient la possibilité d'isoler le *tablinum*, sinon par une cloison mobile
(l'exemple, à Herculanum, de la Maison à Cloison de bois est
exceptionnel), du moins par des rideaux — dont les supports ont
été notamment retrouvés dans la Maison des Noces d'argent, petits
disques en bronze, ornés d'un éperon de navire — c'est dans sa
conception de pièce ouverte assurant, dès l'entrée de la *domus*,
une perspective axiale prolongée jusqu'au jardin ou au péristyle,
que le *tablinum* (dont il est peu vraisemblable par ailleurs qu'il ait
accueilli le *lectus genialis*, ou lit conjugal : cf. Zaccaria Ruggiu
1995[a], 393-396 ; Gros 2001, 25) révélait l'intérêt à la fois esthétique et fonctionnel de cet espace architectural. Ce schéma vitruvien canonique ne fut pas pérenne et les transformations de
l'habitat, sous l'influence notamment de l'architecture hellénistique, tendirent à modifier l'axe privilégié : entrée / atrium / *tablinum* et à faire évoluer, ou disparaître, les fonctions traditionnelles
du *tablinum* : au moment de la destruction de Pompéi c'est à
l'étage de la *domus* que se trouvaient conservées les archives de
l'*argentarius* Cecilius Iucundus. Dans le contexte de civilisation
de l'Afrique romaine, les *tablina perpulchra* évoqués par Apulée
renvoient simplement à un salon. Cf. Zaccaria Ruggiu 1995[a], 392-
393. La correction *tablino* du *Machaeropius* adoptée par Rose
n'est pas ici justifiée. La structure de la phrase où *tablinum* constitue un énoncé-titre relève d'une forme d'anacoluthe plusieurs fois
attestée dans le *De Architectura*. Cf. Wistrand 1936, 34-35.

5. 2. *ex atrii latitudine* : Proposant une approximation arithmétique de constructions géométriques, Vitruve établit trois types de
rapport en fonction de la largeur de l'atrium (cf. Geertman 1984b,
55 ; Hallier 1989,198 et fig. 4).

	Largeur de l'atrium	Largeur du tablinum
1.	20 pieds	2/3 x largeur de l'atrium
2.	30-40 pieds	1/2 x largeur de l'atrium
3.	40-60 pieds	2/5 x largeur de l'atrium

Établie à partir d'une mesure de 20 pieds (chiffre impliquant
ici, par économie d'expression, l'écart compris entre 20 et 40
pieds) jusqu'à la mesure extrême de 60 pieds, la fourchette dimen-
sionnelle de ce texte ne coïncide pas exactement avec les minima
et maxima enregistrés sur le terrain : cf. Hallier 1989, 196. Sous

réserve de corrections, elle demeure cependant opératoire comme schéma canonique des *atria* de dimension moyenne ou grande et, s'agissant des mesures extrêmes, des *atria amplissima* évoqués en 6, 7, 2 (sur cette question, cf. *supra* 6, 3, 4 note 1). Certains *tablina* de Pompéi (Casa dei Capitelli colorati, d'Arianna, *domus* de Terentius Eudoxus) présentent des mesures en fait assez proches de la *symmetria* vitruvienne 1 : 2 concernant les *atria* de 30 à 40 pieds. Les variations cependant observées par rapport aux règles vitruviennes apparaissent fonction surtout de l'importance de l'habitat considéré : le *tablinum* est, dans les maisons de dimension moyenne, généralement plus étroit que ne le veut Vitruve (ainsi dans la Maison du Ménandre, dans celle du Centenaire et, à Herculanum, dans celle de la Cloison de bois et du Bicentenaire). Dans les grands *atria*, les *tablina* peuvent être aussi larges que s'ils relevaient de la catégorie inférieure (dans la Maison du Faune, par exemple, dans celles de Pansa, de Salluste, d'Epidius Rufus, d'Obellius Firmus). Il semblerait que les architectes pompéiens tenant à maintenir, voire à renforcer, le caractère monumental de l'ouverture du *tablinum*, n'aient pas utilisé, dans les grands *atria*, le principe de réduction proportionnelle posé par Vitruve et, plus généralement, maintenu pour le *tablinum*, que l'*atrium* fût modeste ou important, une largeur à peu près constante, légèrement supérieure le plus souvent à la moitié de celle de l'*atrium* :

Atria de dimension moyenne

	Largeur de l'atrium	Largeur théorique du tablinum		Largeur réelle du tablinum	Différence
		l=2/3 de l'	l=1/2 de l'		
Poète tragique	c. 6m 50	4m 33		c. 4m 20	-0m 13
Ménandre	7m 20	4m 80		c. 4m 35	- 0m 45
Centenaire	c. 8m 30	5m 53		c. 4m 20	- 1m 33
Samnite	7m 20	4m 80		c. 5m 40	+ 0m 60
Cloison de bois	8m 20	5m 46		c. 4m 70	- 0m 76
Bicentenaire	9m 10		4m 55	c. 4m	- 0m 55

Grands *Atria*

	Largeur de l'atrium	Largeur théorique du tablinum		Largeur réelle du tablinum	Différence
		l=1/2 de l'	l=2/5 de l'		
Castor et Pollux	11m 40	5m70		4m 80	-0m 90
Pansa	9m 40	4m 70		5m	+ 0m 30
Faune	9m 90	4m 95		5m89	+ 0m 94
Salluste	9m 40	4m 70		c. 5m 50	+ 0m 80
Epidius Rufus	11m 95		4m 78	6m 50 état primitif	+ 1m 72
Obellius Firmus	13m 78		5m 51	c. 6m 80	+ 1m 29

5. 3. *tablino* : Adoptée par de nombreux éditeurs (Rose, Krohn, Choisy, Ferri, Fensterbusch…), la correction *tablina* proposée par Fra Giocondo ne s'impose nullement ici : *tablino*, leçon de *H, V, S* doit être interprété comme un datif, au même titre que *alae*, le sujet de la phrase étant implicite dans l'énoncé initial (*si enim maioribus symmetriis…*), mais non repris par un anaphorique, tel que *eae* (effet courant d'économie d'expression). L'interprétation afférente à cette lecture est au demeurant plus satisfaisante, *utilitas* renvoyant à la notion de « fonctionnel ».

5. 4. *utilitati et aspectui* : Cf. *supra Arch.* 6,2,5 : « Il faut en conséquence fixer d'abord un système de relations modulaires […] et, une fois déterminées les dimensions, viser alors dans l'élaboration des proportions une beauté fonctionnelle qui impose au regard la perception d'une harmonie d'ensemble. »

3. 6. 1. *Altitudo tablini ad trabem* : Un écart généralement sensible est en fait constaté entre le rapport idéal vitruvien (hauteur du *tablinum* = 9/8e de sa largeur) et les données recueillies sur le terrain. Cet écart varie, au demeurant, avec la période de construction considérée. La hauteur du *tablinum* dépasse, le plus souvent, à l'époque du tuf, le canon vitruvien : le *tablinum* de la Maison du Faune, d'une largeur de 5m 89, est encadré par des pilastres, larges de 0m 87, qui induisent à poser une hauteur probable de 7m 50 ; le *tablinum* de la Porte Marine mesure 5m 61 sous l'architrave, pour une largeur de 4m 15 seulement, soit, dans les deux cas, un chiffre supérieur de près d'un mètre au canon vitruvien (données analogues dans la Maison du Chirurgien, dont les pilastres du *tablinum* ont environ 6m). À l'époque romaine cependant, l'abaissement de la hauteur des pièces affecte aussi le *tablinum* (celui de la Maison de Lucretius Fronto est ainsi ramené à moins de 3m 50 ; celui de la Maison d'Epidius Rufus à 3m 75). Ces variations sont moins nettement marquées dans les constructions d'Herculanum où il semblerait qu'à toute époque — et pour des *tablina* importants même tels que celui de la Grande Salle de Néron : 7m 70 x 5m 10 — la hauteur des *tablina* ait été assez nettement inférieure à la norme vitruvienne.

Quelques autres exemples d'écarts :

	Largeur du tablinum	Hauteur théorique 9/8ᵉ de l	Hauteur réelle	Différence
Faune	5m 89	6m 63	7m 50	+0m 87
Porte marine	4m 15	4m 67	5m 61	+0m 94
Bicentenaire	c. 4m	4m 50	c. 4m 30	-0m 20
Mobilier carbonisé	c. 3m 50	3m 93	c. 3m 70	-0m 23
Cloison de bois	c. 4m 70	5m 28	c. 4m 50	-0m 78
Grande salle de Néron	5m 10	5m 73	4m 80	-0m 93
Samnite	c. 5m 40	6m 07	4m 30	-1m 77

6. 2. *trabem* : Comme pour les *alae*, Vitruve donne ici pour repère de mesure, la *trabs liminaris*, pièce coiffant les pilastres d'entrée. Cf. Corso 1997, 920.

6. 3. *lacunaria* : Ainsi que le rappelle A. Corso (1997, 921), les *lacunaria*, ou plafonds à caissons, sont communs dans les *tablina* des maisons de type pompéien de l'époque tardo-républicaine et proto-impériale.

6. 4. *fauces* : Relevant du vocabulaire de l'anatomie (cf. J. André, *Le vocabulaire de l'anatomie*, Les Belles Lettres, Paris 1991, 72-73) et couramment appliqué, par métonymie, à une ouverture étroite, souvent profonde (montagne caverne, rivière), *fauces* figure trois fois dans le *De Architectura*, mais dans ce seul passage comme

terme du vocabulaire de la *domus* (il renvoie, en 1,6,8, à l'«étran-
glement » d'une ruelle : *faucibus angiportum* ; en 9,8,3 au conduit
étroit d'un tuyau — dispositif imaginé par Ctésibius). L'acception
architecturale n'est explicitement connue que par deux auteurs
latins : Aulu-Gelle et Macrobe. La définition d'Aulu-Gelle est donnée à partir du commentaire d'un vers du livre VI de l'Énéide
(6,273) évoquant l'entrée des Enfers :

Vestibulum ante ipsum primisque in faucibus Orci (contexte
où le choix de *faucibus* apparaît déterminé en réalité, moins par
référence à une structure architecturale précise que par la mention
faite d'Orcus, dieu « dévorant » des Enfers et par l'image implicite d'un paysage infernal notamment évoqué dans les *Géorgiques* 4,467 : *Taenaria etiam fauces, alta ostia Ditis* et dans
l'*Énéide* 6,201 : *ubi uenere ad fauces graues olentis Auerni*).
Aulu-Gelle définit les *fauces* comme un « passage étroit menant
au vestibule » (*N. A.* 16,5 : *fauces autem uocat iter angustum per
quod ad uestibulum adiretur*), définition reprise par Macrobe,
dans les *Saturnales* (6,8) où l'auteur identifie les *fauces* comme
« le passage étroit qui conduit de la rue au vestibule » (*per quod
ad uestibulum de uia flectitur*). La définition d'Aulu-Gelle semble
en contradiction cependant avec l'interprétation donnée dans ce
même développement du mot *uestibulum*, sous la caution du *De
significatione uerborum quae ad ius ciuile pertinent* de C. Elius
Gallus : « un vaste espace ménagé devant le seuil des maisons où
les visiteurs attendaient avant d'être introduits dans la demeure »
(*spatia* […] *grandia ante fores aedium relicta, in quibus starent
qui uenissent*). « Le vestibule ne se trouve pas à l'intérieur de la
maison, écrit encore Aulu-Gelle, citant C. Elius Gallus, ce n'est
pas une partie de la maison ; c'est un espace vide devant la porte
et qui donne accès de la rue à la maison » (*uestibulum esse dicit
non in ipsis aedibus neque partem aedium, sed locum ante
ianuam domus uacuum per quem a uia aditus accessusque ad
aedes est*). Aulu-Gelle rappelait, il est vrai, dans cette même section de son livre, mais sans cependant la retenir, l'interprétation
— « par certaines personnes, écrit-il, ne manquant pas de culture » — du mot *uestibulum* comme synonyme d'*atrium* (interprétation influencée par le transfert d'un espace d'attente à
l'intérieur de quelques grandes demeures aristocratiques ? Sur
cette question, voir Förtsch 1993, 129 ; Lafon 1995, 416). Cf. *N.
A.* 16,5 : *Animaduerti enim quosdam haudquaquam indoctos
uiros opinari uestibulum esse partem domus priorem quam uul-
gus atrium uocat*. La définition surtout proposée des *fauces* dans

les *Nuits Attiques* est celle, particularisée, d'une actualisation sémantique : actualisation dans le contexte du vers virgilien, dont Aulu-Gelle (*ibid.*) souligne au demeurant l'ambiguïté : « <Virgile> ne dit pas que ce vestibule est la première partie de la demeure des Enfers ; on pourrait s'y tromper et croire qu'il le dit ». Le schéma métrique vitruvien fixant les mesures des *fauces* en fonction de celles du *tablinum*, l'application logique de cette relation à deux espaces participant d'une même structure intérieure architecturale, la documentation archéologique attestant la présence d'une « entrée » (sème attaché au mot *fauces*) communément située en vis-à-vis du *tablinum* induisent raisonnablement à interpréter *fauces* comme désignation du passage d'entrée prolongeant le vestibule, dont une partie à deux battants le séparait généralement, et conduisant à l'atrium (c'est par analogie et dans un emploi non proprement vitruvien que *fauces* est également appliqué par le vocabulaire de l'archéologie à un passage conduisant de l'atrium au péristyle). Cf Greenough 1890, 1-2 ; Mau 1982, 248-250 ; Winsor Leach 1997, 53-56. Déjà identifiées dans les « maisons à atrium » de Marzabotto (cf. Zaccaria Ruggiu 1995, 23 et fig. 8), espace de transition entre l'extérieur et l'intérieur, ménageant l'entrée progressive au cœur de la *domus*, les *fauces* constituent, à partir de la fin du IVe siècle, un élément de base de la structure architecturale générale du plus grand nombre des maisons aristocratiques romaines. Cf. Richardson 1989, 107-127 ; 154-170 ; 221-241 ; Corso 1997, 921-922.

6. 5. *minoribus atriis* : Faute de critère explicite de différenciation, la distinction ici établie entre *minora atria* et *maiora atria* reste imprécise. Les estimations données *supra* par Vitruve (*Arch.* 6,3,4 et 6,3,5) sur les longueurs et largeurs possibles d'atriums (30 à 100 pieds pour la longueur ; 20 à 60 pieds pour la largeur) induisent cependant à poser le principe d'une mesure moyenne de 40 pieds sur 65 comme ligne théorique de partage entre les deux catégories d'*atria*. Les rapports préconisés, fixant les ouvertures des *fauces* aux deux tiers du *tablinum* pour les atriums modestes, à la moitié, pour les grands, ne coïncident guère, quoi qu'il en soit, avec la documentation archéologique de Pompéi et d'Herculanum où le plus grand nombre des *fauces*, s'agissant même des *atria minora*, ont une largeur inférieure à la moitié de celle du *tablinum* à l'exception de quelques belles demeures dont les mesures, sinon répondent exactement au canon vitruvien, du moins s'en rapprochent (Maisons du Faune, de Pansa) ou présentent même un rapport supérieur (Maison de la Porte Marine). La différence entre la largeur théorique vitruvienne des *fauces* et la largeur réelle des maisons campaniennes est ainsi d'environ -1m 33, pour la Maison de la Cloison de bois, -1m 66, pour la Maison de l'Atrium corinthien, de -1m, pour la Maison de Ménandre, de -0m 90, pour la Maison de l'Hermès de bronze, de -0m 86 pour la Maison des Deux Atria et, s'agissant d'*atria* de plus de 30 pieds, de -0m 62, pour la Maison de Méléagre, de -0m 40, pour la Maison du Bicentenaire, de -0m 40 pour la Maison de Castor et Pollux. Cf. Mau 1982, 248 ; Hallier 1989, 194 ; 198-203 et notes.

6. 6. *Imagines* : Cf. Pline, *N. H.* 35, 6 : « dans les atriums on exposait un genre d'effigies destinées à être contemplées : non pas des statues dues à des artistes étrangers ni des bronzes ou des marbres, mais des masques moulés en cire qui étaient rangés chacun dans une niche » (trad. J. M. Croisille). Cf. Polybe 6,53 ; Ovide, *Fast.* 1,591 ; *Am.* 1,8,65 ; Sénèque, *De benef.* 3,28,2 ; *Dial.* 11,14,3 ; *Ad Lucil.* 44,5 ; *Laus Pisonis* 8 sq. ; Martial 2,90 ; Juvénal 8,19. Voir Meyer *s.u. imagines maiorum*, *RE*, IX, 1098 sq. ; Courbaud, *s u. imago*, *D.S.* III, 412 sq. La phrase vitruvienne ne porte, nous l'avons dit (cf. *supra* 6,3,4, note 3) aucune information explicite sur une éventuelle présence des *imagines* dans les seules *alae* (la transposition de Krohn est ici abusive, qui rattache cet énoncé au développement de 6,3,4). La précision donnée sur les *imagines maiorum* doit être interprétée dans la perspective d'une harmonie relationnelle intéressant un complexe architectural (atrium proprement dit, *fauces*, *alae*, *tablinum*) et les éléments d'ornementation — dont celui, symboliquement et sociologiquement essentiel, des *imagines maiorum* — qui s'y intègrent. Voir, sur cette question, l'excellente mise au point d'A. Corso, 1997, 923-924. Les *ornamenta* ne sont pas, comme le croyait Perrault, des piédestaux soutenant les *imagines*. Le mot identifie ici les signes et insignes de distinctions et charges officielles (décurionales, équestres, sénatoriales…) ayant honoré les ancêtres dont sont exposées les *imagines*. Sur ces *ornamenta*, voir Th. Schäfer, *Imperii insignia. Sella curulis und fasces*, Mayence 1989, 19 sq. ; 215 sq.

6. 7. *ostiorum* : Commentant l'*Énéide* (*Ad. Aen.* 6,43) — et citant Vitruve — Servius établit une distinction entre *aditus*, « accès » (*Vitruuius* […] *dicit* […] *aditum ab adeundo*), et *ostium*, entrée matérielle, élément architectural (*Vitruuius* […] *ostium dicit per quod ab aliquo arcemur ingressu*). Alors que *ianua* est seulement utilisé par Vitruve pour les demeures privées, *ostium* — identifiant la menuiserie d'une porte avec son encadrement — désigne également au livre IV du *De architectura*, auquel l'auteur renvoie ici

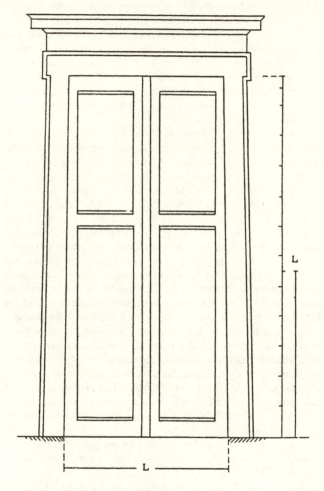

Proportions de la porte dorique. La largeur des chambranles reste hypothétique ; elle est restituée d'après les indications fournies pour la porte ionique.

Fig. 20. Portes.
a. Porte dorique. D'après P. Gros.

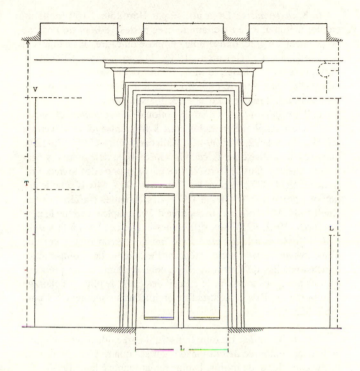

Fig. 20. Portes.
b. Porte ionique. D'après A. Choisy.

explicitement, la porte d'entrée d'un temple, porte dorique, ionique
ou attique. En choisissant le terme *ostium* pour la *domus* et en préconisant le même système modulaire que celui prescrit en 4,6,1
pour les temples (sur ce développement, cf. Gros 1992, 158 sq),
Vitruve souligne de fait le caractère monumental de ces portes d'entrée, signes sociologiques des grandes demeures aristocratiques et
d'une sublimation marquée par le sacré (cf. Coarelli 1983, 192-
217). Non mentionnée dans ce passage, la porte attique ne fait l'objet que d'une notice très brève pour les temples et ne constituait
pas, en réalité, un *genus* au sens propre (cf. Gros 1992, 161). Cf.
Mau 1982, 248 ; McKay 1998, 32 ; 66 ; 90,197 ; Richardson 1988,
387.

6. 8. *thyromatis* : Déjà utilisé par Hérodote 2,169 (dans un emploi métonymique : « chambre avec portes »), θύρωμα désigne proprement, en grec, l'ensemble composé du cadre, des battants et des jambages. Cf. Hellmann 1986, 242 sq. ; Gros 1992, 160. Surtout connu au pluriel, le mot se retrouve en 4,6,1 comme équivalent d'*ostium*. Attesté en 4,6,1 sous la forme d'un génitif grec (*thyromaton*), il relève ici d'une déclinaison latine.

6. 9. *compluuii lumen :* Sur la notion de *compluuium*, cf. *supra* 6,3,1, note 1. Appliqué en architecture à différents types d'ouverture (cf. Ginouvès 1992, 36 ; 39-40 ; Callebat, Fleury 1995, 126-127), *lumen* est ici utilisé dans l'acception spécialisée de « section » également attestée dans le livre VIII (8,6,4) à propos des tuyaux : cf. Callebat 1974, 327 ; Hernandez Gonzalez 1985, 446. L'échelle des rapports préconisés (de 1/2 à 1/4) et des variantes y afférentes (cf. Knell 1985, 145-166) est susceptible d'être adaptée, comme le note A. Corso (1977, 925), aux différentes exigences liées à la *natura loci*, à l'*usus* et à la *species*. Relevant de la recherche théorique d'une *symmetriarum ratio* intégrant l'ensemble des composantes dimensionnelles de l'atrium, elle répond également aux préoccupations pratiques touchant le recueil des eaux de pluie, l'éclairage voulu pour la pièce et sa structure architecturale même. Cf. Corso 1997, 925.

3. 7. 1. *Peristyla* : Le mot, transcrit du grec, identifie une aire à ciel ouvert, entourée de colonnades sur ses quatre côtés — dans la forme canonique, du moins, la plus remarquable à laquelle Vitruve fait ici vraisemblablement référence, mais qui, sur le terrain, ne représente que dix pour cent environ des exemples en regard des aires aménagées avec deux, trois voire un seul portique (cf. Richardson 1989, 395). Cette diversité typologique a pu participer de facteurs économiques — entraînant parfois des techniques de substitution : effets de perspective architecturale ou de trompe-l'œil, par exemple, tels que la figuration picturale de colonnes sur un mur, créant une illusion de continuité (ainsi dans la Maison du prêtre Amandus : cf. Wallace-Hadrill 1996, 84). Elle relève aussi des contraintes du site et du terrain disponible, des fonctions assignées à cet espace, mais du choix également concerté de propriétaires : dans la Maison d'Epidius Rufus, par exemple, où un portique unique s'étend derrière le *tablinum*, en face d'un immense jardin. Quand manque un seul portique, le côté du péristyle qui en est privé s'adosse fréquemment au mur extérieur de la maison. Ainsi en est-il notamment du petit péristyle de la Maison du Poète tragique

Fig. 21. Péristyle à galerie d'étage. Maison des Amants.

(exemples analogues, à Herculanum, dans la Maison d'Argo et, à Pompéi, dans celle de Pomponius qui regarde, de l'autre côté de la rue du Faune, le deuxième péristyle de la Maison du Faune). Sans présenter cette particularité, le péristyle irrégulier de la demeure à deux atria d'Obellius Firmus n'a lui-même qu'une ébauche de colonnade, immédiatement interrompue par un vaste *xystus* s'allongeant, à gauche, dans la profondeur de la maison. Avec deux portiques se coupant à angle droit, le péristyle trouvait l'une de ses formes les plus simples. La Maison d'Adonis, à Pompéi, en offre, parmi d'autres, un exemple typique. Cette disposition est aussi celle de plusieurs demeures d'Herculanum, celles, en particulier, de la Maison du Bicentenaire et de la Cloison de bois. Participant d'un essor économique qui favorisait le goût d'un habitat agréable à vivre, raffiné, luxueux, signe manifesté aussi d'aisance ou de richesse, de pouvoir, l'introduction du péristyle dans la maison romaine ne constitue nullement le transfert brut d'une structure architecturale hellénistique. Extension comme deuxième aire, mais non centre, d'une *domus* où était conservé l'atrium dans un espace réaménagé (cf. Dickmann 1997, 121-136), il y relève autant du modèle du gymnasium (cf. Sauron 1980, 301) que du péristyle intérieur de la maison grecque (cf. McKay 1998, 46 ; Leach 1997, 59) et propose, comme le note E. de Albentiis (1990, 148) l'alliance heureuse de l'antique tradition architecturale avec les innovations de la nouvelle mode hellénisante complaisamment affirmée. C'est bien comme composante canonique de la maison romaine, non comme structure architecturale étrangère que Vitruve peut ainsi définir le péristyle, le classant par ailleurs au nombre des parties de la *domus* accessibles sans invitation (cf. Leach 1997, 59 ; Gros 2001, 45). Cf. McKay, 1998, 45-46 ; Richardson 1989, 393 sq. ; de Albentiis 1990, 146-148 ; Wallace-Hadril 1994, 20 sq. ; Leach 1997, 59 ; Corso 1997, 925-928 ; Dickmann 1997, 121-136 ; Gros 2001, 39 ; 45 sq.

7. 2. *tertia parte* : Le rapport de 4/3 donné par Vitruve (rapport entre longueur et largeur) marque, comme pour l'atrium, la préférence accordée par l'auteur à un plan nettement rectangulaire. Ce type de rapport n'est guère vérifiable sur le terrain qu'en valeurs approchées, et cela dans les dernières décennies surtout du IIe siècle a.C. et le début du Ier siècle (cf. Corso 1997, 928-929). Les péristyles de forme oblongue se révèlent beaucoup plus allongés parfois que ne le veut Vitruve, souvent aussi moins rectangulaires :

	Largeur du péristyle	Longueur théorique	Longueur réelle	Différence
Chapiteaux colorés II	13m	17m 33	25 m	+7m 67
Vettii	c. 17m 50	23m 33	c. 28m	+4m 67
Castor et Pollux	12m 50	16m 66	21m	+4m 34
Paquius Proculus	c. 18m	24m	c. 27m	+3m
Chapiteaux colorés I	c. 14m 30	19m 06	c. 18m 30	-0m 76

Pansa	15m	20m	19m 17	-0m 83
Faune I	19m 20	25m 60	24m	-1m 60
Méléagre	18m 70	24m 93	22m 80	-2m 13
Ménandre	c. 19m	25m 33	22m 75	-2m 58

Bien moins nombreux sans doute, les péristyles de forme car-rée (ou presque carrée) — forme qu'exclut implicitement le rap-port vitruvien — ne sont pas inconnus cependant des maisons pompéiennes ; le second péristyle de la Maison du Faune est ainsi de 35, 30m sur 32m, avec 44 colonnes doriques (11 sur 13) ; celui de la Maison du Centenaire est d'environ 25, 20m sur 24, 50m. Le rapport vitruvien constitue donc ici un repère surtout théorique ; celui de la Maison de Championnet est rigoureusement carré (12 colonnes doriques : 4 sur 4).

7. 3. *in transuerso* : L'expression doit être interprétée par rap-port au plan général de la maison : elle implique une disposition en T, le long côté du péristyle étant perpendiculaire à l'axe de l'atrium. « Il est difficile de dire, note P. Gros (2001, 45), si ce parti corres-pond à une exigence purement théorique, visant à éviter à la maison un étirement excessif et à lui donner un plan plus ramassé, ou s'il s'agit de la normalisation d'une pratique fréquemment vérifiée encore à l'époque où l'auteur rédigeait son traité ». Le parti préco-nisé peut être de fait reconnu dans deux des plus grandes demeures de Pompéi, celle du Faune et celle des Vettii, dans la Maison aussi près de la Porte Marine, dans celle d'Obellius Firmus ; à Herculanum, dans celle du Bicentenaire... Les exemples cependant sont également nombreux de péristyles développés en profondeur, dans l'axe même parfois de la maison (cas de la Maison de Pansa, des Chapiteaux figurés, des Chapiteaux colorés), souvent aussi en décrochement plus ou moins marqué (ainsi dans la Maison de Ménandre).

7. 4. *columnae* : Si les deux péristyles de la Maison du Faune sont respectivement dotés de 28 et 44 colonnes, les péristyles pom-péiens ont le plus souvent moins de 20 colonnes. Sur une vingtaine de portiques pris comme échantillon, sept seulement dépassent ce chiffre : les deux péristyles cités de la Maison du Faune, ceux des Maisons du Labyrinthe (28 colonnes), du Centenaire (26), des Chapiteaux colorés (deuxième péristyle) et de Méléagre (24 cha-cun), du Ménandre (23). Ailleurs, le nombre de colonnes varie le plus souvent de 16 à 19 : 16 dans les Maisons de Paquius Proculus, des Chapiteaux colorés (premier péristyle), de Pansa ; 17 dans la

Maison du Cithariste ; 18 dans la maison des *Vettii*, de Popidius Secundus, de Cornelius Rufus. Trois péristyles ont, par ailleurs, entre 14 et 12 colonnes : 14 dans la Maison près de la Porte Marine ; 12 dans la Maison de Championnet et de Castor et Pollux (dont quatre piliers en équerre). L'adéquation prescrite entre la hauteur des colonnes et la largeur des portiques établit un rapport simple déjà posé à propos des basiliques (*Arch.* 5,1,5 : *Columnae basilicarum tam altae quam porticus latae fuerint faciendae uidentur* ; cf. 5,9,2) et appliqué par l'architecte à sa propre construction de Fano (*Arch.* 5,6,1-2 ; 5,6,6). Cf. Corso 1997, 929. La documentation archéologique atteste cependant une tendance commune à limiter sensiblement la profondeur des galeries (une stricte observance du canon vitruvien eût sensiblement réduit la luminosité des pièces ouvertes sur le péristyle). On citera pour exemple :

	Hauteur des colonnes	Largeur des portiques	Différence
Faune II	4m 12	4 m	+0m 12
Paquius Proculus	c. 3m 30	c. 3m - 4 m	+0m 30 à –0m 70
Ménandre	c. 4m	c. 2m 25 – 3m 65	+1m 75 à +0m 35
Chapiteaux colorés I	c. 4m 20	c. 3m 12 – 3m 64	+1m 09 à +0m 57
Argo	3m 34	c. 2m 60	+0m 74
Chapiteaux colorés II	c. 3m 92	c. 3m 12	+0m 80
Pansa	4m 70	c. 3m 60	+1m 10
Poète tragique	c. 3m 30	c. 1m 50 – 2m 10	+1m 80 à 1m 20
Obellius Firmus	c. 4m 20	c. 2m 30 – 4m 80	+2m à 0m 60

Il reste qu'une plus grande profondeur était assez souvent donnée aux portiques orientés vers le Midi ou le couchant. Les deux galeries du péristyle de la Maison du Ménandre orientées au Sud et à l'Ouest ont ainsi une largeur respective de 3,65 m et de 2,80 m, mais le portique du fond, d'orientation Nord, n'est profond que de 2,25 m. Dans la Maison de Castor et Pollux, le portique ouvert sur le couchant a une profondeur remarquable de 4m, supérieure de plus du double à celle des autres portiques, larges seulement de 1m 60. Quelle que soit, par ailleurs, son exposition, le portique situé devant le *tablinum* est souvent l'objet d'un traitement privilégié, soit que la profondeur donnée soit supérieure à celle de autres, comme dans les Maisons du Poète tragique, de Paquius Proculus, de Trebius Valens ou du Labyrinthe, soit que, comme on le voit dans la Maison de Pansa, deux exèdres, pourvues l'une et l'autre d'un banc, le prolongent en ses extrémités — halte de repos et de fraîcheur offerte au promeneur. Si Vitruve mentionne d'autre part, à propos de la Maison grecque, les péristyles dits rhodiens dotés d'un portique aux colonnes plus élevées que celles des autres côtés (*Arch.* 6,7,3), la prescription donnée ici exclut implicitement la prise en considération de ce type architectural connu cependant de quelques *domus* pompéiennes (Maison des Noces d'argent, des Amours dorés, des Dioscures, de l'Ancre...). L'auteur passe enfin sous silence l'existence possible d'une galerie supportée par le seul portique antérieur du péristyle, ou courant sur tout le pourtour de la colonnade. Attesté surtout pendant la période du tuf, cet ordre de colonnes se rencontre notamment, sous sa première forme, très limitée, dans le Maisons pompéiennes du Faune et du Centenaire et, avec son plein développement, dans celles des Holconii, des Amants heureux, de Pansa (cf. Overbeck, Mau 1884, 328).

7. 5. *intercolumnia :* Le premier rapport envisagé intéresse les colonnes ioniques adoptées dans les péristyles au cours du IIe siècle *a.C.* (la variante corinthienne intervenant surtout au début de l'époque impériale), rapport fixant des longueurs minimales et maximales respectivement égales à trois et quatre diamètres de colonnes, laissant donc une relative liberté à l'architecte, mais sans coïncidence exacte avec les rapports identifiés sur le terrain. La différence est ainsi de -0,8 m, pour la Maison du Faune (I), de -0,20 m pour celle de Pansa, de -0,41 m, pour les Chapiteaux colorés I, de -0,58 m, pour les Chapiteaux colorés II :

	Diamètre des colonnes	Entrecolonnement théorique	Entrecolonnement réel	Différence
Faune I	0,46 m	de 1,38 à 1,84	1,30 m	- 0,08 m
Pansa	0,60 m	de 1,80 m à 2,40	1,60 m	- 0,20 m
Chapiteaux colorés I	0,57 m	de 1,71 m à 2,28	1,30 m	- 0,41 m
Chapiteaux colorés II	0,54 m	de 1,62 m à 2,16	1,04 m	- 0,58 m

Le traitement particulier touchant les colonnes doriques (fréquemment adoptées dans les péristyles tardo-républicains) s'inscrit dans la différence radicale marquée par Vitruve au livre IV, entre le système ionique fondé sur le diamètre inférieur de la colonne et le système dorique, fondé sur la largeur du triglyphe (cf. Gros, 1992, 128-129). Vitruve renvoie au livre IV du *De Architectura* (*Arch.* 4,3,2 ; 4,3,4-5), mais un autre passage de son œuvre doit être également pris en considération : celui où traitant des portiques et promenades à construire derrière le théâtre (*Arch* 5,9,3), l'auteur définit comme module le quinzième de la hauteur de la colonne et indique que les colonnes doriques auront, à leur base, un diamètre égal aux 2/15e de leur hauteur totale et que les entrecolonnements devront eux-mêmes correspondre à 2 diamètres 3/4. La coincidence sur le terrain est, ici encore, imprécise :

Hauteur des colonnes	Diamètre des colonnes théorique	réel	Entrecolon- nement théorique	Entrecolon- nement réel	Diffé- rence
Faune II 4.12 m	0.54 m	0.49 m	1.34 m	1.69 m	+0.35m
Ménandre 4 m	0.53 m	0.50 m	1.37 m	de 1.50 à 4.40 m	+0.13 à +3,03m
Obellius Firmus 4.20 m	0.56 m	0.60 m	1.65 m	de 2.15 à 2.80 m	+0.50 à 1.15m
Paquius Proculus 3.20 m	0.44 m	0.45 m	1.23 m	2.80 m	+2.80m

Sans revêtir une valeur absolue, les différences observées laissent percevoir, comme pour la profondeur des portiques, l'absence de règle strictement appliquée. L'emplacement des colonnes se révèle en réalité notamment déterminé par la disposition des pièces autour du péristyle. À l'endroit où s'ouvraient *tablinum, oecus, triclinium*, un écartement des colonnes peut être constaté qui assure depuis l'intérieur de la salle, une vue libre sur le jardin du péristyle. Un exemple significatif est offert par la Maison du Ménandre dont trois des plus belles pièces (le *tablinum* 8, l'*oecus* 15 et le *triclinium* 18, surtout), donnant sur les portiques Nord et Est, ont leur baie totalement dégagée : un entrecolonnement des près de 4,50 m a été aménagé par l'architecte devant l'imposant *triclinium* 18 où s'in-

terrompt en outre le mur bas qui, comme dans d'autres habitations
(la Maison des Amants, par exemple, ou, à Herculanum, celle de
Galba), unit les colonnes des quatre portiques. Le même souci de
faire correspondre les entrecolonnements à l'ouverture des plus
grandes salles est très nettement affirmé, à Herculanum, dans la
maison dite de la Grande salle de Néron dont aucune colonne ne
gêne la perspective ouverte depuis les deux *oeci* G et L sur le jardin
du *péristyle*. Un dégagement identique peut être observée s'agissant
du *tablinum* des Maisons d'Argo et du Bicentenaire, à Herculanum,
de l'*oecus* – *triclinium* et du *tablinum* de la Maison de la Cloison de
bois, et dans de nombreux autres exemples : exèdre des maisons
pompéiennes de Paquius Proculus (cf. Spinazzola 1953, I, 301) et
de Trebius Valens ; grand *oecus* d'Obellius Firmus... Cf. Maiuri
1933, 74 ; Coulton 1989, 85-89 ; Corso 1997, 929-930.

3. 8. 1. *Tricliniorum* : Formé du numérique **tris* et de la trans-
littération du grec κλίνη, le mot est défini par Isidore (*Orig.* 15,3,8)
comme une « salle à manger qui tire son nom des trois lits sur lesquels on s'étend ». « Chez les Anciens, précise Isidore, on dressait
en effet trois lits à l'endroit où étaient disposés les apprêts du banquet et l'on s'y étendait pour prendre le repas. Κλίνη identifiant en
grec le lit, ou lit de table, a donc entraîné l'appellation *triclinium* »
(*Triclinium est coenaculum a tribus lectulis discumbentium dictum.
Apud ueteres enim, in loco ubi conuiuii apparatus exponebantur,
tres lectuli strati erant in quibus discumbentes epulabantur. Κλίνη
enim graece lectus uel adcubitus dicitur, ex quo confectum est ut triclinium diceretur*). Le terme *triclinium* figure, dès la seconde moitié du IIᵉ siècle av. J.-C., dans une comédie de Naevius, la *Tarentilla*
(fgm. 72 Warmington : *utrubi cenaturi estis, hicine an triclinio* ?),
mais le contexte est celui d'une cité grecque, et si l'emploi du mot
atteste la connaissance que les Romains de l'époque pouvaient avoir
de cette pratique, il n'implique cependant en aucune manière qu'elle
fût dès lors introduite dans leur mode de vie (cf. Corso 1997, 930).
Les sources littéraires (cf. Tite-Live 39,6,7-9 ; Pline, *N. H.* 33,148 ;
34,3 ; 37,12 ; Isidore, *Orig.* 20,11) et la documentation archéologique induisent en réalité à lier la diffusion des *triclinia* à l'essor
d'un nouvel art de vivre plus particulièrement influencé par le luxe
oriental, la *luxuria Asiatica*, importé des conquêtes : cf. Gros 2001,
27. Malgré les incertitudes encore attachées à cette question, et
s'agissant d'un processus nécessairement étalé dans le temps, l'introduction des *triclinia* comme structure architecturale et sociale
peut être raisonnablement située dans la seconde décennie du IIᵉ

siècle. Cf. Zaccaria Ruggiu 1995 b, 137-154 (voir également Lafon 1989, 188-190, qui envisage une date plus basse, les années 160-150 ; Förtsch 1993, 100-116 ; 171-178 ; Gros 2001, 25-27). Vitruve, qui intègre les *triclinia*, comme il l'avait fait pour les péristyles, au nombre des composantes canoniques de la *domus*, porte par ailleurs témoignage d'un état de civilisation où les (grandes) demeures romaines pouvaient être dotées de plusieurs *triclinia* : *triclinia* de printemps et d'automne (*Arch.* 6,4,2), *triclinia* d'hiver (*Arch.* 6,4,1 ; 7,4,4) : cf. Gros 2001, 51-52. Parfois ouvert sur l'*atrium*, le *triclinium* est le plus souvent lié au jardin ou au péristyle, une large baie à mur bas ou une grande fenêtre assurant fréquemment à la pièce lumière et perspective sur un *locus amoenus* : ainsi dans la Maison de Pansa et, s'agissant de la Maison du Faune, des *triclinia* se faisant face de part et d'autre du premier péristyle, ou de manière plus caractéristique encore du *triclinium* 35 de la Maison du Labyrinthe qui prend jour de trois côtés : sur le péristyle, sur l'atrium et sur le *triclinium* 38 attenant, lui-même largement éclairé. Cf le témoignage de Pline sur l'un des *triclinia* de sa villa des Laurentes : *Vndique ualuas aut fenestras non minores ualuis habet* (*Ep.* 2,17,5). Plusieurs demeures de Pompéi et d'Herculanum (Maisons de Pansa, du Méléagre, du Faune, du Bicentenaire…) attestent par ailleurs que le *triclinium* pouvait être doté de deux, voire trois entrées le mettant en relation d'une part avec le péristyle, d'autre part avec les pièces de service. Sur la classification du *triclinium* au regard de la notion de *loca priuata* et *loca communia*, voir *infra* 6,5,1, note 2.

8. 2. *longitudo* : Le rapport vitruvien donnant à la longueur du *triclinium* une mesure double de sa largeur s'inscrit dans la définition d'un plan rectangulaire de la pièce, plan cohérent, dans son principe, avec les contraintes de la disposition prévue pour les lits et avec les exigences du service. Sans doute la forme rectangulaire est-elle bien connue pour ce type de pièces (avec quelques exceptions notables, telles que celle du *triclinium* de la Maison du Poète tragique, de forme presque carrée : 5m 95 sur 5m). La pratique cependant des architectes pompéiens et d'Herculanum se révèle communément en marge de la prescription vitruvienne. Notant que de nombreux atriums ne dépassaient guère une longueur de 6m pour une largeur de 3m 50 à 4m, Mau (1982, 262-263) relevait un rapport moyen de 1,71 à 1,50. Cf. Corso 1997, 931-932. Une enquête portant sur de plus grands *triclinia* (échantillonnage de 16 *triclinia* de Pompéi et d'Herculanum) confirme un rapport moyen de 1,71. Un premier groupe de 8 exemples reste nettement en marge du rapport théorique (longueur = largeur x 2), la longueur ne recevant pas le

développement souhaité par Vitruve. L'écart est moins important
dans le second groupe, mais en regard de trois *triclinia* exceptionnellement allongés (au-delà même des exigences de l'auteur),
un même nombre de cas y figurent situés inversement passablement
en dessous du canon vitruvien :

Premier groupe de *triclinia*

	Longueur et largeur	Rapport
Lucretius 16	6m 40 x 5m 70	1,12
Atrium à mosaïque H	8m 77 x 7m 40	1,18
Cerfs H	6m 90 x 5m 50	1,25
Castor et Pollux	9m x 7m	1,28
Deux atria H	7m 40 x 4m 75	1,55
Faune L	9m 30 x 5m 95	1,56
Cithariste	11m x 7 m	1,57
Ménandre 18	11m 50 x 7m 60	1,64

Deuxième groupe

	Longueur et largeur	Rapport
Mélagre 15	7m 55 x 4m 35	1,73
Grand Portail	7m x 3m 90	1,79
Pansa	9m 20 x 4m 86	1,89
Grande salle de Néron N	7m 20 x 3m 70	1,94
Grande salle de Néron M	7m 75 x 3m 90	1,98
Méléagre 27	10m 80 x 5m 20	2,07
Castor et Pollux 49	8m 70 x 3m 60	2,41
Cryptoportique	9m 45 x 3m 85	2,45

Rapport moyen 1,71

8. 3 *conclauiorum* : Rattaché, dans le *De Architectura*, soit à la
deuxième, soit à la troisième déclinaison (cf. 7,9,2 : *conclauium* ;
6,6,7 ; 7,2,2 ; 7,3,4 ; 7,4,1 ; 7,5,1 *conclauibus*, mais 7,4,1 : *concla-
uis*), le mot *conclaue* est défini dans le *De uerborum significatione*
comme un « endroit fermé à clé » (*conclauia dicuntur loca quae
una claue clauduntur* : p. 34 L.) et par Donat comme une pièce

indépendante et fermée à l'intérieur de la maison, annexe possible du *triclinium* (*Ad Eun.* 5,8,3 : *conclaue est separatior locus in interioribus tectis, uel quod intra cum multa loca clausa sint ut cubicula adhaerentia triclinio*). Le texte de l'*Eunuque* que commente Donat fait plus précisément référence à une « chambre ». Tout en évoquant une chambre avec porte (où s'enferment Clitiphon et Bacchis), Térence marque cependant, dans une autre de ses comédies, l'*Heautontimoroumenos*, la polyvalence possible des pièces ainsi désignées : « J'ai, dit un personnage, Ménédème, dans le fond de la maison, une pièce (*conclaue*) sur le derrière. On y a porté un lit et mis des couvertures » (*Heaut.* 902 sq.). Cicéron applique de fait le terme *conclaue* à une salle à manger dans le *De orat.* 353 et à une pièce de réception dans le *De domo sua* 116. Cf. Callebat 1999, 521. L'emploi de *conclaue* est donc ici ambigu, Vitruve pouvant désigner par ce mot diverses pièces de l'habitation : *triclinia*, salles annexes, chambres, exèdres et *oeci* oblongs (exèdres et *oeci quadrati* faisant *infra* l'objet d'observations spéciales). Le rapport prescrit (hauteur = longueur + largeur : 2), également donné par Vitruve pour établir la hauteur des curies rectangulaires (*Arch.* 5,2,1) sera repris, dans une formulation très proche, par Cetius Faventinus (15 : *Tricliniorum et conclauium quanta latituto et longitudo fuerit in uno computata mensura et ex ea medietas altitudini tribuatur*) ainsi que par Palladius (qui substitue *cubiculum* à *conclaue*) : *Mensura uero haec seruanda est in tricliniis atque cubiculis ut quanta latitudo uel longitudo fuerit in unum computetur et eius medietas in altitudinem conferatur* (1,12). Ce type de rapport relève beaucoup plus en fait d'une théorie modulaire abstraite érigée en un système strict d'application que de la définition d'une norme fondée sur des données d'expérience. Cf. Corso 1997, 938. Loin d'obéir à des règles arithmétiques strictes, la hauteur des pièces présente, sur le terrain, de nombreuses variantes qui soit relèvent de causes particulières (moyens financiers, goûts et besoins des propriétaires, configuration du terrain…), soit de facteurs généraux tels que l'évolution de l'habitat. Au développement des constructions à étage correspond ainsi l'abaissement de pièces d'abord parfois très hautes : 4m 50 dans la Maison du Chirurgien, avec des portes de 3m 55 ; de 4m 10, dans les chambres de la Maison du Faune ouvertes sur l'atrium ; de 5m 20 dans les deux pièces entourant le *tablinum* de la Maison près de la Porte Marine. Si l'élévation reste identique dans les pièces 1, 2, 3-5 de la Maison du Ménandre, elle s'abaisse aux portes des pièces 5, 6 et 7, la hauteur des chambres n'excédant guère alors 3m, celle des portes : 2m 40 (cf.

Maiuri 1933, 28) — cas, à Herculanum, des chambres *d* et *e* de la Maison de la Grande salle de Néron, cependant que la salle 7 de la Maison à Atrium a elle-même une hauteur de 3m 09. Pièces basses également dans la Maison du Poète tragique. Quant aux chambres latérales de la Maison des Noces d'argent, la hauteur primitive en fut partagée pour ménager deux pièces à deux niveaux différents. Dans les plus belles salles même conservant une hauteur non négligeable, le canon vitruvien reste mal attesté : long de 7m 80 sur une largeur de 5m 32, l'*oecus* oblong de la Maison herculanaise de la Grande salle de Néron présente une hauteur de 5m 70 — inférieure de 0m 86 à l'élévation théorique (6m 56) qu'implique le calcul vitruvien. Un décalage d'environ 2m 45 intervient également pour le grand *triclinium* 18 de la maison de Ménandre : longueur : 11m 40, largeur : 7m 50, mais hauteur restituée d'environ 7m (cf. Ling 1997, 272). Quant à la pièce 7 de la Maison de l'Atrium à mosaïque d'Herculanum, sa hauteur (3m 09) est nettement en deçà des 3m 815 requis par le calcul vitruvien (longueur 4m 05/largeur 3m 58)…

8. 4. *exhedrae* : Emprunté au grec, le mot identifie un espace faisant saillie sur un mur, de tracé quadrangulaire (soit rectangulaire, comme l'exèdre 26 de la Maison de Méléagre, soit parfois carré : 2m 74 x 2m 74 dans la Maison de la Grande Salle de Néron), en quelques cas aussi semicirculaire. Ouverte sur toute sa largeur — elle est qualifiée par Vitruve de *patens locus* (*Arch.* 7,5,2) et d'*apertus locus* (*Arch.* 7,9,2) au même titre que les péristyles et associée aux pièces d'été, *aestiua* (*Arch.* 7,3,4) — l'exèdre donnait généralement sur le péristyle ou sur une cour, à proximité souvent d'une chambre ou d'une salle à manger. Elle pouvait être située dans l'axe du *tablinum* (ainsi dans la Maison du Faune), au centre également d'un portique latéral (exemple de la Maison de l'Atrium à mosaïque, à Herculanum, et de la Maison de Trebius Valens à Pompéi), ou encore dans le prolongement d'un portique qu'elle agrémentait parfois, à ses deux extrémités, d'un lieu de halte et de repos au cours d'une promenade (ainsi des deux exèdres 37 et 48 de la Maison du Labyrinthe). L'étymologie du mot implique de fait que cet espace était garni de bancs, utilisés pour converser et se reposer. Une couchette pouvait y être installée, comme on peut l'induire du texte de Cicéron évoquant Crassus se reposant, dans une exèdre, sur le lit qu'on y avait dressé (*De oratore* 3,17 : *in eam exedram* […] *in qua Crassius, posito lectulo, recubuisset*) ou encore de témoignages archéologiques tels que, vraisemblablement, les supports en bronze trouvés dans l'exèdre 26 de la Maison de Méléagre. Plus rarement utilisée pour des repas, l'exèdre fut également traitée comme motif ornemental, dans la villa par exemple de Julia Felix (cf. Maiuri 1933, 78). L'entrée de quelques exèdres faisait l'objet d'une mise en valeur spéciale, l'exemple le plus connu étant sans doute celui de la Maison du Faune dont l'exèdre H divise, tel un temple *in antis*, sa large ouverture, flanquée de deux piliers, au moyen de deux colonnes de la hauteur de celles du péristyle. À Glanum, une maison de type et d'époque hellénistique, la Maison des Antes, sans comporter l'ornement principal des deux colonnes, se signale, elle aussi, par les deux antes de pierre hautes de 2m 58, à l'instar des colonnes doriques du péristyle, et surmontées de chapiteaux corinthiens qui encadrent la baie d'ouverture de son exèdre (cf. Rolland 1946, 84). Sur l'ensemble de ces données, cf. Settis 1973, 668-682 ; Ginouvès 1998, 15 ; 183. L'*exhedra* est également mentionnée par Vitruve en référence à la maison grecque (*Arch.* 6,7,3) et identifie par ailleurs, s'agissant des palestres grecques, de vastes salles de réunions et de conférences ouvertes sur les portiques où se tenaient philosophes et rhéteurs (*Arch.* 5,11,2 : *Constituantur autem in tribus porticibus exhedrae spatiosae habentes sedes in quibus philosophi, rhetores reliquique qui studiis delectantur sedentes disputare possint*). L'auteur note dans ce même passage que l'*ephebeum*, salle de réunion des éphèbes, peut prendre la forme d'une *exhedra*. Ici encore le rapport prescrit, fixant la hauteur à une fois et demie la largeur, reste difficilement identifiable sur le terrain : la Maison carrée de la Grande Salle de Néron (2m 74 x 2m 74) a une hauteur de 3m, non les 4m 11 qu'exigerait la norme vitruvienne.

8. 5. *oeci* : Le mot n'est qu'exceptionnellement attesté en latin : deux occurrences seulement sont connues en dehors du *De Architectura* (la conjecture *oecum*, pour *cum* des *Satyrica* 38,10 est ingénieuse, mais hasardée) : dans le *CIL* VI, 14539 (*oecus magnus*) et chez Pline l'Ancien, *N.H.* 36,184, où l'auteur mentionne le type de pavage dit « de la pièce non balayée », *asaroton oecon*, (l'une des grandes réussites, ecrit-il, du mosaïste Sosos de Pergame (cf. G. Bruisin, « Asarotos oikos del Museo di Aquileia », *Scritti in onore di C. Anti*, Florence, 1955, 93 sq. ; Rouveret 1981, 112-113). *Oecus* est transcrit du grec οἶκος qui a d'abord désigné le lieu où l'on habite », puis (distingué de οἰκία) le « patrimoine », tout bâtiment aussi ou local secondaire d'un temple, mais, plus généralement, encore, une grande pièce, une salle, servant notamment pour les banquets. Cf. Chantraine 1984, 781 ; Hellmann 1992, 298-301. S'agissant de la maison grecque, Vitruve utilise le mot à propos des « grandes pièces » (*oeci magni*) où les femmes travaillent la laine (*Arch.* 6,7,2), mais en référence également aux salles de banquet du quartier des hommes (*Arch*. 6,7,4). C'est cette tradition de l'ἀν-δρών que les *oeci* transposent dans le contexte spécifique de la culture italo-romaine, à partir surtout, semble-t-il, des années 80 (cf. Gros 2001, 62. Voir cependant de Albentiis 1990, 158 sq.). Utilisés comme salles à manger d'apparat et comme pièces de réception, aux dimensions souvent remarquables (11m 70 x 7m dans le Maison des Cerfs ; 10m 35 x 7m 40 dans la Maison de Pansa ; 10m x 7m 50 dans la Maison de Castor et Pollux), ces *oeci* (dont plusieurs pouvaient se rencontrer dans une même demeure) étaient souvent ouverts sur le jardin-péristyle (Maison du Ménandre), parfois même au centre du portique intérieur (Maison de Pansa ; Maison de Castor et Pollux) ou encore sur une terrasse donnant sur la mer (Maisons des Cerfs ; Maison de l'Atrium à mosaïque) — association privilégiée de la nature à l'architecture (cf. P. Gros 2001, 63). Enrichis de colonnades internes (à l'exception des *cyziceni*) et, fréquemment, de somptueuses décorations, les *oeci* constituent l'impressionnant témoignage de l'appropriation d'une influence hellénique aux plans à la fois de l'architecture, du statut social et d'un art de vivre. Voir Maiuri 1952, 1-8 ; Tosi 1975, 9-71 ; de Albentis 1990, 153-158 ; Gros 2001, 62-68. Sur les différents types d'*oeci*, cf infra notes.

8. 6. *quadrati* : La forme, sinon rigoureusement carrée, du moins proche du carré de différents *oeci* est attestée par la documentation archéologique intéressant notamment la partie tyrrhénienne de l'Italie centrale et de la Campanie, la région nord-ouest aussi de l'Italie, au début de l'époque impériale (cf. Förtsch 1993, 103 ; 175, IX,48 ; IX,52-57) : l'*oecus* 19 de la Maison du Ménandre a ainsi des dimensions relativement proches de celles d'un carré (5m 12 / 5m 20 x 4m 96 / 5m 06) ; de même l'*oecus* de la Maison du Labyrinthe (6m 30 x 6m 80) ou celui, à Herculanum, de la Maison du Relief de Télèphe (4m 75 / 4m 70 x 4m 90 / 4m 85). Étudiant *infra* (*Arch*. 6,7,3) la maison grecque, Vitruve associe une qualité fonctionnelle aux *oeci quadrati* : celle de pouvoir accueillir quatre *triclinia* d'assez grande dimension, tout en laissant un large espace aux équipes chargées du service et des divertissements. Il reste que la forme oblongue paraît avoir été privilégiée par les architectes romains, forme mieux adaptée à des salles de dimension imposante et accordée au tracé le mieux attesté des *triclinia* (sur la relation établie par Vitruve entre les termes *triclinia* et *oeci*, cf. *infra* 6,3,9 : *corinthiorum tricliniorum* ; 6,7,3 : *triclinia cyzicena*). Comme pour les exèdres, la documentation archéologique établit des hauteurs nettement inférieures sur le terrain à celles qu'implique le rapport théorique vitruvien de 1,5 : 1 entre hauteur et largeur. Cf Corso 1997, 934-935.

8. 7. *Pinacothecae* : Le mot est emprunté au grec où il désigne une salle utilisée comme galerie de peintures, à l'intérieur d'un sanctuaire (cf. Strabon 14,1,14), dès au moins l'époque de Périclès, mais dans les demeures aussi de riches et puissantes familles, au cours de l'époque hellénistique. C'est en référence à ces grandes demeures que Vitruve fait mention des pinacothèques dans son développement sur la maison grecque (*Arch.* 6,7,3), les situant, comme éléments de l'*andronitis*, plus précisément sous les portiques, orientés vers le Nord. Cette orientation est celle également prescrite par l'auteur (*Arch.* 1,2,7 ; 6,4,2) dans l'environnement du monde romain où Lucullus apparaît comme un témoin essentiel de leur introduction, à son retour d'Asie, en 66 av. J.-C. (cf. Varron, *R.R.* 1,2,10 ; Plutarque, *Luc.* 39,2). Expression sans doute de modes et de goûts culturels et esthétiques marqués par l'hellénisme, mais d'un luxe aussi perçu comme ostentatoire et excessif (cf. Varron, *R.R.* 1,2,10 ; 1,59,2), l'introduction des pinacothèques dans les maisons romaines, d'abord sans doute dans les villas, constitue plus particulièrement le signe appuyé de la relation établie entre sphère privée et sphère publique et de l'extériorisation par l'architecture et la décoration de l'habitat non seulement d'une personnalité, mais de son statut social aussi, de sa fonction. C'est, hors de toute considération moralisante, la perspective dans laquelle se place Vitruve, dans la suite du texte (*Arch.* 6,5,2), en tant même qu'architecte, lorsqu'il pose un rapport actuel de convenance entre l'homme, son activité et l'habitat, liant chaque catégorie sociale à un type défini d'habitat. La mention faite, dans un même énoncé, par Vitruve des pinacothèques et des exèdres (dont elles doivent avoir, écrit l'auteur, les dimensions imposantes : *uti exhedrae amplis magnitudinibus sunt constituendae*), dans un contexte aussi qui rassemble les principales pièces de réception, de délassement et d'apparat de la *domus* souligne, avec la polyvalence d'usage de ces pièces, la complexité de fonctions d'une salle telle que la pinacothèque, fonctions où se rencontrent esthétisme, art de vivre raffiné et affirmation d'une supériorité sociale. Un texte tel que celui des *Res rusticae* 1,59,2 de Varron permet d'entrevoir cette complexité et ces ambiguïtés, texte dans lequel l'auteur, évoquant les Romains qui prennent leurs repas dans un fruitier (« …là, écrit-il, certains ont l'habitude de dresser leur *triclinium* pour y diner »), ajoute : « … en effet, quand le luxe permet de le faire dans une galerie de peintures pour jouir d'un spectacle qui est l'œuvre de l'art, pourquoi ne pas utiliser celui que fournit la nature dans la beauté d'une composition de fruits » (trad. J. Heurgon). Cf. McKay 1998, 151 ; Wallace-Hadrill 1994, 30 ;

149 ; Zaccaria Ruggiu 1995[a], 176 ; 189 ; 294 ; 320 ; 335 ; Corso 1997, 935-936 (excellente mise au point).

8. 8. *latitudinis et longitudinis* : Nous avons adopté pour ce groupe la correction du *franekeranus* communément retenue par les éditeurs. Il n'est pas exclu cependant que la leçon des mss *latitudines et longitudines* soit authentique, le début de l'énoncé (*Oeci – uocantur*) constituant un titre d'appel, avec développement de cet énoncé dans une construction lâche. Peut-être trouvons-nous dans ce passage la transcription brute d'une fiche de travail.

8. 9. *Oeci corinthii* : Vitruve donne, dans les lignes suivantes (*Arch.* 3,6,9) plusieurs éléments précis de caractérisation de ce type d'*oecus*, notamment singularisé par l'ordre unique des colonnes (*simplices habent columnas*) posées sur un podium ou à même le pavement (*aut in podio positas aut in imo*), supportant des architraves et des corniches en bois ou en stuc (*supraque habent epistylia et coronas aut ex intestino opere aut albario*) et, en appui, des plafonds à caissons de profil semi-circulaire (*supra coronas curua lacunaria ad circinum delumbata*). L'exactitude de cette description est bien illustrée par deux salles pompéiennes : l'*oecus* corinthien de la Maison du Labyrinthe et celui de la Maison de Méléagre. Occupant une situation privilégiée dans la *domus*, orientées vers le jardin-péristyle, ces deux pièces manifestent, avec un art raffiné, l'importance accordée aux pièces de réception qui constituent, s'agissant singulièrement de la première, le cœur même d'un ensemble organique architectural à la fois luxueux et harmonieusement équilibré. Dotées d'une couverture identique — plafond incurvé en forme de voûte au-dessus de l'ample nef centrale (*supra coronas curua lacunaria ad circinum delumbata*), bas et plat latéralement — leur espace interne est animé respectivement par 10 et 12 colonnes reposant (en accord avec les indications vitruviennes), les premières à même le pavement (*in imo*), les secondes sur socles (*in podio*). Cf. Maiuri 1952, 3-5 ; Carandini 1985, 1, 20-23 (*oecus* corinthien d'une villa aristocratique : Settefinestre) ; Richardson 1989, 327 ; 399 ; Gros 2001, 64.

8. 10. *tetrastyli* : Le seul trait spécifique de ce type d'*oecus* au regard des *oeci* corinthiens est la limitation à quatre du nombre des colonnes. L'unique exemple connu en est, à Pompéi, celui de la Maison des Noces d'argent, daté des dernières décennies du Ier siècle av. J.-C. et procédant d'une nouvelle phase de construction de la maison. Ouvert dans l'angle sud-est du péristyle, son tracé est rectangulaire (10m 75 x 5m 28, avec l'antichambre B ; mais 5m 92 x 5m 28 pour la partie A de l'*oecus* proprement dit). Il est doté de

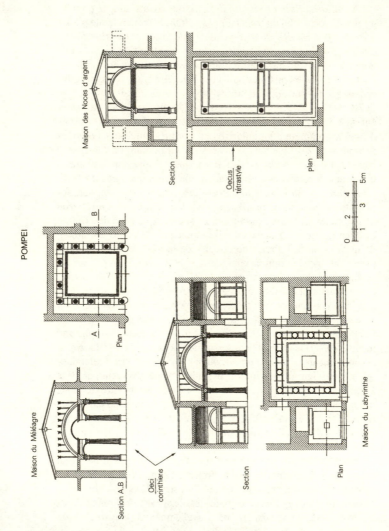

Fig. 22. *Oeci* corinthiens et tétrastyles de Pompéi. D'après A. Maiuri.

quatre colonnes reposant sur de hauts piédestaux isolés, à faible distance du mur. La couverture originelle, aujourd'hui restituée, est du type décrit par Vitruve pour les *oeci* corinthiens : celle d'une voûte en plein cintre supportée par une corniche — un plafond bas et plat recouvrant, à hauteur de l'entablement, les petites nefs longeant les murs. Cf. Maiuri 1952, p. 2-3 ; Richardson 1989, 156-157 ; 397 ; La Rocca / de Vos 2000, 325 ; Gros 2001, 69-64.

8. 11. *aegyptii* : Trois éléments principaux de caractérisation sont donnés *infra* par Vitruve dans sa description des *oeci aegyptii* (*Arch.* 3,6,9) : la présence de deux ordres de colonnes superposées ; l'ouverture de fenêtres dans les entrecolonnements supérieurs ; l'aménagement d'une galerie de pourtour à ciel ouvert. Aucune information explicite n'est donnée sur le type de couverture de ces *oeci*, mais il ressort implicitement de cette description que cette couverture était, non pas voûtée, commè dans les *oeci corinthii*,

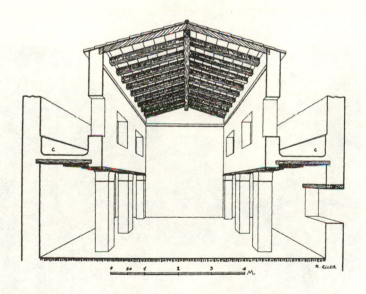

Fig. 23. Restitution schématique de l'*oecus Aegyptius* établi dans l'ancien *tablinum* de la Maison de l'Atrium à mosaïques d'Herculanum. D'après A. Maiuri.

mais plate (cf. Maiuri 1958, note 86 de la page 286 ; Ginouvès 1992, 168, note 7). Alors que l'adjectif *aegyptius* a paru évoquer la composante ptolémaïque du patrimoine génétique du schéma basilical (cf. M. Gaggiotti, « Atrium regium – basilica (Aemilia) : una inospettata continuita storica e una chiave ideologica per la soluzione del problema delle origine della basilica », *ARID*, 10, 1983(1984) 53 sq.), l'analogie même établie par Vitruve avec les basiliques civiles se révèle essentielle, dans la perspective (évoquée *supra* : cf. note 7) de la transposition de structures publiques dans l'architecture privée, comme affirmation d'une fonction et d'un statut de haute responsabilité sociale et de pouvoir. La documentation archéologique touchant les *oeci aegyptii* reste très pauvre. Instructif est l'exemple cependant de l'*oecus*, à Herculanum, de la Maison de l'Atrium à Mosaïque dont l'architecture illustre les principes fondamentaux des dispositions vitruviennes, même si l'ordre supérieur de la colonnade interne laisse place à un mur continu et si, faute

Fig. 24. L'*oecus Aegyptius* de la Maison de l'Atrium à mosaïques.
Vue depuis l'atrium.

d'un espace suffisant, la galerie de pourtour n'a pas pu être entièrement ménagée. Susceptibles d'apparaître plus imposants encore,
par leur type basilical, que les *oeci* tetrastyles et corinthiens, les
oeci aegyptii offraient aussi une solution originale et heureuse au
délicat problème de l'éclairage, en dispensant une lumière haut cap-
tée par les fenêtres ouvertes dans les entrecolonnements de l'espace
supérieur. Cf. Maiuri 1951, 423-429 ; 1958, 284-289 ; McKay 1975,
51-53 ; Gros 2001, 64-66.

8. 12. *rationem* : Sur le rapport 2 : 1 prescrit entre longueur et
largeur, ainsi que sur la relation : hauteur = longueur + largeur : 2,
cf. *supra*, *Arch.* 6,3,8, note 2. Comme l'observe A. Corso (1997,
937), l'estimation prévue par Vitruve pour la hauteur de ces salles
ne semble pouvoir être pertinente que pour les demeures aristocratiques les plus importantes d'un grand centre urbain.

3. 9. 1. *discrimen* : Attesté par 13 occurrences dans le *De
Architectura*, le mot relève dans trois exemples du vocabulaire musical (*Arch.* 1,1,9 ; 5,4,5 ; 5,8,2), mais fixe dans tous les autres cas une
différenciation exclusive entre les éléments spécifiques de deux
séries de réalités ou de compositions. Cf. Gros 1992, 71.

9. 2. *epistylia* : Le mot est très fréquent dans le *De Architectura*
(48 exemples) pour désigner le plus souvent, comme ici une « architrave », mais en quelques passages aussi (cf. *Arch.* 1,2,6 ; 5,1,1 ;
5,7,6 ; 7,5,5), en rapport avec son étymologie (= « ce qui est au-dessus des colonnes ») l'entablement dans son ensemble. Cf. Gros
1990, 176 ; Ginouvès 1992, 110-114.

9. 3. *coronas* : Particulièrement fréquent dans le *De Architectura*
(51 exemples), le mot apparaît cependant pour la première fois chez
Vitruve comme élément du vocabulaire de l'architecture, avant de
se retrouver chez Pline, *N.H.* 36, 183. Cf. Palladius 1,11 ; Quinte
Curce 9,4,3 ; Ulpien, *Dig.* 34,2,19,44 ; *Itala*, *Deut.* 22,8 ; *Vulgate*,
Exod. 25,11. Chargé des notions grecques de θριγκός, « couronnement », et de γεῖσ(σ)ον, « élément saillant », *corona*, dans ses
deux occurrences du livre VI, comme au demeurant dans le plus
grand nombre de ses emplois par Vitruve, identifie une « corniche »,
mais figure aussi, en 3,5,11 et 3,5,12, dans une application restreinte
de sa sphère sémantique, au sens de « larmier » et plus précisément,
« face antérieure de larmier ». Le mot est par ailleurs utilisé en 3,4,5
pour désigner le couronnement d'un podium. Cf. Gros 1990, 139 ;
186 ; Ginouvès 1992, 119-126.

9. 4. *albario* : Le mot ici encore est d'abord connu par Vitruve
avant de se retrouver chez Pline (*N.H.* 35,56 ; 36,183) et jusqu'à

époque tardive (cf. Tertullien, *Idol.* 8 : *a. tector* ; *Cod. Theod.* 13,4,2). *Albarium*, ou *albarium opus* désigne l'enduit fait d'une composition de chaux et de poussière de marbre, analogue donc à notre stuc. Cf. Blanc 1983, 266 sq. ; Ginouvès – Martin 1985, 50 ; 138 ; Cam 1995, 100-101 et bibl. citée. Voir *infra* 6,7,3, note 5.

9. 5. *contignatio* : La *contignatio* est définie au livre IV à partir de ses éléments constituants : les solives et les planches (*Arch.* 4,2,1 : *in contignationibus tigna et axes*), disposées horizontalement depuis les architraves jusqu'aux murs. Ce réseau de poutres (Vitruve désigne ici le solivage, au sens propre) soutient le planchéiage (*coaxatio*) sur lequel repose le *pauimentum*. Cf. Plommer 1970, 180-182 ; Adam 1984, 213 sq. ; Ginouvès – Martin 1985, 84-85 ; 147 ; Ginouvès 1992, 133-135 ; Ulrich 1996, 137-151 ; Gros 1999, 145-146.

9. 6. *ad circinum delumbata* : Précisé par *ad circinum* (attesté 32 fois dans le *De Architectura*), qui dénote à la fois l'instrument, « le compas », et son tracé, le participe *delumbata*, impliquant un processus d'inclinaison, doit être vraisemblablement interprété comme une métaphore anthropomorphique relevant du vocabulaire des hommes du métier. Perrault (p. 215-216, note 6) écrivait à propos de cette expression : « Si le mot *éreinté* était en usage, il serait d'autant plus significatif qu'on est déjà accoutumé à la métaphore des reins en fait de voûtes dont les parties qui s'élèvent et qui posent sur les impostes sont vulgairement appelées les reins » (sur ce mot, cf. Pérouse de Montclos 1972, 109 ; 226).

9. 7. *pauimentum* : Attesté vingt et une fois dans le *De Architectura*, *pauimentum*, qui a d'abord désigné un sol en terre battue (cf. Ginouvès – Martin 1985, 49, note 260 ; 145, note 107), y est appliqué à différents types d'aires planes : lit de tessons de terre cuite, pavement avec ses diverses strates, surface de circulation (cf. Cam 1995, 87). Une description précise du pavement de la galerie de l'*oecus corinthius* figure dans le livre 36 de Pline l'Ancien (cf. Rouveret 1981, 240-241) : « Il est nécessaire de disposer un double assemblage de planches en sens inverse et d'en clouer les extrémités afin qu'elles ne s'infléchissent pas ; à du hourdis récent, on ajoute un tiers de brique pilée, puis on tasse à la hie sur un pied d'épaisseur du béton auquel on mêle deux cinquièmes de chaux ; ensuite on étend une couche très dure, épaisse de six doigts et on assemble de grands carreaux dont l'épaisseur n'est jamais inférieure à deux doigts. On conserve une pente d'un pouce et demi par dix pieds et l'on polit la surface soigneusement à la pierre dure. On juge dangereux de planchéier avec des poutres de chêne parce qu'elles s'infléchissent. En revanche, on estime préférable d'étendre une couche de fougère ou de paille de façon que l'action de la chaux se fasse moins sentir. Il est nécessaire aussi de disposer une couche de « pierres rondes » (Trad. R. Bloch).

9. 8. *quarta parte* : Le rapport fixé entre colonnes inférieures et colonnes supérieures (d'un quart plus petites que les précédentes) est celui même que prescrivait Vitruve pour les colonnes des galeries du forum et pour celles des basiliques (*Arch.* 5,1,3 ; 5,1,5), rapport justifié en 5,1,3 à la fois par des raisons techniques (différence de charges) et par l'imitation surtout de la nature : des arbres tels que le cyprès ou le pin sont plus gros dans le bas, notait l'auteur, et deviennent progressivement plus minces jusqu'à la cime. Ce rapport coïncide en réalité avec une mesure moyenne donnée par la documentation archéologique, s'agissant du monde grec classique et hellénistique, mais pour une large part aussi du monde romain de l'époque tardo-républicaine. Cf. Corso 1997, 617-618, et bibl. citée.

9. 9. *ornamenta* : Associé à *epistylium*, comme dans 7 des 13 exemples attestés dans le *De architectura*, *ornamentum* renvoie, non à le simple notion d'ornement, mais à celle d'élément structurel de finition de « second œuvre ». La traduction par « modénature » peut être ici retenue. Voir la mise au point sur ce mot de Gros 1992, 48-49.

9. 10. *ornantur* : Si ce verbe peut y être chargé d'une connotation esthétique et surtout d'enrichissement (par rapport à une propriété, une situation initiales), ses emplois dans les différents contextes vitruviens (24 exemples) imposent l'acception dominante de « équiper de », « munir de », « doter de ».

3. 10. 1. *cyzicenos* : Déjà attesté chez Varron (*L.L.* 8,81), l'adjectif renvoie à une ville de Phrygie, en Asie Mineure, sur une petite presqu'île de la Propontide : Cyzique, connue comme ayant été, vers 650 av. J.-C., l'une des plus anciennes colonie des Milésiens, cité indépendante après la mort d'Alexandre, liée au royaume de Pergame, annexée par les Romains, *ciuitas libera* jusqu'au règne de Tibère… C'est après la défaite de Mithridate que Cyzique paraît avoir connu sa plus grande prospérité. Les écrivains anciens l'ont notamment évoquée pour ses antiquités et ses œuvres d'art, son marbre, sa monnaie, ses parfums. (cf. Cicéron, *Verr.* 2,4,60 : Pline, *N.H.* 5,151 ; 8,38 ; 98-100 ; Florus 3,5,15…). Sans doute l'adjectif *cyzicenus* assume-t-il, dans son association avec *oecus*, une fonction, non seulement d'identification, mais aussi étiologique, laissant entrevoir, comme le suggère P. Gros (2001, 66), « l'origine

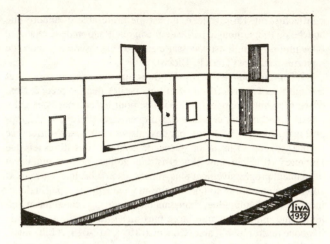

Fig. 25. Un *oecus* de type cyzicène (Villa de Julius Felix). D'après
    A. Maiuri.

pergaménienne de ce type de salon tricliniaire qui dans sa version
grecque, se confond avec l'*andron* principal des résidences prin-
cières tardo-classiques ou hellénistiques ». Vitruve souligne explicitement le caractère étranger de cet *oecus* (*non italicae
consuetudinis* / *quos cyzicenos Graeci appellant*) et l'intègre en
6,7,3 au nombre des composantes propres de la maison grecque,
tout en l'associant cependant à celles, possibles, de la maison
romaine (*fiunt autem…*) et en introduisant surtout une divergence
significative dans la description proposée : donnant, dans la maison
grecque, sur une cour à portique, c'est sur le vert des jardins que
s'ouvrent très largement ces *oeci* dans la maison romaine — adaptation influencée par un style de vie, un contexte spécifique de civilisation (cf. Zaccaria Ruggiu 1998-1999, 196). La mention de très
grandes ouvertures (portes-fenêtres, baies latérales), assurant à tous
les convives une vue libre et vaste sur la nature extérieure, constitue en fait un élément essentiel dans la description vitruvienne des
oeci cyziceni du monde romain, description moins analytique que
celle des *oeci* corinthiens, mais mettant toutefois en évidence, complétant ce caractère dirimant, plusieurs autres traits de spécifica-
tion : l'orientation de ces pièces vers le Nord, leurs dimensions
spacieuses « permettant note notre auteur, d'accueillir deux lits de

tables à trois places, en vis-à-vis, avec la possibilité de circuler autour », leur hauteur, égale à une fois et demie leur largeur. Les exemples archéologiques recensés, dont la plupart appartiennent à l'époque impériale (cf. Förtsch 1993, 175-178), reflètent plus certainement une analogie générale de conception que les illustrations très précises d'un modèle nettement défini. Cf. Maiuri 1958, 5-7 ; McKay 1998, 53 ; de Albentiis 1990, 154-155 ; Förtsch 1993, 103-104 ; Corso 1997, 940-941 ; 951 ; Zaccaria Ruggiu 1998-1999, 194-196 ; Gros 2001, 66-68.

10. 2. *uiridia* : Cet adjectif, qui s'applique à diverses nuances de vert et qui est le seul utilisé, pour cette couleur, à propos de la végétation (cf. J. André, *Lexique des termes de couleur*, Klincksieck, Paris 1949, 184-187) n'identifie pas, dans cet emploi substantivé, un jardin spécifiquement aménagé — notion transcrite par *uiridaria*, «enclos de verdure », mais, de manière plus large, toute la verdure d'un environnement naturel.

10. 3. *ualuasque* : Le mot s'applique proprement à un « vantail », élément de fermeture pivotant sur un axe vertical (cf. Ginouvès 1992, 52), vers l'intérieur, dans la définition d'Isidore (*De diff.* 1,326 ; cf. *Orig.* 15,7,4), qui fait par ailleurs référence à des fermetures à deux ou plusieurs vantaux et dotées d'éléments pliants : *fores autem et ualuae ipsa claustra sunt, sed fores quae foras uertuntur, ualuas quae intus aperiuntur et duplices, multiplices complicabilesque sunt.* Cf. Varron, *ap.* Servius, *Aen.* 1, 449. *Valuas*, dans ce contexte, renvoie par métonymie à de grandes portes-fenêtres telles que celles que mentionne Pline le Jeune, dans la description d'une pièce de sa villa des Laurentes qui, si elle n'est pas à identifier précisément avec un *oecus cyzicenus* (sur ce rapprochement, cf. K. Lehman-Hartleben, *Plinio il Giovane*, Florence 1936, 43 sq), participe cependant de la même recherche d'ouvertures les plus nombreuses et les plus larges possibles sur l'environnement naturel : *Vndique ualuas aut fenestras non minores ualuis habet atque ita a lateribus, a fronte quasi tria maria prospectat* (*Ep.* 2,17,5). Voir Förtsch 1993, 103-104.

10. 4. *lumina fenestrarum ualuata* : Dans cete unité sémantique complexe, le sème de base : « ouverture », dont *lumen* est porteur, se trouve doublement précisé : par *fenestrarum*, impliquant une fonction première de lumière, d'aération, de perspective, non de passage ; par *ualuata*, identifiant un type particulier de baie, ouvrant depuis le sol, comme une porte. Vitruve désigne donc ici une porte-fenêtre. Cf. Ginouvès 1992, 36 ; 40 ; Callebat-Fleury 1995, 126-127.

10. 5. *altitudines* : Le rapport proposé 1,5 : 1, analogue à celui prescrit pour les exèdres et les *oeci quadrati* (*Arch.* 3,6,8. Voir *ibid.* note 6) semble impliquer que, dans la perspective vitruvienne, la forme envisagée pour ces salles tend vers le carré. Cf. Corso 1997, 940.

3. 11. 1. *symmetriarum rationes* : L'association des deux termes intervient plusieurs fois dans le *De Architectura* (cf. 4,1,3 ; 4,3,2 ; 6,2,1 ; 6,3,5) où Vitruve utilise également dans une perspective plus active le groupe *symmetriarum ratiocinatio* (1,2,4 ; 1,3,2). Voir *supra*, *Arch.* 6,3,2, note 11. Au terme d'un développement que marque la rigueur théorique des principes relationnels énoncés, les observations ici présentées par Vitruve ouvrent une perspective plus nuancée et complexe de leur interprétation. Il apparaît en effet qu'en regard de la fonction de *partis* typologiques assumés par ces règles, tables de références prédisposant la réalisation de l'œuvre, l'application de normes ne saurait être automatique et que l'initiative de l'architecte et le travail sur le chantier s'avèrent également indispensables (cf. Gros 1985, 248-249).

11. 2. *parietum* : Évoquant également, dans une comparaison entre habitat rural et habitat urbain, l'écran des hauts murs (*Arch.* 6,6,6 : *in urbe autem aut communium parietum altitudines aut angustiae loci inpediundo faciunt obscuritates*), Vitruve caractérise par *communis* le substantif *parietum*, identifiant donc un « mur mitoyen » (sur cet emploi de *communis*, cf. C. Saliou, « Locus communis et mur mitoyen », *REL*, 78, 2001, 9-15). Il est vraisemblable que *paries* soit à interpréter, dans ce passage, avec le même sens. Sur la législation touchant la hauteur des maisons et les problèmes de protection de la lumière, cf. Saliou 1994, 217 sq. Voir infra 6,6,6, note 2.

11. 3. *luminaque* : Le mot est pris dans l'acception d'« ouverture », menagée pour laisser entrer la lumière. Cf. 6,3,10 note 4.

11. 4. *detractiones aut adiectiones* : cf. *Arch.* 6,2,1, note 4.

11. 5. *uenustates* : Élément de la trilogie qui l'associe à la *firmitas* et à l'*utilitas*, *uenustas* relève, dans les théories vitruviennes, d'une harmonie relationnelle obtenue, écrit Vitruve (*Arch.* 1,3,2) « par un calcul précis des rapports modulaires ». Cf. Schlikker 1940, 13 ; 72 ; 76 ; Callebat 1994, 40-42.

4. 1. 1. *Nunc explicabimus* : Vitruve développe dans ce chapitre les principes posés dans son premier livre (*Arch.* 1,2,7) où, définissant la notion de *decor*, beauté fonctionnelle que détermine une convenance, ou harmonie, naturelle (cf. Callebat 1994, 39 sq.), il en

établissait plus précisément aussi le lien souhaité avec les choix
d'expositions : « La convenance sera naturelle, écrivait-il, si l'on
choisit des expositions très saines ». La relation de l'environnement
à l'architecture constitue, en fait, un thème récurrent du *De
Architectura*, qu'il s'agisse d'urbanisme (cf. *Arch.* 1,4,1), de types
généraux d'habitats et de leurs structures caractéristiques (cf. *Arch.*
6,1,1 sq.), d'édifices publics (cf. *Arch.* 1,3,7 ; 5,1,4 ; 5,10,1) ou de
demeures privées, grecques ou romaines, de la ville ou de la campagne (cf. *Arch.* 1,2,7 ; 6,4 ; 6,6,1 ; 6,7,3). Plusieurs siècles avant
Vitruve, un vers d'Eschyle (*Prom.* 450) atteste l'importance déjà
accordée à l'orientation des maisons interprétée comme un trait distinctif des habitations civilisées en regard des constructions primi-
tives. Si Xénophon (*Oecon.* 9,4 ; *Mem.* 3,8,8 sq) et Aristote (*Oecon.*
1,6,7, 1345 a) recommandent des pièces fraiches et bien aérées pour
l'été, mais chaudes et ensoleillées pour l'hiver, particulièrement
significatif se révèle, chez les écrivains romains, le témoignage de
Varron : ayant affirmé que, loin d'être démuni devant une nature
hostile, l'homme est capable, par son industrie, de combattre
victorieusement les éléments contraires, un des protagonistes de
l'*Économie rurale*, Scrofa, invoque à l'appui de sa thèse l'initiative
salvatrice de Varron qui, à Corcyre, mit fin aux ravages causés par
une épidémie en changeant les portes de place et en ouvrant de nouvelles fenêtres vers le Nord, après avoir condamné les anciennes
(*R.R.* 1,4).

1. 2. *proprietatibus* : La structure embarrassée de cet énoncé
n'implique pas cependant une altération grave de la tradition manuscrite. La seule correction opportune paraît être celle de C.
Fensterbusch interprétant comme erreur de copie l'insertion, devant
caeli, d'un *et*, maintenu sans doute par de nombreux éditeurs, mais
très difficilement justifiable (aux plans structurel et sémantique),
en envisageant même un emploi adverbial (*et = etiam*). Autre difficulté du passage, *proprietatibus* doit être analysé comme ablatif
causal (= « en fonction de leur spécialité » — référence à divers
types de pièces : *triclinia, balnearia, cubicula*…). *Vsum* renvoie à
l'usage fait de ces différentes pièces. Quant à la leçon *apte*, que
conforte le texte parallèle de Cetius Faventinus (14 : *Disponendum
erit tamen ut certa genera aedificiorum caeli regiones apte possint
spectare*), elle figure déjà dans deux manuscrits des XIe-XIIe siècles :
le *Vaticanus Regin.* 2079 et le *Vaticanus Urb. Lat.* 293 (*aptae*). Le
mot renvoie à la notion de « convenance naturelle ».

1. 3. *genera aedificiorum* : L'expression identifie, non différents types de bâtiments (question déjà envisagée au début de ce

livre : *Arch.* 6,1,1 sq.), mais les différentes parties des constructions (d'où l'emploi de *genera* marquant la spécialité de chacune de ces parties, ou « pièces »).

1. 4. *Hiberna triclinia* : L'aménagement, dans les riches demeures de l'époque tardo-républicaine de plusieurs *triclinia* différemment orientés suivant leur utilisation saisonnière, voire différemment équipés (cf. Varron, *L.L.* 8,29 : « Nous ne dotons pas des mêmes portes et des mêmes fenêtres les *triclinia* d'hiver et ceux d'été »), est surtout évoquée par les auteurs anciens comme signe d'ostentation vaniteuse (dans les *Satyrica* 77,4, par exemple, où Trimalcion décrit sa maison « autrefois baraque, désormais temple » avec quatre salles à manger, vingt chambres…), et dans une perspective moralisante. Varron dénonce ainsi, à propos des salles à manger d'hiver et d'été des *uillae* — remarques également pertinentes pour la *domus* : cf. Juvénal, *Sat.* 7,183 — l'attitude des propriétaires modernes d'abord préoccupés de leur confort : « On s'inquiète d'avoir ses salles à manger ouvertes à la fraîcheur du levant, celles d'hiver au soleil couchant, plutôt que de veiller, comme les Anciens, à orienter convenablement les fenêtres des celliers et huileries » (*R.R.* 1,13,7. Trad. J. Heurgon). Aucune intention moralisante n'intervient en revanche dans le texte vitruvien qui intègre la pluralité de *triclinia* dans un schéma canonique de grandes *domus* et dans la problématique générale, évoquée *supra*, de la relation à l'environnement des structures architecturales. L'orientation fixée par Vitruve pour les *triclinia* d'hiver est celle également donnée par Varron (*R.R.* 1,13,7), mais les prescriptions des deux auteurs sont divergentes s'agisant des *triclinia* d'été, à orienter vers l'Est, selon Varron (orientation identique chez Columelle 1,9,5), vers l'Ouest, pour Vitruve, qui réserve l'orientation Est aux *triclinia* de printemps et d'automne. La divergence est cependant mineure, les deux expositions impliquant une fraîcheur comparable (cf. l'expression varonienne : *frigus orientis*) et évitant l'une et l'autre l'humidité. Cetius Faventius (14) reproduit les indications vitruviennes pour les quatre types de *triclinia* articulés autour des quatre saisons, articulation à laquelle ressortissent également les prescriptions de Palladius touchant les habitations rurales : *aestiuae <uillae partes> septentrioni, hibernas meridiano, uernas et autumnales orienti* (cf. 1,9,1-4). Certainement plus rares que les maisons à deux *triclinia* (cas de grandes demeures même, telles que celles de Pansa ou du Ménandre) ou à un seul *triclinium* (le *tablinum* dont on fermait, selon les saisons, l'une ou l'autre des extrémités pouvant tenir lieu tout à tour de salle à manger d'hiver ou d'été), les demeures à

quatre, voire cinq *triclinia*, différemment orientés suivant leur utilisation saisonnière sont attestés par la documentation archéologique. Un exemple significatif est fourni par la Maison du Faune :
les salles 25 et 44, avec leurs larges ouvertures vers le Nord, étaient
vraisemblablement destinées aux repas de printemps et d'été, les
salles 34 et 35 encadrant le *tablinum* devant servir de salles à manger d'automne et d'hiver (cf. de Albentiis 1990, 153). La Maison du
Labyrinthe présente pour sa part, outre son magnifique *oecus* corinthien tourné vers le Sud, où avaient lieu les festins d'apparat, deux
groupes opposés de deux *triclinia* contigus : les premiers (38 et 35),
regardant vers le Nord, constituaient les salles à manger de la belle
saison ; les seconds, d'exposition Sud, convenaient pour les saisons
froides. Mais l'archéologie pompéienne atteste également que, quels
que fussent le nombre et le luxe des *triclinia*, l'ancienne coutume
romaine, évoquée par Varron (*ap. Non.* 2,112 ; cf. *R.R.* 3,13,2) se
perpétua, de repas pris à l'air libre dans de petits *triclinia*, parfois
surmontés d'une pergola, aménagés dans le péristyle (cf. Maison de
Trebius Valens) et surtout dans le jardin (cf. Maison des Noces
d'Argent, de Salluste…). Voir Pietro Soprano, « I triclini all'aperto
di Pompéi », *Pompeiana*, Naples 1950, 288-310. Voir également
Pline, *Ep.* 5,6,36-37, avec la mention faite des *stibadia*, lits utilisés
pour les repas à l'extérieur.

1. 5. *balnearia* : Déjà attesté dans la correspondance de Cicéron
(*Q. fr.* 3,1,1 ; *Att.* 13,29,2), plus tard chez Columelle (1,6,2) et
Sénèque (*N.Q.* 4,9 ; *Tranq.* 9,7), dénotant ici des bains privés, *balnearia* figure seulement en deux occurrences du *De Architectura*
(6,4,1 ; 6,6,2) où ce neutre pluriel se trouve concurrencé par les
formes *balneum* et *balneae* (cf. Callebat 1984, *s.u. balneum*), sans
différenciation nette de référence entre bains privés et bains publics
(cf. Callebat, Fleury 1995, 169-176). Le type de *domus* aristocratique étudié par Vitruve induit à identifier ces *balnearia* comme des
installations relevant, non plus du caractère rudimentaire primitif
notamment évoqué par Sénèque (*Ad. Lucil.* 86,4 : *balneolum angustum, tenebricosum, ex consuetudine antiqua* : « une petite salle de
bains resserrée, obscure, comme en avaient les Anciens »), mais du
stade avancé d'un processus de perfectionnement et de luxe plus
particulièrement engagé au cours de la période républicaine. Des
ensembles balnéaires privés tels que ceux, à Pompéi, de la Maison
du Labyrinthe, de la Maison des Noces d'argent et de la Maison du
Cryptoportique illustrent la qualité de ces réalisations, leur agrément, le confort qu'elles offraient (cf. Gros 2001, 68-70). Les textes
littéraires anciens s'en font également l'écho, attestant plus parti-

culièrement l'importance accordée, dans l'installation de ces salles, à une large réception de la lumière et à leur ensoleillement. Sénèque évoque ainsi (*Ad Lucil*. 8,6,8) un complexe de bains « aménagé, écrit-il, de telle manière qu'il reçoive le soleil, tout le jour durant, par d'immenses fenêtres » (*balnea [...] ita aptata sunt ut totius diei solem fenestris amplissimis recipiant*). Décrivant, pour sa part, sa villa de Toscane, Pline le Jeune (*Ep*. 5,6,25 sq) caractérise, en fonction essentiellement de leur lumière et de leur ensoleillement, les pièces principales de ses bains : *l'apodyterium*, « spacieux et gai » (*laxum et hilare*), le *frigidarium*, « avec son grand bassin » (*baptisterium amplum*), le *tepidarium*, « baigné de lumière » (*cui sol begnissime praesto est*), le *caldarium* « plus ensoleillé encore » (*caldariae magis*) et dans lequel deux des trois baignoires sont exposées au soleil, la troisième « un peu à l'écart de ses rayons, mais non de la lumière » (*In hac tres descensiones, duae in sole, tertia a sole longius, a luce non longius*). Des médecins mêmes, tels que Celse, souligneront l'intérêt, pour la santé, des bains pris dans un cadre agréable et ensoleillé (*Med*. 1,2,7). L'information donnée ici par Vitruve sur le choix souhaitable d'une exposition Sud-ouest peut être complétée par le développement du livre V consacré aux bains publics, l'auteur précisant que l'orientation prescrite intéresse surtout deux salles : le *caldarium* et le *tepidarium*, et que l'exposition Sud pouvait être retenue en cas d'impossibilité d'orientation au Sud-ouest : en effet, notait Vitruve, on utilise les bains essentiellement, entre le milieu de la journée et le soir (*Arch*. 5,10,1). Les sources littéraires anciennes s'accordent généralement avec le texte vitruvien : si Columelle conseille une orientation Nord-ouest (*R.R.* 1,6,2), Cetius Faventinus (16,1) prescrit le Sud-ouest et le Midi, de même que les *Géoponiques* (2,3,7) et que Palladius (1,39,1). Quant à la documentation archéologique, elle atteste l'application très large, sur le terrain, de ces règles d'orientation, s'agissant de *domus* ou de *uillae*, comme l'illustrent des exemples tels que ceux de la Maison des Noces d'argent, de la Maison du Ménandre ou, dans la villa de Settefinestre, l'exposition Sud-ouest du *caldarium*. Cf. Carandini 1985, 1,129-131 ; Lafon 1991, 97-114 ; Yegül 1992 (notamment 352-355).

1. 6. *Cubicula* : Susceptible de renvoyer à différents types de pièces n'ayant pas une affectation nettement définie (cf. Förtsch 1993, 54 sq.), le mot *cubiculum*, caractérisé ou non par *dormitorium*, identifie plus précisément, et plus souvent aussi dans les textes, une chambre à coucher, ou pièce de repos. D'abord disposés — entre le IVe et le IIe siècle av. J.-C. — sur chacun des côtés de l'atrium (ainsi dans la Maison du Chirurgien, VI,1,10, dans la Maison de Salluste, VI,2,4 ou dans la Maison du Faune, VI,12,2, *cubiculum* 28), ces *cubicula* s'ouvrent, à partir du IIᵉ siècle av. J.-C., sous un portique du péristyle, parfois précédés d'une antichambre, ou *procoeton* (cf. Pline, *Ep.* 2,17,10 ; 2,17,23). Leurs dimensions et leur structure se révèlent diverses. Certains sont exigus, mais relativement hauts (3m 50, dans la Maison du Chirurgien), donnant sur l'atrium par de grandes portes (celles de la Maison du Faune et de la Maison des Noces d'argent s'élèvent jusqu'à 4m 10 et 4m 18), généralement pourvues d'une baie pour le passage de la lumière. L'espace est plus large dans d'autres *cubicula* dotés d'une vaste ouverture sur le portique. Dans les différents types cependant de *cubicula* (et malgré des exemples tels que celui de la chambre 3 de la Maison du Ménandre, aux ouvertures spacieuses), les fenêtres sont fréquemment de dimensions réduites, simples meurtrières parfois, comme dans la Maison du Centaure, l'éclairage de ces *cubicula* étant essentiellement celui donné par la lumière de l'atrium ou du péristyle. Compte tenu de la diversité des orientations identifiables sur le terrain, la seule exposition Est préconisée par Vitruve peut paraître relever d'une loi très réductrice. À l'instar de son modèle, Cetius Faventinus (14,1) ne mentionne également que l'orientation Est, mais Columelle (*R.R.* 1,6), distinguant *cubicula* d'hiver et *cubicula* d'été, préconise une exposition Est pour les premiers, le plein Sud pour les seconds (… *ut spectent hiemalis temporis cubicula brumalem orientem [...] ; aestiua cubicula spectent meridiem aequinoctialem*). Sans doute l'exposition la plus heureuse était-elle, en réalité, celle des *cubicula* qui, ouverts au soleil levant, en recevaient aussi les derniers rayons. Telle était celle des deux chambres de la propriété des Laurentes orientées, rapporte Pline, l'une vers l'Est, l'autre ver l'Ouest ; « une des fenêtres écrit-il (*Ep.* 2,17,6), laisse entrer le soleil levant, la seconde retient le soleil couchant » : *altera fenestra admittit orientem, occidentem altera retinet*. Quelques chambres pompéiennes (dans la Maison du Faune, notamment, ou dans la Maison du Labyrinthe) présentent cette double orientation. Une enquête portant sur 44 chambres de Pompéi et d'Herculanum (les maisons étudiées, sont celles du Faune, du Labyrinthe, du Ménandre, de Méléagre, de Pansa, de la Cloison de bois, du Samnite, de l'Atrium corinthien, d'Obellius Firmus, du Poète tragique), chambres dont sept bénéficient d'une double exposition, tend à dégager deux expositions privilégiées : Est et Ouest, avec une légère préférence accordée à l'exposition Est (19 cas vs. 17). Plus rares sont les expositions Nord et Sud, identifiées respectivement 8 et 7 fois. Quant aux chambres à double exposition, quatre sur sept prennent jour de l'Est et de l'Ouest. Cf. Förtsch 1993, 18-24 ; 48-58 ; 150-153 ; Zaccaria Ruggiu 1995ᵃ, 397-409.

1. 7. *bybliothecae* : Sur la forme du mot, cf. *Th. L. L.* II, 1955, 60 sq. Les manuscrits vitruviens hésitent entre les graphies *bybli-* et *bibly-* également fréquentes dans les Inscriptions, où se rencontre fréquemment, aussi la forme *bibli-* (sur la graphie grecque, originellement βυ-, cf. Chantraine 1990, 201). L'intégration par Vitruve des bibliothèques privées au nombre des composantes canoniques d'une *domus* aristocratique réfléchit un phénomène culturel et de civilisation plus particulièrement favorisé, dans sa génèse, par les contacts établis avec le monde grec et par les guerres de conquête : Paul-Émile déjà, avait donné à ses fils les livres pris en butin à Persée, et Sylla fera transporter à Rome la bibliothèque d'Apellicôn de Téos. Exemple le plus célèbre sans doute d'une magnifique bibliothèque romaine privée, préfiguration des grandes fondations impériales, la bibliothèque qu'installe Lucullus dans sa villa de Tusculum accueille des livres rapportés du royaume du Pont après la campagne victorieuse contre Mithridate. Différents témoignages littéraires attestent le désir affirmé, dès cette époque, par les Romains cultivés de constituer et de posséder en propre une riche bibliothèque : Atticus, bibliophile averti, détenait ainsi un nombre important d'ouvrages précieux dans lesquels puisait Cicéron, héritier lui-même de la bibliothèque de l'érudit Servius Claudius et prêt à l'impossible pour rassembler une collection exceptionnelle d'ouvrages ; le grammairien L. Lucius Tyrannion se voit confier la tâche de choisir les livres destinés à la nouvelle bibliothèque de Quintus Cicéron… Pline le Jeune évoquera plus tard les livres tirés d'une bibliothèque de sa villa des Laurentes pour « être lus et relus » (*Ep.* 2,17,8 : *Parieti eius in bybliothecae speciem insertum est quod non legendos libros, sed lectitandos capit*), mais la passion authentique du livre semble dès lors souvent laisser place aussi, comme l'affirme Sénèque, à un esthétisme ostentatoire et mondain : « Pourquoi ces livres sans nombre, écrit-il (*Tranq. An.* 9,4,7), et ces bibliothèques dont une vie entière ne suffirait pas à lire les catalogues […] ? Chez les plus paresseux, tu peux voir les collections entières des orateurs et des historiens et des casiers empilés jusqu'aux plafonds. En effet, aujourd'hui, comme les bains et les thermes, la bibliothèque est devenue l'ornement obligé de toute maison qui se respecte. » Cf. P. Fedeli, « Biblioteche private e publiche a Roma e nel mondo romano », in *Le biblioteche nel mondo antico e medievale* (ed. G. Cavallo), Laterza, Roma-Bari 1988, 31-78 ; C. Salles,

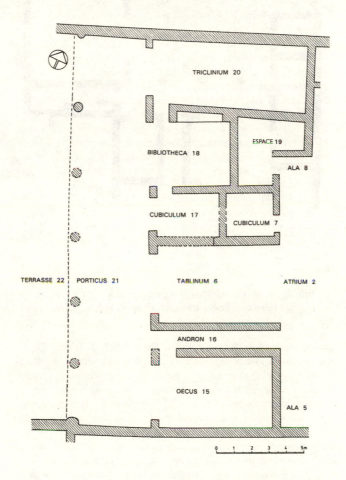

Fig. 26. Plans de maisons avec bibliothèque.
a. Pompéi VI 17, 41. D'après V. M. Strocka.

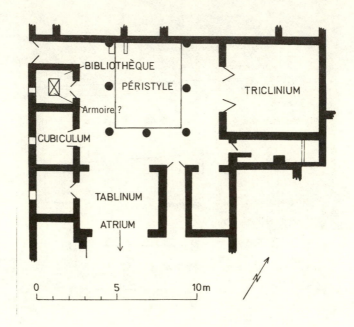

Fig. 26. Plans de maisons pompéiennes avec bibliothèque.
b. Maison du Poète tragique. D'après P. Knüvener.

Lire à Rome, Les Belles Lettres, Paris 1992, 171-186. Le *De Architectura* annonce déjà cette fonction d'« ornement » : les bibliothèques figurent, au chapitre 5, parmi les composantes de prestige de la *domus* appelées à rivaliser d'importance et de beauté avec les constructions publiques (*Arch* 6,5,2 : *praeterea bybliothecas, pinacothecas, basilicas non dissimili modo quam publicorum operum magnificentiae comparatas*). Pour autant cependant qu'il est permis de le déduire d'une documentation archéologique restée pauvre en ce domaine (Vitruve ne fournit pour sa part aucune information sur le sujet), la *magnificentia* évoquée relève plus certainement de la richesse propre des collections, objets par elles-mêmes de spectacle, que de la somptuosité d'une architecture spécifique. Les bibliothèques privées semblent, en effet, avoir été pour la plupart de dimensions modestes, voire aménagées dans une pièce de la *domus* adaptable à diverses fonctions. La villa suburbaine de Calpurnius

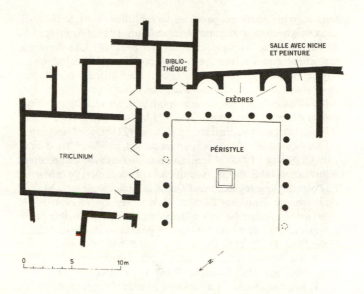

Fig. 27. Maison avec bibliothèque et exèdres servant de zones de lecture : Maison du Ménandre. D'après P. Knüvener.

Pison, ou Villa des Papyri, près d'Herculanum, n'avait qu'une bibliothèque étroite (2m 65 sur 3m 20) pour contenir ses 1756 manuscrits, grecs pour la plupart et intéressant la géométrie, la poésie, la rhétorique, la musique, la religion, la médecine, l'histoire de la philosophie (son identification comme bibliothèque de Philodème fut un certain temps retenue : cf. Knüvener 2002, 82) ; la chambre à double alcove de la Maison du Ménandre, transformée en bibliothèque (cf. Maiuri 1933, 84-89 ; Ling 1997, 274), était de dimensions relativement modestes (3m 34 N / 3,365x3,90 E et O). Dans la Maison pompéienne VI 17, 41, la bibliothèque (salle 18) a une largeur de 3m 63 et une profondeur de 4m 84. Quant à Pline, c'est dans l'un des *cubicula* de sa villa des Laurentes qu'est installée sa bibliothèque (*Ep.* 2,17,8) dont les ouvrages sont rangés à l'intérieur d'un compartiment ménagé dans le mur — type de rangement également adopté dans la Maison VI 17,41. Des étagères distribuées le long des murs pouvaient aussi remplir cet office : ainsi, semble-t-il, dans la Maison du Ménandre (cf. Maiuri 1933, 86) et dans la Maison du Poète Tragique (cf. Knüvener 2002, 84). La salle même des bibliothèques privées pouvait ne constituer, en réalité, qu'un simple magasin, les pièces avoisinantes étant utilisées pour la lecture personnelle (*exèdre*, *cubiculum*), les lectures en commun et les discussions qu'elles entraînaient (portique), les récitations à l'occasion de festins (*triclinium*). Dans la Maison VI 17,41 la bibliothèque (18) s'ouvrait ainsi sur un portique (21) et, par deux portes, sur un *cubiculum* (17), d'une part, et sur le *triclinium* (20), d'autre part. Cf. Strocka 1993, 344. Si, en contradiction avec les préceptes vitruviens, la bibliothèque (identification à confirmer) de la Maison du Poète tragique regarde vers l'Ouest, la bibliothèque de la Maison du Ménandre donne sur l'Est, celle de la Maison VI 17,41 sur le Nord-est. La recherche du meilleur ensoleillement possible paraît l'emporter chez Pline sur le souci de protection des livres. Cf. A. Gallo 1940, 45-52 ; D.K. Dix, *Private and Public Libraries at Rome in the first Century B.C.*, Ann Arbor 1990 ; Strocka 1993, 321-351 ; Gros 1996, 362-375 ; Knüvener 2002, 81 sq. ; Höpfner 2002.

1. 8. *quaecumque* : La structure heurtée de cet énoncé relève d'un type d'anacoluthe favorisée par la fonction de relation de *quaecumque*. La correction proposée par Fra Giocondo de *quaecumque* en *in his quae* établit une construction certainement plus classique, mais dont rien ne permet d'assurer l'authenticité.

4. 2. 1. *Triclinia uerna* : Cf. *supra* 6,4,1 note 4.

2. 2. *tum enim…* : Diversement corrigé par les éditeurs, le texte donné par les manuscrits pour l'ensemble de cette phrase peut être cependant raisonnablement conservé en restituant seulement — après Schneider — *tum* (pris au sens large de « alors », *i. e.* « dans ce cas ») pour *cum*. *Praetenta* (à accorder avec *ea temperata*) doit être analysé par ailleurs comme participe de *praetendo*, avec le sens de « exposé à ». Le mot ne fait, naturellement, aucune référence à des rideaux, comme le croyait curieusement Perrault — interprétation reprise cependant par Maufras, qui corrige *praetenta* en *praetentura*.

2. 3. *solis impetu* : Le terme *impetus* est bien attesté dans le vocabulaire de l'astronomie, notamment associé à *solis* ou à *caeli* ; cf. Callebat 1973, 63.

2. 4. *regio* : Le mot a été spécialisé dans le vocabulaire géographique et cosmographique pour désigner une zone, ou secteur, de la terre ou du ciel (il identifie, dans le vocabulaire augural, les lignes droites tracées dans le ciel pour en déterminer les parties). Également utilisée par Vitruve (cf. *Arch.* 9,4,2), l'expression *e regione* exprime la notion d'opposition lorsqu'il s'agit d'un astre (cf. Cicéron, *N.D.* 2,50 ; *Rep.* 6,17,17 ; Tite-Live 33,17). Cf. Callebat, Fleury 1995, 288.

2. 5. *efficitur aestuosa* : La leçon adoptée est celle de *S*, pleinement satisfaisante pour la cohérence grammaticale et sémantique de la phrase. Cette leçon est cependant isolée dans la tradition manuscrite et le correcteur de *S* rejoint la lecture *efficiuntur* des autres manuscrits. Peut-être donc la lecture authentique est-elle à retrouver par une correction minime : *aestuosa est*, pour *aestuosae*. Le texte serait alors : *[…] quod ea regio, non ut reliquae per solstitium propter calorem efficiuntur, aestuosa est.*

2. 6. *uoluptatem* : Le mot, qui figure en sept occurrences du *De architectura*, y recouvre les notions à la fois de bien-être et de plaisir esthétique, plaisir dont Vitruve mentionne (*Arch.* 5,3,1 à propos des spectateurs au théâtre) les manifestations physiques mêmes, mais qu'il présente également comme conséquence d'une élaboration intellectuelle concertée (*Arch.* 1,2,1 : *cogitatio est cura studii plena et industriae uigilantiaeque effectus propositi cum uoluptate* : « La méditation est le travail d'un esprit laborieux, ingénieux, toujours en éveil pour réaliser un projet qui a le plaisir pour effet »), comme réponse aussi donnée à une quête innée : « Le regard, écrit Vitruve (*Arch.* 3,3,13), recherche les agréments de la beauté », *uenustates enim persequitur uisus.* Bien loin donc d'être l'objet d'une réprobation moralisante et de leur confusion avec la *luxuria*, le plaisir et le bien-être que l'art et la technique donnent à l'homme apparaissent, chez Vitruve, comme des biens naturels et souhaitables. Sur cet aspect de la pensée vitruvienne, cf. Gros 1999, 76.

2. 7. *textrina* : Apparu chez Ennius (*Ann.* 468 Vatilen ; *ap.* Servius, *Aen.* 11, 326) et bien attesté jusqu'à l'époque tardive, sous une forme de neutre, ou de féminin (cf. Sénèque, *Luc.* 90,20 ; Suétone, *Gramm.* 23 ; Apulée, *Flor.* 9,25 ; Ambroise, *Luc.* 8,11 ; Boèce, *Arith.* 1, *praef…*), *textrinum* identifie un atelier de tissage et d'habillement, ou le travail y afférent. La présence de ce type d'atelier dans la *domus* aristocratique est attestée par la documentation archéologique — des exemples significatifs sont fournis à Herculanum, par l'atelier de la Maison à la Cloison de bois où a été retrouvée une presse à tisser en bois (cf. Maiuri 1958, 220) et par la Casa del Telaio (Maiuri 1958, 426-430) dont l'atelier est orienté vers le Nord, selon la prescription vitruvienne ; à Pompéi, par les ateliers de Minucius (cf. La Rocca, de Vos 2000, 179), de la Maison

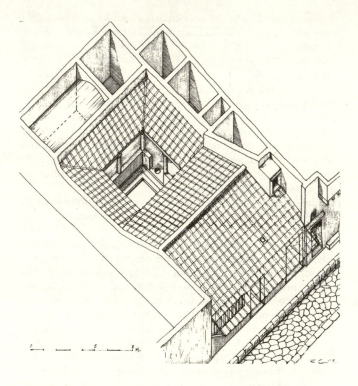

Fig. 28. La Maison du Métier à tisser. D'après A. Maiuri.
a. Reconstitution.

des Chapiteaux figurés et de Marcus Terentius Eudoxus. Cf. Corso
1997, 944-945. Les textes littéraires apportent un témoignage également significatif sur cette association de la *domus* à l'atelier, le
passage singulièrement des *Verrines* (2,4,38) dans lequel Cicéron
note que, sous le gouvernement de Verrès, « il n'y avait en Sicile
aucune riche demeure dans laquelle il n'ait installé un atelier de tissage » (*nulla domus in Sicilia locuples fuit ubi iste textrinum non
instituerit*). Le génitif *plumariorum* fonctionnant auprès de *textrina*
comme élément différenciateur, *plumariorum textrina* constitue une
unité complexe de signification restreignant les travaux divers des
textrina à une activité particulière, celle de la broderie.

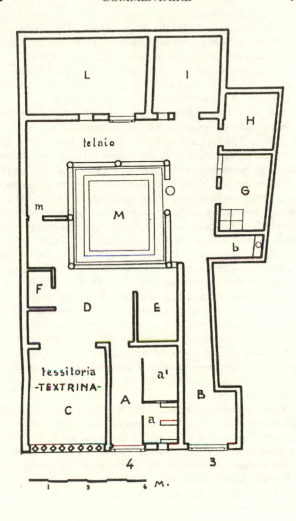

Fig. 28. La Maison du Métier à tisser. D'après A. Maiuri. – b. Plan.
3. Entrée du logement. 4. Entrée de l'atelier. A. Couloir d'entrée.
a. latrines. a'. magasin. c. textrina. D. vestibule. E. cubiculum.
M. cour avec péristyle. m. couloir. B. vestibule. b. latrines.
H. cubiculum. F. local commercial.

2. 8. *plumariorum* : Dérivé de *pluma*, cet adjectif substantivé identifie une personne ayant une activité de broderie, activité qui eut à Rome son collège (cf. *CIL* 6,74,11 ; 6,98,13 ; 13,5708,2,27) et dont la première référence connue parait être chez Varron (*ap.* Nonius 2,162,27). Il s'agit ici d'une activité pratiquée à l'intérieur de la *domus*. Cf. Ginouvès 116 ; 161. Voir *infra*, note 9.

2. 9. *pictorumque officinae* : Les ateliers de peintres sont mentionnés en différents écrits (cf. Sénèque le rhéteur, *Controu.* 10,5,19-23 ; Fronton 2,58,H ; Cassiodore, *Ios. Ant.* 19,7 ; Ulpien, *Dig.* 9,3,5) et plusieurs fois, notamment chez Pline l'Ancien, en référence d'abord au lieu de travail d'un artiste : l'auteur de la *N.H.* rapporte ainsi, dans son livre 35, qu'un certain Philiscus représenta « un atelier de peintre où un enfant souffle sur le feu » (*N.H.* 35,143 : *officinam pictoris ignem conflante puero*). Il évoque par ailleurs, dans ce même livre, des ateliers de peintres — également désignés par le terme *officina* — : atelier de Protogène (*N.H.* 35,81) et atelier d'Apelle, que fréquentait Alexandre (*N.H.* 35,85 : *Alexandro Magno frequenter in officinam uentitanti*). Pline cite par ailleurs ces ateliers comme lieu de préparation des couleurs (*N.H.* 35,41 ; 35,44) et c'est peut-être essentiellement ce dernier type de production que Vitruve envisage ici, le personnel chargé de ces travaux exerçant cette activité dans une pièce de service de la maison (personnel appartenant à la *domus* même ou loué à l'extérieur). Sur ce personnel et sur l'aspect socio-économique de ce fonctionnement des ateliers, cf. N. Blanc, « Les stucateurs romains. Témoignages littéraires, épigraphiques et juridiques », *MEFRA* 95, 1983, 859-907 ; Wallace-Hadrill 1994, 118-142.

2. 10. *constantiam luminis* : La notion de *constantia*, appliquée à la lumière, est présentée sous une forme plus explicite dans le premier livre du *De Architectura* où Vitruve, traitant de cette même exposition au Nord écrit : « dans sa course, le soleil ne donne à ce secteur ni clarté excessive ni assombrissement : la lumière y reste égale tout au long du jour » (*Arch.* 1,2,7 : *ea caeli regio neque exclaratur neque obscuratur solis cursu, sed est certa immutabilis die perpetuo*).

5. 1. 1. *propria loca … communia* : En distinguant, parmi les composantes architecturales de la *domus* aristocratique, espaces privés (*loca propria*) et espaces librement accessibles (*loca communia*), Vitruve inscrit son discours dans le contexte spécifique des relations économiques et sociales romaines, relations notamment singularisées par le système de la *clientela* et par ses rituels (celui singulièrement de la *salutatio*), mais, plus largement, par la fonction d'interface aussi qu'assume la *domus* entre vie privée (notion à appréhender dans le contexte spécifique de la Rome antique où le départ entre *loca propria* et *loca communia* tend à s'établir entre pièces d'accès restreint et pièces de large accès : cf. Dickmann 1997, 121-136 ; 1999, 23 sq. ; Grahame 1997, 137-164) et vie publique dont elle constitue un point central vital : c'est dans ce lieu privé que les propriétaires, s'agissant des hauts responsables et notables, non seulement accueillent leurs clients et leurs *amici*, mais traitent également de toutes sortes d'affaires, sans départ net entre vie privée et activité publique (cf. Wallace-Hadrill 1988, 54-56). La diversité des tâches et des travaux exécutés par un personnel spécialisé à l'intérieur de la *domus* même, l'association, ou l'intégration, à cet habitat d'ateliers et de boutiques (sur cette question, cf. Wallace-Hadrill 1994, 134-142) tendaient à rendre plus imprécises encore ces limites. C'est cette organisation sociale spécifique que tend à structurer, au plan de l'habitat, la différenciation spatiale évoquée par Vitruve, le partage décrit ne rendant compte qu'imparfaitement, au demeurant, de la complexité matérielle de cette différenciation — complexité liée à des facteurs multiples au nombre desquels : l'évolution architecturale de l'habitat, la polyvalence de fonction de certaines pièces, le type de rapport ou le degré d'intimité existant avec les personnes accueillies, les habitudes ou pratiques particulières à tel ou tel propriétaire : Verrès recevait dans sa chambre les autorités siciliennes (cf. Cicéron, *Verr.* 2,3,9,23,24 ; 2,5,11) et Pline le Jeune y convoque un *consilium* de deux personnes (*Ep.* 5,1,5) : cf. Zaccaria-Ruggiu 1995[a], 406-409 ; Riggsby 1974, 41 sq. Sur l'ensemble de cette question, voir, plus particulièrement Wallace-Hadrill 1988, 49-97 ; 1994, 38-61 ; Zaccaria–Ruggiu 1995[a], 121-180 ; Dickmann 1999, 23sq.

1. 2. *triclinia* : La classification des *triclinia* comme *loca propria*, mais la référence également faite par Vitruve à des *oeci tricliniares* (*Arch.* 6,3,8), salles de banquet, d'apparat (cf. *supra* 6,3,8, note 5) ne constituent qu'apparemment sans doute une aporie soit que Vitruve envisage deux types différents de salles, de vocation distincte — mais les *oeci* ne sont pas cités ici au nombre des *loca communia* — soit que doivent intervenir plutôt, dans l'analyse de ce problème, les nuances mentionnées *supra* (6,3,8, note 5) touchant les notions mêmes de « privé » et de « public » : n'appartiennent pas seulement au « privé » les relations de caractère strictement familial, mais celles aussi qui participent d'une sphère élargie, ouverte à des invités qui sont des pairs, non des *clientes*, des partenaires avec lesquels interviennent des affinités intellectuelles, affectives, mondaines. Cf. Wallace-Hadrill 1988, 84 ; Zaccaria-Ruggiu 1998-1999, 185-204 ; Gros 2001, 27.

1. 3. *inuocati* : Le mot doit être analysé, non comme participe de *inuoco*, mais comme forme à préfixe négatif (*in* négatif modifiant *uocati*). Cette valeur est nettement marquée dans les premiers exemples connus de ce composé (Plaute, *Capt.* 70 ; Térence, *Eun.* 1059), où deux personnages de parasites mis en scène (respectivement Ergasile et Gnathon) évoquent un repas pris sans invitation — avec jeu d'opposition, chez Plaute (*Capt.* 76) entre *uocat* et *inuocatus* (cf. Caelius, *Fam.* 8,8,1 ; Cicéron, *N.D.* 1,109 ; Népos, *Cim.* 4,3). La formule juridique adjointe, *suo iure*, permet de cerner plus précisément ici la notion contextuelle d'*inuocatus* en la situant dans le cadre social, réglementé, d'une pratique ritualisée.

1. 4. *uestibula* : C'est sous la caution du *De significatione uerborum quae ad ius ciuile pertinent* de C. Iulius Gallus (cf. *supra* 6,3,6, note 4) qu'Aulu-Gelle définit le vestibule comme « un espace vide, devant la porte, et qui donne accès de la rue à la maison » (*N.A.* 16,5,2 : *locum ante ianuam domus uacuum, per quem a uia aditus accessusque ad aedis est*). « Les architectes des grandes demeures d'autrefois, précise Aulu-Gelle (*N.A.* 16,5,9), laissaient un espace vide devant la porte, entre le seuil et la rue. C'est là que les personnes qui venaient saluer le maître s'arrêtaient avant d'être admises. Elles n'étaient ni dans la rue ni dans la maison. Cet arrêt dans une aire vaste, cette sorte de halte a donné naissance au mot *uestibulum* » (*Qui domos igitur antiquitus faciebant locum ante ianuam uacuum relinquebant, qui inter fores domus et uiam medius esset. In eo loco, qui dominum salutatum uenerant, priusquam admitterentur, consistebant et neque in uia stabant neque intra aedis erant. Ab illa grandis loci consistione et quasi quadam stabulatione uestibula appellata sunt spatia*). C'est comme lieu d'attente et d'accueil, plus particulièrement associé au rituel social de la *salutatio* (sur la persistance de ce rituel, cf. Gros 2001, 149), comme espace intermédiaire entre l'intérieur et l'extérieur, le public et le privé (cf. Zaccaria Ruggiu 1995[a], 259-260 ; Lafon 1995, 405-413) que le *uestibulum* de la *domus* aristocratique se trouve le plus souvent mentionné dans les textes anciens, l'image projetée étant le plus souvent — en parallèle parfois avec l'image donnée de l'atrium — celle d'un lieu sans doute vaste (cf. Sénèque, *Ad. Lucil.* 84,12), mais qu'encombre une foule de visiteurs. À l'expression choisie par Sénèque dans le *De breuitate uitae* 14,4 : *refertum clientibus atrium*, « un atrium bondé de clients », répond ainsi, dans la *Consolatio ad Marciam* (10,1), la formule : *clientium turba referta uestibula* (« des vestibules bondés de clients ») ; le *frequens atrium* (« l'atrium ou il y a foule ») des *Lettres à Lucilius* (76,2) fait de même écho à l'évocation par Cicéron (*De orat.* 1,200) de la foule des citoyens (*maxima cotidie frequentia*) qui, chaque jour, assiège la porte et le vestibule de Quintus Mucius (cf. Sénèque, *Pol. cons.* 4,2 : *torquet alium semper uestibulum obsidens turba*). La perspective ouverte dans ces textes — perspective étrangère au développement vitruvien — est essentiellement morale : signalant, dans le *De beneficiis* (6,34,2), que G. Gracchus et Lucius Drusus avaient été les premiers à établir une sélection dans l'ordre d'admission des visiteurs, Sénèque ajoute ce commentaire : « ils eurent des amis de premier rang, des amis de second rang, jamais de vrais amis » : *habuerunt itaque isti amicos primos, habuerunt secundos, numquam ueros* (cf. Gros 2001, 73) ; Juvénal évoque le client découragé, amer, se résignant à partir après de longues heures de vaine attente :

> *Vestibulis abeunt ueteres lassique clientes*
> *Votaque deponunt* (*Sat.* 1, 132-133)

Sur l'ensemble de cette question, cf. Drerup 1959, 147-174 ; Tamm 1963 ; Wistrand 1970, 192-223 ; Leach 1993, 23-28 ; Förtsch 1993, 127-134 ; 181-184 ; Dickmann 1999, 52 sq.

1. 5. *peristylia* : La situation du péristyle dans une partie intérieure de la *domus* où semblerait devoir se réfugier la vie privée de ses habitants pose le problème de sa classification par Vitruve au nombre des *loca communia*. La réponse à cette question relève essentiellement sans doute d'une distribution nouvelle des espaces, liée à l'évolution d'un habitat élargi, avec l'addition du péristyle, à des sites nouveaux où se trouvaient transférées un certain nombre de fonctions d'abord limitées à la zone de l'atrium. Le péristyle apparaît alors comme une large zone d'accueil et de passage ouverte sur différents lieux accessibles aux hôtes : lieux de réception, de banquets, de repos. Sur cette question, voir Wallace-Hadrill 1994,47 ; Zaccaria Ruggiu 1998-1999, 201-202.

1. 6. *communi fortuna* : Deux axes s'entrecroisent dans le développement vitruvien définissant respectivement : 1. la différenciation entre *loca propria* et *loca communia* ; 2. le principe d'un rapport nécessaire entre type architectural d'habitat et statut social des propriétaires. A. Wallace-Hadrill (1978,78 ; 1994,38) en propose ce schéma :

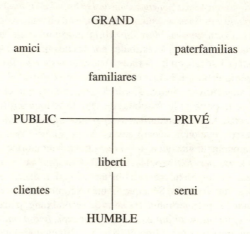

Ressortissant au thème général du *decorum* (ou *quod decet*), lieu commun de la réflexion morale antique, le rapport ici explicité était rattaché, dans le livre I, à la notion de *distributio*, économie générale d'une œuvre, d'un projet (Callebat 1994, 38 sq.) : « Un autre niveau de la *distributio*, écrivait Vitruve, est lorsqu'on aménage différemment les édifices en fonction des ressources ou du prestige intellectuel du propriétaire. Il appert qu'il convient de réaliser d'une certaine manière les maisons urbaines, d'une autre manière celles dans lesquelles affluent les produits des propriétés rurales ; il y aura une différence entre celles des prêteurs à intérêts, des gens riches, distingués ; quant aux personnages, dont les pensées gouvernent l'État, on adaptera les maisons à leurs besoins. En un mot, l'économie des édifices devra être accordée à chaque personnalité » (*Arch.* 1,2,9). L'exposé vitruvien est ici construit suivant une ordonnance structurée conduisant, dans une gradation concertée, des catégories sociales les plus humbles jusqu'aux plus élevées. Les observations que présente Vitruve sur le rapport souhaitable à établir entre un type déterminé d'habitat et le statut social de son propriétaire ont été pertinemment confrontées au développement du *De officiis* 1,138 sq. consacré à ce même thème (cf. notamment Gros 1978, 81-85 ; Coarelli 1989, 178-187). Posant, comme Vitruve, le principe de la nécessaire adaptation du plan de construction à l'usage prévu (*finis est usus ad quam accommodanda est aedificandi descriptio* ; cf. *Arch.* 1,2,9 : *ad usum patrum*

*familiarum et ad pecuniae copiam aut ad eloquentiae dignitatem
aedificia aliter disponentur*), Cicéron affirmait dans ce texte la légitimité, pour une personnalité publique de haut rang, de disposer
d'une maison qui réponde à la fois à son rang et à ses activités. « Il
faut, écrivait-il, que la dignité de cette personnalité soit réhaussée
par sa maison » (*Off.* 1,139 : *Ornanda enim est dignitas domo*),
précisant que, s'agissant de la maison d'un homme en vue, « il y
faut recevoir des hôtes nombreux et y admettre une foule de gens
et de concitoyens : on doit donc s'y préoccuper de l'espace » (*ibid.*).
Situant cependant son propos dans une perspective morale, Cicéron
marquait nettement aussi les limites à apporter aux exigences évoquées de l'*usus*, de la *commoditas* et de la *dignitas* : « ce n'est pas
la maison qui doit honorer le maître, mais le maître la maison [...]
Il faut se garder [...] de s'engager sans mesure dans la dépense et
le faste [...] Un juste milieu est nécessaire » (*Off.* 1,139-1410). Le
thème est au demeurant récurrent, chez Cicéron, d'un idéal du
« convenable » dans l'habitation, fondé sur une condamnation,
moins du luxe en lui-même, que des excès de la *luxuria*, de sa
contamination à des milieux sociaux n'en ayant pas l'*usus*, de la
confusion établie entre grandeur privée et grandeur publique (cf.
Muren. 76 : *Odit populus romanus priuatam luxuriam, publicam
magnificentiam diligit* ; *Leg.* 3,30 sq ; *Flacc.* 28). Pline l'Ancien
témoigne de l'importance prise par cette *luxuria* à l'époque même
où Cicéron rédigeait son *De officiis* : « Sous le consulat de M.
Lepidus et de Q Catulus, rapporte-t-il (*N.H.* 36,103), [...] il n'y eut
point à Rome de maison plus belle que celle de Lepidus lui-même,
mais, par Hercule, trente-cinq ans ne s'étaient pas écoulés que cette
demeure n'était pas au centième rang » (Trad. R. Bloch). Sans doute
le texte vitruvien présente-t-il d'étroites correspondances, thématiques et formelles (cf. Romano 1994,68) avec la page du *De officiis* : situation de la question par rapport aux dignitaires publics,
insistance sur le critère de l'*usus*, sur les larges espaces nécessaires
à l'accueil des visiteurs, relation établie entre la *dignitas* des personnages et celle de l'habitat. Vitruve cependant qui, en plusieurs
passages du *De Architectura*, souligne le danger des dépenses
excessives et fonde communément ses propositions sur le critère
d'économie (cf. *Arch.* 1,2,8 : « L'économie est la répartition opportune des ressources et des espaces et, pour ces ouvrages, un équilibre sage et raisonné des dépenses » : *Distributio autem est
copiarum locique commoda dispensatio parcaque in operibus
sumptus ratione temperatio ;* cf. Cicéron, *Off. 1,140 : Cauendum
autem est, praesertim si ipse aedifices, ne extra modum sumptu et*

magnificentia prodeas), non seulement ne fixe aucune des limites posées par Cicéron, mais propose pour l'habitat des hauts dignitaires les composantes les plus marquantes d'une *magnificentia* rivalisant avec celle des constructions publiques, civiles et religieuses. Apparemment isolée en regard de la diatribe largement développée contre la *luxuria* de l'habitat privé (ainsi chez Salluste, *Cat.* 12,3 ; Horace, *Od.* 2,15 ; Martial 12,50…), la thèse vitruvienne paraît plus particulièrement liée à la définition même donnée de l'habitat des dignitaires comme lieu dans lequel interviennent jugements, arbitrages privés, mais aussi délibérations publiques : *in domibus eorum saepius et publica consilia et priuata iudicia arbitriaque conficiuntur* (*Arch.* 6,5,2). Légitimé par les juristes (cf. *Digeste* 7,8,4 *pr.*), le rôle public reconnu à un habitat privé, en fonction des activités sociales et politiques de son propriétaire, orientait peut-être, dans la pensée vitruvienne, vers une définition nouvelle de cet habitat dont la *maiestas* ne reflèterait pas les excès d'une *luxuria* privée, ou l'appropriation de signes et symboles publics à des fins personnelles d'affirmation de puissance, mais constituerait le témoignage d'une délégation de la *publica magnificentia* à une oligarchie identifiée comme auxiliaire et représentante de l'État. Sans doute, cependant, Vitruve se bornait-il à poser, dans l'une de ses expressions architecturales, un simple constat : celui de la personnalisation croissante de la vie publique. Sur l'ensemble de cette question, cf. Gros 1978, 81-85 ; Coarelli 1983, 191-217 ; 1989, 178-187 ; Wallace Hadrill 1988, 43-97 ; 1994, 143-174 ; La Penna 1989, 3-34 ; de Albentiis 1990, 149-151 ; 182 sq. ; Romano 1994, 63-73 ; Zaccaria Ruggiu 1995, 325-338.

1. 7. *non necessaria* : Sur l'habitat des classes humbles, à propos duquel Vitruve se borne ici à donner une définition négative (*non necessaria…*), voir de Albentiis 1990, 92 sq. ; Zaccaria Ruggiu 1995, 343 sq. ; Gros 2001, 82-90.

1. 8. *officia :* Englobant les notions de l'*honestum* et du convenable le terme dénote, dans sa valeur sémantique large, l'ensemble des obligations auxquelles doit se soumettre une personne donnée dans des conditions données. Son actualisation en contexte fait plus précisément référence ici au rituel social de la *salutatio*.

1. 9. *neque ab aliis ambiuntur* : La leçon transmise par les mss : *quae ab aliis ambiuntur* implique, dans la relation établie entre le sujet *quae* (= *officia*) et le verbe *ambiuntur*, un accord sémantique aberrant. La correction *neque* de Perrault — beaucoup plus légère et paléographiquement justifiable que celle de Rose (*magis aliis officia praestant ambiundo quam ab aliis ambiuntur*) — paraît donc opportune : elle permet de conserver la valeur sémantique propre de *ambiuntur* et rétablit, d'autre part, l'antithèse attendue avec *ambiundo*.

5. 2. 1. *fructibus rusticis seruiunt* : C'est en ayant également recours à une désignation périphrastique que Vitruve définissait, dans son livre I, le type d'habitat ici évoqué : celui « où affluent les produits venus des propriétés rurales » (*Arch.* 1,2,9 : *quibus ex possessionibus rusticis influunt fructus*). La réalité architecturale à laquelle l'auteur fait référence n'est donc pas proprement celle de la *uilla*, mais celle d'une *domus* urbaine dans laquelle magasins, entrepôts, celliers répondent aux besoins de l'économie domestique, ou, plus particulièrement aussi à ceux du commerce en gros. Sans coïncider exactement avec le schéma vitruvien, différentes maisons pompéiennes attestent l'existence — et l'importance — de quartiers rustiques avec étables, resserres à foin, celliers, entrepôts : ainsi dans les Maisons du Ménandre, du Faune, du Labyrinthe, de Pansa, du Centenaire…

Le verbe *seruiunt* doit être interprété dans cette phrase au sens de « se consacrer », « consacrer son activité à ».

2. 2. *uestibulis* : Si le terme *uestibulum* peut être ici encore matériellement défini comme un large espace séparant la rue de la maison, il appert que sa fonction, intimement associée au critère d'*utilitas*, n'est nullement, dans ce contexte, celle, sociale et de prestige d'accueil de la *clientela*, et qu'aucune monumentalité n'y trouve place. Le *uestibulum* y est une aire neutre de passages et de travail. Cf. Lafon 1995, 407.

2. 3. *stabula* : Le mot est appliqué à une écurie, ou étable, abritant les animaux notamment utilisés sans doute (cf. Corso 1997, 948) pour le transport des produits agricoles. C'est cependant, non sur l'avant, mais sur l'arrière de la maison — avec une entrée indépendante, assez large pour le passage des véhicules — qu'ont été identifiées les écuries pompéiennes des Maisons de Caecilius Iucundus, du Cithariste, de Pansa, du Ménandre. Cette dernière est une pièce rectangulaire, à porte basse, prévue pour quatre bêtes et dotée d'un escalier conduisant à une resserre à foin. Elle est le centre d'un ensemble important qui comprend, outre une petite cour découverte où l'on remisait les chars (une calèche de campagne y a été retrouvée), avec abreuvoir et citerne, une série de quatre pièces : une boutique (31b), une latrine pour le personnel et deux locaux de destination incertaine (32-33). Cf. Maiuri 1933, 191-198 ; Ling 1997, 310-311.

2. 4. *tabernae* : Sur l'association de *tabernae*, « boutiques », « magasins » à la *domus* et, plus généralement, sur la connexion établie entre l'habitat et les activités commerciales, cf. Girri 1956 ; McKay 1975, 80 ; Wallace-Hadrill 1994, 47 ; 118 sq. ; Ginouvès 1998, 117-118.

2. 5. *cryptae* : Le mot, qui couvre un large champ sémantique (cf. Coarelli 1973, 9 sq.), identifie vraisemblablement, comme *apotheca*, une réserve, ou entrepôt, abritant des produits agricoles (cf. CIL, 5159 : *<cr>uptam <...>re horreum*), la particularité de cette pièces, par rapport à *apotheca*, étant d'être en sous-sol. Il s'agirait donc d'une cave, pouvant également servir de *cellarium*. Cf. *Th.L.L.* IV, 1261, 7 ; Richman, *Roman Granaries and Store Buildings*, Cambridge 1971, 144-147 ; Coarelli 1973, 9-21 ; Ginouvès 1998, 170. On rappellera cependant l'interprétation de Rich (1859, *s.u. crypta*) qui voyait dans les *cryptae* des galeries couvertes servant à conserver des produits agricoles en les abritant de l'humidité sans les priver d'air.

2. 6. *horrea* : Sous une forme de neutre singulier (*horreum*) ou de neutre pluriel (*horrea*), ce terme dénote en latin, avec une valeur générale, un entrepôt, mais est connu surtout dans son acception spécialisée de « grenier », « réserve à grain ». Cf. Rickman 1971 cité, 159-160, et *passim* ; Ginouvès 1998, 119 ; 170 ; 190. Sur les *horrea publica*, cf. Gros 1996, 465-494.

2. 7. *elegantiae decorem* : L'insistance ici marquée sur le critère d'*utilitas*, privilégié en regard de celui d'*elegantia*, peut-être située, comme le rappelle A. Corso (1997, 948), dans un contexte de civilisation où apparaît, toujours plus fortement exprimé, le souci des propriétaires et des architectes de concilier dans leurs constructions *utilitas* et *uenustas*. L'emploi du mot *decor* auprès de *elegantia* ramène au concept de « convenance » nécessairement lié à celui d'une beauté fonctionnelle.

2. 8. *feneratoribus et publicanis* : Le troisième type d'habitat mentionné intéresse les acteurs de deux secteurs importants de la vie économique et financière romaine : les *feneratores*, prêteurs à intérêts, qui pratiquaient leur activité à domicile et y recevaient leurs clients ; les *publicani*, qui prenaient à ferme les taxes de l'État (Vitruve y fait par ailleurs deux fois référence : en 7,9,4, à propos de leur contrôle dans l'exploitation des mines ; en 8,6,2, s'agissant des redevances perçues sur la distribution de l'eau). Sur cette catégorie de citoyens, longtemps riche, puissante — et décriée —, cf. L. Harmand, *Société et économie de la république romaine*, Paris 1976 (rééd. 1993) ; J. Andreau, *La vie financière dans le monde romain*, Rome 1987.

2. 9. *speciosiora* : Alors que les critères proposés par Vitruve relèvent essentiellement ici de l'*utilitas* (qualité fonctionnelle : *commodiora* ; sécurité : *tuta*), l'adjectif *speciosiora* dénote moins une beauté intrinsèque que le concept de « bel aspect » (= « qui inspire confiance »). Cette notion de « bel aspect » n'est pas proprement laudative, comme le suggère l'emploi qu'en fait l'auteur au livre II du *De architectura* (2,8,1) où cet adjectif est utilisé en antithèse avec *firmus*, à propos d'une technique de construction.

2. 10. *forensibus et disertis* : Les catégories sociales désignées par ces deux termes, de champ sémantique large, sont respectivement celle des avocats (mais *forensibus* peut également inclure le groupe des « hommes de loi ») et celle des rhéteurs. « La maison du jurisconsulte, notait Cicéron (*De orat.* 1,200), n'est-elle pas l'oracle de la cité entière ? Témoin celle de Q. Mucius qui nous écoute. Il voit sa porte, son vestibule, malgré une santé chancelante et le déclin de son âge, assiégés chaque jour par la foule des citoyens et par tout ce que la ville compte d'illustrations éclatantes » (Trad. E. Courbaud). Cf. Corso 1997, 949.

2. 11. *honores magistratusque* : Citant les exemples de Cn. Octavius et de L. Licinius Lucullus, Cicéron utilisait, dans le *De officiis* (1,138), une désignation proche de celle du *De Architectura* : *homo honoratus et princeps*, pour identifier les dignitaires à propos desquels Vitruve précise, dans son livre I, qu'ils sont « les puissants dont la pensée gouverne l'État » (*Arch.* 1,2,9) — « c'est-à-dire, note P. Gros (2001,72-73), les *imperatores* de cette fin de la République dont Pompée et César étaient les plus représentatifs ».

2. 12. *uestibula regalia…* : L'énoncé vitruvien est à la fois descriptif et impressif : descriptif, il projette l'image d'une séquence architecturale (ensuite élargie à d'autres espaces, intérieurs et extérieurs), séquence des *loca communia*, saisie dans sa perspective spatiale : hauteur, étendue (*alta / uastissima*) ; impressif, il compose d'abord une harmonie esthétique qui ressortit au principe du *decor ad consuetudinem* énoncé au livre I (*Arch.* 1,2,6) : « Une beauté harmonieuse, écrivait l'auteur, s'exprime lorsqu'à des intérieurs magnifiques répondent des vestibules élégants. En effet, si des intérieurs ont une parfaite élégance, mais des accès ordinaires et sans goût, ils n'auront pas de beauté harmonieuse » ; il impose aussi, par la diversité même des espaces cités (séquence des *loca communia* et de leur élargisement) et par la convergence sémantique des caractérisations y afférentes (*alta / amplissima / laxiores / maiestatis perfectae / magnificentia*), la perception intellectuelle et affective, d'une *magnificentia* par laquelle se trouve sublimé l'espace décrit. Sans doute cet espace était-il fonctionnel — s'agissant singulièrement de la séquence des *loca communia* — et offrait-il à la *clientela* de larges possibilités d'accueil par ses dimensions parfois imposantes : la superficie de l'atrium tétrastyle de Scaurus aurait été d'environ 473 m^2, d'après l'évaluation de F. Coarelli (1989, 181-182), et les colonnes de marbre qui y furent transposées atteignaient, selon Pline l'Ancien (*N.H.* 36,5-7) trente-huit pieds, soit près de 11m30. Mais cet espace était également chargé de symboles affirmant l'*auctoritas* et la *dignitas* de son propriétaire et orientant vers une interprétation de la maison privée comme prolongement idéal de l'architecture publique (cf. Coarelli 1983, 192 sq.) : dans les *uestibula regalia* pouvaient être ainsi retrouvés les trois aspects de leurs actualisations architecturales : celui sans doute de la *domus* aristocratique, mais ceux également du temple et du palais royal (accréditant les *nobiles* comme héritiers des souverains hellénistiques, sur le plan culturel et du projet politique : cf. Corso 1997, 949). Cf. Lafon 1995, 405 sq. La *luxuria* de ce type de *domus*, essentiellement perçue comme manifestation d'orgueil et de démesure (Cornélius Népos, *Att.* 13,1, définira en contraste, Atticus comme *minus aedificator* ; cf. Romano 1994,66) constitue un thème récurrent de la littérature latine, augustéenne surtout et impériale : Cicéron, déjà, attaque Clodius « brûlant d'avoir, au Palatin, au plus beau point de vue, un portique de trois cents pieds pavé de marbre, un vaste péristyle et le reste à l'avenant » (*Dom.* 116) ; Horace blâme « les constructions royales qui ne laissent que peu de place à la charrue » (*Od.* 2,15). « Pourquoi, écrit-il (*Od.* 3,1,45-46), attirer l'envie en élevant bien haut, dans le nouveau style, les portes de mon atrium ? » ; Sénèque exhorte Lucilius à ne pas s'arrêter devant « ces escaliers de l'opulence, devant ces vestibules suspendus sur d'énormes terrasses » (*Lucil.* 11,84). C'est dans le vestibule de sa *domus* que, selon Juvénal (*Sat.* 7, 125-128) un certain Emilius aurait dressé sa propre statue, le représentant « juché sur un fier coursier ». Et Pline l'Ancien oppose aux statues des grands hommes qui ornaient les places publiques celles installées dans les maisons particulières, hommage rendu par les clients à leur *patronus* (*N.H.* 34,17), et aux effigies autrefois exposées dans l'atrium les statues réalisées par des artistes étrangers (*N.H.* 35,6) L'épigramme, enfin, fut célèbre que cite Suétone (*Nero* 39) *Roma domus fiet : Veios migrate Quirites*

Si non et Veios occupat ista domus...

Cf. Wiseman 1987, 393-413. Si Martial cependant situe dans une perspective essentiellement esthétique l'évocation du *limen super-*

bum de son protecteur Proculus, riche patricien, et les *atria excelsae domus* (*Epig.* 1,71, 12-13), la justification vitruvienne de la *magnificentia* de la *domus* des *nobiles* — justification exempte des réserves cicéroniennes — se révèle étrangère à la polémique de l'époque augustéenne et impériale touchant la *luxuria* des maisons privées. Peut-être, comme le suggère E. Romano (1994, 63-73), cette attitude oriente-t-elle vers une phase antérieure du débat, situant la genèse du *De architectura* à l'époque tardo-républicaine. Sur l'ensemble du problème, voir Coarelli 1983, 191-217 ; 1989, 178-187 ; Thébert 1985, 339 sq. ; Wiseman 1987, 393-413 ; Gros 2001, 72-77.

2. 13. *alta atria* : Dans un énoncé où sont utilisés 3 substantifs et 3 adjectifs, la caractérisation de chacun des substantifs par un adjectif — et donc celle d'*atria* par *alta* — apparaît d'autant plus vraisemblable que la mention des *atria* est fréquemment associée à la notion de hauteur (mesure précisément étudiée par Vitruve à propos des *atria* : cf. *supra* 6, 3,4, note 1). Quant à la coordination par

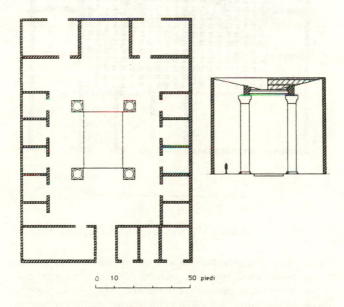

Fig. 29 a. « Alta atria » : L'atrium de Scaurus. D'après F. Coarelli.

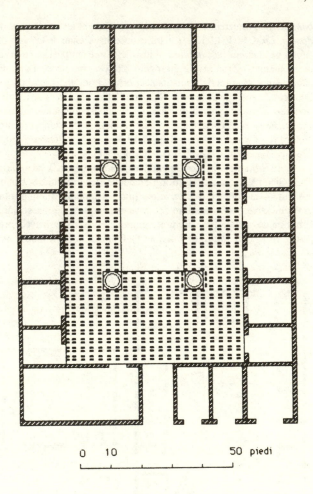

0   10   50 piedi

Fig. 29 b. « *Alta atria* » : L'atrium de Scaurus. D'après F. Coarelli.

un seul *et* en fin d'énumération (*uestibula regalia, altra atria et uestibula amplissima*), elle n'est, bien qu'évitée par la langue classique, nullement rare en latin et se retrouve dans d'autres passages
du *De Architectura* : cf. 6,7,4 : *proprias ianuas, triclinia et cubicula
commoda* (avec, comme ici, variation dans l'ordre des adjectifs) ;
6,7,5 : *xystus, prothyrum, telamones et nonnulla alia*)…

2. 14. *siluae* : Le mot désigne à la fois le verger et le parc d'ornement (cf. Grimal 1967, 392). Les jardins ainsi identifiés pouvaient
être signes de richesse, s'agissant, par exemple, de la *domus* de
Verrès dont Cicéron évoque le parc (*silua sub diuo*) orné de statues
(*Verr.* 2,1,50-51) ; et le pauvre des *Controverses* (Sénèque le rhéteur,
Contr. 5,5) pleure sur le petit arbre brûlé par son riche voisin, petit
arbre sous lequel il rêvait des *siluae* des riches : *sub hac arbuscula
imaginabar diuitum siluas*. En-deça cependant des recherches du
luxe, les *siluae* des grandes maisons romaines reflètent aussi le
contact sincère voulu avec la nature, la quête d'un environnement
beau et reposant. C'est dans cette perspective que Cornélius Népos
(*Att.* 13,2) parle du charme de la *silua* d'une certaine *Domus
Tampilia* dans laquelle Atticus, qui l'avait lui-même aménagée, ou
héritée de son oncle, aimait recevoir ses amis. Cf. Varron, *R.R.*
3,13,2-3, sur la *silua* de la villa laurentine d'Hortensius. Voir Grimal
1969, 104 ; 131 sq. ; 431 ; Förtsch 1993, 76-78.
    2. 15. *ambulationes* : Appliqué dans sa valeur de base à l'action
d'« aller autour », de « se déplacer » et, par extension, à l'endroit où
se réalise cette action, *ambulatio* a été actualisé dans plusieurs vocabulaires, s'agissant notamment de bâtiments publics (temples,
théâtres), mais, plus précisément aussi, dans l'acception ici attestée
de « grande allée destinée à la promenade à pied ou en voiture »,
cette *ambulatio*, souvent associée à un portique, s'intégrant dans un
paysage (cf. Grimal 1969, 252 sq.). Ces différents emplois se retrouvent dans le *De Architectura* où le mot est utilisé pour dénoter
l'« action d'aller autour » (*Arch.* 3,3,3), le « déambulatoire » d'un
temple (*Arch.* 3,2,5 ; 3,3,6 ; 3,3,8), une galerie sur le forum (*Arch.*
5,1,1) et, plus fréquemment, une grande allée, ou promenade dans
les palestres (*Arch.* 5,11,4 : l'auteur y précise que les promenades
découvertes sont dites en latin *xysta*, en grec παραδρομίδας ; cf.
infra 6,7,5 ; 10,2,12) ou près des théâtres (*Arch.* 5,9,1 sq.) et dans
les jardins privés. Vitruve consacre, par ailleurs, un développement
du livre V aux techniques de préparation de ces allées (*Arch.* 5,9,7)
et fait état, dans son livre VII (*Arch.* 7,5,2), des *topia* qui ornent les
promenades (cf. Grimal 1969, 92), soulignant enfin l'intérêt des
ambulationes pour la santé (*Arch.* 5,9,5). Plusieurs textes de
l'époque tardo-républicaine (Varron, *R.R.* 3,5,10-11 ; Cicéron, *Dom.*
116 ; 121 ; *De orat.* 1,28 ; *Tusc.* 4,7 ; *Att.* 4,10,1 ; *Q.fr.* 3,1,1-2. Cf.
Corso 1997, 950) attestent la diffusion de ces promenades, lieux de
détente, de conversations entre amis (*De orat.* 1,28) et, dans cet
espace prolongeant la *domus*, de représentation (cf. Grimal 1969,
200).

2. 16. *basilicas* : La documentation archéologique intéressant les « basiliques » privées reste mal établie et les quelques textes anciens répertoriés comme faisant référence à ces constructions (cf. *Th.L.L.* II 1764, 1, où les exemples cités tels que Palladius 1,18,1 ; Sidoine, *Epist.* 2,2,8 ne sont pas pertinents), textes tardifs, au demeurant, sont peu explicites (cf. Corso 1997, 951). Le commentaire de Servius (*Aen.* 1,698) notant l'erreur de ceux qui confondent *triclinium* et *basilica* (*unde apparet errare eos qui triclinium dicunt ipsam basilicam uel cenationem*) oriente cependant vers une interprétation du mot comme identification d'une structure architecturale de *type* basilical. On peut, dans cette perspective, et considérant la polyvalence possible de différents espaces de la *domus*, classer au nombre des basiliques privées les *oeci aegyptii* que Vitruve lui-même rapproche des basiliques (*basilicarum ea similitudo* : cf. *Arch* 6,3,8 et note 10). Il n'est donc pas exclu que la salle, à Herculanum, de la Maison à la mosaïque, proche dans sa conception d'un *oecus aegyptius* ait pu ainsi jouer le rôle de basilique : cf. Wallace-Hadrill 1994, 18-19. Plus nettement caractéristiques apparaissent cependant les exemples identifiés dans l'Afrique romaine : ainsi celui du local de la Maison de la chasse, à Bulla Regia, doté d'une abside et d'un transept ; celui aussi de la longue salle à abside proche d'une entrée secondaire de la Maison 3, également à Bulla Regia. Et c'est le terme même de *basilica* qui figure, sur une mosaïque de Carthage, comme légende identifiant une des pièces d'une villa maritime (voir Thébert 1985, 363 sq). Appliquée à une composante de la *domus*, la dénomination *basilica* relève d'abord certainement de la fonction non seulement privée, mais aussi publique exercée dans ces espaces : structures architecturales sans doute de type basilical, mais lieu surtout où se traitaient les affaires mêmes conduites dans les basiliques publiques. La connotation royale associée au terme (Cf. Paul, Festus 27 Lindsey : *basilica a basileo, hoc est rege* ; Isidore, *Orig.* 15,4,11 : *basilicae prius uocabantur regium habitacula*) ne pouvait que favoriser ce glissement sémantique. Sur les pièces d'accueil et de représentation des grandes demeures, cf. Tamm, 1963. Sur la basilique publique ; cf. Gros 1996, 235-260.

2. 17. *publica consilia et priuata iudicia arbitriaque* : Si le groupe *priuata iudicia arbitriaque* renvoie aux affaires communément traitées entre le *patronus* et les *clientes*, l'expression *publica consilia* paraît faire référence à des délibérations et transactions de beaucoup plus haut niveau et d'intérêt général, développées en marge des structures institutionnelles et consacrant, comme l'a noté

P. Gros (2001, 72-74), la personnalisation croissante de la vie politique : « Vitruve n'y songeait peut-être pas, écrit P. Gros (2001,72),
mais un lecteur d'aujourd'hui ne peut ne pas voir dans les *publica
consilia* une opération comme celle des accords de 60 avant J.-C. où
Crassus, César et Pompée se sont, à titre privé et bien évidemment
dans la résidence de l'un deux, réparti les pouvoirs et les richesses
de l'État. » Cf. Coarelli 1989, 180 ; Gros 2001, 72-73.

      5. 3. 1. *ruri* : La localisation *ruri* renvoie à une résidence hors
les murs, de vocation peut-être agricole — l'espace désigné serait
alors celui de la *pars urbana* (sur la division de la villa en *pars
urbana*, *pars rustica* et *pars fructuaria*, cf. Columelle, *R.R.* 1,6,1 ;
voir *infra* 6,6,1, note 2) — ou simple résidence de campagne, sans
fonction rurale véritable : l'hapax *pseudourbanus*, utilisé par
Vitruve, semblerait orienter vers cette dernière interprétation. Quelle
que soit, au demeurant, l'identification spécifique retenue, les
remarques vitruviennes participent d'une conception largement
accueillie à l'époque républicaine (cf. Corso 1997, 952-953), de la
maison de campagne comme lieu de recréation par l'*otium*, délassement physique et intellectuel après les *negotia* de la ville, lieu
d'agrément appelé à rejeter la *luxuria*, mais ouvert au confort et à
l'élégance — la femme du propriétaire, écrit Columelle (*R.R.* 1,4,8)
y séjournera ainsi plus volontiers. Cette brève notice définit surtout
un rapport privilégié liant la *domus* urbaine à la maison de campagne, celle-ci apparaissant, dans le propos vitruvien, comme le
prolongement naturel des grandes *domus* urbaines dont elle transpose les signes de *dignitas* et de richesse, la fonction elle-même
aussi de représentation. Cf. Gros 2001, 266-267.

      3. 2. *atria proxima ianuis* : L'image « inversée » que propose
Vitruve de deux composantes essentielles de la *domus*, l'atrium et
le péristyle, est significative, comme le note P. Gros (2001, 267)
« du caractère extroversé et centrifuge de la villa, ou du moins de
son secteur résidentiel, tourné vers l'extérieur alors que la maison
de la ville est beaucoup plus centralisée ». Si cette image ne relève
pas sans doute d'un plan-type, uniformément adopté, de la maison
de campagne, la matérialisation de ce schéma est cependant attestée par la documentation archéologique : le plan, à péristyle antérieur suivi d'un atrium à déambulatoire, de la Maison des Mystères,
habitat de campagne sans fonction rurale véritable, en constitue une
illustration exemplaire — témoignage également porté sur le haut
degré d'hellénisation de leurs propriétaires. Cf. de Albentiis 1990,
174-175 ; Corso 1997, 954-955 ; Gros 2001, 292.

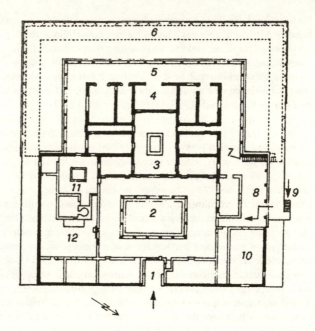

Fig. 30. « Plan inversé » : péristyle/atrium vs. atrium/péristyle. La
Villa des Mystères (phase initiale).
1. Vestibulum. 2. péristyle. 3. atrium toscan. 4. tablinum. 5. portique. 6. cryptoportique. 7. escalier d'accès au cryptoportique.
8. portique à pilastres. 9. escaliers d'entrée secondaire. 10. triclinium (période du tuf). 11. bains ; petit atrium. 12. cour secondaire.

3. 3. *ab pseudourbanis* : Mieux fondée paléographiquement que
la correction *uero* de Fra Giocondo, la lecture *autem* de Müller-
Strübing reste séduisante. La leçon *ab* des mss paraît pouvoir être
cependant retenue en donnant à cette préposition une valeur de relation (= « pour ce qui est de »).
3. 4. *pauimentatas* : La leçon *pauimenta* des mss est conservée
par A. Corso (1997, 955) qui identifie sous ce terme une *statio* ou
aire de repos (mentionnée dans la notice de 5,11,4 sur les prome-
noirs à l'air libre dans les palestres) et qui rapproche l'évocation par
Pline (*Ep*. 2,17,4-5) de la « petite cour entourée d'une colonnade de

sa villa des Laurentes (*porticus in D litterae similitudinem circu-mactae quibus paruola, sed festiua area includit*). La référence peut être retenue, mais le maintien de *pauimenta* apparaît difficile : en admettant même que *porticus* soit introduit par *circum* et que *pauimenta* complète *habenda*, la disjonction *porticus - spectantes* impliquerait une structure anormalement heurtée. Les 21 exemples de *pauimentum* attestés dans le *De Architectura* intéressent tous, d'autre part, la technique de revêtement, non l'espace ainsi construit. L'initiale en *s* du mot suivant, *spectantes* ne pouvait que faciliter une erreur de copie. La correction *pauimentatas* de Fra Giocondo semble donc devoir être adoptée.

3. 5. *palaestras* : Cf. *Arch.* 6, pr. 1, note 4. Vitruve, qui décrit au livre V (*Arch.* 5,11,1) l'architecture des palestres, définit ces lieux d'exercice comme étrangers à la tradition romaine (*tametsi non sint Italicae consuetudinis*). En adoptant ce modèle, dans la désignation duquel le terme de *palaestra* fut fréquemment utilisé sans différenciation nette avec celui de *gymnasium*, et s'agissant d'un complexe où, parallèlement aux portiques d'exercice, étaient disposées deux grandes allées, bordées elles-mêmes de bosquets et de parterres, les Romains privilégièrent les allées et le jardin comme éléments essentiels d'un lieu de détente (cf. Grimal 1969, 247-248), enrichi aussi par le souvenir des philosophes grecs : « ce portique où nous nous promenons, dit Catullus, mis en scène par Cicéron (*De Orat.* 2,20), cette palestre, ces sièges ménagés en tant de places, rappellent à la mémoire les gymnases des Grecs et leurs disputes savantes » (trad. E. Courbaud). L'aménagement de palestres comme composantes de l'habitat privé est notamment attesté, à l'époque tardo-républicaine, par des exemples tels que ceux de la villa de Varron, à Tusculum (*R.R.* 3,13,1), de la propriété de Crassus (cf. Cicéron, *De orat.* 2, 20), de la maison de Verrès (*Verr.* 2,5,185), de la *domus* de Cicéron, sur le Palatin et de sa villa de Tusculum où deux gymnases étaient établis sur deux terrasses distinctes : en haut, le Lycée ; en bas, l'Académie (cf. *Diu.* 1,8 ; *Att.* 1,1,5 ; 1,4,3 ; 1,6,2 ; 1,8,2 ; 1,9,2 ; 1,10,3 ; 2,4,7 ; *Fam.* 7,23,2). Pour la suite de cette diffusion à l'époque impériale, cf. Pline, *Ep.* 2,17,2. Voir Grimal 1969, 247-249 ; Förtsch 1993, 69-79 ; Corso 1997, 955-956 ; Pettenò 1999, 3-34.

6. 1. 1. *salubritatibus :* Plus tard attesté chez Aulu-Gelle (2,1,5) et chez Censorin (18,7), ce pluriel rare de *salubritas* (qui semble renvoyer aux différentes formes et conditions de la notion de « salubrité ») était déjà utilisé au livre V (*Arch.* 5,3,1), à propos des théâtres, et dans une même référence au développement du livre I

Fig. 31. Une villa construite à flanc de colline : la Villa San Rocco.
D'après J. S. Ackerman.
a. Perspective.

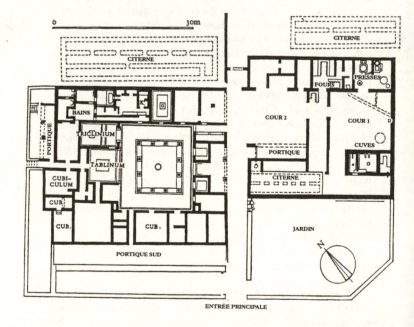

b. Plan.

(*Arch.* 1,4,1) consacré à l'implantation des villes et aux règles à respecter pour leur environnement. S'inscrivant dans la ligne de préoccupations déjà manifestées dans le *Corpus hippocratique* (*Traité des airs, des eaux et des lieux* 1 = L. 2,12 ; 12 = L. 5,492…), chez Platon, *Lois*, 5,747 d) et surtout Aristote (*Politique* 7,11,1 *sq.*, 1330 a-b), Vitruve y préconisait plus particulièrement le choix d'« un lieu très sain », de climat tempéré, éloigné des marais stagnants et orienté à l'Est (ce dernier principe, non énoncé explicitement se déduisant du rejet par l'auteur des autres orientations). Si, s'agissant plus précisément des constructions rurales, Caton propose une exposition au Midi (*Agr.* 1,3), c'est une orientation plein Est (*ad exortos aequinoctiales*) que Varron (1,12,3 ; cf. Columelle, *R.R.* 1,5,7) recommande comme la « mieux appropriée » (*R.R.* 1,12,1), soulignant par ailleurs (1,12,2) la nocivité des lieux marécageux (propos prêtés à Scrofa) et l'intérêt d'un site élevé — cette dernière recommandation prolongeant peut-être, en-deça de préoccupations proprement naturalistes, le modèle archaïque d'établissements agricoles construits sur un site élevé de caractère défensif —. Columelle cependant retient deux choix possibles, l'Est et le Midi (*R.R.* 1,2,3 ; 1,5,5), choix vraisemblablement fondés sur la prise en compte de la spécificité climatique des diverses régions où se construisaient les *uillae* — particularisation nettement explicitée par Pline l'Ancien : « la ferme, écrit-il, doit être exposée au Nord, dans les régions chaudes, au Midi, dans les régions froides, au levant équinoxial, dans les régions tempérées (*N.H.* 18,83 : *spectare in aestuosis locis septentriones debet, meridiem in frigidis, in temperatis, exortum aequinoctialem*). Pline note dans ce même passage, comme Varron, Vitruve et Columelle (*R.R.* 1,5,6) qu'il est « reconnu que la ferme ne doit pas être bâtie près d'un marais ». Ces données se retrouveront chez Palladius (1,7,3) qui, à l'instar de Pline et Columelle, différencie l'orientation souhaitée en fonction du climat propre aux diverses régions. Sans doute relèvent-elles d'un fonds didactique composite, de portée générale (on notera que Vitruve ne décrit, pour l'habitat rural, aucun type particularisé d'exposition, mais renvoie seulement à un modèle donné pour les implantations urbaines, puis pour les théâtres), fonds dans lequel se trouvait recueilli, avec une tradition orale, l'enseignement vulgarisé des philosophes et savants grecs, celui certainement aussi d'écrits agronomiques anciens, tels que celui de Magon. La documentation archéologique atteste, de toute manière, réserve faite des conditions propres à chaque installation (cf. Corso 1997, 958), la large prise en compte de ces préoccupations sur le terrain.

1. 2. *uillae* : « Dans notre Loi des XII Tables, écrit Pline l'Ancien (*N. H.* 19,50), on ne trouve nulle part le mot *uilla*, mais toujours *hortus* » (terme d'abord appliqué à un enclos, ou propriété close de murs). Rattaché par les Anciens à des notions touchant l'exploitation ou le bornage de la ferme, mais mal fondées étymologiquement — référence, chez Varron au lieu où l'on apporte les récoltes et d'où on les commercialise (*R.R.* 1,2,14 : *quo uehunt et unde uehunt* ; cf. *L.L.* 5,35 : *quo fructus conuehebant, uillae dictae*) ; chez Isidore, *Orig.* 15,13,2 au « talus qu'on élève en guise de limite » (*uilla a uallo, id est aggere terrae, nuncupata quod pro limite constitui solet*) — le mot *uilla* appartient vraisemblablement au groupe de *uicus* (formation à thème *weik) et fonctionne comme dérivé marquant la ressemblance (« du type de », « en relation avec »…). Connu depuis Plaute, en opposition avec *aedes* :

> *Nunc quoque uenias plus plaustrorum in aedibus*
> *uideas quam ruri, quando ad uillam ueneris*
> (*Aul.* 505-506),

il est d'abord défini dans sa relation avec *ager*, « terres » (cf. Varron, *R.R.* 2, pr.1 : « à la campagne, ceux qui vivent à la ferme (*in uilla*) sont moins énergiques que ceux qui passent leurs journées dans les champs » (*in agro*), et avec *fundus*, « domaine » : « la villa, écrit Pomponius, *Dig.* 33,1,15,2, est évidemment tenue comme partie du fonds » (*uilla autem sine ulla dubitatione pars fundi habetur*). Telle qu'elle est représentée par Caton (*Agr.* 1-7, et *passim*), dans sa construction et son entretien, et, plus généralement, comme centre du domaine, la *uilla* n'est guère encore qu'une simple ferme, habitat modeste d'une exploitation agricole, avec ses installations spécifiques (granges, étables…), cette simplicité n'excluant pas cependant un honnête confort : « Si, même à la campagne, vous êtes correctement logés, observe Caton à l'adresse des propriétaires, vous y viendrez volontiers et plus souvent » (*Agr.* 4). Cette notion de « maison de maître » est déjà transcrite chez Caton par l'unité lexicale complexe *uilla urbana*, formée par adjonction d'un élément différenciateur (*Agr.* 4 : *uillam urbanam pro copia aedificato*), l'expression *uilla rustica* introduisant, en regard, la description des composantes proprement agricoles du domaine (*Agr.* 2 : *Patrem familiae uillam rusticam bene aedificatam habere expedit, cellam oleariam, uineariam*…). Relevant d'abord chez Caton d'une perception et d'une représentation du domaine dans ses fonctions respectives d'habitat et d'exploitation agricole, mais conduisant à une différenciation plus nette — accentuée par les mutations économiques et culturelles — entre une partie résidentielle (*pars urbana*) et l'exploitation agricole proprement dite (*pars rustica*), ces deux dénominations identifieront aussi, non seulement deux éléments structurels du domaine, mais deux types spécifiques de *uillae* : la *uilla simplex rustica* (cf. Varron, *R.R.* 3,2,10), simple ferme à vocation essentiellement agricole et/ou pastorale, susceptible d'offrir cependant un confort relatif à son propriétaire (cf. *supra*, Caton, *Agr.* 4) ; la *uilla urbana*, d'autre part, dont l'activité agricole — travaux de la terre, grand et petit élevage — et les revenus y afférents demeurent communément un trait distinctif, mais dont le caractère dominant ressortit à une conception spécifique de l'habitat de campagne : celle d'une demeure répondant à la recherche d'un délassement raffiné, dans un cadre naturel, permettant de signifier aussi, à l'instar des grandes *domus* urbaines, le statut social et la richesse de ses propriétaires par le luxe et la dignité de son architecture (on rappellera que c'est par la qualité de la construction qu'était affirmée, aux yeux mêmes des juristes, la qualité « urbaine » d'une construction : cf. Ulpien, *Dig.* 50,16,198 : *urbanum praedium non locus facit, sed materia*). Prolongeant cette évolution, des types architecturaux tels que ceux de la *uilla suburbana* et de la *uilla maritima* perdront l'essentiel du statut des anciennes propriétés de rendement au profit de celui d'habitat d'agrément. Dans une discussion précisément consacrée à définir la notion de *uilla*, l'un des personnages mis en scène par Varron, Axius, peut déjà déclarer à son interlocuteur : « cette villa que tu possèdes à l'extrémité du Champ de Mars […] est recouverte de tableaux, sans parler des statues […]. Et tandis qu'une villa ne peut exister sans une grande étendue de terre et sans que celle-ci soit façonnée par la culture, ta villa à toi ne possède ni champ ni bœuf ni jument. Bref qu'a de commun ta villa avec celle que possédaient ton grand-père et ton bisaïeul ? Jamais, en effet, elle n'a connu, comme l'autre, ni foin séché sur les planchers, ni vendange au cellier, ni moisson au grenier » (*R.R.* 3,2,5-6. Traduction Ch. Guiraud). Le développement que consacre ici Vitruve à la villa romaine reste assurément nettement en marge de son histoire complexe et de son « évolution foisonnante ». Si l'expression *pseudourbanus* de 6,5,3 peut faire référence à une « maison de maître » dont l'aménagement rappelle celui des grandes *domus*, la notation reste cependant allusive, de même que la mention, en fin de ce chapitre des *triclinia* et *conclauia* ou de la luminosité des pièces (*Arch.* 6,6,6-7).L'étude vitruvienne de la villa est celle essentiellement des composantes les plus traditionnelles des exploitations agricoles romaines. Sur la villa romaine, voir la synthèse fondamentale de P. Gros (2001, 264-378), avec la riche bibliographie y afférente.

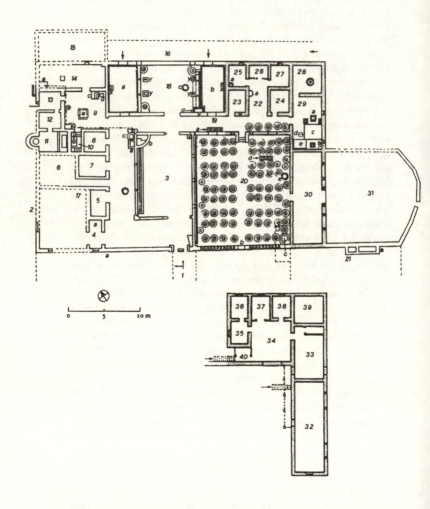

Fig. 32. Villa rustica de la Pisanella près de Boscoreale. D'après
  A. Carandini.

1. entrée. 2. potager, vigne mariée à des arbres, pergola. 3. Cour
à portique avec bassins, puits. 4. Loge du portier. 5. Chambre.
6. Local pour moudre le grain, boulangerie. 7-8. Appartement du
maître, avec triclinium et cubiculum adjacent. Lieu ensuite utilisé pour abriter des instruments en fer. 9. Cuisine avec laraire au
mur, vasque en plomb pour l'eau. 10. Salle de chauffe pour le
bain (*miliarium*). 11. Caldarium, avec bassin maçonné.
12. *Tepidarium*. 13. Vestiaire. 14. Étable/écurie, avec abreuvoirs
(pour chevaux, porcs, poulets…). 15. Enclos pour animaux ?
16. Rue ? 17. Grande salle, élément de l'appartement du maître ?
(Fouilles partielles). 18. Grand local, avec deux pressoirs (*tor-
cularia*, du type décrit par Caton), bassin pour la fermentation du
moût. 19. Couloir utilisé comme entrepôt pour l'huile. 20. Chais.
22-27. Secteur des esclaves. 22. Entrée, avec une meule pour le
sel ou pour l'épeautre. 23. Pièce avec un lit. 24. Id. 25. Id. Accès
par une trappe au pressoir. 26. Pièce à deux lits, dont un pour un
enfant. 27. Pièce à un lit. 28. Local avec moulin à olives.
29. Pièce du pressoir pour l'huile. 30. Grange à grain. 31. Aire.
32. Étage supérieur, avec plancher pour céréales, fruits, légumes.
33. Galerie. 33-34. Salles. 35-38. Chambres. 39. Incertain.
40. Palier.

1. 3. *ad modum agri* : Sur l'expression *ad modum agri*, cf. Varron, *R.R.* 1,13,6 : *Illic laudabatur uilla, si habebat [...] cellam uinariam et oleariam ad modum agri aptam...* L'observation vitruvienne relève d'un leitmotiv des agronomes latins, connu depuis au moins Caton (*Agr.* 3,1) : *ita aedifices ne uilla fundum quaerat <neue fundus uillam>*, texte repris littéralement par Pline l'Ancien (*N.H.* 18,32) : *modus hic probatur ut neque fundus uillam quaerat neque uilla fundum* et par Columelle (*R.R.* 1,4,8) : *quod ait Cato [...] ne uilla fundum quaerat neue fundus uillam*, et explicité par Varron (*R.R.* 1,11,1) : « Faute d'avoir étudié les dimensions du domaine, beaucoup sont tombés dans l'erreur, soit en construisant une ferme moins grande que les dimensions ne l'exigeraient, soit plus grande : l'un et l'autre défaut nuisent au capital et au revenu. Car des bâtiments trop grands coûtent plus cher à construire et sont d'un entretien plus onéreux. Quand ils sont trop petits pour le domaine, il arrive souvent que la récolte se perde » (Traduction J. Heurgon). Une intention moralisante n'est peut-être pas absente de cette notice, significative surtout cependant d'un idéal de juste mesure, de prudence et de sagesse paysanne réfutant les excès du luxe, mais non le profit et un honnête confort (cf. Caton, *Agr.* 4 ; Columelle, *R.R.* 1,4,8). Mais au delà d'une information qui semblerait relever d'un lieu commun d'école, sans doute est-il nécessaire de percevoir également une réponse nécessaire aux exigences matérielles, structurelles de la production agricole au sein même d'un domaine dont la maison de maître, ou *pars urbana*, restait pour partie au moins, tributaire de l'économie générale de l'exploitation.

1. 4. *Chortes* : Composante fonctionnelle et structurelle essentielle des installations agricoles, identifiée archéologiquement, dans sa vocation rurale, tant s'agissant de la *uilla simplex rustica* que de la première phase, mais aussi du stade le plus élaboré des grandes villas de rendement (cf. Carandini 1989, 101-192 ; Gros 2001, 265-288 — à propos notamment des *uillae* de Blera, en Étrurie méridionale, de Boscoreale (lieu dit Villa Regina et villa de Contrada Pisanella), de San Rocco, de Settefinestre, de Lucus Feroniae —) la cour des constructions rurales est définie par Varron comme un « enclos », espace entouré de bâtiments, où est concentré le bétail : *cohors [...] ex pluribus tectis coniungitur ac quidam fit unum [...]* ; *cohors quae in uilla, quod circa eum locum pecus cooreretur* (*L.L.* 5,88 ; cf. Nonius 83,11 : *cohortes sunt uillarum intra maceriam spatia* ; Isidore, *Orig.* 15,9,1 : *cohors uocata [...] quod coartet cuncta quae interius sunt, id est concludat*). L'auteur des *Res rusticae*, conseille d'y installer des hangars permettant d'abriter les voi-

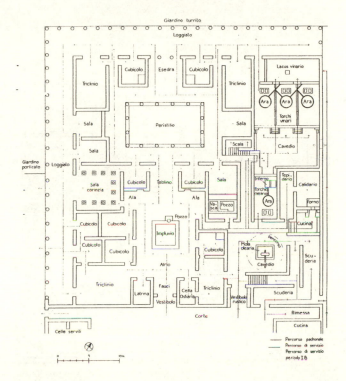

Fig. 33. Plan restitué de la Villa de Settefinestre. D'après A. Carandini.
a. État primitif.

tures et le matériel agricole et signale l'intérêt de deux cours pour les grands domaines : une cour intérieure avec un *impluuium* servant d'abreuvoir pour les animaux (bœufs, porcs, oies…) et une cour extérieure « couverte de chaume et de menue paille que foulent les pattes des bêtes », un bassin y étant également aménagé pour différentes sortes de lavages (*R.R.* 1,13,2-4). Cetius Faventinus (13) précisera que les cours de ferme doivent être implantées aux endroits chauds, indication également donnée par Palladius (22 : « La cour doit être ouverte au Midi et exposée au soleil »). Codifiant les règles d'un aménagement efficace de l'espace dévolu aux animaux et au

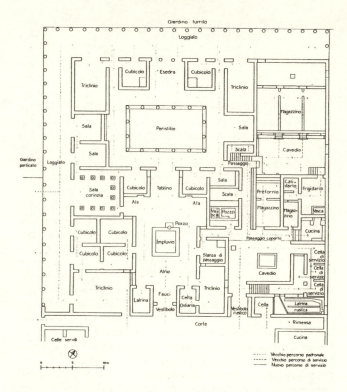

Fig. 33. Plan restitué de la Villa de Settefinestre. D'après
A. Carandini.
b. Extension.

matériel agricole, Vitruve situe ici son développement par référence
à un modèle canonique — non singularisé — de la *uilla rustica*
regroupant autour d'une ou deux cours (le pluriel *chortes* peut être
seulement généralisateur) le ou les corps de logis, les bâtiments
d'exploitation, les granges (cf. Agache 1978, 281 ; Ginouvès
1998,168).

1. 5. *ad pecorum numerum* : Application au cas particulier des
cours rurales de la règle générale de mesure énoncée pour l'ensemble de la *uilla*, et relevant donc du leitmotiv évoqué *supra* (cf.
encore Columelle, *R.R.* 1,3,8 : « ajoutons aux autres préceptes

celui qu'a légué à la postérité l'un des Sept Sages, à savoir qu'en toutes choses doit être observée une mesure appropriée » : *modum mensuramque*), la notation vitruvienne s'inscrit très naturellement aussi dans un propos architectural récurrent définissant l'aménagement de l'espace par référence au principe d'équilibre relationnel.

1. 6. *quot iuga boum* : Confrontant, dans ses *Res rusticae* (1,19,1), les opinions respectives de Saserna et de Caton (cf. *Agr.* 10,1) touchant le nombre de paires de bœufs nécessaire au regard de l'étendue des sols à cultiver, Varron proposait une conception personnelle nuancée : « Saserna écrit que pour 200 jugères de terre de labour deux attelages de bœufs sont suffisants, et Caton, dans 240 jugères d'oliveraie, trois paires de bœufs. Il se trouve donc, si Saserna dit vrai, qu'il faut un attelage pour 100 jugères, et si c'est Caton, pour 80. Mais moi, je pense qu'aucun de leurs deux chiffres ne convient à toute espèce de terre et que tous les deux conviennent à telle ou telle. Un sol en effet est plus facile ou plus difficile qu'un autre [...] C'est pourquoi il nous faut suivre dans chaque domaine, tant que nous y sommes nouveaux, une triple règle : la pratique du précédent propriétaire, celle des voisins et les leçons de l'expérience » [Traduction J. Heurgon].

1. 7. : *designetur* : Fréquent dans le *De architectura* en référence au tracé, ou établissement, d'un plan, d'une figure (cf. Callebat, Fleury 1995,80) et relevant, dans ces emplois, du vocabulaire des géomètres et des architectes, le mot implique ici la notion d'« implantation » par rapport à un plan d'ensemble et paraît relever d'une perception (et représentation) des lieux proprement professionnelle.

1. 8. *culina* : Si Servius, évoquant les temps anciens (*Aen.* 1,726), note à propos de l'*atrium* : « c'est là qu'il y avait la cuisine d'où le nom d'*atrium*, parce que celui-ci était noir (*ater*) de fumée », le mot *culina* est cependant bien attesté déjà chez Plaute pour identifier une pièce spécifique de l'habitat plus particulièrement destinée à la préparation de la nourriture (cf. *Cas* 754 ; *Most.* 1 ; *Pers.* 631 ; *Truc.* 615). Varron présente la *culina* comme un lieu de vie et de grande activité : « c'est là, écrit-il, qu'en hiver, avant le lever du jour, s'accomplissent un certain nombre de besognes, qu'on prépare et qu'on prend la nourriture » (*R.R.* 1,13,1). « Elle doit être proche, note-t-il également (*ibid.*), de l'entrée » (près de laquelle se trouvera le logement du fermier). Varron prête par ailleurs à Fundanius l'éloge des « bonnes cuisines de campagne d'autrefois » (*R.R.* 1,13,6 : *Illic laudabatur uilla, si habebat culinam rusticam* *bonam*). Columelle situe, pour sa part, la cuisine dans la *pars rustica* de la villa et recommande qu'elle soit « grande et haute de manière que la charpente ne soit pas exposée au feu » (sur les incendies dans les cuisines, cf. Horace, *Sat.* 1,5,71-76) et que « la domesticité puisse s'y tenir commodément en toutes saisons » (*R.R.* 1,6,3). Le conseil même donné de placer la cuisine à l'endroit le plus chaud de la maison est plus précisément lié sans doute aux conditions de travail évoquées par Varron et trouve une illustration archéologique dans l'exposition Sud, ou Sud Ouest, de cuisines de villas rurales telles que celle de Villa Regia, à Boscoreale (cf. de Caro 1994, 47-50) ou de Settefinestre (cf. Carandini 1985, 1,123 ; 1989, 132-133 ; 164 ; 166-167…), de cuisines aussi de villas de plaisance (sur les *lautorum culinae*, cf. Sénèque, *Lucil.* 7,64,1), telles que celle de la Villa dite des Mystères (cf. Maiuri 1947, 36). Sur l'ensemble de cette question, cf. Corso 1997, 960-963.

1. 9. : *bubilia* : Ce passage du *De Architectura* paraît constituer la seule référence explicite, dans les textes latins, à l'installation des étables près de la cuisine, mais cette information peut être sans doute retrouvée dans des rapprochements tels que celui établi par Columelle (*R.R.* 12,3,8) entre les termes *culina* et *bubilia*, à propos des nettoyages à effectuer : *culinam et bubilia nec minus praesepia mundanda curare* (cf. Corso 1997, 963). La documentation archéologique fournit quelques exemples d'aménagements de ce type, dans la villa près de Boscoreale, par exemple, au lieu-dit Pisanella, mais la réalité sur le terrain se révèle surtout diverse (cf. Corso 1997, 964). La contiguïté établie entre *culina*, *bubilia*, mais aussi *balnearia* (*Arch.* 6,6,2) rapproche, en fait, trois pièces également utilisatrices d'eau et dont deux (*culina et balnearia*) étaient susceptibles de contribuer à fournir aux *bubilia* la source de chaleur souhaitée par Vitruve et déjà voulue par Varron : « Dans la ferme, écrivait celui-ci, il faut aménager les étables de telle façon que les pièces réservées aux bœufs y soient celles qui peuvent être les plus chaude en hiver » (*R.R.* 1,131. Traduction J. Heurgon). Préconisant l'orientation qui sera, également, celle conseillée par Vitruve, l'auteur des *Res rusticae* précisait, dans son livre II : « Que les étables soient dans un lieu convenable, qu'elles ne soient pas exposées au vent et qu'elles regardent plutôt le levant que le Midi » (*R.R.* 2,2,7. Traduction Ch. Guiraud). Un conseil identique sera donné par Cetius Faventinus (13) qui situe les étables dans la partie méridionale de la cour, mais orientées vers l'Est (*ut ad ortum aut ad focum boues spectent*). Columelle propose, pour sa part, l'exposition des étables au Midi (*R.R.* 6,23,1), mais envisage aussi pour les bêtes de travail une étable d'hiver et une étable d'été (*R.R.* 1,6,4 : *domitis armentis duplicia bubilia sint : hiberna atque aestiua*). La notice de Palladius relève d'une même préoccupation, mais la solution proposée est différente : « Les écuries comme les étables, écrit-il, doivent être exposées au Midi, mais avoir aussi des lucarnes au Nord qui, l'hiver, ne nuiront en rien aux bêtes pourvu qu'on les tienne fermées, et qui les rafraîchiront l'été, si on les laisse ouvertes » (1,21. Traduction R. Martin).

1. 10. *horridi* : Pline l'Ancien relève, dans son livre XVIII, au nombre des signes annonciateurs de perturbations atmosphériques, le comportement des bœufs qui « flairent le ciel et se lèchent à rebrousse-poil » (18,364 : *boues caelum olfactantes seque lambentes contra pilum*). L'expression *contra pilum* rappelle la caractérisation vitruvienne par *horridus*, manifestation d'un état d'inquiétude antinomique du bien-être créé par la chaleur. La notation du *De Architectura* se retrouve chez Faventinus (13 : « < les bœufs > gagnent un beau lustre à diriger la tête vers la lumière ») et chez Palladius (1,21 : « Les bœufs deviendront plus beaux s'ils ont auprès d'eux un foyer et s'ils voient la lumière du jour»). Il est vraisemblable que ce type de remarque relève à la fois d'un fonds populaire paysan (cf. *infra* : *agricolae regionum non imperiti*) et d'un *topos* gréco-latin attribuant aux bovins une sensibilité particulière aux conditions atmosphériques. Cf. Aratos 954-955 ; Théophraste, *Sign.* 15 ; *Géoponiques* 1,3,10 ; Cicéron, *Diu.* 1,15 (cf. Pease 1963,89) ; Varron de l'Aude (*Atacinus*), *Eph. Fgm.* 14 ; Virgile, *G.* 1,375-376.

1. 11. *non inperiti* : Bien que conservée par quelques éditeurs (Rose, dans sa seconde édition, Rode, Granger, Corso), la leçon des mss *inperiti* se révèle sémantiquement aberrante dans ce contexte. Deux corrections peuvent être envisagées : 1. *periti*, lecture notamment retenue par Rose (première édition) et par Fensterbusch, et d'abord défendue par Philandrier, sous la caution, écrit celui-ci dans ses notes, de quelques manuscrits (*aliqui codices habent periti*) — manuscrits en réalité non identifiés. 2. *non imperiti*, lecture suggérée par J.-P. Chausserie Laprée, justifiable paléographiquement par la fausse interprétation d'une anticipation abusive du *non* suivant et/ou par la confusion qu'était susceptible d'entraîner la finale de *regionum*. Vitruve propose quelques constructions de ce type : cf. 1,1,13 : *graphidos non inperiti* ; *ibid.* : *nec in ceteris doctrinis singulariter excellens, sed in his non imperitus* ; cf. *ibid. rationis plasticae non ignarus.* J'ai retenu comme la mieux fondée cette seconde lecture.

6. 2. 1. *latitudines* : Les normes fixées par Vitruve pour la largeur de l'étable (entre dix et quinze pieds, soit environ 3m/4m50) se retrouvent, légèrement minorées, et avec un écart réduit, chez Columelle. La largeur conseillée y est entre neuf et dix pieds, soit environ 2m70/3m *(R.R.* 1,6,6). Ces mesures, qui s'appliquent vraisemblablement à la longueur des stalles et au passage assurant la circulation des bêtes et des hommes, sont également retenues, dans l'estimation haute de Vitruve, par Faventinus 13 et par Palladius 1,21,1. Variable selon le nombre d'animaux, la longueur totale n'est pas donnée dans ces textes, la dimension de sept pieds (soit environ 2m40) indiquée par Vitruve correspondant à l'espace occupé en largeur par chaque paire de bœufs. Faventinus propose ici encore une estimation plus haute (8 pieds, soit environ 2m40), mesure qui est également celle de Palladius (1,21) qui précise qu'elle s'applique à l'animal debout (*octo pedes ad spatium standi singulis boum paribus abundant et in porrectione quindecim*). Bien que l'espace nécessaire à l'animal debout et à l'animal couché soit encore pris en compte dans les fermes modernes, le terme *porrectione* doit être compris dans cette phrase comme dénotant la largeur de la pièce : stalle et couloir de circulation (cf. Martin 1976, 132-133). Les normes vitruviennes s'accordent avec les mesures relevées, sinon dans les grandes résidences rurales, du moins dans les fermes moyennes de l'époque tardo-républicaine et du haut-Empire. Cf. Martin 1976, 132-133 ; Corso 1997, 964 ; Cam 2001, 94.

2. 2. *balnearia* : Plus particulièrement accentuée à l'époque tardo-républicaine, la recherche d'un aménagement confortable, voire luxueux, des bains privés a touché, non seulement la *domus* urbaine, mais aussi les *uillae*. Voir Corso 1997, 965 sur les témoignages littéraires y afférents (celui, par exemple, de Pline l'Ancien, *N.H.* 9, 168, s'agissant d'un certain Sergius Orata qui tirait une plus-value de ses villas en les revendant après y avoir installé des bains suspendus dont il était l'inventeur ; cf. *N.H.* 26,16 ; Valère Maxime 9,1,1 ; Macrobe *S.* 3,15,3). Les bains ici évoqués sont ceux toutefois, modestes, de la *uilla simplex rustica* ou de la *pars rustica* de l'habitat rural à propos desquels Columelle notera (*R.R.* 1,6,19-20) qu'ils sont utilisés les jours de fête, limitation justifiée, précise-t-il, par le fait que « leur fréquent usage est loin d'entretenir la force du corps ». L'expression vitruvienne *lauatio rustica* peut n'impliquer, au demeurant, qu'un lavage ou une affusion sommaires. Le caractère fonctionnel de la contiguïté entre la cuisine et les bains, aménagement facilitant la fourniture d'eau et de chaleur et mis en relation avec les activités des esclaves ruraux, est également souligné par Faventinus (16,5 : *In uilla rustica balneum culinae coniun-gatur ut facilius a rusticis ministerium exhiberi possit*). Cf. Cam 2001, 116. Cette contiguïté est bien illustrée par la documentation archéologique dans des exemples essentiellement attestés, s'agissant d'une division nette *culina/lauatio*, à partir de Ier siècle avant J.-C. Cf. Gros 2001, 68 ; Carandini 1989, 140 fig. 12 ; 141 fig. 13 ; 164-165 fig. 15, n. 10-13 et *passim* ; cf. Cam 2001, 116 et bibl. citée.

    2. 3. *torcular* : Les deux désignations utilisées par Vitruve, *tor-cular* et *olearia* (*cella*) renvoient respectivement au lieu de produc-tion et au lieu de conservation de l'huile, différenciation déjà bien attestée chez Caton (cf. *Agr.* 66,1 : *seruet diligenter cellam et tor-cularium*) et identifiée sur le terrain (dans la villa, per exemple, de Sibari-Copia : cf. Carandini 1985, 179). *Torcular* n'assume pas nécessairement cependant une fonction proprement métonymique, par laquelle serait dénotée la « salle du pressoir », mais renvoie, selon toute vraisemblance, dans l'esprit de l'auteur, au dispositif lui-même (« le pressoir sera tout près de la cuisine »). L'expression *commoda erit ministratio* indique que sont essentiellement envisa-gées ici les commodités du service. *Olearia* (*cella*) appréhende, en regard, une structure architecturale perçue, comme chez Varron, *R.R.* 1,13,7, dans sa relation/opposition avec une structure connexe, la *uinaria cella* dont l'exposition est également déterminée par sa fonction. S'agissant d'une composante essentielle de l'économie italienne antique, la fabrication de l'huile, les instruments y affé-rents, le site et les conditions convenables pour cette opération, la récolte même des olives constituent, depuis Caton (cf. plus particu-lièrement, les chapitres 12,13,18,20-22,64-67) des thèmes récur-rents de la littérature agricole romaine : cf. Varron, *R.R.* 1,13,7 ; Palladius 20. Les différents auteurs recommandent, sinon la conti-guïté avec la cuisine, du moins la chaleur. Caton déjà : *quam cali-dissimum torcularium et cellam habeto* (*Agr.* 65,2 : « Maintenez pressoir et cellier le plus chaud possible »). Pline l'Ancien écrit, sous la caution de Théophraste (*C.P.* 1,19,4) que « la chaleur crée l'huile » ; « aussi, ajoute-t-il, on fait un grand feu dans les pressoirs mêmes et dans les celliers pour la produire » (*N.H.* 15,10). « Toutes ces opérations, note-t-il par ailleurs à propos de la préparation de l'huile, se feront dans des pressoirs très chauds, la porte close » (*N.H.* 15,22). Columelle cependant déconseille les feux, jugeant que la fumée et la suie détériorent la saveur de l'huile (*R.R.* 1,6,18) — inconvénient évitable cependant pour Palladius (1,20), grâce à un chauffage par hypocauste. Mais les différents auteurs s'accordent sur le choix nécessaire de ce que Columelle (*R.R.* 1,6,18) définit comme une « chaleur naturelle qui résulte du climat et de l'exposition ». Comme Vitruve, Columelle préconise une ouverture sur le Midi (*R.R.* 1,6,8), recommandation déjà posée implicitement par Varron (1,13,7) et reprise par Faventinus (13) et par Palladius (1,20). Sur la documentation archéologique, qui atteste la fréquence de l'exposition Sud (Sud-est, Sud-ouest) de la *cella olearia* et de sa proximité avec la cuisine, cf. Carandini 1989, 140 fig. 12 (Settefinestre) ; 160, fig. 9 (Ordona) ; 164, fig. 14 (Gragnano) ; 166-167, fig. 17 (Boscoreale) ; 177, fig. 23 (Lucus Feroniae)… Cf. Corso 1997, 966-967.

2. 4. *uinariam cellam* : Déjà mentionnés par Fabius Pictor (*ap.* Pline, *N.H.* 14,89), les celliers à vin — à propos desquels Cicéron écrit, dans le *De Senectute* 89, qu'« un bon propriétaire, assidu à l'ouvrage, les a toujours bien remplis » — pouvaient aussi contenir le pressoir et étaient équipés de cuves souvent bâties et, éventuellement, de foudres montés sur une maçonnerie. Cf. Ginouvès 1998, 114. Sur les différentes méthodes de conservation du vin, cf. Pline, *N.H.* 14, 132-136. Dans son livre I, Vitruve avait observé que « personne n'ouvre les celliers ver le Midi ou l'Ouest, mais qu'on les oriente vers le Nord, cette orientation assurant, sans variation, une température toujours égale » (*Arch.* 1,4,2). L'exposition au Nord des celliers à vin est, en fait, communément préconisée dans la littérature agricole latine : Varron, *R.R.* 1,13,7 ; Pline *N.H.* 14, 133 ; Columelle 1,6,11 ; Faventinus 13 ; Palladius 1,18,1. Columelle précise que les « celliers à vin doivent être établis en rez-de-chaussée, loin des bains, du four, du fumier et autres immondices exhalant une odeur mauvaise ; loin aussi des citernes et des eaux courantes dont l'humidité peut gâter le vin » (*R.R.* 1,6,11 ; 12,18,3-4 — Recommandations identiques chez Palladius 18, qui présente par ailleurs un système perfectionné d'écoulement du jus de raisin, directement du pressoir dans les *dolia* : *ibid.* (Voir Martin 1976, 126-127). Tout en rappelant la recommandation faite d'« orienter un des côtés du cellier, ou du moins les fenêtres, vers l'Aquilon ou, en tout cas, vers le levant équinoctial, Pline l'Ancien nuance cependant et complète cette donnée : « Les méthodes pour garder le vin, écrit-il, une fois récolté, diffèrent beaucoup suivant le climat. Dans la région des Alpes, on le met dans des tonneaux cerclés et même, au fort de l'hiver on allume des feux pour l'empêcher de geler […] Dans les contrées plus tempérées, on le met en jarres qu'on enterre entièrement ou à proportion de la situation du pays […] Ailleurs l'abri d'un toit l'en défend » (*N.H.* 14, 132-133. Trad. J. André). Plus nuancées encore sont les *Géoponiques* (6,2,1) : « Le bâtiment pour les jarres aura sa porte, en climat tiède, à l'Est et au Nord, en climat plus froid, au Midi ». Sur la documentation archéologique qui atteste la fréquence d'orientation des celliers à vin vers le Nord, cf. Carandini 1989, 132 sq. ; de Caro 1994, 63-69 ; 126-129.

2. 5. *imbecillum* : Dans cette acception spécialisée, l'adjectif *imbecillus* caractérise la qualité d'un vin sans corps ni caractère et se définit en opposition à *ualidus*, appliqué à un vin puissant. Cf. Pline, *N.H.* 14, 134 : *Imbecilla uina dimissis in terram doliis seruanda, ualidis expositis* ; Macrobe, *S.* 7,12,12 : *uinum prout ingenio imbecillum aut ualidum.*

6. 3. 1. *congelari* : « Tout liquide, note Columelle (1,6,18) s'épaissit par grand froid [...] L'huile qui se congèle se gâtera » (*oleum, si congelatur fracescit*). Et Palladius (1,20) : « Le cellier à huile doit être exposé au Midi et protégé contre le froid [...] Ainsi l'huile, lorsqu'on la pressera, ne se figera pas ». Faventinus (13) est plus précis : « Le cellier à huile doit être établi au Midi. Les fenêtres seront distribuées du même côté afin que l'huile ne se fige pas à cause du froid, avec ses impuretés et que la douceur de son goût ne se perde pas ». Cf. Cam 2001, 96.

3. 2. *magnitudines* : Dans ses *Res rusticae* 1,11 Varron précisait son propos sur le rapport nécessaire entre étendue du domaine et importance de la population d'une part, installation des locaux et type dominant de production, d'autre part, en observant : « Il n'est pas douteux que le cellier ne doive être plus grand dans une exploitation où il y a des vignobles, et les greniers plus vastes, s'il s'agit de champs de blé ». Cf. *supra* 6,6,1, note 3. Sur cette utilisation rigoureuse des espaces comme réponse donnée à des exigences fonctionnelles, mais comme signe social aussi des qualités de gestion du propriétaire, cf. Gros 2001, 287.

3. 3. *doliorum* : Le mot identifie un vaisseau en poterie, de large ouverture, rond, à ventre plein, de grande capacité. Cf. Rich 1959, 234-235. Plus particulièrement utilisé pour recueillir le vin avant sa mise dans des amphores, il pouvait renfermer aussi d'autres denrées, sèches ou liquide (telles que l'huile ici évoquée). Sur la préparation des *dolia* destinés à recevoir l'huile neuve, cf. Caton, *Agr.* 69.

3. 4. *cullearia* ; Identifiant un sac, en peau de porc ou en cuir, employé par les Romains pour le transport des liquides (vin, huile), le terme *culleus* a été utilisé pour désigner une mesure des liquides correspondant à une contenance de vingt amphores, soit environ 525 litres.

3. 5. *torcular* : Objet, dans le traité de Caton, d'une documentation détaillée (*Agr.* 12 ; 13 ; 18), le *torculum* (*torcular*) traditionnel était composé d'un levier presseur (*prelum*), dont l'extrémité
(*lingula*) est engagée entre deux arbres (*arbores*). L'autre extrémité
repose sous un portique formé de deux poteaux (*stipites*) reliés à
leur sommet par une poutre (*trabs*). À la base du portique, un treuil
(*sucula*), mû par des leviers (*uectes*), sert à abaisser avec force le
levier presseur. Sous ce levier est placée la maie (*area*) qui porte les
nasses de vannerie contenant les raisins foulés ou les olives
broyées : Callebat, Fleury 1986, 86-87. Dans le second type mentionné par Vitruve, une grande vis verticale (*coclea*) remplace le
treuil. Pline l'ancien (*N.H.* 18,317) mentionne les petits pressoirs,
accueillis dans des bâtiments moins grands, inventés précise-t-il au
cours des vingt-deux dernières années (soit vers 55 après J.-C., et
donc certainement inconnus de Vitruve) : « Leur fût plus court,
écrit-il, se dresse au milieu, des plateaux pèsent de tout leur poids
sur la masse des raisins et on charge les pressoirs avec des corps
pesants ». Confrontées aux indications numériques fournies par
Caton (*Agr.* 18, 2-3 ; 19), environ 34 x 9 pieds, les normes vitruviennes (40 x 16) impliquent une estimation haute, à mettre en rapport avec les dimensions les plus grandes connues
archéologiquement. Cf. J.-P. Adam 1984, 342-345 ; Callebat, Fleury
1986, 86-87 et bibl. citée ; Carandini 1989, 132 sq. ; Corso 1997,
970.

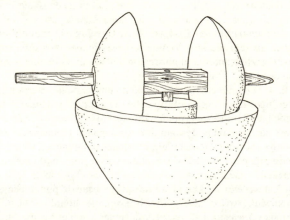

Fig. 34. Pressoir traditionnel. D'après J.-P. Adam.

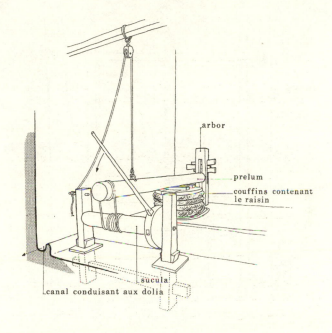

Fig. 35. Torcular à leviers. D'après J.-P. Adam.

3. 6. *duobus prelis* : Cf. Pline, *N.H.* 18, 317 : « Certains n'utili-sent qu'un seul pressoir, mais, il est plus avantageux d'en avoir deux, si grande que soit la dimension de chacun d'eux ».

6. 4. 1. *Ouilia et caprilia* : Si l'on ne trouve chez Caton (*Agr.* 39) qu'une brève référence aux *ouilia* (dont le nettoyage est signalé au nombre des opérations à effectuer quand le temps est mauvais), Varron consacre un assez long développement à l'élevage des bre-bis et des chèvres (*R.R.* 2,2 ; 2,3), indiquant notamment — précision non donnée par Vitruve — l'orientation nécessaire pour les étables de brebis : « que les étables soient dans un lieu convenable, qu'elles ne soient pas exposées au vent et qu'elles regardent plutôt le levant que le Midi » (*R.R.* 2,2,7. Virgile, *G.* 3,303 et Columelle 7,3,8 recommandent pour leur part, d'orienter les étables vers le Midi). Varron fournit également cette précision pour les étables à chèvres. « Il est mieux que l'étable des chèvres soit exposée au levant d'hi-

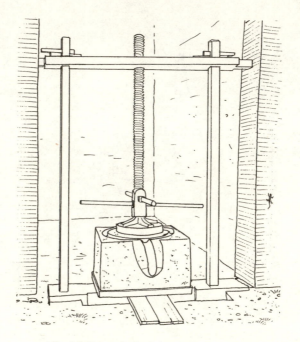

Fig. 36. Presse à vis. D'après J.-P. Adam.

ver, car elles sont frileuses » (*R.R.* 2,3,6). Varron ne donne aucune
indication de mesure sur l'espace nécessaire à ces étables et aux
animaux (quatre pieds et demi, au moins, six au plus pour chaque
bête, selon Vitruve), mais Columelle recommandera (*R.R.* 7,3,8) de
construire ces étables en longueur plutôt qu'en largeur, de manière
qu'elles soient chaudes l'hiver (une illustration de cette disposition
est notamment offerte par l'*ouile* de la ferme de Gragnano : cf.
Rossiter 1978, 41 ; 60). Varron proposait encore que les sols de ces
étables soient pavés de pierres ou de briques pour que soit plus facilement évacuée l'urine des animaux (*R.R.* 2,2,19 ; 2,3,6). Columelle
recommandera, dans le même but, des planchers percés de trous.
Sur l'illustration archéologique exemplaire du complexe
ouile/caprile (et aussi *granarium*), cf. Carandini 1989, 153 et figure.

    4. 2. *Granaria* : Cf. Varron, *L.L.* 5,105 : *granarium, ubi granum
frumenti condebant*. Vitruve observait déjà, dans son livre I, que
« l'orientation des greniers vers le cours du soleil altère rapidement

la qualité des produits » (*Arch.* 1,4,2). Ces observations figuraient déjà chez Varron : « Le blé, écrit cet auteur (*R.R.* 1,57,1) doit être rentré dans des greniers élevés (*sublimia*) au-dessus de la terre, ouverts aux vents de l'Est et du Nord et tels qu'aucun air humide n'y arrive du voisinage » (recommandations identiques chez Columelle 1,6,10 ; Pline, *N.H.* 18,301 — texte dans lequel l'auteur traite de la conservation des grains ; chez Faventinus 13, dans un développement démarqué de celui de Vitruve. Cf. Cam 2001, 97 et bibl. citée). Varron précisait que les murs doivent être « revêtus d'un enduit de marbre » ou, à défaut (technique déjà préconisée par Caton, *Agr.* 92), par de la « glaise mélangée à de la balle de blé et à de l'amurque, ce qui chasse les souris et les vers ». Évoquant différentes méthodes d'ensilage (*R.R.* 1,57,2), Varron notait encore que « là où l'air pénètre, point de charançon » (*ibi non oritur curculio*) et souhaitait des greniers élevés pour que le « vent puisse les rafraîchir » (*refrigerare R.R.* 1,57,3). Cf. Carandini 1989, 132 sq. ; Corso 1997, 972-973, et bibl. citée.

4. 3. *sublimata* : Les mss se partagent entre deux leçons : *sublimata* (*GUW*) et *sublinata* (*HVS*), dont la première a été adoptée par le plus grand nombre des éditeurs, à l'exception de T. Granger et d'A. Corso. Malgré l'argumentation cohérente de ce dernier qui interprète *sublino* comme faisant référence au revêtement de protection des greniers contre les insectes (revêtement effectivement mentionné par les agronomes latins (cf. *supra*, note 2), la correspondance établie entre le texte de Vitruve et celui de Varron, *R.R.* 1,51,1 source vraisemblable de ce passage, où est utilisé l'adjectif *sublimia*, le fait que cette caractérisation, comme celle touchant l'exposition, définisse une composante première d'identification, non une technique d'aménagement, la qualité aussi d'hapax de *sublinata* impliquant un changement de conjugaison, la présence enfin de la leçon *sublimata* dans trois mss primaires (il ne s'agit pas ici de *correction*) induisent à retenir comme authentique la lecture *sublimata*.

4. 4. *Equilibus* : La notice vitruvienne participe ici encore d'un fonds didactique de la littérature agricole dont les préceptes, attestés à date ancienne (cf. sur les écuries, Xénophon, *Eq.* 4, 1-4 ; *Hipp.* 1,16. Hérodote 4,28, avait déjà noté que les chevaux, les ânes et les mulets craignent le froid) se retrouvent, sans variation importante, dans la littérature agricole latine. Varron recommandait ainsi d'éviter que les juments pleines se trouvent dans des endroits froids et affirmait la nécessité de « préserver le sol des écuries de toute humidité et d'y tenir fermées portes et fenêtres » (*R.R.* 2,7,10). Il

conseillait également de les chauffer par temps froid (*R.R.* 2,7,14)
— conseil auquel ne s'oppose pas nécessairement l'observation de
Vitruve touchant la réaction des chevaux au feu, mais impliquant
seulement que les animaux ne doivent pas être dans le voisinage
immédiat du foyer. Columelle recommandera que le poulain soit,
avec sa mère, dans un lieu vaste et chaud (*amplo et calido loco*,
R.R. 6,27,12) et, plus généralement, que l'écurie ne soit pas humide
(*R.R.* 6,30,2). Faventinus (13) veut que les écuries soient installées
dans des endroits chauds et qu'on les fasse bien obscures pour que
les chevaux prennent leur nourriture paisiblement. Palladius (*R.R.*
1,21) associe écuries et étables pour demander qu'elles soient exposées au Midi, mais avec aussi des lucarnes au Nord qui ne nuiront
en rien aux bêtes, pourvu qu'on les tienne fermées et qui les rafraîchiront l'été, si on les laisse ouvertes. La documentatioo archéologique confirme la recherche sur le terrain d'une orientation
assurant aux écuries une température suffisamment chaude : ainsi
dans la *villa rustica* Pisanella, près de Boscoreale, où l'écurie est à
proximité de la cuisine (cf. Carandini 1989, 166) ; à Montmaurin où
elle est située dans l'aile ouest de la cour, non loin également des
cuisines et des bains (cf. Fouet 1969, 86).

6. 5. 1. *praesepia* : Signalant la présence, dans la villa, d'une
cour intérieure, Varron précise : « C'est là que boivent les bœufs
ramenés du labour, en été, c'est là qu'ils se baignent, aussi bien que
les oies, les porcs et les cochons, lorsqu'ils reviennent de la pâture »
(*R.R.* 1,13,3). Aucune indication n'est cependant donnée dans ce
passage sur la présence de mangeoires à l'air libre qu'aucun autre
texte de la littérature agricole ne mentionne explicitement par
ailleurs. Il est donc difficile de savoir si Vitruve se fonde ici sur une
source livresque ou sur l'observation d'une pratique courante.

5. 2. *nitidiores* : Cf. *supra* 6,1,1 : *boues lumen et ignem spectando horridi non fiunt*. Voir 6,1,1 notes 9 et 10.

5. 3. *horrea* : Si les *horrea* ont été communément utilisés
comme réserves à grain — fonction essentiellement référenciée
dans les textes jusqu'à Virgile (cf. *G.* 1,49 : *immensae ruperunt horrea messes*) — et si une association fréquente unit, dans les textes,
horrea au travail fait sur l'*area* (cf. Pline, *N.H.* 18, 298 : *in area hor-
reoque* ; voir les exemples relevés par Corso 1997, 975), le terme
horreum/horrea n'est pas cependant synonyme de *granarium* et renvoie, plus largement, à un « entrepôt » susceptible d'accueillir
d'autres produits et marchandises (huiles, vins, denrées et objets
divers). Horace y mentionne la présence d'amphores (*Od.* 3,28,7-8),

Pline l'Ancien, de blé (*N.H.* 15,33), mais aussi de légumes : raves (*N.H.* 18,127), pois chiches (*N.H.* 18,159). Columelle situe l'*horreum* près de la porte d'entrée de la ferme, à proximité aussi de l'habitation du fermier et de l'intendant et le définit comme un « magasin destiné à recevoir les instruments agricoles »(*R.R.* 1,6,7 : ... *proximum horreum quo conferatur omne rusticum instrumentum et intra id ipsum clausus locus quo ferramenta recondantur*). Il distingue, en 1,6,9, deux parties du bâtiment : une partie basse où sont entreposés le vin, l'huile et autres liquides destinés à la vente ; une partie haute où sont conservés les produits secs : blé, foin, paille, fourrage. C'est encore dans les *horrea* que Columelle note que sont mis les figues (12,15,2), les pois chiches, l'orge, la jarosse (*R.R.* 9,1,8). L'installation de ces entrepôts à l'écart du corps principal de la ferme est implicitement signalée chez Columelle par la situation indiquée de l'*horreum* près de la *ianua* de la *uilla*. Mais la prescription vitruvienne est explicitement reprise par Faventinus 13 : « Les hangars, les fenils, les fournils doivent être établis à l'écart de la ferme de manière que celle-ci soit bien préservée des risques d'incendie. » Cf. Palladius, *R.R.* 1,32 : « Le foin, la paille, le bois, les cannes, peu importe où on les conserve pourvu que ce soit dans des endroits secs, ouverts au vent et éloignés de la ferme parce qu'ils risquent toujours d'être détruits par un incendie » (Trad. R. Martin). Différents témoignages archéologiques illustrent l'application sur le terrain de ce principe : à la *uilla rustica*, près de Boscoreale, à Settefinestre (cf. Carandini 1985, 1[2], 189 ; 195-196). Cf. Corso 1997, 975-976 ; Cam 2001, 97-98.

5. 4. *fenilia* : Attesté depuis Virgile (*G.* 3,321), le mot identifie une grange à foin, bâtiment que Columelle (*R.R.* 1,6,9) inclut au nombre des composantes de la *pars fructuaria* avec l'huilerie, le pressoir, le cellier à vins, la pièce à cuire le moût, le pailler, le magasin et l'entrepôt. Problème récurrent des installations agricoles, connu aux différentes époques, le risque d'incendies affectant les granges à foin est également envisagé par Faventinus (13) et par Palladius (*R.R.* 1,32,1) comme nécessitant l'éloignement, pour ces installations, du corps central de la villa, (cf. *supra*, note 3). Sur l'identification possible d'un *fenile* dans la villa de Francolise, à San Rocco, cf. Carandini 1989, 176.

5. 5. *farraria* : Le mot n'est attesté que chez Vitruve (il ne figure pas dans l'énoncé parallèle de Faventinus 13 : *horrea, fenilia, pistrina extra uillam sunt constituenda ut ab ignis periculo uillae sint tutiores*), appliqué à une grange pour l'épeautre ou, plus précisément, l'amidonnier, mais la céréale elle-même, déjà bien connue de Caton — qui cite son décorticage parmi les possibles activités des jours de fêtes : *Agr.* 2,4 ; cf. Columelle 2,21,3 — est présentée par Pline (*N.H.* 18,83) comme ayant été « le premier aliment des anciens habitants du Latium », comme étant aussi le plus « robuste de tous les blés et résistant le mieux à l'hiver ». Elle « s'accommode, écrit-il (*ibid.*), des régions les plus froides et des terres peu travaillées aussi bien que des régions chaudes et sans eau ». « Elle est difficile à battre, note-t-il encore (*N.H.* 18,298) et il convient de la rentrer avec sa balle ; on la débarrasse seulement du chaume et des barbes ». Varron (*R.R.* 1,63 ; cf. 1,69) observait, pour sa part, que l'on grillait au moulin, l'hiver, la quantité d'épeautre moissonnée destinée à la consommation. Cf. André 1961, 57 sq. Faute de données précises de confrontation, il n'est guère possible de savoir si ce type de grange a été commun dans le monde romain. S'agissant cependant d'une céréale courante, objet de traitements spécifiques, son engrangement dans un lieu propre relevait vraisemblablement du principe, plus tard énoncé par Palladius (19,1) postulant un rangement particulier pour chaque espèce de grain, dans les cas de récolte abondante. Cf. André 1981, 50 sq.

5. 6. *pistrina* : Le terme *pistrinum* désigne, en latin, le « moulin » en tant à la fois qu'instrument et local (où griller et moudre les céréales, préparer aussi le pain à partir de la farine : cf. Ernout-Meillet 1959, 509 ; Ginouvès 1998, 112 ; 170). La référence faite par Varron au *pistrinum* comme endroit où griller le *far* (cf. *supra*, note 5) illustre les rapports matériels et économiques d'emploi et de fonction existant entre les quatre types d'installations associées ici par Vitruve, et non seulement s'agissant de leur vulnérabilité au feu. L'auteur du *De lingua latina* lie, au demeurant, dans sa définition du *pilum*, l'étymologie même de *pistrinum* à l'opération de broyage du *far* : *pilum quod eo far pisunt a quo ubi id fit dictum pistrinum* (*L.L.* 5,138). Et Pline l'Ancien note qu'on réservait le nom de *pistores* à ceux qui pilaient l'amidonnier : *qui far pisebant* (*N.H.* 18,107). Caton est le premier auteur connu à inclure le *pistrinum* dans l'équipement de la ferme (*Agr.* 136) — ce que fera, plusieurs siècles plus tard, Palladius (*R.R.* 1,41) notant (dans un énoncé malheureusement lacunaire) : « ... il faut aussi faire aboutir au moulin les tuyaux d'écoulement des bains afin de pouvoir y faire fonctionner des meules actionnées par l'eau et moudre le blé sans faire appel au travail animal » (*Si aquae copia est, fusoria balnearum debent et pistrina suscipere ut ibi, formatis aquariis molis, sine animalium uel hominum labore frumenta frangantur*). Cf. Martin 1976, 175-176. Malgré le large développement d'installations publiques et industrielles — développement lié à l'évolution des techniques de meunerie et intéressant d'abord les zones urbaines (sur l'usine de meunerie de Barbegal où fonctionnaient 16 moulins qui alimentaient en farine la ville d'Arles dès certainement le IIe siècle, d'après Leveau : cf. F. Benoit, « L'usine de meunerie hydraulique de Barbegal », *Rev. Arch.* 1940, 1, 20-80 ; Hodges 1992, 255-261 ; Ph. Leveau, « The Barbegal Water-Mill in its Environment : Archaeology and the social History of Antiquity », *JRA*, 9, 1996, 137-153), le *pistrinum* paraît avoir constitué, pendant toute la période romaine, une installation courante dans une grande partie de l'habitat rural. Si quelques témoignages littéraires (cf. Lucilius 8, fgm. 8 Charpin. Cf. Corso 1997, 978-979) et la documentation archéologique attestent, en différents cas, la présence de *pistrina* près ou à l'intérieur de la cuisine : à Scafati, par exemple (Carandini 1989, 165), à Boscoreale (Pisanella : cf. Carandini 1989, 166-167), à Gragnano (Carità : cf. Carandini 1989, 172), d'autres témoignages mettent également en évidence des situations plus à l'écart : note de Columelle (*R.R.* 1,6,21) plaçant *circa uillam* le four et le moulin après avoir clos son développement consacré à l'aménagement des parties de la villa : *Quod ad uillae situm partiumque eius dispositionem, satis dictum est. Circa uillam deinceps haec esse oportebit : furnum et pistrinum* ; reprise par Faventinus 13 du texte vitruvien (exception faite de la référence aux *farraria* (cf. *supra* 6,5,5 ; note 5) ; témoignages archéologiques d'implantations à l'écart : dans la villa de P. Fannius Sinistor, à Boscoreale (cf. Carandini 1989, 174-175) ; de Volusius Saturninus au Lucus Feroniae (cf. Carandini 1989, 176-177).

5. 7. *delicatius* : Comme dans son développement sur les grandes *domus* urbaines (cf. *supra* 6,5,1, note 6), Vitruve paraît poser dans une perspective essentiellement professionnelle la recherche — à prendre en considération par l'architecte — d'un raffinement croissant dans l'aménagement des villas, tout en conciliant avec cette perspective, mais hors de toute considération moralisante, la principe varronien du primat accordé à l'*utilitas* : *Vtilitas quaerit fructum, uoluptas delectationem ; priores partes agit quod utile est quam quod delectat*, « L'utilité cherche le rapport, le plaisir veut l'agrément ; mais le primat revient à ce qui est utile, avant ce qui est agréable » (*R.R.* 1,4,1).

6. 6. 1. *Omniaque aedificia* : Dans cette fin de chapitre, Vitruve revient, en fait, de la description de la villa à l'étude d'un problème touchant la maison urbaine. Cette structure lâche d'exposé paraît avoir été consciemment évitée par Faventinus et par Palladius, qui ont intégré la notice vitruvienne dans un développement étoffé centré, chez le premier (14) sur les édifices urbains ; chez le second (*R.R.* 1,12) sur les bâtiments ruraux.

6. 2. *luminosa* : Rome et d'autres villes de la péninsule italienne ont bien connu, sous la République et le Haut-Empire, un type d'habitat en hauteur, avec les problèmes matériels et juridiques afférents à ces immeubles à plusieurs étages, s'agissant singulièrement de la captation et de la protection de la lumière. Sur les aspects juridiques de cette question, voir Saliou 1994, plus particulièrement 211-251. La solution du cordeau qui est ici proposée pour déterminer la position des ouvertures sur le mur projeté offre un exemple significatif de l'empirisme indispensable sur les chantiers — ce que Vitruve (*Arch.* 6,3,11) définissait plus élégamment comme « l'acuité d'esprit » nécessairement mise en œuvre pour résoudre les problèmes que ne permettent pas de résoudre les normes théoriques. Cf. Gros 1985, 248-249. Tout en relevant d'une procédure empirique, la méthode du cordeau constitue aussi cependant une application pratique de la théorie des rayons linéaires issus de l'œil. Voir, à ce sujet, la référence faite par Vitruve à la *uisus linea*, dans *Arch.* 3,5,13 (cf. Gros 1990, 197). Sur la lumière comme thème fonctionnel et rhétorique récurrent, cf. Callebat 1996, 23.

6. 3. *communium parietum* : L'expression s'applique aux murs mitoyens, à propos desquels Vitruve notait, dans son livre I, que leur construction implique des notions de droit de la part de l'architecte (*Arch.* 1,1,10 ; cf. 2,8,8). Mais le problème est ici posé dans la seule perspective d'un problème technique à résoudre, non de rapports juridiques de voisinage. Cf. Saliou 1994, 217 ; 1994[b], 221 ; 2001, 9-15.

6. 4. *angustiae loci* : cf. Tacite, *Ann.* 15,43 : *Erant tamen qui crederent ueterem illam formam salubritati magis conduxisse quoniam angustiae itinerum et altitudo tectorum non perinde solis uapore perrumperentur.*

6. 7. 1 *lumina* : Corrigée en *limina* par l'édition princeps (correction notamment adoptée par Rose et Fensterbusch), la lecture *lumina*, défendue dans une argumentation convaincante par A. Corso (1997, 981), doit être ici conservée. Le mot qui, comme le note Corso, est une transcription plausible du gr. φανός, désigne une « lucarne », ou « lanterne » qui, en élévation sur le toit, pouvait constituer effectivement une gêne pour la captation de la lumière.

7. 2. *Et ad summam ita est gubernandum* : L'expression, vraisemblablement formulaire, figure sous une forme strictement identique dans le *De Architectura* 5, 7, 4.

7. 3. *ea* : Ce neutre pluriel doit être interprété comme un pronom de reprise généralisant.

7. 4. *cliuus* : Le mot désigne une rampe « reliant deux niveaux successifs au moyen d'un plan en pente praticable » : Ginouvès 1992, 197. Morgan (1910, 10) mentionne un passage de ce type conduisant à un cellier de la Maison du Centaure, à Pompéi, et, dans la Maison de Castor et Pollux, servant d'accès à une porte arrière. Une rampe inclinée de ce genre, tenant lieu d'escalier, a par ailleurs été identifiée dans la Maison de Méléagre (elle donne sur un couloir qui recevait sa lumière du péristyle et d'une fenêtre placée à son extrémité). *Cliuus* est également utilisé par Vitruve comme terme spécialisé du vocabulaire de l'hydraulique : il y est appliqué à la contrepente à laquelle doit s'attaquer la conduite après son passage dans le thalweg (*Arch.* 8,6,5 ; 8,6,8).

7. 1. 1. *Graeci* : Les éléments de description réunis dans ce chapitre peuvent orienter vers un type de maison grecque à situer à l'époque médiohellénistique (IIe siècle av. J.-C.), époque notamment marquée dans le monde égéen par la prospérité économique de Délos. L'utilisation faite du présent par Vitruve dans cette description peut être interprétée comme actualisation d'un modèle architectural perçu dans sa continuité, bien qu'ayant connu son acmé à une époque antérieure. Cf. Corso 1999, 49.

1. 2. *atriis* : La caractérisation négative — absence d'atrium — par laquelle est ouvert le chapitre consacré à la maison grecque relève sans doute d'un constat architectural (constat superficiel, au demeurant, l'auteur négligeant notamment la confrontation possible avec l'aménagement autour d'une cour de la maison grecque traditionnelle), mais s'inscrit surtout dans une perspective idéologique touchant la fonction socioculturelle spécifique de l'atrium romain. Cf. *supra* 6,3,1 note 1. Voir Corso 1999, 38-40.

1. 3. *ab ianua* : C'est une conception différente à la fois de l'aménagement de l'espace et de sa fonction sociale qu'implique, par rapport à la maison romaine, l'accès relativement rapide de l'extérieur au cœur de la maison grecque et, en regard de la disposition axiale des composantes de la *domus*, le regroupement de ses pièces autour de l'espace libre. Cf. Pesando 1987, 198 ; Zaccaria Ruggiu 1995, 291.

1. 4. *itinera* : Ce type de couloir fermé de deux seuils successifs a notamment été identifié dans la Maison du Lac, à Délos, avec une petite pièce tenant lieu vraisemblablement de conciergerie, ainsi que dans d'autres habitations aristocratiques déliennes, quelques-unes aussi plus modestes, construites tardivement. La largeur du couloir est de 1m 70 dans la Maison du Trident ; de 1m 70 également dans la Maison des Dauphins ; de 2m 05 dans la Maison de la Colline ; de 2m 87 dans la Maison du Diadumène. La longueur varie suivant le nombre et la dimension des salles qui le séparent de la rue (6m 60 dans la Maison du Trident ; 7m dans la Maison des Dauphins ; 3m 50 dans la Maison de la Colline ; 10m dans la Maison du Diadumène). Les salles desservies sont de petites pièces ayant pu être utilisées comme loge de portier ou logement d'esclave (on trouve aussi une chambre d'habitation dans la Maison du Trident). Cf. Chamonard 1922, 107 sq. ; Llinas 1973, 291 sq. ; Hellmann 1992, 168. Quant aux *equilia* (cf. Xénophon, Eq. 4, 1-2), leur présence près de l'entrée de la maison est attestée par la documentation archéologique : voir notamment Reber 1988, 665 ; Höpfner et Schwandner 1994, 41 ; 104 ; 156-157 ; 175-179 ; 211 ; 219 ; 278.

1. 5. *ostiariis* : Déjà connue à l'époque classique (cf. Platon, *Protagoras* 314 c-d), la présence du portier à l'entrée de la maison grecque est devenue commune dans les grandes demeures de l'époque hellénistique. Cf. Pesando 1989, 103 ; 159 sq. (à propos de la Dema House). Cf. Llinas 1973, 304-305 ; Corso 1997, 984 et bibl. citée.

1. 6. *finiuntur* : Bien qu'acceptée par l'ensemble des éditeurs, cette forme passive, dont le sujet ne peut être que *ianuae interiores*, n'est pas immédiatement claire et satisfaisante sémantiquement. On pourrait donc envisager, dans ce contexte, une correction telle que *inueniuntur* ou *finiunt iter*. La leçon des mss a cependant été conservée, l'emploi pouvant être rapproché de celui étudié à propos de *designetur* (*Arch.* 6,6,1 ; cf. note 8, *ad loc.*), c'est-à-dire relever de la perspective professionnelle de l'architecte, ou dessinateur, établissant le plan d'un édifice : *finire* serait pris dans l'acception de « fixer une limite ».

1. 7. θυρωρών : Le mot n'est attesté que chez Vitruve et la possibilité a été envisagée par P. Ruffel (1964, 637) d'une correction abusive pour θυρών, désignant un hall d'entrée, ou vestibule. Cf. Hellmann 1992, 168. Il ne s'agit pas cependant ici d'une véritable correction, mais de la transcription en lettres grecques d'un terme grec écrit dans les manuscrits — procédure courante — en lettres latines. L'emploi bien attesté de θυρωρός, portier, la référence faite à la *cella ostiariis* dans ce couloir entre deux portes, la fréquence aussi chez Vitruve de termes grecs non attestés par ailleurs induisent à retenir, transcrite en lettres grecques, la leçon *thyroron* des manuscrits.

1. 8. *peristylon* : Attesté comme adjectif chez Hérodote, au sens de « entouré de colonnes » — à propos de la cour péristyle d'un labyrinthe du Fayoum (cf. Pesando 1989, 68) — et chez Euripide (*Androm.* 1099), s'agissant du promenoir autour d'une *cella*, le mot figure chez Polybe (10,27,10) comme substantif appliqué à une galerie, ou colonnade, autour d'un temple ; mais son emploi pour une cour domestique à péristyle ne semble pas antérieur à Vitruve. Cf. Ginouvès 1998, 157 ; Hellmann 1992, 333-335 ; Corso 1999, 40. Monumentalisation, dans les demeures aristocratiques, de la cour intérieure de la maison grecque archaïque, le péristyle n'est le plus souvent que le développement de la *pastas*, portique qui bordait la cour centrale sur un seul côté (sur la *pastas*, vestibule, cf. infra, note). Les trois états de l'évolution de la Maison de Priène (fig. 38) proposent une illustration significative de ce type de monumentalisation, qui maintenait cependant la cour au cœur de la demeure. Cf. Höpfner et Schwandner 1994, 222-225 ; Gros 2001, 46.

1. 9. *antas* : C'est sur l'un des côtés, en fond de cour, que s'ouvrait généralement la *prostas*, dont l'entrée était encadrée par les deux antes (cf. Ginouvès 1992, 25 ; 65) : ainsi dans la Maison de Dyonisos, à Délos, où deux antes (dont les grands chapiteaux moulurés ont été retrouvés dans la cour) flanquent la baie d'ouverture d'une exèdre et en supportent le linteau. Le rapport ici donné par Vitruve entre largeur et profondeur se retrouve exactement, selon Wiegand (1904, 290) à la Maison XXX de Priène, ce rapport étant seulement approché dans d'autres constructions, la Maison XXXIII, par exemple (rapport de 2 : 3 1/11) et la Maison XXXIV (rapport de 2 : 2 3/4).

1. 10. *prostas* : D'abord appliqués à « un porche ou une avancée par rapport aux murs du bâtiment », les termes grecs προστάς / πρόστασις ont fini par désigner « tout vestibule, quelle que soit sa configuration exacte : à colonnade ou entre deux murs ». Hellmann 1992, 355-356. Comme, plusieurs siècles plus tard, le lexicographe alexandrin Hésychios, Vitruve donne pour synonymes προστάς et παστάς, terme polysémique à l'instar de προστάς mais identifiant le plus souvent une forme de colonnade qui sépare la cour des principales pièces d'habitation (Pesando 1989, 196). Ce type d'espace, ouvert sur la cour et sur lequel donnaient les principales pièces qui s'ouvraient en profondeur est commun dans les maisons aristrocra-

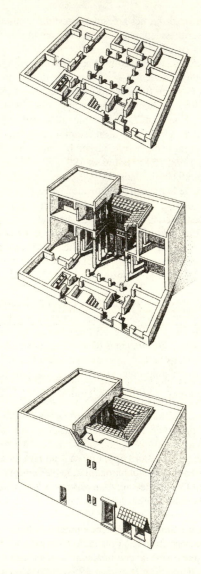

Fig. 37. Délos. Reconstitution d'une maison à péristyle. D'après H. Schleif.

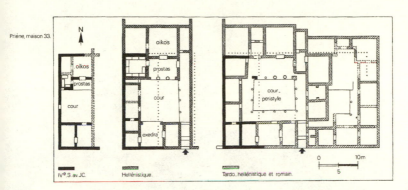

Fig. 38. Évolution comparée d'une maison de Priène et de la Maison
    du Faune à Pompéi. D'après W. Höpfner, E. L. Schwandner et
    P. Gros.

tiques de l'époque classique et hellénistique. Cf. Raeder 1988, 361
sq., et bibl. citée ; Pesando 1989, 66-69 ; Corso 1999, 40. Sur la disposition de ces constructions au regard des codifications d'Aristote,
Oec. 1,6,7-8, 1345 a et de Xénophon, *Mémor.* 3,8,8-10 ; *Oec.* 9,4 cf.
Corso 1997, 985-986 ; 1999, 40.

7. 2. 1. *oeci* : Sur les *oeci*, cf. *supra Arch.* 6,3,8, note 5. En
regard des caractérisations de prestige attachées aux *oeci* de l'*andronitis* (*Arch.* 6,7,3 : *oecos quadratos ita ampla magnitudine ut...*),
la qualification des *oeci* de la *gynaeconitis* est fonctionnelle : *magni*
— grandes salles susceptibles d'accueillir, sous l'autorité de la maîtresse de maison, les servantes assurant le travail du filage et du tis-

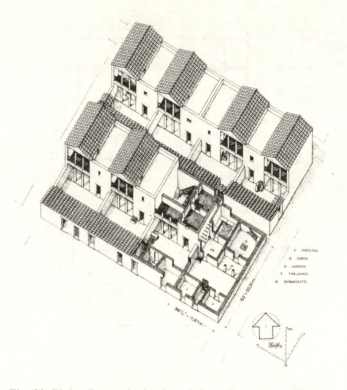

Fig. 39. Pirée : Reconstitution isométrique d'une *insula*. D'après
W. Höpfner et E. L. Schwandner.

sage, d'offrir aussi, grâce à l'espace ouvert et à l'orientation Sud
(recommandée par Xénophon *Oec*. 5,3) un lieu bien éclairé facilitant ce genre de travail. Surtout situés à l'étage supérieur, au cours
de l'époque classique, ces lieux de travail ont été établis dans des
salles de rez-de-chaussée, voisines des autres pièces de la *gynaeconitis*, à l'époque hellénistique, en même temps que s'agrandissait et
se restructurait la demeure aristocratique. On a ainsi rapproché des
indications vitruviennes, la situation des *oeci* dans des maisons de
Délos, telles que la Maison de l'Inopos, la Maison aux Frontons et
la Maison des Comédiens (cf. Pesando 1989, 207-213) ou que la
Maison des Masques (dans l'interprétation de Rümpf). Cf. Rumpf
1935, 7 ; Höpfner et Schwandner 1994, 100 sq. ; 108 ; 220 sq. ; 224

sq. ; 327 sq. Voir Corso 1999, 41 ; 47. Sur l'ensemble de cette question, cf. Raeder 1988, 316-368 ; Pesando 1989, 149 ; 180 ; 201 ;
203-206 (sur la Maison du Magistrat, à Morgantina) ; Höpfner et
Schwandner 1994, 100 sq. ; 108 sq. ; 220 sq. ; 224 sq. ; 327 sq. ;
Zaccaria Ruggiu 1995ᵃ, 303 sq. ; Corso 1997, 986.

2. 2. *in dextra* : cf. *Arch.* 5,7,1 : *circino conlocato in dextra*.
L'expression développée figure en 2,8,19 : *in dextra parte*. Cette
distribution de part et d'autre du *pastas* se retrouve dans la Maison
VI de Priène (cf. Wiegand 1904, 289). Souvent cependant le *pastas*
n'avait de chambres que sur un de ses côtés, le second étant occupé,
dans les maisons les plus importantes (cf. Maisons XXXIII ;
XXXIV) par un prolongement de la cour et du corridor d'entrée.

2. 3. *thalamos* : Parfois utilisé dans le vocabulaire de l'architecture religieuse, le mot est surtout connu comme désignation de
la chambre des époux, pièce aussi où la maîtresse de maison
conserve les biens dont elle a la garde. Cf. Hellmann 1992, 150-152.
Attesté depuis Homère (cf. *Od.* 21, 8-9 ; 23, 41 sq.), *thalamos* est
passé en latin comme emprunt savant (cf. Catulle 61, 192), ensuite
vulgarisé. D'abord situé le plus souvent à l'étage supérieur, durant
l'époque classique, le thalamos sera rapproché des autres pièces du
quartier des femmes, au rez-de-chaussée, dans les demeures aristocratiques, à double péristyle de l'époque hellénistique. Sur la documentation archéologique et littéraire, cf. Raeder 1988, 319 ;
322-323 ; 347 ; 359 ; 366 ; Pesando 1989, 10 ; 13 ; 21-26 ; 37-40 ;
52-62 ; 146-147 et *passim* ; Höpfner et Schwandner 1994, 41-42 ;
87 ; 102 ; 185-187 ; 218 ; Zaccaria Ruggiu 1995ᵃ, 304. Voir Corso
1997, 986-987.

2. 4. *amphithalamos* : Le mot est un hapax. Barbaro et Perrault
(qui proposaient — inutilement — la correction *antithalamos*)
voyaient dans cette pièce une « antichambre », le *procoeton* de Pline
le Jeune (*Ep.* 2,17,10). Un passage d'Achille Tatius (*Leuc. et Clit.*
2,19, 3-5) a pu suggérer que cette pièce serait la chambre des filles
de la maison. L'hypothèse est cependant fragile, comme l'observe
F. Pesando (1989, 196), qui préfère se borner à noter que l'*amphithalamos* est une pièce qui s'ouvre sur le côté opposé de la chambre
des époux. Cf. Reber 1988, 664.

2. 5. *triclinia cotidiana* : La caractérisation par *cotidiana*
implique l'aménagement de plusieurs *triclinia*, dont celui qualifié
ici de *cotidianum* se trouve situé dans la zone des activités courantes de chaque jour, les festins d'apparat intervenant dans le quartier des hommes. Comme pour les salles précédemment évoquées,
les *triclinia cotidiana* furent d'abord situés à l'étage supérieur puis

intégrés au rez-de-chaussée dans le quartier des femmes. Les données vitruviennes paraissent pouvoir être confortées par les exemples donnés de la Maison des Masques, à Délos et de la Maison du Magistrat, à Morgantina. Cf. Raeder 1988, 318-319 ; 364-367 ; Pesando 1989, 79-83 ; 155-157 ; 197-198 ; 203-206. Voir Corso 1997, 987-988.

2. 6. *cellae familiaricae* : Caractérisé par l'adjectif *familiaricus*, d'emploi rare et renvoyant essentiellement à la composante servile de la *familia*, le terme *cella* identifie les pièces modestes réservées aux esclaves, mais également intégrées dans le quartier des femmes, au rez-de-chaussée des demeures à double péristyle de l'époque hellénistique. Cf. Raeder 1988, 318-319 ; 359-360 ; Pesando 1989, 204. Höpfner et Schwandner 1994, 219 ; 329-330 ; Zaccaria Ruggiu 1995ᵃ, 294 ; Corso 1999, 42.

2. 7. *gynaeconitis* : Terme assez rare, mais mieux attesté que γυναικών connu chez le seul Xénophon, *Cyr.* 5,5,1), γυναικωνῖτις, adjectif substantivé (= γ. ἑστία : cf. Chantraine 1990,243) est usuel en grec classique pour identifier la partie de la maison réservée aux femmes, endroit où elles effectuent habituellement les travaux de couture et de tissage et s'occupent des enfants. Seule occurrence du mot dans le *De Architectura*, *gynaeconitis* est préféré par Vitruve à la forme *gynaeceum*, plus fréquente en latin depuis Plaute jusqu'à Isidore — qui glose le mot en référence au travail de la laine (*Orig.* 15,6,3 : *gynaecum Graece dictum eo quod ibi conuentus feminarum ad opus lanificii exercendum conueniat : mulier enim Graece* γυνή *nuncupatur*). D'abord employée par Varron (*Ant. rer.* 15 fr. 218(16b) Cardauns), la forme latine transcrite, *gynaeconitis,* ne se retrouve, en dehors du *De Architectura*, que chez Cornélius Nepos (*praef.* 7) et chez Aulu-Gelle (17, 21,33). Nepos présente le gynécée comme spécifiquement lié au statut de la femme grecque (*non sedet nisi in interiore parte aedium quae gynaeconitis appellatur*), présentation qui conforte l'interprétation selon laquelle ce type de structure — quelque connaissance qu'en ait eue les Romains et quelque parti qu'en aient tiré des auteurs comme Plaute (cf. la *Mostellaria*) — est resté étrangère à la fois à l'organisation sociale romaine et à l'aménagement de la *domus*. L'argumentation d'A Zaccaria Ruggiu (1995ᵃ, 295-310) est pleinement convaincante sur ce point. Les témoignages littéraires, tels que ceux de Lysias (*Erath.* 9-10), de Xénophon (*Oecon.* 9,5), de Plaute (*Mostellaria* 755 ; 759 ; 908), Plutarque (*Pelop.* 9,9,3 ; *Phoc.* 19,3,3) se révèlent lacunaires, mais laissent discerner, autour d'une constante — celle d'espace réservé aux femmes — des variantes liées aux types divers d'habitat (de la

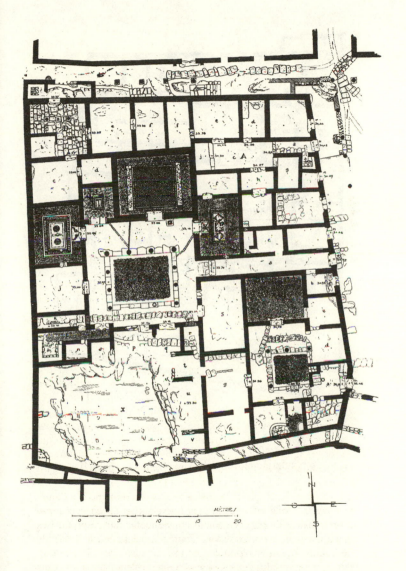

Fig. 40. La Maison des masques à Délos.
a. Plan. D'après J. Chamonard.

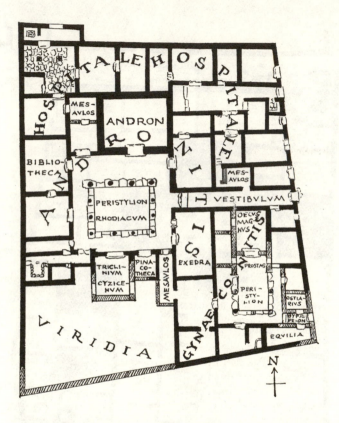

Fig. 40. La Maison des masques à Délos.
b. Interprétation « vitruvienne » par A. Rumpf.

campagne / de la ville ; modestes / luxueux) et au concept même
d'organisation du gynécée : quartier essentiellement réservé au travail d'une main d'œuvre servile féminine, sous l'autorité de la mère
de famille ; quartier répondant non seulement à des besoins utili-
taires (centre productif de la maison) mais assurant aussi une fonction sociale et morale (rencontre des époux) : cf. Pesando 1989, 120.
Cette dernière perspective est celle ouverte par le texte de Vitruve où

le gynécée est celui d'une demeure aristocratique hellénistique dans laquelle cet espace n'est plus au premier étage, mais au rez-de-chaussée, autour d'un péristyle. À cet ensemble nettement individualisé correspond un autre ensemble, également nettement individualisé, l'*andronitis*, dont la place dans la description vitruvienne ne relève pas d'une progression topographique vers l'intérieur, mais, comme le note F. Pesando (1989,197) d'une perspective fonctionnelle. La Maison aux Masques de Délos (cf. Rumpf 1935, 1-8), la Maison aux Mosaïques et la Maison II à Érétrie (cf. Reber 1988, 653-656 ; Ducrey 1989, 57) proposent des illustrations vraisemblables du schéma vitruvien. Cf. Pesando 1989, 119-121 ; 195-198 ; Hellmann 1992, 99-100 ; Höpfner et Schwandner 1994, 42 ; 102 ; 148 ; 185 ; 218 ; 283 ; 286 ; 298 ; 316 sq. ; 323 ; 328 sq. ; Zaccaria Ruggiu 1995[a], 293-310 ; Corso 1997, 988-989 (et bibl. citée).

7. 3. 1. *domus* : Le choix de *domus*, terme marqué par sa fonction de désignation d'une entité sociale, d'un microcosme humain en même temps que d'une structure architecturale, s'inscrit dans la perspective de représentation donnée par Vitruve de la maison grecque, perspective notamment singularisée par la nette individualisation de chacun des deux ensembles, *andronitis* et *gynaeconitis* groupés autour de deux cours différentes. Cf. Pesando 1989, 197. Très rare en latin (cf. Aulu-Gelle 17,21,23, où le mot, en opposition avec *gynaeconitis*, est employé par image), la forme *andronitis*, qui identifie (cf. *infra* 7,4) le complexe architectural réservé aux hommes, est transposée du grec ἀν-δρωνῖτις, attesté chez Lysias (qui situe cette zone en rez-de-chaussée : « ma maison a un étage ; la disposition est la même en haut et en bas, pour l'appartement des femmes et pour celui des hommes » ; *Erat.* 1, 9), chez Xénophon (*Oecon.* 9,5), dans les Inscriptions déliennes. Cf. Hellmann 1992, 49. Le latin connaît aussi la forme *andron*, également transposée du grec (cf. *infra* 7,5), attestée, dans l'un de ses emplois, comme synonyme de *andronitis*. Cf. Paul, Festus 20 L. : *Andron locus domicilii appellatur angustior longitudine in quo uiri plurimi morabantur, ut gynaeceum a mulieribus.* Sur la documentation littéraire, épigraphique et archéologique touchant l'*andronitis* voir notamment : Robinson 1946, 233-237 ; 245-246 ; 263-264 ; Raeder 1988, 317-368 ; Pesando 1989, 113-120 ; 149 ; 195-199 ; 203 ; 220-221 ; 247 ; Höpfner et Schwandner 1994, 86 ; 98 ; 108 ; 278 ; 282-283 ; 328 ; 346 ; Corso 1997, 989-990.

3. 2. *lautiora peristylia* : Les épithètes mélioratives et l'énumération des pièces composant l'*andronitis* font écho à la description proposée par l'auteur (*Arch.* 6,5,2) des grandes *domus* aristocra-

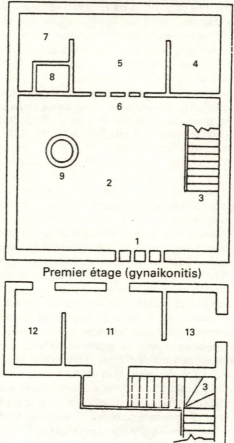

Fig. 41. Essai de reconstitution de la Maison d'Euphilète. Cf. *Città sepolte*.

tiques romaines et tendent à souligner, en regard du caractère familial de la *gynaeconitis*, la fonction de représentation et de *dignitas*,
comme l'écrit Vitruve, dont est chargée l'*andronitis*.

3. 3. *rhodiacum* : Singularisé par la plus grande hauteur d'un de
ses côtés, doté aussi d'un riche décor (cf. Pesando 1989, 174), le
modèle rhodien a pu être interprété comme expression, dans l'habitat aristocratique de l'époque médio-hellénistique, d'une monumentalisation de la *pastas* : cf. Corso 1999, 44. La documentation
archéologique en propose quelques exemples à Cos, à Délos
(Maison des Masques, Maison de l'Ancre, Maison du Trident), à
Priène (Maison XXXIII) — et à Pompéi (Maison des Noces d'argent : ce type de péristyle y assurait une heureuse transition architecturale entre la hauteur imposante de l'atrium tétrastyle et le
niveau plus bas du portique postérieur). Cf. Wiegand 1904, 299 ;
Pesando 1989, 174 ; 197 ; 250 ; Höpfner et Schwandner 1994, 297-
298 ; Corso 1997, 990.

3. 4. *uestibula* : Les glissements sémantiques évoqués *infra*
(*Arch.* 6,7,5) peuvent justifier le choix fait dans ce passage de la
forme latine *uestibulum*. Le terme πρόθυρον, que Vitruve donne
comme synonyme grec de *uestibulum*, semble devoir être appliqué,
selon la définition de M.-Chr. Hellmann (1992, 349), à « un vestibule d'entrée ouvert sur la rue, la porte étant placée en retrait et protégée par une sorte d'auvent ». Cf. Ginouvès 1992, 39. Telle est du
moins l'interprétation qui peut être induite, d'une part de la relation
/ opposition qu'implique la définition vitruvienne des πρόθυρα
(*quae graece dicuntur ante ianuas uestibula*) en regard du θυρωρῶν
(*inter duas ianuas*) et, d'autre part, d'éléments de description identifiés dans des textes tels que celui du *Protagoras* de Platon
(310bce ; 314-316) ; cf. Pesando 1989, 98 sq. Structure fonctionnelle, mais signe possible aussi de *dignitas*, le vestibule apparaît de
toute manière, dans la documentation archéologique, comme une
composante usuelle des maisons aristocratiques de l'époque médio-
hellénistique. Cf. Martin 1974, 221-252. Höpfner et Schwandner
1994, 86 ; 96 sq. ; 104 ; 333 ; Corso 1997, 990.

3. 5. *albariis et tectoriis* : En regard d'*albarium* (*opus*) appliqué
à un revêtement travaillé en relief, *tectorium* (*opus*) désigne un
enduit peint. Cf. Blanc 1983, 266 sq. Voir Höpfner et Schwandner
1994, 102-104 ; 155 ; 210 et *passim*.

3. 6. *triclinia cyzicena* : cf. 6,3,10, note 1 ; Rumpf 1935, 4 ;
Pesando 1989, 197 ; 241 ; Corso 1997, 997 ; 1999, 45.

3. 7. *pinacothecas* : Cf. 6,3,8, note 7 ; Pesando 1989, 106-107 ;
196-197 ; Corso 1997, 991. Si quelques exemples de pinacothèques

privées sont connus, telles que celle mentionnée dans une inscription de Chio d'un certain Theodoros (cf. K.A. Garbrah, « Notes on Inscriptions from Chios II », *ZPE* 73, 1988, 734, n. 7, 1-2) ou celle identifiée par Rumpf 1935, 4 dans la Maison des Masques, à Délos, ce type de galerie semble avoir été réservé à quelques très riches demeures : cf. Corso 1999, 46.

3. 8. *bibliothecas* : Sur les bibliothèques privées dans les maisons grecques, cf. Platthy 1968, 97-177 ; Corso 1997, 991-992 ; Höpfner 2002.

3. 9. *exhedras* : Composante des demeures aristocratiques, les exèdres — tout comme les pinacothèques ou que les bibliothèques — ne constituent nullement une constante de la Maison grecque (ces pièces sont, par exemple, absentes des maisons d'Érétrie : cf. Reber 1988, 664). L'orientation vers le couchant qu'indique Vitruve ne répond pas toujours non plus à la réalité du terrain : l'exèdre de la Maison de l'Inopos est ainsi exposée à l'Est, comme celle de la Maison du Magistrat, à Morgantina ; celle de la Maison du Trident regarde le Sud. L'exposition vers l'Ouest reste cependant bien attestée : dans la Maison du Lac, par exemple, dans la Maison des Masques, ou encore dans la prolongation du portique nord de la Maison du Diadumène. Cf. Pesando 1989, 172 ; 206 ; Raeder 1988, 326-347 ; 366 ; Höpfner et Schwandner 1994, 102-103 ; 125 sq. ; 138 sq. ; 161 ; 225 ; 279 ; 283 ; 287 ; 291 ; 297 sq.

3. 10. *oecos quadratos* : Vitruve donne *infra* (*Arch.* 6,7,5) le terme grec ἀνδρών comme répondant au grec *oecus*. Appliqué à l'une des pièces principales de la maison, le mot ἀνδρών désigne, suivant la définition de M. Chr. Hellmann (1992, 49) ; « une des pièces principales d'une maison urbaine, accessible depuis la cour, suffisamment grande pour pouvoir contenir un certain nombre de lits placés le long des murs. [...] Il s'agit donc de la salle des banquets, élément essentiel du « standing », où le maître de maison reçoit ses hôtes ». L'orientation vers le Midi apparaît effectivement privilégiée, ainsi, également, que celle vers l'Ouest. L'*oecus* a trois baies dans la Maison du Trident, mais il peut également avoir une porte et deux fenêtres (Maison de la Colline, Maison de l'Inopos) ou encore trois portes (Maison de Dionysos, Maison des Dauphins). Dans la Maison de la Colline, l'*oecus* f était également éclairé par une fenêtre large de 1m 45, ouverte à 3m du sol dans le mur est. Le plus souvent la forme de ces *oeci* n'est pas précisément carrée, comme le dit Vitruve, mais plutôt rectangulaire, avec d'assez vastes dimensions : 15m 07 x 7m 17, dans la Maison du Diadumène ; 10m 15 x 6m 80 dans la Maison des Dauphins ; 8m 60 x 5m 65 dans la

Maison du Trident ; 9m 30 x 7m 20 dans la Maison des Masques ; 8m 15 x 5m 10, dans la Maison de la Colline… Un *oecus minor* de cette même maison a cependant une forme carrée de 5m 10 x 5m 06 et c'est également cette forme, ou une configuration approchante, que présentent le plus grand nombre des *oeci* de Priène ; ainsi le bel *oecus* de la Maison XXXIII (7m 10 x 7m). Cf. aussi les *oeci* des Maisons IV, VIII, IX, XVIII, XXVIII, XXX, XXXI, XXXII, XXXV. Voir Wiegand 1904, 290. Cf. Chamonard 1922, 172.

7. 4. 1. *fuerat institutum* : La forme surcomposée, reculant dans le temps la notion exprimée, souligne le caractère institutionnel de la pratique évoquée.

4. 2. *domunculae* : Le mot est utilisé en latin dans trois types principaux d'emplois : 1. avec une valeur proprement diminutive dans un contexte où est soulignée la modestie de l'habitat 2. avec valeur partitive limitant le champ de représentation à un élément du bâtiment 3. avec une valeur de particularisation spécifique, ici attestée, dégageant une entité sémantique originale. La notion exprimée peut être de petitesse par rapport aux dimensions de la maison grecque décrite. Son effet cependant est celui surtout d'une dénotation particularisée : la *domuncula* à la fois constitue une structure originale d'habitat et réfléchit, pour celui qui y est accueilli, l'image d'une *domus*, lieu personnalisé, indépendant : cf. Callebat 2003, 312-313. À l'époque tardive, le grec connaîtra aussi une forme diminutive de ξενών, ξενίδιον, identifiant une « maison pour recevoir des étrangers » (cf. Chantraine 1984, 764). Un passage de l'*Alceste* d'Euripide (543 sq.) où sont évoqués « les appartements réservés aux hôtes, indépendants de la maison » atteste l'existence, dans les riches demeures de l'époque classique (cf. Pesando 1989, 198-199), de ce type de logement pour hôtes identifié, avec vraisemblance, dans la documentation archéologique par des exemples tels que celui de la Maison des Masques, tels que celui aussi, à Délos, de la petite habitation rattachée à la Maison du Lac, avec une entrée séparée donnant directement sur une petite cour, une grande salle avec son annexe, pouvant correspondre aux *cubicula* et *triclinia*, un passage enfin reliant le quartier des hôtes à l'habitation principale et susceptible de répondre aux *itinera* (voir Chamonard 1922, 424-425). Cf. Rumpf 1935, 1-8 ; Robinson 1946, 415, 428-429, 443-446 ; Raeder 1988, 319, 326-346, 366 ; Höpfner et Schwandner 1994, 102, 218.

4. 3. *delicatiores* : Comme l'observe A. Corso (1997, 994), cette phrase de Vitruve implique le constat d'un déclin de la Grèce, à situer dans la période tardo-hellénistique (marquée par les guerres de Mithridate, le contrôle des mers par les pirates, les guerres d'Orient de Pompée et de Crassus, les guerres civiles entre César et Pompée, Octave et Antoine), déclin politique et économique sans doute, mais aussi culturel et de civilisation, comme le suggère l'emploi de l'adjectif *delicatiores* — concept rejeté dans le passé. La description vitruvienne de la maison grecque est donc à situer dans le contexte médio-hellénistique plus particulièrement caractérisé par la prospérité économique de Délos, l'auteur excluant cependant, comme indiqué *supra*, s'agissant de l'architecture domestique, une rupture totale avec le passé.

4. 4. *xenia* : Dans cette note d'histoire anecdotique, que S. Ferri (1960, 328) définit ironiquement comme « l'habituelle pochade historique si chère à Vitruve », mais qui offre une illustration pittoresque de la notion abstraite d'hospitalité et qui assume une fonction didactique, le terme *xenium* constitue le premier exemple connu de la transcription en latin (où il se retrouve chez Pline le Jeune, Martial et jusqu'à époque tardive) du grec ξένιον, d'abord appliqué aux présents d'hospitalité, puis à toutes sortes de cadeaux (c'est la forme *xeniolum* qui figure chez Apulée, *Met.* 2,11,1, pour évoquer les présents d'hospitalité apportés à Lucius de la part de Byrrhène). *Xenium* apparaît cependant dans ce seul passage pour désigner, non plus les cadeaux eux-mêmes, mais les peintures qui les représenteraient. Peu de noms de peintres sont connus ayant traité ces thèmes que Pline l'Ancien qualifie de mineurs (*minoris picturae* : *N.H.* 35, 112), citant toutefois Piraeicus qui « atteignit, écrit-il, le sommet de la gloire » (*summam adeptus est gloriam*) en traitant des sujets bas (*humilia*), dont des barbiers, des ânes et des denrées (*obsonia*). Il nomme par ailleurs Possis « qui peignait des fruits, des raisins et des poissons qu'on eût pu croire réels ». Intervenant essentiellement, en Grèce, comme élément décoratif d'un tableau, ce type de natures mortes n'est pas rare dans la peinture campanienne. Il constitue un thème également bien connu des mosaïques de l'Afrique romaine où ces motifs reproduisent peut-être, comme le veut Vitruve, des cadeaux d'hospitalité, mais figurent plutôt sans doute un autre genre de présents : celui des prémices des récoltes offertes aux propriétaires par les colons. Cf. Thébert 1985, 362-363 ; C. Balmelle, *et alii* : *Recherches franco-tunisiennes sur la mosaïque de l'Afrique antique* (CEFR 125), I. *Xenia*, Rome 1990.

4. 5. *hospitalibus* : C'est par Vitruve que le mot est d'abord connu dans un emploi d'adjectif substantivé traduisant le grec ξενών appliqué, dans son actualisation la plus fréquente (acception

Fig. 42. Le domaine du Seigneur Julius au rythme des saisons.
Offrande de prémices. Mosaïque. Carthage.

également attestée, postérieurement, pour ξενία) à une chambre
d'hôte dans une maison privée : cf. Hellmann 1992, 190. Sur le
diminutif ξενίδιον, à rapprocher de la forme *domuncula*, cf. *supra*,
Arch. 6,7,4 note 2. Utilisé au livre V pour identifier les parties de la
scène de théâtre qui représentent, par convention, ces mêmes
appartements (*Arch.* 5,6,3), *hospitalia* est rare dans les textes, mais
se retrouve dans le latin tardif, en concurrence avec *hospitalis*, masculin, pour désigner une habitation privée ou publique, la notion
d'accueil y étant implicite : cf. Grégoire de Tours, *Hist. Franc.* 6,10 ;
Glor. Mart. 52 (maison d'accueil près d'une basilique). *Hospitium*,
qui est, tout au cours de la latinité, la dénomination la plus fréquente
de la notion abstraite et concrète d'hospitalité, figure dans trois
exemples du *De Architectura* : deux fois dans une acception abstraite (*Arch.* 6,7,4 ; 8,7,2), une fois en référence à un logis — dont
on ne sait s'il est public ou privé — (*Arch.* 2, *pr.* 1).

7. 5. 1. *inter duas aulas* : Si elle n'éclaire pas particulièrement l'interprétation difficile du mot *mesauloe*, l'étymologie que propose Vitruve n'est pas nécessairement incorrecte, comme l'indique C. Fensterbusch, ce composé étant formé à partir de αὐλή, non de αὐλός : cf. Chantraine 1964, 139.

5. 2. *mesauloe* : Le mot est attesté en grec depuis Horace. Il y désigne, dans un champ sémantique communément imprécis, une cour ou un enclos (accueillant des hommes ou des animaux) : cf. *Od.* 10, 435 ; *Il.* 11, 548 ; 17, 122 ; 24, 29). Il interfère avec la forme μέταυλος, qui participe d'une unité complexe (μέταυλος θύρα) et qui a été interprétée comme désignant « la porte derrière la cour » (cf. Gardner 1901, 300) ou « la porte entre la cour et derrière la maison » : cf. Chantraine 1990, 691, qui interprète également μέσαυλος (θύρα) comme « la porte qui est après la cour », tout en envisagent possible l'interprétation : « qui mène à la cour » (cf. Wistrand 1939, 16-22). Dans son *Discours sur le meurtre d'Eratosthène* (17), Lysias oppose μέταυλος θύρα à αὔλειος (θύρα), c'est-à-dire, semble-t-il, la porte de la cour permettant d'accéder aux appartements des femmes à la porte d'entrée (cf. Ginouvès 1998, 157). Plus éclairant certainement pour l'interprétation de ce passage de Vitruve est l'emploi fait par Euripide de μέταυλος (θύρα) pour identifier la porte de la cour permettant d'isoler le logement des hôtes du reste de l'habitat. *Mesauloe* doit donc être très vraisemblablement interprété comme denotant la structure architecturale mettant en contact les péristyles avec les *hospitalia* (cf. Gardner 1901, 301-302), le mot ne s'appliquant pas ici à une porte, mais à un passage (cf. *itinera*). Ces *mesauloe* ont été reconnus par Rumpf (1927, 7) dans la Maison des Masques de Délos et ce type de passage a pu être également rapproché des couloirs de dégagement de quelques grandes maisons pompéiennes telles que la Maison du Labyrinthe ou la Maison du Faune (cf. Pesando 1989, 199-201).

5. 3. *andronas* : L'emploi par Pline le Jeune (2,17,22) du mot *andron* pour désigner un « corridor entre le mur de la chambre et celui du jardin » (*interiacens andron parietes cubiculi hortique distinguit*) tend à accréditer l'equivalence établie par Vitruve avec *mesaulos*, mais ce glissement sémantique d'*andron* reste sans explication plausible.

5. 4. *est mirandum* : L'intérêt de cette notice n'est pas de pure érudition philologique, malgré l'observation finale de l'auteur. En même temps que les avatars sémantiques constatés — facteurs potentiels d'ambiguïtés et d'imprécisions — une information, au

moins implicite, est ici donnée sur un agent important d'enrichissement et d'évolution, progressivement et profondément réalisée,
des modèles architecturaux de l'Orient hellénistique. Assez précisément cernée aujourd'hui dans sa perspective proprement architecturale, cette influence hellénistique reste marquée cependant,
s'agissant du vocabulaire, de vastes zones d'ombre. Ces incertitudes se situent sur des plans divers : celui d'abord sans doute des
avatars sémantiques dont Vitruve relève ici quelques exemples ;
celui aussi des hellénismes attestés pour la première fois en latin
sans prototype grec connu. Le problème de l'origine de ces mots est
difficile à cerner : peut-être empruntés à des dénominations authen-
tiquement créées et utilisées en Grèce — bien que seulement
connues par les textes latins ; peut-être importées, mais aussi créées
par des architectes et techniciens grecs travaillant en Italie ; peut-être
encore forgées par leurs homologues romains, voire par un public
aristocratique, identifiant par une terminologie spécifique, et certainement valorisante à leurs yeux, la spécificité même de leur
modèle de référence. Sur l'ensemble de cette question, voir Callebat
1999, 519-527 (particulièrement 523-525).

    5. 5. ἀνδρώνας : cf. *supra* 6,7,3 note 10. Terme polysémique,
notamment attesté dans les Inscriptions déliennes pour identifier
un « atelier pour travailleurs masculins » (Hellmann 1992, 50),
ἀνδρών constitue plus particulièrement la désignation grecque
courante (adoptée par le langage de l'archéologie) d'une des
pièces principales d'une maison urbaine grecque « suffisamment
grande pour pouvoir contenir un certain nombre de lits placés le
long des murs » (Hellmann 49). Ces lits de table étaient établis sur
une estrade bâtie, légèrement surélevée au-dessus de l'espace central (Ginouvès 1998, 158-159). Cf. Xénophon, *Symp.* 1,13 : « Il se
tenait dans l'andron (ἐπὶ τῷ ἀνδρῶνι) où le festin avait lieu » ;
Mem. 3,8,9 ; Aristophane, *Eccl.* 675 sq. L'ἀνδρών pouvait être
précédé d'une antichambre, à Olynthe notamment (cf. Robinson
1946, 178-179) où il se trouvait dans l'angle nord de la maison,
exposée au Sud, et où le plus grand, de forme rectangulaire, mesu-
rait 8m 70 x 4m 95 et pouvait contenir neuf lits ; le plus petit
n'avait que 3m 50 x 2m 85 et n'offrait de place que pour trois lits.
À Athènes, l'andron identifié dans l'aire comprise entre
l'Aréopage et la Pnyx était également précédé d'une antichambre
et avait une plate-forme de ciment de 0m 90 de large établie le
long des murs. Voir Pesando 1989, 79, 114. Sur les *androncs* de
différents sites, cf. *ibid.* 79, 169, 171 (Olynthe), 180 (Colophon),
221 (Pella), 249 (Délos).

5. 6. Ξυστός : Selon la définition vitruvienne qui figure également au livre V (*Arch*. 5,11,4), l'adjectif grec Ξυστός désigne une piste couverte, portique ou galerie, rattachée au gymnase. Le mot est rare dans les textes : il est chez Xénophon (*Oecon*. 11,15), chez Plutarque (*Moral*. 1336), chez Pausanias (6,23,1), mais il paraît englober *xysta* et *paradromis* chez les deux premiers auteurs et relève d'un emploi métonymique identifiant l'ensemble du gymnase, chez Pausanias. La structure du Ξυστός a été cependant nettement reconnue en différents lieux de Grèce : Delphes, Olympie, Samos, Délos… cf. Delorme 1960, 286-292 ; Hellmann 1992, 283-285 ; Ginouvès 1998, 129 ; Pettenò 1999, 12-13.

5. 7. *ambulationes* : Cf. *supra* : *Arch* ; 6,5,2, note 15.

5. 8. *xysta* : La forme neutre que Vitruve retient ici coexiste, en fait, avec le masculin *xystos* dans les emplois consacrant en latin le glissement sémantique du mot grec vers l'acception d' « allée de jardin », « promenade », voire « jardin ». Cf. Cicéron, *Att*. 1,8,2 ; *Brut*. 3,10 ; Sénèque, *Ira* 3,18,4 ; Pline, *Ep*. 8,17,17 ; 5,6,19 ; 9,7,4 ; 9,36,3 ; Suétone, *Aug*. 72 ; Phèdre 2,5,18. Comme le note Pierre Grimal (1969, 248) : « Le mot ξυστός, qui signifiait aire plane, avait fini par désigner, en grec, le gymnase tout entier […]. Le phénomène inverse — désigner une partie, les allées découvertes, du nom porté jusque là par le gymnase tout entier — prouve que l'on considérait, à Rome, les allées et le jardin comme la partie essentielle du gymnase, tel qu'on le comprenait et qu'on l'imitait ». Cf. Gieré 1986 ; Förtsch 1993, 73 sq. (avec cependant une confusion, s'agissant du texte de Vitruve, entre *xystus* et *xystum*) ; Ginouvès 1998, 129.

5. 9. παραδρομιδάς : Cf. *supra* 6,5,2, note 15. Le mot qui désigne une piste de course à l'air libre, servant en Grèce plus au sport sans doute qu'à la promenade (cf. Delorme 1960, 287 sq.), n'est connu que par Vitruve (autre occurrence : *Arch* 5,11,4), par les Inscriptions (où la παραδρομίς est en rapport avec le gymnase (cf. *IG* XII 9,234,1,24 ; *Inscr. Perg*. 252,132) et par les papyrus dans lesquels il identifie une partie de l'habitation privée servant à la distribution et située soit à l'intérieur, soit à l'extérieur de la maison proprement dite. Voir Husson 1963, 218-220. Cf. Delorme 1960, 287 sq. ; Hellmann 1992, 115 ; 284 ; Ginouvès 1998, 129 ; 162.

5. 10. πρόθυρα / διάθυρα : Si πρόθυρα est largement attesté en grec depuis Homère (cf. *supra Arch*. 6,7,3), son emploi n'est connu en latin que par Vitruve et par le *Digeste* : dans un fragment tout d'abord, malheureusement corrompu, de Pomponius (*Dig*. 50,16,245), tendant à montrer que cet élément fait partie de la maison (*aedium esse*) et qu'il s'agit d'un aménagement courant (*plerumque*). Le second fragment (*Dig.* 33,7,12,23) a pour auteur Ulpien qui cite Papinien ; cette citation intervient dans un contexte analogue à celui du fragment précédent : celui de l'étude — s'agissant des problèmes de transfert de biens, de legs — de ce qui appartient ou non à l'édifice, de ce qui est inclus dans l'équipement (*instrumentum*). Papinien rattache le *prothyrum* aux éléments faisant partie de l'*instrumentum* de la *domus*, si ce *prothyrum* est en tissu (*uelamen*). Les deux auteurs renvoient à une même réalité, mais ne semblent pas envisager un type identique de *prothyrum* : élément architectural constitutif de la maison ou encore élément de menuiserie assimilable aux portes et fenêtres chez Pomponius, le *prothyrum* n'est envisagé, de manière restrictive, par Papinien, que comme élément en textile. Le terme διάθυρα, posé en équivalence par Vitruve, n'apporte, étant un hapax, aucune information utile d'interprétation (la formation de διάθυρα pourrait, selon M.-Chr. Hellmann (1992, 349), suggérer une barrière mobile, interprétation qui rejoint celle de Budé (*Annot. ad Pandectas* 275), reprise par Philandrier dans ses notes (196) et aux termes de laquelle cette barrière aurait eu pour fonction d'arrêter chars et chevaux avant le vestibule. A. Corso, 1997, 998, proposait pour sa part — avec prudence — de voir dans le διάθυρον l'espace intermédiaire entre les deux portes du corridor d'entrée). Pour si lacunaires qu'elles sont, les indications fournies par le *Digeste* apparaissent les plus pertinentes pour l'interprétation de l'acception latine de *prothyrum* : il est possible d'envisager — suggestion de C. Saliou — que le mot désigne un rideau placé à l'entrée des *fauces*, à l'avant des battants de la porte d'entrée proprement dite (cité par Philandrier, dans ses notes (196), Andreas Alciatus renvoyait, pour διάθυρον, à une tenture servant à faire écran au froid lorsque les portes étaient ouvertes). Une banne, ou marquise, déployée à l'avant et au-dessus des *fauces* pourrait être également envisagée, mais cette dernière hypothèse trouve moins d'appui dans les textes.

7. 6. 1. *sustinent* : Sur ces supports anthropomorphiques, consoles peut-être adossées à un mur, plutôt que colonnes indépendantes (cf. Wesenberg 1984, 177) et sur leur place dans l'architecture de l'époque augustéenne, cf. Corso 1997, 999-1000.

6. 2. *mutulos aut coronas* : Sur les mutules de la corniche dorique, dont l'origine est décrite au livre IV (*Arch.* 4,2,3), et sur les problèmes que pose le terme *mutulus*, appliqué, de manière large, en latin, à tout élément horizontal en surplomb, cf. Gros 1976, 200,

201, 223 ; 1992, 49 sq. ; 107, 110 ; Ginouvès 1992, 121, 124. Le groupement des deux termes rappelle la formule utilisée au livre I, à propos des Caryatides : *Si quis statuas marmoreas muliebres stolatas, quae caryatides dicuntur pro columnis in opere statuerit et insuper mutulos et coronas conlocauerit... (Arch.* 1,1,5). L'emploi de *aut* devant *coronas*, non de *et* comme dans cet exemple a semblé impliquer la possibilité ici envisagée par Vitruve de corniches sans mutules, donc non doriques (cf. Corso 1997, 1000). La démarcation mal établie cependant, en plusieurs passages du *De Architectura*, entre *et* et *aut* ne permet pas de fonder sûrement cette hypothèse.

6. 3. *telamones* : Cette appellation était, selon Servius (*Ad. Aen.* 1,741), déjà connue d'Ennius dans sa fonction d'équivalence sémantique avec *Atlans : Ennius dicit Nilum Melonem, Atlantem uero Telamonem.* Cf. Id., *Ad Aen.* 4,246 : (*Atlas) latine Telamo dicitur* — information encore attestée dans une scholie de Lucain, datée du Xe siècle : *Atlas latine Telamo dicitur* (*Schol. Bern. Ad Lucan.* 10,215). L'origine de cet emploi est, comme l'observe Vitruve, inconnue. Deux facteurs cependant ont pu favoriser plus particulièrement ce transfert : l'étymologie même du mot, tout d'abord, renvoyant à « ce qui sert à porter », « ce qui porte » (cf. Chantraine 1990, 1100) ; un épisode d'autre part de la « geste » de Télamon, qui aurait été le compagnon d'Hercule (dont l'un des exploits rapportés était d'avoir soulagé Atlas, un moment, de sa charge).

6. 4. *historiis* : Soulignant, dans son livre I (*Arch.* 1,1,5) l'importance de l'histoire pour les architectes, et précisant que les choix esthétiques devaient y trouver leur explication, Vitruve avait privilégié l'exemple d'un support anthropomorphique, celui des caryatides. Le pluriel *historiae* est ici utilisé sans aucune nuance dépréciative mais, comme chez Quintilien 3,8,67, par exemple, identifie les « ouvrages historiques ».

6. 5. ἄτλαντας : L'Olympiéion d'Agrigente (environ 470 avant J.-C.) propose le premier exemple de statues viriles, celles des *atlantes*, servant de support vertical, dans une association dès lors privilégiée, avec l'ordre dorique. Les premiers témoignages textuels sont : en Grèce, celui transmis sous le nom de Moschion (IIe siècle avant J.-C. ?), les *atlantes* mentionnés supportant un entablement de type dorique sur le navire de Hiéron II de Syracuse (cf. *F. GR. H.* 3b, *fr.* 575,4,1) ; à Rome, celui de Naevius, qui évoque : *signa expressa, quomodo Titani, bicorpores Gigantes magnique Atlantes* (*B. Poen.* fr. 19). Voir Corso 1997, 1001, et bibl. citée (notamment Schmidt 1982).

6. 6. *uigore animi sollertiaque* : C'est chez Homère qu'apparaît, pour la première fois, l'image d'Atlas soutenant « les hautes colonnes qui gardent, écarté de la terre, le ciel » (*Od.* 1,53-54). Cette image se retrouve chez Hésiode : « Atlas, lui, sous une puissante contrainte, aux limites mêmes du monde, en face des Hespérides au chant sonore, soutient le vaste monde, debout, de sa tête et de ses bras infatigables : c'est le sort que lui a départi le prudent Zeus » (*Theog.* 517-520). Aucune notion de châtiment n'intervient dans l'étiologie vitruvienne dont la notice s'inscrit dans un courant de pensée identifié dès le Vᵉ siècle avant J.-C. (*F. GR. H* 1, *fr.* 13 Jacoby. Cité par Corso 1997, 1002) et largement développé — jusqu'au Moyen-âge — dans les écrits stoïciens et néo-platoniciens. Corrigeant l'épithète de « destructeur » (ou : « terrible » ὀλοόθρων) donnée à Atlas par Homère (*Od.* 1,52), Cléanthe le désignait comme « celui qui veille sur l'Univers » (cf. *Scol. Od.* 1,52) et c'est à la fois comme providence, comme astronome et comme axe même du monde que les commentateurs d'Homère définiront Atlas (cf. F. Buffière, *Les mythes d'Homère dans la pensée grecque*, Les Belles Lettres, Paris 1956, 150 ; 238 ; 579 sq.).

6. 7. *Atlantides* : Le mot figure dans la *Théogonie* d'Hésiode (938), pour désigner Maia « fille d'Atlas », et c'est également chez Hésiode qu'est attestée la première désignation connue des Pléiades comme filles d'Atlas (*O.* 383). Les trois dénominations données ici par Vitruve sont, en fait, bien attestées en latin. *Atlantides*, identifiant les Pléiades figure chez Virgile (*G.* 1,221 ; repris par Columelle 2,8,1) dans un développement démarqué d'Hésiode. *Pleiades* est également chez Virgile (*G.* 1,138) et semble privilégié en latin par les poètes (cf. Horace, *Od.* 4,14,21 ; Ovide, *A. A.* 1,407 ; *Fast.* 3,105 ; 4,169 ; Stace, *S.* 1,3,95…). *Vergiliae*, que Vitruve utilise par ailleurs en quatre occurrences du livre 9 (*Arch.* 9,3,1 *bis* ; 9,3,3 ; 9,4,2), est déjà chez Plaute (*Amph.* 275) et plus fréquent en prose : *Bellum Africanum* 47 ; Pline, *N.H.* 2,110 ; 2,123 ; 2,125… L'étymologie du mot est obscure, mais communément rattachée par les Anciens à *uer*, le « printemps » : cf. Hygin, *Astr.* 2,21,4 : *Vergilias appellauerunt quod post uer exoriuntur* ; Paul, Festus 510 L. : *Vergiliae dictae quod earum ortu uer finitur et aestas incipit* ; Servius, *G.*, 1,138 ; Isidore, *Orig.* 3,71,13…

7. 7. 1. *firmitas* : Terme récurrent dans le *De Architectura* (19 exemples), *firmitas* définit, dans le livre I, avec les notions d'*utilitas* et de *uenustas* auxquelles il est associé la finalité même de la création architecturale : *ratio firmitatis, utilitatis, uenustatis* (*Arch.*

1,3,2). La *firmitas* est ici envisagée sous les aspects complémentaires de la perfection de l'ouvrage et de sa durée. S'agissant des pages précédentes consacrées à la maison urbaine, à la villa et à la maison grecque, Vitruve situe l'axe directeur de son étude sur une double approche : perception « visuelle » (cf. Ferri 1960, 242) de l'ouvrage en tant qu'objet d'*elegantia*, de séduction (*uenustas*) ; description d'une fonctionnalité porteuse de beauté par sa « nécessité », sa « convenance » (*decor*). Cf. Geertman 1994, 23 ; Callebat 1994, 23.

8. 1. 1. *fundamenta* : Le mot est attesté par 16 occurrences dans le *De Architectura*, en regard de 4 occurrences de *fundatio*, utilisé dans la phrase suivante, sans différenciation sémantique nette entre les deux termes. *Fundatio* dénote sans doute la « fouille » dans *Arch.* 3,4,1, mais *fundamenta* est associé à *fodere* en 1,5,1 et 5,12,5. Cf. Gros 1990, 127. L'expression *in prioribus libris* fait plus précisément référence aux livres I (*Arch.* 1,1,5), III (*Arch.* 3,4,1) et V (*Arch.* 5,3,3 : renvoi à 3,4,1) où Vitruve traitait des fondations, recommandant surtout que leur assise soit celle d'une structure dense et homogène (*solidum*). Plutôt que la roche (cf. Adam 1984, 115), le terme *solidum* identifie vraisemblablement le type de sol que Palladius définira plus tard comme celui d'une argile « dense et compacte » (*solida et constricta* : *R.R* ; 1,8,2). Cf. Gros 1990, 127. C'est à une « terre noire » compacte que Vitruve fait référence, dans son livre VIII, avec l'expression *in spissis et solidis locis* : cf. Callebat 1973, 53. Sur les fondations voir Adam 1984, 115-117 ; Gros 1990, 127 ; Ginouvès 1992, 7-14.

1. 2. *hypogea concamarationesque* : Le référent grec d'*hypogeum*, ὑπόγειος (ou ὑπόγαιος) est fréquent dans les textes, depuis au moins Hérodote (cf. *H.* 2,100 ; 2,148 ; 4,200) pour désigner, en quelques cas une tombe creusée en sous-sol (cf. Ginouvès 1998, 60) soit, plus fréquemment et plus généralement, un sous-sol (également identifié par le terme κατάγειον ou κατάγαιον : cf. Husson 1983, 131-133 ; Hellmann 1992, 187-188). Ces deux emplois se retrouvent dans la transcription latine *hypogeum* (ou *hypogaeum*), hapax chez Vitruve, mais connu jusque dans la latinité tardive soit au sens de « sous-sol » (cf. Ambr., *Ep.* 30,1 ; Isidore, *Orig.* 15,3,12 : *hypogeum est constructum sub terris aedificium*) soit dans celui de tombeau (cf. Pétrone, *S.* 111,2 ; Tertullien, *An.* 28). *Concamaratio*, d'abord lu chez Vitruve (5 exemples), puis chez Pline (*N.H.* 11, 22 : « voûte » d'une ruche), dans les *Inscriptions* (cf. *CIL* VI 543) et chez les juristes (cf. *Dig.* 32,31) désigne proprement l'« action de

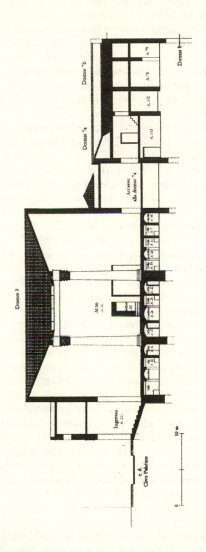

Fig. 43. Substructions : Section reconstruite de la Maison d'Emilius Scaurus. D'après A. Carandini et E. Papi. Les fondations des colonnes et des murs de l'atrium servent, pour les séries de poutres adjacentes, de « piles d'arrêt », du type de celles préconisées par Vitruve.

voûter » et, suivant un emploi des termes abstraits fréquent dans les langages techniques, dénote à la fois le processus de construction et sa réalisation matérielle. L'interprétation d'A. Corso (1997, 1004) est à retenir, qui voit dans *hypogeum* un sous-sol aménagé à partir d'une configuration naturelle du terrain, mais dans *concamaratio* une construction voûtée — à la réalisation de laquelle s'est trouvée plus particulièrement associée la *structura caementicia* (cf. Gros 1999, 26-87). Sur les *cryptae* et *cryptoporticus*, voir Coarelli 1973 ; Husson 1983, 131-133 ; Förtsch 1993, 41-48 ; 145-150. Cf. aussi, *supra*, *Arch.* 6,5,2 note 5.

1. 3. *crassiores* : La recommandation vitruvienne s'inscrit, comme le note J.-P. Adam (1984, 115), dans une logique mécanique essentielle : « les assises inférieures reçoivent toute la charge de la construction et elles doivent, d'une part, en assurer la stabilité et, d'autre part, éviter l'enfoncement dans le sol par une répartition sur une plus grande surface [...] C'est ce que l'on nomme « la semelle de fondation ». Des conseils analogues étaient formulés par Vitruve à propos des fondations des murs de la ville (*Arch.* 1,5,1), l'auteur demandant de creuser jusqu'au « bon sol » (*solidum*) en donnant à l'excavation une largeur supérieure à celle des murs et en comblant par une maçonnerie la plus ferme possible ; à propos aussi des temples (*Arch.* 3,4,1) : profondeur des fondations, *in solidum*, appréciée en fonction de la grandeur de l'édifice, platée aussi compacte que possible ; épaisseur des murs élevés en maçonnerie sous les colonnes, de moitié plus importante que celle des colonnes ; à propos encore de la galerie du forum (*Arch.* 5,1,3), passage où le même type de conseil (colonnes de la galerie d'un quart moins grosses que celles du portique) est fondé sur le principe récurrent de l'imitation de la nature : référence aux grands arbres (sapins, cyprès…) qui, dans leur croissance, s'affinent jusqu'à la cime. « Si telle est la loi de la Nature, pour ses productions, conclut Vitruve, c'est à juste titre qu'a été établie la règle voulant que les éléments du haut soient de taille et d'épaisseur moindres que ceux du bas ».

1. 4. *ad perpendiculum* : Une règle identique, touchant le débordement des parties portantes par rapport aux infrastructures, était posée par Vitruve dans son livre III (*Arch.* 3,4,1) à propos de la saillie des bases par rapport au fût des colonnes. Cf. Gros 1990, 131.

8. 2. 1. *supponentur* : C'est abusivement que des éditeurs tels que Perrault ou Maufras ont interprété le verbe *supponere* au sens de « placer sur » et ont envisagé une structure de deux poteaux for-

mant un triangle de décharge au dessus du linteau. S'ils sont effectivement des éléments de renforcement allégeant la portée du linteau, c'est *sous* celui-ci et auprès des pilastres ou des antes qu'ils
sont en réalité établis. Le mot *postis* est rare dans le *De
Architectura* : quatre exemples, dont deux relèvent du vocabulaire
de la mécanique (*Arch.* 10,14,2 ; 10,15,3).

2. 2. *limina :* Une hésitation est ici possible entre la leçon la
mieux attestée des mss, *lumina*, à interpréter au sens d'« ouverture » et le texte de *R.*, *limina*, donné également par l'édition princeps. La proximité immédiate de *limina*, dénotant les linteaux, rend
plus vraisemblable cependant le leçon de *R.*

2. 3. *uitiosae* : Dans cet énoncé, de structure lâche, l'adjectif
uitiosae doit être analysé, grammaticalement, comme qualificatif
de *pilas* et de *antas*, mais caractérise plus largement, sémantiquement, l'ensemble des stuctures évoquées.

2. 4. *sublisae* : Pour corriger la leçon *sublysi*, manifestement
aberrante, des manuscrits, Philandrier proposait dans ses notes (197)
de lire soit : *sua lysi*, en interprétant le mot dans l'acception grecque
de « rupture » « brisure » — lecture notamment retenue par Perrault,
Krohn, — soit, lecture ici adoptée, *sublisae*, qui n'implique pas
l'emploi tout à fait exceptionnel d'un terme grec et qui est aussi
parfaitement accordé au contexte (cf. *infra laedere*). Apparu chez
Vitruve, mais encore attesté chez Prudence (*Apoth.* 84,8, à propos
de sons « étouffés »), *sublido* identifie une altération progressive. La
forme de féminin relève d'un accord de proximité avec *trabes* (le
masculin *sublisi* retenu par différents éditeurs est grammaticalement difficilement justifiable. Nettement préférable serait la lecture
sublisas structuras de Rose).

2. 5. *subcuneati* : Cet hapax vitruvien dénote proprement « ce
qui est calé par des coins ». Le préfixe *sub* paraît ici entraîné par le
participe qui précède, *subiecti*.

8. 3. 1. *fornicatio* : Mot lu depuis Vitruve, *fornicatio* est rare par
la suite dans son acception architecturale (cf. cependant Sénèque,
Lucil. 95, 53). Il est appliqué à un arc de décharge utilisé au dessus
du linteau pour le *décharger* d'une partie du poids de la construction (cf. *uti leuent onus parietum*) qu'il rejette latéralement. Cf.
Ginouvès 1992, 14. Vitruve a également recours *infra* (*Arch.* 6,8,4)
au terme *fornix*, dans un énoncé dont la rédaction est très proche de
celle de ce passage : *cuneorum diuisionibus coagmentis ad centrum
respondentibus fornices concluduntur. Fornix* y désigne un arc
bandé en clavages de voussoirs dans une construction sur piliers. Cf.

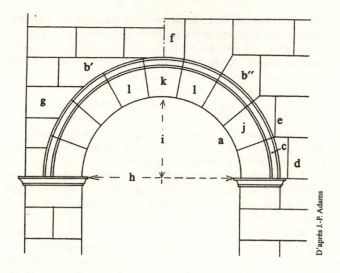

D'après J.-P. Adams

a. Intrados ; b. Extrados (b'. extradossé ; b''. à degrés) ; c. Archivolte ;
d. Naissance ; e. Rein ; f. Sommet ; g. Écoinçon ; h. Portée ; i. Flèche ;
j. Voussoir ; k. Clef ; l. Contre-clef

Fig. 44. Voûte clavée. D'après R. Ginouvès.

Ginouvès 1992, 139. Un troisième terme figure ici encore comme
dénomination d'un arc, *arcus*, terme que Vitruve utilise par ailleurs
en différentes acceptions : arc en fer (*Arch.* 5,10,3) arc-en-ciel (*Arch.*
9,1,12) arceaux (*Arch.* 10,13,7). Il semblerait, comme l'a observé
Corso (1997, 1005) que, s'agissant de l'emploi de ces mots dans le
vocabulaire de l'architecture, Vitruve utilise *arcus* en référence
essentiellement à un tracé, mais *fornicatio* et *fornix* (qui, comme
arcus, identifie aussi dans les textes latins un arc triomphal : cf.
Ginouvès 1998, 68) par rapport surtout à une structure de construction. Sur la « mécanique du clavage » et les problèmes y afférents,
voir Adam 1984, 178-188.

    3. 2. *conclusurae* : Cet hapax est appliqué par Vitruve aux joints
des claveaux de l'arc de décharge. Cf. Ginouvès 1985, 103.

    8. 4. 1. *pilatim* : Adverbe en *–tim* formé à partir de *pila* (cf.
Festus 225 L. : *pila, quae parietem sustentat, ab obponenda est dic-*

tum), *pilatim* est connu à partir de Vitruve et lui semble propre. Comme terme d'architecture, *pila* figure notamment en référence à des constructions en hauteur (*Arch.* 2,8,17) et à des éléments autonomes de soutien (cf. *Arch.* 5,1,9, à propos de la Basilique de Fano ; 6,8,1, s'agissant de salles souterraines). Cf. Gros 1999, 146-147 : l'auteur mentionne la Maison dite des Chevaliers de Rhodes, près de l'exèdre septentrionale du Forum d'Auguste, dont sont parfaitement conservées les piles de travertin qui encadrent la cour centrale.

4. 2. *incumbas* : Le mot est un hapax. Il s'applique à une « imposte », partie supérieure de l'élément qui supporte l'arc. Cf. Ginouvès 1992, 147-148.

4. 3. *angulares pilas* : Posée, au livre III, par rapport au problème des corrections optiques (*Arch.* 3,3,11 : cf. Gros 1990, 120-121), le renforcement préconisé, qui accorde un diamètre plus important aux piliers d'angle répond ici à des préoccupations fonctionnelles. Le renforcement des pièces angulaires est, en fait, largement documenté sur le terrain en différentes structures et par des techniques diverses : à la Maison des Chapiteaux dorés, par exemple, où la colonne d'angle, du côté gauche extrême du péristyle, est renforcée par deux piliers ; dans la Maison de Castor et Pollux dont le portique est soutenu aux quatres angles par autant de piliers en équerre — disposition qui se retrouve encore aux quatre angles de la Maison des Dioscures, de la Maison d'Holorius Rufus…

8. 5. 1. *perpendiculo* : La rectitude de l'édifice, ou sa restitution par correction optique, sont plusieurs fois posées par Vitruve comme principes nécessaires tant de la beauté que de la solidité de la construction. Cette règle était l'une des premières établies au début de ce chapitre où l'auteur demandait que l'axe des murs, des piliers et des colonnes soit perpendiculaire à la semelle de fondation (*Arch.* 6,8,1), passage à rapprocher du *De Arch.* 3,3,4 intéressant les colonnes médianes de la façade des temples (voir encore 3,3,13) : cf. Gros 1990, 154 ; 197. Dans son livre II, Vitruve identifiait cette verticalité dans la construction même de la cabane primitive (dont il retrouvait l'image dans les habitations de Colchide (*Arch.* 2,1,4). Il rappelait aussi que les experts maintenaient, dans leurs estimations, le prix initial des murs de brique pourvu que ceux-ci aient conservé leur aplomb (*Arch.* 2,8,9 : *dummodo ad perpendiculum sint*). L'importance attachée par Vitruve à cette règle, liée aux concepts de *firmitas*, mais aussi de *uenustas* et de *decor* est mise en évidence dans le *De Architectura* par la fréquence (25 occurrences) du mot *perpendiculum*.

5. 2. *proclinatio* : Le mot n'est connu que par le *De Architectura* où il est attesté par deux exemples : en 5,12,6, appliqué à une « déclivité » de terrain et dans ce passage où il est actualisé comme antonyme de *perpendiculum* et désigne le « dévers ». En 2,8,20, Vitruve utilise, dans une même perspective sémantique, le verbe *proclinare*, « se déverser » (mais ce verbe est pris au sens d'« incliner » dans le *De Architectura* 2,1,3 ; 4,2,3 ; 4,2,5).

5. 3. *substructiones* : Attesté par 12 exemples dans le *De Architectura*, le mot *substructio* y est utilisé comme élément du vocabulaire de l'hydraulique (*Arch*. 8,5,3 : renvoi aux substructures proprement dites, mais aussi à des types de construction divers : contreforts des ouvrages aériens, piles même et arcades : cf. Callebat 1974, 321) et comme terme surtout du vocabulaire de l'architecture en référence aux substructures de théâtres, aux remblais... (Cf. Callebat, Fleury 1995, 122). De manière générale le terme s'applique à une construction, soit située sous l'édifice qu'il supporte, mais structurellement indépendante ; soit formant la partie inférieure de l'édifice lui-même : cf. Ginouvès 1992, 7. L'emploi est ici à rapprocher des indications données au livre I, à propos des substructions des ouvrages de défense (*Arch*. 1,5,3 ; 1,5,7) et, au livre V, concernant les fondations des théâtres (*Arch*. 5,3,3). Sur les fondations et substructions, cf. Ginouvès 1992, 7-14.

5. 4. *saeptiones* : Apparu avec Vitruve et très rare dans les textes (le mot se retrouve chez Vopiscus, *Aur*. 12, à propos de l'érection d'une enceinte), *saeptio* figure dans deux passages du *De Architectura* : au livre V (*Arch*. 5,12,4) pour désigner un coffrage en bois formant ceinture et servant pour les substructions d'un quai ; dans cette phrase où il identifie une maçonnerie de soutènement.

8. 6. 1. *anterides* : Le mot *anterides* n'est connu, en latin, que par le *De Architectura*. Il y figure en 10,11,9 comme terme du vocabulaire de la mécanique appliqué à des étais, vraisemblablement situés entre la partie supérieure des cadres et l'échelle de la baliste (cf. Callebat 1986, 236). Utilisé ici pour identifier les contreforts de murs de soutènement soumis à la pression des remblais, il a été adopté par le vocabulaire français de l'architecture où il est défini — en rapport étroit avec son acception originelle — comme la « partie de maçonnerie faisant saillie sur le parement d'un mur avec lequel elle est liaisonnée, et destinée à renforcer ce mur pour lui permettre de résister à des poussées transversales » (*Larousse du XX*[e]

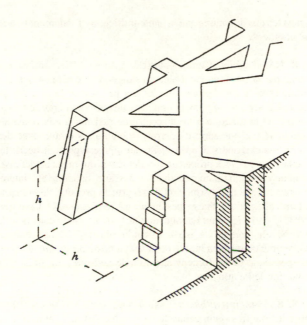

Fig. 45. *Anterides / Erismae*. D'après A. Choisy.

siècle, s.u.). On doit sans doute à Jean Martin l'introduction de ce mot, en 1547 (cf. 98r : « ...l'Architecte doyt prendre garde a faire le fondement si espois que l'esboulement de terre ne le puisse mouvoir et tout d'une venue en le faisant fortifier d'Anterides ou Erismes, qui sont contrefors autant distans les uns des autres, que la haulteur d'icelluy fondement pourra estre grande et aussi espois par le pied que sa masse aura de large ».

6. 2. *erismae* : Comme *anterides*, le mot n'est connu que par le *De Architectura* où il se retrouve dans les deux mêmes livres : au livre X (*Arch.* 10,1,2), s'agissant d'étais de soutien pour un système de montée ; dans ce passage, où il paraît établir une variante de vocabulaire plus que de nature ou de fonction. Transcrit du grec ἔρεισμα, bien attesté en grec au sens de « soutien », « étai », *erisma* a également été introduit en français par Jean Martin, mais sans y connaître un succès véritable dans le vocabulaire de l'architecture. Cf. Martin 98 r : « Anterides ou Erismes qui sont contrefors autant

distans les uns des autres que la hauteur d'icelluy fondement pourra
être grande ».

8. 7. 1. *serratim* : Connu à partir de Vitruve et d'emploi exceptionnel par la suite (un exemple, dans un contexte sémantique différent, chez le Ps. Apulée, *Herb.* 2, à propos de la denture de
feuilles), l'adverbe *serratim* défini par l'image (« en dents de scie »)
la forme et la fonction d'un dispositif de résistance aux poussées
singularisé par une série d'éperons triangulaires creux, avec des
contreforts extérieurs. Un dispositif du même type était décrit au
livre I (*Arch.* 1,5,7), à propos des fondations d'ouvrages de défense.
L'auteur y soulignait, comme dans ce passage, la nature et l'intérêt
d'une technique qui, permettant de répartir la pression de la masse
de terre, allégeait la charge pesant sur les fondations. G. Carettoni
(1983, 15-19) a reconnu l'application de cette méthode dans la Villa
de S. Nicola, près de Ladispoli, et étudié plus précisément surtout
un exemple de mise en œuvre de ces *structurae diagoniae* dans un
cas spécifique de renforcement à l'angle sud-ouest de la Domus
Flavia, sur le Palatin.

8. 8. 1. *incipientibus* : Plusieurs éditeurs vitruviens (dont
Perrault, Maufras, Fensterbusch, Corso, Noble), ont interprété ce
participe comme énoncé elliptique du groupe : *incipientibus aedificare* (« pour ceux qui entreprennent de construire »). La mise en
relation d'*incipientibus* avec *uitiis* apparaît cependant grammaticalement mieux fondée et propose également un sens plus satisfaisant : prise en compte, d'une part, de la prévention des
problèmes ; mise en œuvre, d'autre part, des mesures à appliquer
s'ils interviennent — et dès qu'ils se manifestent. Cette seconde
interprétation a donc été choisie ici.

8. *2. quamuis sunt* : *Quamuis* ne figure qu'en trois passages du
De Architectura. Les mss portent, pour le verbe qui suit, une forme
de subjonctif dans deux exemples (*Arch.* 1,4,3 ; 8,3,14). La forme
d'indicatif donnée ici par les mss a été cependant conservée (Rose
lit *sint*) en raison de l'arbitraire de ce type de correction.

8. 3. *Itaque nec solidi* : Les difficultés posées par la structure et
par l'interprétation de cet énoncé ont paru marquer une nette altération de la tradition manuscrite. La correction *ita quae* de
Philandrier s'impose sans problème ; celle de *solidi* en *solida* —
leçon déjà donnée par les mss *f*ᶜ*p*, avant d'être proposée par Fra
Giocondo — ne soulève non plus aucune réserve sérieuse sur le
plan paléographique et se révèle préférable au maintien de *solidi*

(lecture de Granger, Ferri, Fensterbusch, Corso), qui implique l'analyse de cette forme comme *gen. pretii*, emploi exceptionnel dans une association de ce type et qui serait unique parmi les 41 exemples de *putare* attestés dans le *De Architectura*. Quant à la signification même de *solidi*, son actualisation relève certainement d'emplois tels que *Arch.* 1,5,1 *structura quam solidissima* (cf. *Arch.* 8,6,1) renvoyant à la notion de « massif », « résistant ».

8. 9. 1. *in primo uolumine* : La référence vitruvienne peut porter sur deux passages au moins du livre I : *non omnibus locis harenae fossiciae nec caementorum nec abietis nec sappinorum nec marmoris copia est, sed aliud alio loco nascitur* (*Arch.* 1,2,8) ; *De ipso autem muro ideo non est praefiniendum quod in omnibus locis, quas optamus copias, eas non possumus habere* (*Arch.* 1,5,8). Ces remarques participent en fait d'un principe de base, fondé sur la réalité du terrain et posant comme naturelle et nécessaire l'utilisation des matériaux disponibles à proximité : « La réalité, écrit ainsi Vitruve dans son livre II (*Arch.* 8,7,5), étant que la proximité des carrières de Rubra et de Palla et de celles qui sont très près de Rome amène nécessairement à utiliser leurs matériaux ».

9. 2. *tripertito* : C'est dans une perspective pour une large part théorique et abstraite que Vitruve envisage ici la répartition des responsabilités respectives du commanditaire, ou propriétaire (*dominus*), de l'entrepreneur (*officinator*) et de l'architecte (*architectus*), tripartition marquée par, sinon l'effacement, du moins la position secondaire de l'architecte. « Le seul responsable nominal, écrit P. Gros (1998,32), qui échappe à l'anonymat des capitalistes et des techniciens, ne peut être en dernier ressort que le commanditaire lui-même, l'*auctor* ou le *dominus*. La distance qui sépare l'*architectus*, quelle que soit sa qualification, du *redemptor* (l'entrepreneur) et, à plus forte raison, des promoteurs issus de la *nobilitas* (les familles sénatoriales des cercles dirigeants) nous oblige à examiner l'activité des bâtisseurs dans un contexte élargi ; l'architecte n'est que l'un des rouages d'organisations complexes et très fluides qui poussent au premier plan le nom de celui qui commande et qui paie ».

9. 3. *domini potestas* : Notamment défendue par Cazzaniga (1961,452) et conservée par S. Ferri et A. Corso, la leçon des mss, *ab omni*, apparaît difficilement justifiable dans un contexte qui explicite une tripartition à laquelle s'intègre parfaitement la correction de Meister : *a domini*.

9. 4. *officinatoris* : Le mot ne figure dans les textes que chez Vitruve (un seul exemple) et chez Apulée (*Met.* 9,2,1 : *officinator* y est appliqué à un « chef d'atelier »), mais se retrouve dans les Inscriptions (cf. *CIL* 6,4,3 ; 6,2270,2). Terme polysémique, *officinator* renvoie vraisemblablement ici, à l'entrepreneur, ou responsable des artisans rassemblés en *officinae*, auquel s'adressait le *redemptor*, ou *locator operis*, qui prenait à ferme le travail.

9. 5. *gloria* [*aria*] : La lecture *gloria area* de Ferri, interprétant *area* au sens de « halo », « nimbe » n'est guère vraisemblable. On reconnaîtra plutôt ici une faute par dittographie. La correction de Gazzaniga, *proprio*, est cependant séduisante.

8. 10. 1. *architectus* : Les observations présentées dans cette fin de chapitre, dont E. Pasoli (1980, 66 sq.) soulignait l'importance en le rapprochant d'Aristote, *Metaph.* 1,1, enrichissent incontestablement la figure de l'architecte vitruvien : homme de terrain, à l'écoute des exécutants, mais aussi des profanes (*idiotas*), détenteur donc de valeurs morales et sociales, mais apte aussi à conceptualiser un projet par l'analyse et la réflexion, à anticiper dans son esprit ce que sera dans la réalité l'harmonie et la beauté de son œuvre. Cf. Gros 1976, 56 ; 1983, 482 ; 1998, 34-37 ; Callebat 2000, 787-798.

INDEX NOMINVM ET RERVM

Les deux premiers chiffres renvoient aux chapitres et paragraphes du texte, le troisième aux notes du commentaire ; pour la préface, le chiffre qui suit le mention *pr.* est celui du paragraphe, le second, celui de la note.

TABLE DES FIGURES

Introduction

Chapitre I

Chapitre III

Chapitre IV

TABLE DES MATIÈRES

COLLECTION DES UNIVERSITÉS DE FRANCE

OUVRAGES PARUS

Série grecque

dirigée par Jacques Jouanna
de l'Institut
professeur à l'Université de Paris Sorbonne

Règles et recommandations pour
les éditions critiques (grec). (1 vol.).

ACHILLE TATIUS.
Le Roman de Leucippé et
Clitophon. (1 vol.).

AELIUS ARISTIDE (Pseudo-)
Arts rhétoriques. (2 vol.).

AELIUS THÉON.
Progymnasmata. (1 vol.).

ALCÉE.
Fragments. (2 vol.).

LES ALCHIMISTES GRECS.
(3 vol. parus).

ALCINOOS.
Les doctrines de Platon. (1 vol.).

ALEXANDRE D'APHRODISE.
Traité du destin. (1 vol.).

ANDOCIDE.
Discours. (1 vol.).

ANTHOLOGIE GRECQUE.
(12 vol. parus).

ANTIGONE DE CARYSTE.
Fragments. (1 vol.).

ANTIPHON.
Discours. (1 vol.).

ANTONINUS LIBERALIS.
Métamorphoses. (1 vol.).

APOLLONIOS DE RHODES.
Argonautiques. (3 vol.).

APPIEN.
Histoire romaine. (4 vol. parus).

APSINÈS.
Art rhétorique. (1 vol.).

ARATOS.
Phénomènes. (2 vol.).

ARCHILOQUE.
Fragments. (1 vol.).

ARCHIMÈDE. (4 vol.).

ARGONAUTIQUES
ORPHIQUES. (1 vol.).

ARISTÉNÈTE. (1 vol.).

ARISTOPHANE. (5 vol.).

ARISTOTE.
De l'âme. (1 vol.).
Catégories. (1 vol.).
Constitution d'Athènes. (1 vol.).
Du ciel. (1 vol.).
Économique. (1 vol.).
Génération des animaux.
(1 vol.).
De la génération et de la corrup-
tion. (1 vol.).
Histoire des animaux. (3 vol.).
Marche des animaux - Mouvement
des animaux. (1 vol.).

EURIPIDE.
Tragédies (12 vol. parus).

GALIEN. (1 vol. paru).

GÉOGRAPHES GRECS.
(1 vol. paru).

GÉMINOS.
Introduction aux phénomènes.
(1 vol.).

GRÉGOIRE DE NAZIANZE (le
Théologien) (Saint).
Correspondance. (2 vol.).
Poèmes. (1 vol. paru).

HÉLIODORE.
Les Éthiopiques. (3 vol.).

HÉRACLITE.
Allégories d'Homère. (1 vol.).

HERMÈS TRISMÉGISTE. (4 vol.).

HÉRODOTE.
Histoires. (11 vol.).

HÉRONDAS.
Mimes. (1 vol.).

HÉSIODE.
Théogonie. - Les Travaux et les
Jours. - Bouclier. (1 vol.).

HIPPOCRATE. (11 vol. parus).

HOMÈRE.
L'Iliade. (4 vol.).
L'Odyssée. (3 vol.).
Hymnes. (1 vol.).

HYPÉRIDE.
Discours. (1 vol.).

ISÉE.
Discours. (1 vol.).

ISOCRATE.
Discours. (4 vol.).

JAMBLIQUE.
Les mystères d'Égypte. (1 vol.).
Protreptique. (1 vol.).

JOSÈPHE (Flavius).
Autobiographie. (1 vol.).

Contre Apion. (1 vol.).
Guerre des Juifs. (3 vol. parus).

JULIEN (L'empereur).
Lettres. (2 vol.).
Discours. (2 vol.).

LAPIDAIRES GRECS.
Lapidaire orphique. - Kerygmes
lapidaires d'Orphée. - Socrate et
Denys. - Lapidaire nautique. -
Damigéron. - Evax. (1 vol.).

LIBANIOS.
Discours. (2 vol. parus).

LONGIN. RUFUS.
Fragments. Art rhétorique. (1 vol.).

LONGUS.
Pastorales. (1 vol.).

LUCIEN. (3 vol. parus).

LYCURGUE.
Contre Léocrate. (1 vol.).

LYSIAS.
Discours. (2 vol.).

MARC-AURÈLE.
Écrits pour lui-même. (1 vol. paru).

MARINUS.
Proclus ou sur le bonheur. (1 vol.).

MÉNANDRE. (3 vol. parus).

MUSÉE.
Héro et Léandre. (1 vol.).

NICANDRE.
Œuvres. (1 vol. paru).

NONNOS DE PANOPOLIS.
Les Dionysiaques. (14 vol. parus).

NUMÉNIUS. (1 vol.).

ORACLES CHALDAIQUES.
(1 vol.).

PAUSANIAS.
Description de la Grèce. (5 vol.
parus).

PHOCYLIDE (Pseudo-). (1. vol.).

Série latine

dirigée par Jean-Louis Ferrary
directeur d'Études à l'École Pratique des Hautes Études (IVe section)

Règles et recommandations pour
les éditions critiques (latin).
(1 vol.).

ACCIUS.
Œuvres. Fragments. (1 vol.).

AMBROISE (Saint).
Les devoirs. (2 vol.).

AMMIEN MARCELLIN.
Histoires. (7 vol.).

L. AMPÉLIUS.
Aide-mémoire. (1 vol.).

L'ANNALISTIQUE ROMAINE.
(3 vol. parus).

APICIUS.
Art culinaire. (1 vol.).

APULÉE.
Apologie. - Florides. (1 vol.).
Métamorphoses. (3 vol.).
Opuscules philosophiques. -
Fragments. (1 vol.).

ARNOBE.
Contre les Gentils. (1 vol.)

AUGUSTIN (Saint).
Confessions. (2 vol.).

AULU-GELLE.
Nuits attiques. (4 vol.).

AURÉLIUS VICTOR.
Livre des Césars. (1 vol.).
Abrégé des Césars. (1 vol.).

AVIANUS.
Fables. (1 vol.).

AVIENUS.
Aratea. (1 vol.).

BOÈCE.
Institution arithmétique. (1 vol.).

CALPURNIUS SICULUS.
Bucoliques. CALPURNIUS
SICULUS (Pseudo-). Éloge de
Pison. (1 vol.).

CASSIUS FELIX.
De la médecine. (1 vol.).

CATON.
De l'Agriculture. (1 vol.).
Les origines. (1 vol.).

CATULLE.
Poésies. (1 vol.).

CELSE.
De la médecine. (1 vol. paru).

CÉSAR.
Guerre civile. (2 vol.).
Guerre des Gaules. (2 vol.).

CÉSAR (Pseudo-).
Guerre d'Afrique. (1 vol.).
Guerre d'Alexandrie. (1 vol.).
Guerre d'Espagne. (1 vol.).

CETIUS FAVENTINUS.
Abrégé d'architecture privée.
(1 vol.).

CICÉRON.
L'Amitié. (1 vol.).
Aratea. (1 vol.).
Brutus. (1 vol.).
Caton l'ancien. De la vieillesse.
(1 vol.).
Correspondance. (11 vol.).
De l'invention (1 vol.).
De l'orateur. (3 vol.).
Des termes extrêmes des Biens
et des Maux. (2 vol.).
Discours. (22 vol.).
Divisions de l'Art oratoire. -
Topiques. (1 vol.).
Les Devoirs. (2 vol.).

L'Orateur. (1 vol.).
Les Paradoxes des Stoïciens.
(1 vol.).
De la République. (2 vol.).
Traité des Lois (1 vol.).
Traité du Destin. (1 vol.).
Tusculanes. (2 vol.).

CLAUDIEN.
Œuvres. (3 vol. parus).

COLUMELLE.
L'Agriculture, (4 vol. parus).
Les Arbres. (1 vol.).

COMŒDIA TOGATA.
Fragments. (1 vol.).

CORIPPE.
Éloge de l'Empereur Justin II.
(1 vol.).

CORNÉLIUS NÉPOS.
Œuvres. (1 vol.).

CYPRIEN (Saint).
Correspondance. (2 vol.).

DRACONTIUS.
Œuvres. (4 vol.).

ÉLOGE FUNÈBRE D'UNE
MATRONE ROMAINE. (1 vol.).

L'ETNA. (1 vol.).

EUTROPE.
Abrégé d'Histoire romaine.
(1 vol.).

FESTUS.
Abrégé des hauts faits du peuple
romain. (1 vol.).

FIRMICUS MATERNUS.
L' Erreur des religions païennes.
(1 vol.).
Mathesis. (3 vol.).

FLORUS.
Œuvres. (2 vol.).

FORTUNAT (Venance).
(4 vol.).

FRONTIN.
Les aqueducs de la ville de Rome.
(1 vol.).

GAIUS.
Institutes. (1 vol.).

GARGILIUS MARTIALIS
Les remèdes tirés des légumes
et des fruits. (1 vol.)

GERMANICUS.
Les phénomènes d'Aratos. (1 vol.).

HISTOIRE AUGUSTE.
(5 vol. parus).

HORACE.
Epitres. (1 vol.).
Odes et Epodes. (1 vol.).
Satires. (1 vol.).

HYGIN.
L'Astronomie. (1 vol.).

HYGIN (Pseudo-).
Des Fortifications du camp.
(1 vol.).

JÉRÔME (Saint).
Correspondance. (8 vol.).

JUVÉNAL.
Satires. (1 vol.).

LUCAIN.
Pharsale. (2 vol.).

LUCILIUS.
Satires. (3 vol.).

LUCRÈCE.
De la Nature. (2 vol.).

MACROBE.
Commentaire au songe de
Scipion. (2 vol. parus).

MARTIAL.
Épigrammes. (3 vol.).

MARTIANUS CAPELLA.
Les Noces de philologie et de
Mercure. (1 vol. paru).

MINUCIUS FÉLIX.
Octavius. (1 vol.).

PREMIER MYTHOGRAPHE
DU VATICAN. (1 vol.).

NÉMÉSIEN.
Œuvres. (1 vol.).

OROSE.
Histoires (Contre les Païens).
(3 vol.).

OVIDE.
Les Amours. (1 vol.).
L'Art d'aimer. (1 vol.).
Contre Ibis. (1 vol.).
Les Fastes. (2 vol.).
Halieutiques. (1 vol.).
Héroïdes. (1 vol.).
Métamorphoses. (3 vol.).
Pontiques. (1 vol.).
Les Remèdes à l'Amour. (1 vol.).
Tristes. (1 vol.).

PALLADIUS.
Traité d'agriculture. (1 vol. paru).

PANÉGYRIQUES LATINS.
(3 vol.).

PERSE.
Satires. (1 vol.).

PÉTRONE.
Le Satiricon. (1 vol.).

PHÈDRE.
Fables. (1 vol.).

PHYSIOGNOMONIE (Traité de).
(1 vol.).

PLAUTE.
Théâtre complet. (7 vol.).

PLINE L'ANCIEN.
Histoire naturelle. (36 vol. parus).

PLINE LE JEUNE.
Lettres. (4 vol.).

POMPONIUS MELA.
Chorographie. (1 vol.)

PROPERCE.
Élégies. (1 vol.).

PRUDENCE. (4 vol.).

QUÉROLUS. (1 vol.).

QUINTE-CURCE.
Histoires. (2 vol.)

QUINTILIEN.
Institution oratoire. (7 vol.)

RHÉTORIQUE À HÉRENNIUS.
(1 vol.).

RUTILIUS NAMATIANUS.
Sur son retour. (1 vol.).

SALLUSTE.
Conjuration de Catilina. Guerre
de Jugurtha. Fragments des
Histoires. (1 vol.).

SALLUSTE (Pseudo-).
Lettres à César. Invectives. (1 vol.).

SÉNÈQUE.
Apocoloquintose du divin
Claude. (1 vol.).
Des Bienfaits. (2 vol.).
De la Clémence. (I vol.).
Dialogues. (4 vol.).
Lettres à Lucilius. (5 vol.).
Questions naturelles. (2 vol.).
Théâtre. Nlle éd. (3 vol.).

SIDOINE APOLLINAIRE. (3 vol.).

SILIUS ITALICUS.
La Guerre punique. (4 vol.).

STACE.
Achilléide. (1 vol.).
Les Silves. (2 vol.).
Thébaïde. (3 vol.).

SUÉTONE.
Vie des douze Césars. (3 vol.).
Grammairiens et rhéteurs. (1. vol.).

SYMMAQUE.
Lettres. (4 vol.).

TACITE.
Annales. (4 vol.).
Dialogue des Orateurs. (1 vol.).
La Germanie. (1 vol.).

Histoires. (3 vol.).
Vie d'Agricola. (1 vol.).

TÉRENCE.
Comédies. (3 vol.).

TERTULLIEN.
Apologétique. (1 vol.).

TIBULLE.
Élégies. (1 vol.).

TITE-LIVE.
Histoire romaine. (29 vol. parus).

VALÈRE MAXIME.
Faits et dits mémorables. (2 vol.).

VALERIUS FLACCUS.
Argonautiques. (2 vol.).

VARRON.
Économie rurale. (3 vol.).

La Langue latine. (1 vol. paru).

LA VEILLÉE DE VÉNUS
(Pervigilium Veneris). (1. vol.).

VELLEIUS PATERCULUS.
Histoire romaine. (2 vol.).

VICTOR DE VITA.
Histoire de la persécution vandale
en Afrique. – La passion des sept
martyrs. – Registre des provinces
et des cités d' Afrique. (1. vol.).

VIRGILE.
Bucoliques. (1 vol.).
Énéide. (3 vol.).
Géorgiques. (1 vol.).

VITRUVE.
De l' Architecture. (9 vol. parus).

Catalogue détaillé sur demande

Ce volume, le trois cent soixante-dix-septième de la série latine de la Collection des Universités de France, publié aux Éditions Les Belles Lettres, a été achevé d'imprimer en septembre 2004 dans les ateliers de Normandie Roto Impression s.a.s., 61250 Lonrai, France.

N° d'édition : 6149 - N° d'impr. : 042429 – Dépôt légal : septembre 2004